# 松山俊太郎
# 蓮の宇宙

編・解説＝安藤礼二

Matsuyama Shuntaro
松山俊太郎

太田出版

蓮の宇宙——目次

# 松山俊太郎　蓮の宇宙

記

・初出が旧仮名づかいの論考一篇は初出のままとした。
・難読と思われる語には振り仮名を付ける。
・本文中の編集部による注記は［ ］で示す。

＊本書中には、今日の観点からみると差別的表現ととられかねない箇所が散見しますが、時代的背景と作品の価値に鑑み、また著者が故人であるため、原則として原文どおりとしました。

# 第一章　インドの詩と性愛

# 愛蓮餘滴

きみがまなこは青蓮《せいれん》に、
きみが皓歯《しらは》は茉莉花《まつりくわ》に、
かんばせ、はすの香に匂ふ。
さればその身も、たをやげる
葉にこそあれと、思へども思へども、
石にも似たるその心。

右は、上田敏の名訳、「印度古詩」の第一です。「印度古詩」は、わずか二篇しか紹介されませんでしたが、それらの原作を含む『シュリンガーラ・ティラカ（恋の趣の額飾《ぬかかざり》）』は、二三の短詩の集まりです。そのうち蓮とかかわりのある七篇の、直訳を並べることから、漫筆を進めましょう。

両腕は　はすの根――顔は　蓮花――

魅惑は　さざめく水――臀は　浴みの石段――
眼は　シャパリー魚――髷《まげ》は　うきくさ――
いとしい女《ひと》の　胸乳《むね》は　つがいのチャクラヴァーカ鳥
愛の神の征矢《そや》の火に　焦《こが》れる者が　浸るため
創造主《おおかみ》のつくり給うた愉《たの》しい池。〔二〕

この詩は、美人を褒めるとともに、冒頭のきまりに従って、神を讃えています。女体の各部を自然の景物と照応させ、それらを「池」の構成要素として統一する試みも、それほど無理ではありません。この素直さの後に、ひねりのある諸篇がくるので、配列の妙が感じられます。

ハスの根茎に腕を譬《たと》えるのは、梵語詩の特色で、細くてなよやかなところから同一視されるのです。「蓮花」の原名は、カマラで、大輪、淡紅のもの。最も好まれる同一視です。

「チャクラヴァーカ」は、あかい水鳥で夫婦仲がよく、鴛鴦《おしどり》とも訳されます。「蓮と鴛鴦」は、三国共通の画題と云えましょう。

青すいれんで　きみの眼を、蓮花で　顔を、
素馨《そけい》で　歯を、新芽で　唇を、
チャンパカのはなびらで　肢体《からだ》を
創造主《かみさま》は　つくって下さった。
恋人よ、その神様が　なぜ　きみの
心にかぎって　石で作ったりなさったのだ。〔三〕

「青すいれん」は種類が多く、仏典の「青蓮」は主としてウトパラですが、ここのは、インディーヴァラという、昼咲きで色の濃いものです。ハス〜スイレンに眼を譬えることについては、後述いたします。

「蓮花」には、アンブ・ジャすなわち「水（から）生じた（もの）」という合成語が使われ、これはハス〜スイレンの総称にもなりますが、白・青などの修飾語が付いていないので、水生植物の女王・紅ハスだと判るわけです。

「素馨《そけい》」は、白い花を沢山つけるジャスミン、クンダに当てたのですが、中国や日本のソケイとは異なるかもしれません。「茉莉花」も白いジャスミンですが、本来はマッリカーという梵語の音写で、これは一枝の花数が少なく、クンダとは別種です。

「チャンパカ」は、学名ミケリア・チャンパカ、「黄花樹」と意訳される通り、山吹色の芳香ある花を連らね、よく肌を譬えます。

第四・第五は、腑に落ちないところのある問題作です。

蓮の花びらにとまる　ただ一羽の鶺鴒《せきれい》を
見た者は　四軍の帥《すい》となる。
あなたの顔という蓮花の上の　あの　眼という番《つが》いの鶺鴒が
何をわたしに齎《もたら》すのか　予想もつかない。〔四〕

ただ一羽の鶺鴒が　蓮花にとまっているのを
偶然　どこかで　見かけた人は

だれでも　容易に　威名とどろく王侯となる。
おまえの蓮花の顔に　眼という番いの鶺鴒をみいだす者が
のこらず　愛の神の矢の雨で　不具となるとは、
おとめよ、なぜだ。不思議千万。〔五〕

まず、両者の前半の大意は、「蓮の上に鶺鴒を一羽だけ見た者すら出世する」ということですが、この断定が、伝承に基くものか、詩人の創案であるのか、はっきりしません。

創案ならば、同一人の連作であるが、作者が違っても、第四を知って第五ができたことになりますが、伝承であれば、共通の源から別々に生まれた可能性も考えられます。

第四だけを切り離せば、蓮の「はなびら《ダラ》」は、「葉《ダラ》」と解することもできます。そうとると、「葉の上に一羽を見てさえ、偉くなるのに、花の上に二羽も見たのだから」という、二重の格差が強調されるわけです。

しかし、連作としても矛盾はないので、おとなしく、「はなびら」としました。

ここには、ナリニー・アラヴィンダ・カマラ・アンブジャという、四つの蓮語彙が用いられ、微妙な差異もありえますが、みんな紅ハスです。

つぎに、「四軍の師」とは、象・車・騎・歩からなる軍団の司令官ですが、「王侯」自身がなることもあります。

第五の、「不具となる」には、「心が擾《みだ》される」という、裏の意味が効いています。

これで、一応の字義は決まりましたが、これらを往時のインド人がどう評価したか、サッパリ分かりません。

「蓮と鶺鴒」の伝承があれば、すんなり受け容れられたでしょうが、月並みでパンチが弱くなってしまいます。

創案であるとすれば、最初は戸惑うでしょうが、印象は強烈になります。

あるいは、デッチ上げを権威づけるために、同工異曲のものを続けるのが、必要だったのかもしれません。内外の大学者にも伺ってみましたが、分からず終いです。

ただ、鶺鴒そのものが吉鳥であれば、繁栄のシンボル蓮花との結合に、めでたさの相乗効果は期待できますが、王候を約束されるほどの瑞兆とは思われません。

結局、「蓮と鶺鴒」の用例を探すことが、肝要です。ところが、水辺を好む鳥が水花の代表にとまるのですから、ありふれている筈ですが、まだ一例しか見つからないのです。

『ギータ・ゴーヴィンダ』という、より後代の作品に、「秋、開ききった蓮の中で動きまわる、番いの鶺鴒」が、ヴィシュヌ大神の化身クリシュナの両眼の形容として現われますが、吉凶とは関係がなさそうです。

つぎに、第一五と第二三は、やや似ているので、並べてみましょう。

もう一度　眼差しを注いでおくれ、
蓮華のように切れ長な目をした　娘さん。
毒こそ　毒の　薬だと
昔から　世間で言われているのだから。　〔一五〕

蓮花の目をした女よ、
もし　おまえの心に　怒りが生じたのなら
その怒りが　おまえの愛人となるがよい。
こんな時には　他に　手の下しようもないのだから。
そのかわり、前にしてあげた　抱きしめを

たっぷりと　返しておくれ。
わたしがしてあげた　口づけも
たっぷりと　返しておくれ。〔一二三〕

第二三の「怒り《コーパ》」は男性名詞なので、「前にわたしがそうだったように、今は『怒り《コーパ》』という男がお前の心を占めているから、その怒りが……」と補えばよいのです。

すでにお気づきのように、インド人は、眼や顔を蓮花に譬えることを極度に好むほか、手足や心臓も蓮の花や蕾と同一視し、殊に女人では、性器や吐息の香までが蓮に似たものを、「パドミニー（蓮花《パドマ》をもつもの）」として尊重します。

『シュリンガーラ・ティラカ』では、丁度三割の詩に蓮が出てきますが、これは多い方で、抒情的短詩におけるハス～スイレンの頻度は約一割、その内の過半は、「ハスの顔をもつもの」「ハス～スイレンの眼をもつもの」「紅ハスの手～足」という形で、使われています。

「ハス～スイレンの眼」というとき、「はなびら」の連想があるのはもちろんですが、最も美しく見事なものとして「花全体」を考えていることもあります。特に、ヴィシュヌ神やその化身クリシュナなどは、太陽またはそのシンボルである、「白蓮（プンダリーカ、ラージーヴァなど）の眼をもつもの」と、しばしば呼ばれます。ヴィシュヌ神が、シヴァ神に供える千本の白蓮の中、一本を紛失したので、自分の目玉をくり抜いて埋め合わせたという、グロテスクな話があります。

中国人や日本人は、目が細く小さく、しかもハスの色と形にこだわったので、仏・菩薩の眼のほかは、譬えないようです。

花の上に花が咲くということは
聞くことはあっても　見たためしが無い。
乙女よ、おまえの蓮花の顔に
どうして　一対の　青すいれんが　咲いているのだ。　〔二〇〕

この詩の由来については、詩聖カーリダーサ（四世紀？）の死因にまつわる、怪伝説があります。セイロンのクマーラダーサ王（六世紀）またはダーラーのボージャ王（一一世紀）が、ある日娼家の壁にこの詩の前半を記し、後半の作者に賞を懸けました。たまたま登楼した詩聖は苦もなくこれを完成しましたが、賞の横取りをたくらむ邪な遊女のために殺され、彼女によって詩は王に呈出《ていしゅつ》されました。筆跡から詩人の死を悟った王は、友をたく火に身を投じたというのです。

時代錯誤の逸話はおいても、この詩そのものの内容が、かなり奇怪なので、それを詮索することから、中国の蓮に話題を転じてゆきましょう。

まず、「花の上に花が咲く」ということは、どういうことでしょうか。「花」の原語は、両方ともクスマで、これは一般名ですから、理論的にはある花の上に別種の花が咲いてもかまわないのですが、いくら熱帯のインドでも、花の中に寄生した種子が、宿主の萎まないうちに花を咲かせるまで成長することは、まあ、ありますまい。

すると、花の上に、同一種の花が咲くわけですが、これとて聞いたこともありません。インドの文献を調べても徒労でした。

ところが、梵文学史の本を見ると、「花（クスマ）」のところが「蓮（カマラ）」となっています。それで、技巧的には、前半で花の名を出さない方がよいのですが、「蓮の上に蓮が咲く」ことを見るか聞くかした後人が、「蓮」と改めたのがこの異文のおこりかもしれないと思い到りました。

「蓮」なら、中国や日本にもありますから、実際に起こることなら、どこかに出ている筈です。そこで、漢籍や和書に当たってみると、たちまち、ぴったりの記述にめぐり会いました。

唐の李肇《りちょう》の撰《せん》した『唐国史補』巻之下の、「蘇州傷荷藕」という項に、「蘇州進藕、（…）近多重臺荷花、花上復生一花、（…）」とあります。「重臺荷花」つまり「臺《うてな》を重ねるハス」が、求めるものだと判ったので、『広群芳譜』を調べると、巻第二十九・花譜・荷花一に「有重台蓮」とあり、「一花既開、従蓮房内又生花、不結子」と注されています。また、引用された文献の一つ、『平泉草木記』に、「水物之美者荷、有蘋洲之重台蓮、芙蓉湖之白蓮」とあるので、「重台蓮」が珍重されたことも明らかになりました。文芸作品では、晩唐の韓偓《かんあく》の「妬媒詩」に、「好鳥豈須兼比翼、異花何必更重台」と使われています。

日本ではどうかと目を転ずると、近頃善本が印行された、江戸中期の柳原紀光『閑窓自語』（再刊『日本随筆大成』八）中巻〔七八〕「近江野洲郡重台蓮語」に、かなり具体的なことが述べられています。

「近江野洲郡田中といへるところに、蓮池あり。その蓮のはなひら数かぎりもなくかさなり、実も見えず。色はくれなゐにて散ことなし。いとめつらかなる花のよしきゝつたへ、ことしつてをもとめ所望し侍りしに、寺僧これをゝくりぬ。けにきゝしにたかえぬ瑞花なり。後光厳院御宇文和四年六月、大和のくにより千葉の蓮をたてまつるよし見えたり。ひとのくにゝては、重台といひて、嘉瑞にするよししるせり。これによりて、うてなのかさなるはすと、いつることをくつかふりにをきて、哥をつらねて、寺僧にしやし侍りき。

うきはなすてらの池には名におへるのりひらく花かほるゆかしさ」

「くつかぶり（沓冠）」とは、折句の一種に属し、ある語を、各句の初めと終りに、一音ずつ詠み込む技巧で、ここでは、「うてなのかさなるはす」が鏤《ちりば》められています。

①うきはなす⑩　②てらのいけには⑨　③なにおへる⑧　④のりひらくはな⑦　⑤かほるゆかしさ⑥

こうして、「花の上に花が咲く」という、「重台蓮」はあったのですが、その実情はつきとめられません。「房内より又花を生ず。子《み》を結ばず」とあるのは、花托の変異を想わせますが、「はなびらかぎりもなくかさなり」とか「千葉の蓮」と同一視することからは、むしろ、雄蕊《おしべ》の弁花による「八重咲」の一種とも見られます。何だか、最初の鮮烈なイメージが薄れて、詮議を後悔もするのですが、植物学者と相談して捲土重来《けんどちょうらい》するつもりです。

さて、「重台蓮」のことは、中国の正史には見えないようですが、一つの茎から二つの花が咲く、「双頭蓮」「並蔕蓮」などは、しばしば現れます。

『宋書符瑞志』には、「文帝元嘉中、蓮生領檐湖、一茎両花」、「元嘉十年七月、華林天淵池、芙蓉異花同蒂」、「元嘉十七年十月、尋陽弘農祐幾湖、芙蓉連理」と、三度も出ていますし、『梁書武帝本紀』に、「天監十年五月乙酉、嘉蓮一茎三花、生楽遊苑」、『宋史五行志』に、「紹興二十一年（…）万州虔州放生池生蓮、皆同蒂異萼」、「二十三年六月、汀州生蓮、同蒂異萼者十有二」とあるなど、表現は簡略ですが、時と所を明記してあるのが、歴史感覚のないインドとは大違いです。

わが国では、『日本書紀』舒明《じょめい》天皇七年秋七月の項に、「是月、瑞蓮生於剣池、一茎二花」とあるのが、この様式をとり入れた始めです。ただし、不吉だと、片方が切り取られたこともあるようです。

「並蔕（蒂）蓮」は、絵にも画かれていて、形態上の疑問はないのですが、一つの根から生じた蓮が紅白に咲き分けるということは、あり得るものでしょうか。

明の李禎《りてい》作『剪燈余話』巻五「賈雲華還魂記」では、「源平咲きの並蔕蓮」が咲いたと嘘をつくことが、大きな働きをしますが、その部分のあらましは、次のごとくです。

小間使いが、池の辺りで碁をうつ女主人公とその恋人を見つけ、「一花並蔕紅白二色」の蓮が咲いていると偽って、母親を池におびき寄せ、二人の私通を悟らせようとします。

さきに恋人を避難させた女主人公も、「並頭蓮花紅白二色相向」を見つけたので、告《し》らせようと思っていたところだと、弁解します。中国では、「蓮《はす》＝憐《いとしみ》」「藕絲《はすいと》＝偶思《そいたいおもい》」と音が同じですから、仲の好いカップルを「一本の茎から咲き分けた紅白の蓮」にシンボライズすることは自然で、告げ口と云い逃れの二つの嘘が一致してしまったわけです。

おまけに、母親は眼が悪いので、「蓮花双蔕者常有之、但一紅一白為難得耳」と云って、奇瑞の実在を認めてしまいます。

翌日の観蓮パーティーで、母親は「双蓮の瑞」がおこったのは、女主人公の弟が秋の官吏試験に受かる兆しだとして、恋人・弟・女主人公にことほぎの詩を作らせます。弟には、「瑞蓮」がないことは分かるはずですから、知っていて調子を合わせてやったのでしょう。この事情の説明が、少し足りません。はたして弟は合格したので、「双蓮の祥験」があたったと喜び、池辺の「重陰亭」を「瑞蓮亭」と改名しました。あり得ないことでも、嘘の種には使え、それがスラスラと通るものでしょうか。

日本で、仏教文学以外に、架空の蓮を述べたのは、西行法師が元祖でしょう。

蓮満池と云事を
おのづから月宿るべき隙《ひま》もなく池に蓮《はちす》の花咲きにけり

蓮は日が沈むと閉じますから、これは、机上の作にちがいありません。インドなら、夜咲く白や青のスイレン（クムダやカイラヴァなど）がありますが、わがくにの在来の睡蓮「ひつじぐさ」は、花の貧弱な白い昼咲きで、明治以前にスイレンを唱った歌や句は、まだ見たことがありません。

しかし、世界中で日本にだけ通用している迷信は、蓮の「開花音」でしょう。

この俗信は、江戸時代に発生したらしく、ハス研究の先達・大賀《おおが》一郎博士は、最初期の資料を宝暦三年刊「心のしおり」に得たといって、つぎの二句をあげていられます。

暁に　音して匂う　はちすかな　　湖十子
管弦にて　開くものかは　蓮の花　　河輩

後者は、「蓮の開く音」についてのものか、疑問です。

漢詩では、蓮を唱うためわざわざ不忍池の畔《ほと》りに寄寓し、『蓮塘集』一巻をものした、梁川星巌《やながわせいがん》の、次の絶句が特に有名です。

香霧濠々水気清　逗簾残月影朧明
毎朝支枕費幽聴　髣髴錦苞初発声

明治以後は、井上通泰《みちやす》・大口鯛二・石川啄木・正岡子規などが、「蓮の音」をとり上げていますが、一つだけ、金子薫園《くんえん》の『片われ月』から、代表させましょう。

白蓮のひらくをきゝてさまよへるこの暁のすがすがしけれ

そして、嘘にもせよ、「すがすがし」いところで、筆を擱きましょう。

［「小原流挿花」第二八五号　一九七四年八月］

# インドの香り

インドの香料は無数にあるし、多様さと統制不足をもって鳴る亜大陸のことであるから、全面的・客観的に報告するには、専門家が一生を巡歴に費やさなければならない。

しかし、情報から実感は得られにくいので、インドの香りに深い興味がある方には、しばらくでもインドに滞在していただくのがいちばんである。

だが、そうしたところで、得られるのは、現在のインドの現実の香りのみに対する、外国人としての印象である。

インドの香りをインド人がどのように感受してきたかに関心をもつならば、これでは満足できない。

悠久の歴史に育まれた、インドの香りの文化のおもかげを伝えるのは、なんといっても文献資料である。

それらには、季節の推移にともなう自然の香りの変化と使用する香料の転換、贅沢の度を高めてゆく化粧品の用例が示されているが、もっとも特異なのは、人体ことに女体の天然の香りにかかわる、インド人の共同幻想が記されていることである。

紙数の許すかぎり、わずかな見本でもお目にかけよう――

## 季節と香り

主として、詩聖カーリダーサに帰せられる、『季節集（リトゥ・サンハーラ）』から採録する――

一　春（三月中旬〜五月中旬）

情欲《マダ》充足に疲れし　麗人《くはしめ》は、
プリヤング〔また〕　伽羅木《カーリーヤカ》
鬱金《クンクマ》を混ぜ　麝香をば
〔さらに〕加えし　梅檀泥《チャンダナ》を、
白き乳房に　捺《なす》り付く。　〔『季節集』六・一二〕

プリヤングは、ある植物の匂いの強い種子を擂《す》りつぶしたものであろう。インドの婦人は、防臭と賦香《ふこう》のために、液状や膏状の香料を胸に塗布し、模様を描いたりするが、ここでは、高価な伽羅《きやら》・麝香《じやこう》・白檀《びやくだん》をねり合わせているから、庶民が用いるものではない。

梅檀《せんだん》（主として白檀）は、芳香があるばかりでなく、清涼感を与えるので、寒季以外にはつねに好まれる。激しい情交による摩擦と汗で、胸の化粧がすっかり落ちてしまったので、ぐったりしていながらも、身だしなみを整え直すのである。

化粧品でなく天然の白檀の馨《かお》りの力を唱ったものに、処世・恋愛・離欲の『三百頌《しよう》』で名高い、バルトリハりの短詩がある。

この春は、
郭公《コーキラ》の雌の甘いさえずり、
マラヤ山の風により、
〔愛する者と〕別かれた人々に死ぬ思いをさせる。
ああ、逆境では、
不死薬《スダー》すら毒となる。　〔『バルトリハリ佳句集成』批評版・一一一〕

マラヤ山は、インド南西の山脈で、栴檀の特産地として知られ、春に吹き下ろし栴檀の香りを運ぶ風は、恋心をそそり立てるとされている。

痴話喧嘩よりも商用旅行その他が原因で、愛人や伴侶との別離を余儀なくされた男女にとっては、いやが上にも逸楽を高めてくれた、栴檀の薫風が、激しく身心を苛むものに変ってしまうというのである。

さて、ここで一つ、よほどの読み巧者でないと、香りのはたらきが大きいことを看のがしてしまう、カーリダーサの詩節を解説してみよう――

花々の　列《つら》に　宿れる、
塗眼墨《アンジャナ》の　点《ほし》のごとくに
麗しき　黒蜂により
標徴《しるし》　得し、ティラカ〔てふ樹〕は、

まこと、〔かの　化粧《けはひ》の〕額粧《ティラカ》
婦女《をみな》をば〔飾るにも似て〕、
森の辺《へ》を　飾らざりしや。〔『ラグ・ヴァンシャ』九・四一〕

この一節は、森の中に立つ一本のティラカ樹が、白く小さな花をいちめんに開花させているのに、大型の黒い蜂がびっしりととりつき、全体としてまっ黒に見えるので、硫化アンチモン末（アンジャナ）の点彩による黒い円形の額粧《ティラカ》が、森を飾っているようではないか、と述べている。

なぜ黒蜂が密集したのか触れていないが、ここでのティラカ樹は、クサギ属のクレロデンドロン・プロモイデースで、強烈な芳香が黒蜂を誘引したからに相違ない。

だから、往時のインドの風流人は、白く小さなティラカ（胡麻粒《ティラ》のようなものの意）の花が、黒く大きな額粧をつくり出すという、視覚上の効果に感心しただけでなく、ティラカ樹の芳香を嗅ぎとったはずである。

## 二　夏（五月中旬〜七月中旬）

薄衣《ドウクーラ》と金属帯《メーカラー》まとふ、丸《まろ》き臀部《いさらひ》、
真珠《まだま》の装身具《かざり》と栴檀液《チャンダナ》つけし、乳房、
浴み〔の後の〕収斂剤《カシャーヤ》薫る、頭髪《かみ》をもて、
女人《をみな》らは、恋する男《もの》の、暑さを鎮む。〔『季節集』一・四〕

ドウクーラの樹皮衣は肌ざわりと見た目が涼しく、金属帯《メーカラー》は感触と響きが冷めたく、脂肪の厚い臀部はひんやりとし、真珠は外観も実質も冷めたく、栴檀液は感触ばかりか馨りに清涼感があり、収斂剤は爽やかである。情欲のため暑さがいや増す男どもは、触覚・嗅覚・視覚・聴覚の涼感を完備した、いみじき女人らによってのみ、苦熱を鎮静させてもらえるというのである。

## 三　雨季（七月中旬〜九月中旬）

カダンバ、サルジャ、アルジュナや
ケータキーの森　揺るがしつつ、
そが花々に　馨り立ち、
雨しぶかする　雲に触れ
涼しき風に、そも誰か
人恋ふ思い　湧かざらん。　〔『季節集』二・一七〕

カダンバ以下はいずれも植物名であるが、説明は省略する。

夏の疲労から恢復したところへ、官能をそそる花々の香を嗅ぎ、冷風に肌を愛撫されるのであるから、だれでも異性が抱きたくなるというわけである。

## 四　秋（九月中旬〜十一月中旬）

シェーパーリカーの花の香は、心を奪い、

のどかに憩う鳥の群れは、鳴き交わし、
青睡蓮《ウトパラ》の眼をもつ鹿は、辺りに佇み、
園生《そのう》は、男どもの恋の思いを掻き立てる。　〔『季節集』三・一四〕

シェーパーリカーは、本来は天界の樹木であったとされ、夕方から早朝まで咲いて散り敷く、小型の花の芳香は人を魅了するが、気が亢《たかぶ》れば不眠に陥らせもする。

鳴き交わす鳥の声は、男女の睦み合いを連想させる。

鹿の青睡蓮《ウトパラ》の眼は、美人の見開かれた眼とそっくりである。

こうして、おそらく夕暮の庭園の中の、香りと音と形が、男を女恋しくさせる。

**五　冬(十一月中旬〜一月中旬)**

悦楽《よきこと》の　祭典《まつり》のために、
女人《をみな》らは、〔心をくだき、〕
肢体《からだ》には　伽羅泥《きやら》を塗りこめ、
蓮華《はちす》なす　〔その〕顔《かんばせ》に
葉〔に似せて〕　化粧《けはひ》ほどこし、
頭《かしら》には　沈香《ぢん》　焚きしむる。　〔『季節集』四・五〕

伽羅も沈香《じんこう》も同じものであるが、肢体には塗香《ずこう》として、頭髪には薫香として、使い分けている。伽羅＝沈香が主役であるのは、気温が低下して、白檀などの冷めたさが嫌われるようになったためである。葉の化粧（パットラ・レーカー）は、本来は木の葉の形を象った、線条化粧で、胸にも描かれた。

## 六　寒季（一月中旬〜三月中旬）

月光のように涼しい白檀泥も、
秋月のように美しい楼閣の屋上も、
厚い霜〔の上を渡って〕冷めたい風も、
いまや、人の心を愉しませない。〔『季節集』五・三〕

花の酒が〔口から〕馨る蓮花の顔をした、
欲情しきりなる女たちは、
蒟醤《きんま》と塗香と花環を携え、
心ゆくまで伽羅の薫りを焚きこめた、
寝間へと入り〔いそぐ〕。〔『季節集』五・五〕

花の酒の製法は未詳であるが、飲んだ者の吐息の、悪臭を防ぐ効能があったのだろう。

蒟醤《きんま》（ターンブーラ）は、ベテルの葉に檳榔子《びんろうじ》と石灰を包んで噛む、口中清涼剤・健胃剤であるが、上等なものには、香料その他が加えられる。微醺《びくん》を帯びた妻に、酒臭さを中和し、酔いを醒まそうという意図があったのかもしれない。

塗香（ヴィレーパナ、塗るもの）は、普通は浴後に、男女とも皮膚の保全のために擦りこむ油で、高級なものには数種の香料が煉りこんである。富裕な人間にとって、花束（マーラー）・香料（ガンダ）・塗油（ヴィレーパナ）は、必需品であった。

まともなら、寝室の中では塗らないと思うが、もっと飲みたい夫に床急ぎしていることを見せつけるために、身だしなみを後にしたのか、あらためて肌のほてりを鎮めようとしているのか、どちらかであろう。

この詩節で重要なのは、女性が複数形になっていることで、寒季における妻女の一般的な態度であることを明らかにしている。

こうして、インドの古典文芸に現われた、季節と香りの関係を一わたり見てきたが、多種多様なジャスミンの出番がなかったことなど、不手際を痛感する。

しかし、インドの代表的な香りを網羅するには、何千枚、何十年を要するのだから、今回は、これで勘弁していただきたい。

## インド婦人の体臭

### a　伝説の美女の神秘的身香

インドの歴史には、楚蓮香《それんこう》・香妃《こうひ》といった、絶妙な体臭をもつ女性は登場しない。

その代りに、多くの仏典で、女宝《にょほう》と呼ばれる完璧な美女が論じられ、栴檀《チャンダナ》の身香と青睡蓮《ウトパラ》の吐息を発するとされている。

また、大叙事詩『マハーバーラタ』の第一巻には、どちらも超自然的な生まれ方をした、サティヤヴァティーおよびドラウパディーという美女の、強烈な身香に関する物語が含まれている。

要約して示せば、つぎのごとくである——


サティヤヴァティーは、この叙事詩の語り手とされるヴィヤーサ仙の母である。かの女は、呪いのために魚にされていたあるアプサラス（精女）が、ウパリチャラ王の（森中で泄《も》らして受胎期の后《きさき》に届けるべく鳶《とび》に託したが誤り落とされた）精液を飲んで懐妊していたのを、漁師が捕らえて腹を割いたときに出てきた、男女の双生児の片われである。男の子は、父王に引きとられ、後にマツヤ（魚の意）という名の王になるが、かの女は、魚のような体臭が激しかったので、漁師に育てられることになった。

妙齢に達したサティヤヴァティー（正しさをもつものの意）は、その名に適わしく、魚臭という唯一の欠点を除けば、外貌と操行の端正さを具え、ヤムナー河の渡し守りとして、養い親に仕えていた。そこを、偉大な能力をもつパラーシャラ仙に言い寄られ、はじめは拒んだが、魚臭を芳香に変え子を産んでも処女に戻してくれるという条件で、意にしたがった。

こうして、かの女は、つねに芳香を放つようになったので、ガンダヴァティー（香りをもつもの）として世に知られ、さらに、その身香は一ヨージャナ（七キロ強または一五キロ弱）のはるかまで達したので、ヨージャナガンダー（一ヨージャナも匂うもの）とも呼ばれた。〔『マハーバーラタ』批評版一・五七〕

ドラウパディーは、ドゥルパダ王が強敵ドローナを亡ぼすために供犠をおこなったとき、祭壇の中から女神さながらの端厳美麗な姿で生まれ出て、叙事詩の主役・パーンダヴァ五人兄弟の共通の妻となって、悪党どもの撃滅を助けた、神秘の女性である。

かの女は、色が黒いのでクリシュナー（黒い女の意）とも呼ばれるが、このことはなんら欠点ではなく、心身ともに最高の美質を具えたインド婦人の典型とみなされている。その眼は蓮（パドマ）の花弁さながら、その身香は青睡蓮（ウトパラまたはニーロートパラ）にひとしく、一クローシャ（一・八キロ）の遠くまで匂ったとする。〔同前一・六一その他〕

さて、これら二美人にはなぜ途方もない身香が与えられているのかというと、まず、後者の場合は、神話的・歴史的な背景にもとづく、十分な理由が推測される。

というのも、ドラウパディーは、美と繁栄の女神・ラクシュミー（またはシュリー、仏教の吉祥天）の化身と認められる半面、五人の夫とともに、非アーリア系の原住民としての形質を保持しているからである。

元来が大地母神・蓮女神だったラクシュミーとしては、大地の顕著な属性である香りの代表として、紅蓮（パドマ）の香りを発散するのが当然であるが、非アーリア系原住民としては、（インド人は黒と青を厳密に区別しなかったので、）その黒い肌色に似合いの、青睡蓮の香りを放つのが望ましい。

好都合にも、広義のパドマはハス～スイレンのすべてを含むのだから、青睡蓮の身香をもっても、蓮女神（パドマー）の資格は損なわれない。

こうして、青睡蓮の香りを放つラクシュミーの化身が可能となった上で、半ばは神話の世界に生きる古代のインド人が、集団で咲き匂う青睡蓮から、目に見えぬ大女神の本体の身香を嗅ぎとるのは、むしろ自然である。そうなれば、一クローシャまで届くという表現も、あながち誇大とは思われない。

サティヤヴァティー＝ヨージャナガンダーの方も、その息子に大叙事詩を語る偉業を果させるために、大女神が乗り移ったのだと解すれば――蓮には十里香（里は〇・六キロ）という別称があるくらいだから――身香の達する限度を一ヨージャナとしたのも、納得しやすい。ただ、身香を蓮香とは述べていないところに、問題が残るのである。

以上のごとく、二人の美女の身香の強烈さは、現実にはありえないものであったが、神話伝説の中の架空の叙述として、それなりの意義を担っていた。

ところが、つぎに紹介する、中近世のインド性典における、婦人の体格による分類と、それに伴なう気質や体臭の帰属は、どの程度か断定できないにせよ、実際との背馳が甚だしい。

しかし、そこに言挙げされたいかがわしい体臭こそ、もっともインド的な匂いでもあるので、それらに触れなければ擱筆《かくひつ》できない。

### b　婦人の四分類と体臭

インド婦人の四分類は、『ラティ・ラハスヤ（快楽の秘密、楽秘）』、『アナンガ・ランガ（愛神の祭壇、愛壇）』、『パンチャ・サーヤカ（〔愛神の〕五本の箭、五箭）』、『スマラ・ディーピカー（愛神の灯明、愛灯）』、『ラティ・マンジャリー（快楽の花房、楽房）』など、現存最古の性愛教典『カーマ・スートラ』（五世紀）より数百年から千年以上も遅く成立した、後期性典の所産である。それも、分類名と序列は共通であるが、定義は、各性典でまちまちである。

四分類の最小限の説明は、つぎのごとくである——

①パドミニー（蓮花女）——身体の各処にハス～スイレンの美質を具えた理想的な女。
②チトリニー（妙好女）——実現に存在しうる、妙味の多くを具えた女。
③シャンキニー（螺貝女）——螺貝の臭いがする女（?）。

④ハスティニー（象女）――発情期における牡象の顳顬《こめかみ》からの分泌液《マダ》の激臭を発し、体格巨大で性質粗暴な点は牝象のような女。

各性典における、四種の婦人の体臭の記述には、全欠除・部分欠除・不統一があるが、一覧表を作ると、つぎのようになる――【表1】

さて、体臭については、曲りなりにも整理できたが、愛液臭については別立てになっており、これは、より古い男女の三分類においても重要だったので、両方の分類法における異同を対比しなければならない。

三分類では、性器の大きさによって、男を兎・牛・馬に、女を牝鹿・牝馬・牝象に分けるのである【表2】。

こうしてできた二つの表を概観してみると、発想が異なるとはいえ、四分法での二位以下の三類は、三分法を継承したものと考えられ、こだわりのないインドの知識人は、つぎのような融合をおこなっていたのではないかと疑われてくる――

Ⓐ蓮花女の愛液臭と体臭は、蓮花の芳香に似ている。
Ⓑ牝鹿女～妙好女の愛液香および体臭は、花～花蜜の香に似ている。
Ⓒ牝馬女～螺貝女の愛液臭および体臭は、刺戟性のものである。
Ⓓ牝象女＝象女の愛液臭および体臭は、象のマダの激しさをもつ。

このような単純化に障碍となるのは、『楽秘』と『愛壇』が牝馬女の愛液臭をパララの香としている点だけなのであるが、体臭について論ずるいっそう後期の性典が愛液臭に言及しなくなったのは、体臭を示せば自動的に愛液臭も同系のものと決定するとした証拠ではないだろうか。

それにしても不思議なのは、性典のどれ一つとして、無臭無香の婦人について語っていないことである。インドでは、そのような女性は、絶無ないし稀有なのであろうか。もし存在するとしたら、男からの評価はどうなのだろうか。

インドの古典文芸に親しみはじめて半世紀になるが、そんな基本的事実も判かっていないままだったのかと思うと、茫然とする。

［「VENUS」第一五号　二〇〇三年一二月］

表1

| | 蓮花 | 妙好 | 螺貝 | 象 |
|---|---|---|---|---|
| 楽秘 | 天上的 | | | 象のマダ |
| 五箭 | 開いた蓮華《アラヴィンダ》 | | | |
| 愛灯(1) | 蓮花《パドマ》 | マスィカー* | 牛乳《クシーラ》** | マダ臭 |
| 愛灯(2) | 蓮花《パドマ》 | 肉臭 | 刺戟性《クシャーラ》 | 酒《スラー》の香 |
| 愛灯(3) | 蓮花《パドマ》 | | 刺戟性《クシャーラ》 | マダ臭 |
| 楽房 | 蓮花《パドマ》 | 魚臭《ミーナ》 | 刺戟性《クシャーラ》 | マダ臭 |

*マスィカーは、夜開いて朝早く散る匂いの好い花。
**クシーラは、クシャーラの誤記であろう。

表2

| | 楽秘 | 愛檀 | 五箭 |
|---|---|---|---|
| 牝鹿 | 花《クスマ》の芳香《スラビ》 | 蜜《マカランダ》の香 | |
| 牝馬 | パララの香* | パララの芳香《スラビ》 | |
| 牝象 | 象《カリン》のマダ | 象のマダの激臭《ウグラガンダ》 | |
| 蓮花 | 開いた蓮花《ラージーヴア》 | 開いた蓮花《アンボージヤ》 | |
| 妙好 | 蜜《マドウ》の芳香《スラビ》 | 蜜《マドウ》の香 | 象《カリン》のダーナ臭** |
| 螺貝 | 刺戟性《クシヤーラ》 | 刺戟性《クシヤーラ》の悪臭《ヴイガンダ》 | |
| 象 | 象《ドヴイラダ》のマダ | 象のマダの激臭《ウグラガンダ》 | |

*パララは、擂り胡麻の粉末らしいが、一説には、肉だと言われている。
**ダーナは、マダの同義語。

# インド古詩シュリンガーラ・ティラカ——恋愛の額飾《ぬかかざ》り

シュリンガーラとは「性愛情緒」を意味し、インド古典詩の表現すべき八種の「情趣《ラサ》」の筆頭として、実人生三大目的の一たる「愛欲《カーマ》」と対応する、最も重要な詩的範疇である。性愛を除いて、サンスクリット文学は成立し難い。また、ティラカとは、インド教徒の婦人が前額に描く、小さいが色あざやかな宗派の標識であって、装飾の用を兼ねている。したがって、『シュリンガーラ・ティラカ』とは、各篇が「性愛の局面を的確・鮮烈に把えた短詩」であるのは勿論、総体としても大作に伍して「光彩陸離たる小品」と自負する題名であろう。同名の著作が、修辞学と戯曲にある。

検討し得た三種の刊本は、それぞれ二〇篇（小本）二三篇（中本）三一篇（大本）で構成され、重複を省くと都合三六篇、一七篇が三本共通である。中本は小本を包含し、三篇（＊印）が加わっている。そのうち大本に存せぬものが五篇あるが、概ね単純な佳作である。これに反し、大本のみに見られる一三篇は、瑣末の興味に囚われた空疎なものが多く、書写によって次第に竄入されたと思われる。それゆえ、訳出は中本を基とし、大本から下段に補うことにした。

本集は、詩聖カーリダーサ（四世紀）に帰せられる小品の一つであるが、確実な真作とは傾向を異にし、詞華集や修辞学書にも殆ど収録されず、古い注釈も無いので、信憑性は薄い。当然、製作年代も決定し得ない。ただ、中核の部分が一人の詩であることは可能であるし、内容が素朴・明快で技巧も弄されていないから、やはり千数百年溯ることができるかもしれない。

今回、定評ある傑作を措いて本集を紹介する理由は、全訳に適した長さで変化に富み、インド人の好尚をありのまま伝える最小の恋愛詩見本帖となるからである。そのため、詩情を発見するに苦しむ作も、構文の理解が及ばぬ篇も、敢て同等に扱った。さらに、平明を志して文体を喪い、逐語に拘泥して語法に背くなど、訳者の未熟と偏狭によって索然となったことを、読者および編集子に詫びたい。

宮廷で発達した梵文学は、一般に技巧的・遊戯的・類型的で、本集においても、真に個人的な切実さの吐露を期待するなら、失望せざるをえない。遥かな国、遠い昔の文学を玩味するには、何よりもおおらかさが必要である。

両腕は　はすの根①――顔は　蓮花《れんげ》②――
魅惑は　さざめく水③――臀は　浴みの石段④――
眼は　シャパリー魚⑤――髷《まげ》⑥は　うきくさ⑦――
いとしい女《ひと》の　胸乳《むね》は　つがいのチャクラヴァーカ鳥⑧
愛の神⑨の征矢《そや》の火に　焦《こが》れる者が　浸るため
創造主《おおかみ》⑩のつくり給うた　愉《たの》しい池⑪。　〔一〕※〈1〉

＊

春の夜①がやって来て
それでも夫が帰って来ないなら②
いのちなんか　火に　とび込んでしまえ③
もし　生まれ替わりを望むなら
猟師になりたい――コーキラ鳥④を捕えるために。
ラーフ星⑤になりたい――月蝕⑥を起こすために。
かのシヴァ神の眼の閃光⑦になりたい――愛の神を灰にするために。
愛の神になりたい――命の君に恋の苦しさを思い知らせるために。　〔二〕〈2〉

＊

※各詩文末の〔　〕は「中本」、〈　〉は「大本」の詩篇の番号を指す。

〔一〕冒頭の詩は帰敬頌《きけいじゅ》といって、神を讃えるきまりだから、美人とともに創造主も褒めている。女体の各部を自然の風物と照応させる試みは、梵詩の常套であるが、無理な思い付きや取り合わせが多く、この詩も例外ではない。ただ、女性一般に通ずる大まかな内容であるから、巻首に置くにふさわしい。

①睡蓮の根のこともあり、細くて白く弱弱しいと感ずる。

②原名、カマラ。大輪で淡紅色。最も月並な同一視である。

③魅惑の変幻自在さと装飾のゆれ。または「魅惑のゆらめきは水」。

④みそぎのため河や池の聖所に設けるが、ここでは行水用。

⑤銀色で眼の形に似た小魚、動きがすばやい。

⑥編んだ髪を頭のぐるりに巻いた結い方。

⑦あおうきくさの一種。この喩はやや他と不調和である。

⑧あかい水鳥で非常に夫婦仲がよいとされる。鴛鴦《おしどり》とも訳す。

⑨愛神カーマは、エロスと性質が酷似し、逸話と別称に富む。

⑩唯一絶対神ではない。ヴィシュヌかブラフマーのいずれか。

⑪池はインド人の生活に不可欠で、古来人工のものも多い。

青すいれんで　きみの眼を、蓮花で　顔を、
素馨《そけい》で　歯を、新芽で　唇を、
チャンパカ①のはなびらで肢体《からだ》を
創造主《かみさま》は　つくって下さった。
恋人よ、その神様が　なぜ　きみの
心にかぎって　石で作ったりなさったのだ②。〔三〕〈3〉

＊

蓮の花びらにとまる　ただ一羽の鶺鴒《せきれい》を
見た者は　四軍《しぐん》の師《すい》となる①。
あなたの顔という蓮花の上の　あの　眼という番《つが》いの鶺鴒②が
何をわたしに齎《もたら》すのか　予想もつかない。〔四〕〈4〉

＊

ただ一羽の鶺鴒が　蓮花にとまっているのを
偶然　どこかで　見かけた人①は
だれでも　容易に　威名とどろく王侯となる。
おまえの蓮花の顔に　眼という番いの鶺鴒をみいだす者が

〔二〕　旅による男女の別離は大きな題材。ここでは閨怨を唱う。
①春は「甘美」を意味するが、夜は独居に耐えられない。
②商用旅行などで留守にする。出征のためではない。
③自殺の決意を他人事のように表現した技巧。
④郭公《かっこう》の一種。鳴声が恋心をそそるので、復讐の対象となる。
⑤日月を呑んで蝕を起こす想像上の悪魔星。頭だけで胴体が無いから日月はすぐ脱け出て蝕が終ると説明する。
⑥月光は、思慕のため衰弱した肉体と神経に苛烈に作用する。
⑦シヴァは最も破壊力の強い大神で、精神集中を妨害されたのを怒り、第三の眼から焔を出して愛の神の体を焼き払った。
〔三〕　全篇中の佳作とされ、一一世紀の修辞学注解書に載る。
①黄色で芳香の強い花がつらなり、好んで肌を譬《たと》える。
②上田敏「海潮音拾遺」印度古詩の第一篇。岩波文庫の解説にこれと「をとめなれども」を、バルトリハリ作とするは誤。

　きみがまなこは青蓮《せいれん》に、
　きみが皓歯《しらは》は茉莉花《まつりくわ》に、
かんばせ、はすの香《か》に匂ふ。
さればその身も、たをやげる
葉にこそあれと、思へども思へども、

のこらず　愛の神の矢の雨で　不具となる②とは
おとめよ、なぜだ。不思議千万。〔五〕〈5〉

＊

すぐ　家にお入り、外にいてはだめだ、いとしい女《ひと》よ。
月蝕の時間《とき》が来た。
おまえの　しみ一つない顔を見て　ただちに　かのラーフ星は
満月をうち捨て①おまえの月の顔を　呑み込もうとするから。〔六〕〈6〉

＊

ねえ　あなた
上等の麝香でどっさり描いた飾りの条《すじ》も　頰から　消えていないし
胸のふくらみの　白檀だって　とれていないわ。
眼の美粧液《アンジャナ》①も　流れてはいないし
唇のくぼみの　蒟醤《きんま》②で染まった赤さも　そのままよ。
いったい　何を　怒っていらっしゃるの、
さかりのついた象の王様みたいに歩きまわって③　あなた。
旦那さまが　まだ　子供なの。〔七〕〈7〉

石にも似たるその心。
〔四〕　連作。蓮と鶺鴒の話は作者の創案で、伝承ではなかろう。次篇と合わせて四つの蓮の同義語が使われ、微妙な差異があり得るが、本集には他に用例が無いから、同一種として訳する。
①四軍とは象軍、戦車、騎兵、歩兵で、その帥は王自身。
②形も動きも眼に似ている。
〔五〕①異文に「詩人」とあるが、採らぬ。
②心が擾されるという意味もある。
〔六〕①満月には斑点があるから、美人の方が優れている。
〔七〕　夫の愛撫や自らの亢奮により、妻の化粧は台無しになるから、完全なのは相手にされぬ証拠である。それを友達が「おまえの夫は未だ情を解さぬ幼児か」と揶揄する。
①煤やアンチモンを油で煉《ね》って、睫毛や内瞼につける。
②石灰等と混ぜて噛む嗜好品〜健胃剤で口が真赤になる。
③欲求不満の様子であろう。異文は「象王のようにゆったりと歩く女よ」となり、太り過ぎて相手にされぬことになる。
〈8〉倦怠期の夫婦を描くが、後半未詳。
　わたしも　うちのひとも　別に怒ってなんかいません。
　夫は　眠っているのでもありません。
　あの　わるい人は　年よりでも　子供でも

＊

待ちにまって　やっと　いとしい夫が　帰ってきたとき
ねえ貴女、いろんな国のお話で　夜が半分　過ぎてしまったの。
それから　ふざけて喧嘩のまねをして　あのひとを　責めていると
東の空が　やきもちで①　赤くなったの。〔八〕〈9〉

＊

かちかちの棒で　百たたきにあうのは①　すばらしい。
はげしい炎熱に　さらされるのも　すばらしい。
よい陶土②を塗りたくられる　苦しみは　もっとすばらしい。
火で　焼き上げられるのも　すばらしい。
なぜなら　すぐれた水甕よ、
いとしい女の乳房のわきで　蔓草のような腕にゆすられる
こたえられない御褒美に、おまえは　ありついたんだから。
まったく　苦をぬきにして　楽は得られない。〔九〕〈10〉

＊

なく
疲れているのでも　病気でもありません。
うら若い　月の顔をもつ　わたしを見て
愛の神の矢に射貫かれた　恋のほし金星は
まず　あのひとに阻《はば》まれ
結局　すごすごと　去ってゆきました。

〔八〕　夫の愛を独占できた女が、友人に惚ける。
①原意「夫を共にする他の妻妾のように（怒って）」。

九　毎日の水汲みに欠かせぬ水甕を擬人化して語り掛ける。
①土を捏ねること。
②おそらく、基材の粘土の上にかぶせる、きめの細かい陶土。

恥知らず、なぜ　近よって　無理やり　口づけなんかするの
あんたには　恥ってものがないのね。
嘘つき、きものの裾を　はなして。
いくら誓っても　むだよ　悪漢、いつもだますくせに。
疲れはてたわ、あんたを　夜通し待ったんで。
好きな女のところへ　行ったらいいじゃないの。
御用ずみで　捨てられた　花束の山に
蜜蜂が　どんな愛着をもつというの。　〔一〇〕〈11〉

＊

主人は　商用ででかけ、何の便りもありませんの。
姑は　孫が生まれたので　朝早く　婿の家へかけつけました。
わたしは　うら若い　ひと妻です。
どうして　夜　とのがたと二人　過ごせましょう。
もう　夕ぐれが　やってきます。
旅のお方、お願いですから　ほかへいらしてください。　〔一一〕〈12〉

＊

〔一〇〕　浮気な夫と拗ねる妻。ありふれた題材。
〔一一〕　表面もっともな言葉を使った誘惑。
〔一二〕　①ふるえは激しい欲情に襲われたしるし。
〔一三〕　敏・印度古詩の第二篇。
　をとめなれども、足曳《あしびき》の
　山の獵夫《さつを》のわがきみは、
　梓《あづさ》の弓の眉止自女《まゆとじめ》、
　征矢《そや》うち放つながしめに、
　せんなや、われは手負《ておい》じし。
〔一四〕　①病は、気息・胆汁・粘液の三要素の不調和から起こるとする。古代西洋医学の四要素説と関連するだろう。
〈15〉
　おまえの眼と同じに美しいあの青睡蓮は
　水に潜ってしまった。
　愛する女よ、おまえの顔の麗しさをまねている　月は
　雲に蔽《おお》われてしまった。
　おまえの歩き方を見習って歩くあのラージャ・ハンサ鳥*も
　どこかへ行ってしまった。
　おまえと似たものからわずかに慰みを得ることすら
　運命はわたしに許してくれない。
＊大きな鵝鳥。王鵝。インド詩で特に愛好される。
〈16〉

今夜は　濃い雲のため　恐ろしい闇につつまれています。
夫は　大儀な仕事で　ぐったりして　寝入ってしまいました。
年のいかない　わたしは　悪者がこわくて
ひどい震えが　とまりません。①
この村は　盗賊に　狙われています。
旅のお方、後生ですから　眠ったりなさらないで。　〔一二〕〈13〉

＊

この別嬪《べっぴん》は　狩人そっくり、
その眉は　弓で
流し目が　矢のはたらきをする。
ぼくの心は　鹿となる。　〔*一三〕

＊

やあ　兄弟、どこへ行くんだ。——医者のところへね。
何だってまた。——病気の治療にさ。
いったい　君、きみん家《ち》には　万病を癒してくれる

月は　烈日となる。微風も　金剛杵《こんごうしょ》*となる。
花束は　針の山となる。白檀膏は　火の粉となる。
光は　闇となる。　凶運により　命すら重荷となる。
ああ　情深《じょうぶか》い女の　孤閨の期間は　劫末《こうまつ》時《じ》**にもひとしくなる。
*インドラ神の武器。**世界周期の終り。

〈17〉旅先の夫へ、妻が送る反語的な便り。
命の主の旦那さま、お報せがございます。
どうぞ　あと幾日か　そちらで　お過ごしあそばすように。
いまでは　こちらは　住むのに向かなくなりました。
冷たいはずの月の光さえ　身を焦がすのですもの。

〈18〉前の返事。
可愛いひとよ、白檀水を体にふり撒いて
もう二三日だけ　なんとか　辛抱していておくれ。
ぴったり　きみを　胸に受けとめ　両腕でしっかり抱きしめて
暑くてたまらぬ日の光だって　涼しくしてあげるからね。

最愛の奥さんは　いないのかい。
気息の病[①]は　水甕みたいな胸を擦りつける　効きめで
胆汁の病は　くちびるの甘露で
粘液の病は　恋のたわむれを行なって　根絶やしにしてくれる
あの　いとしい妻というものが。〔一四〕〈14〉

*

もう一度　眼差しを注いでおくれ
蓮花のように切れ長な目をした　娘さん。
毒こそ　毒の　薬だと
昔から　世間で言われているのだから。〔一五〕

*

体の中に燃えたった　あの　恋の火の　焔の列を
どうして　白檀泥を塗ることなどで[①]　鎮められよう。
なぜなら　陶工が　窯《かま》の上から　泥で目張りをするのは
もっぱら　焼き上げるためで　火を消すためではないのだから。〔一六〕〈19〉

〔一六〕①体の熱気を除くのに用いる。
〔一七〕具体的な例をあげた末行で教訓的断定を下すのは格言調。
①ベンガルの娼婦という異文がある。
②眼の美しさで有名。ベンガル地方には棲息しないという。
③象の額の両側は、発情によって一段とふくれ上がる。
〔一九〕①恋の苦悩で心臓が傷つけば、その上の乳房も萎びる。
〔二〇〕異文では「蓮の上に蓮が」とあって、カーリダーサの死因にまつわる怪伝説がある。詩人の友で自らも詩人のクマーラダーサ王が、ある日娼家の壁にこの詩の前半を記し後半の作者に賞を懸けた。たまたま登楼した詩人は苦もなく完成したが、邪な女のために殺され、彼女によって詩は王に呈出《ていしゅつ》された。筆跡から詩人の死を悟った王は、友をたく火に身を投じた、と。
〈21〉娼婦の手練手管を描くが、構文不明。
かたい抱きしめで押しつけられた　胸のふくらみ、
汗をかいた　頰、噛まれた痕のある　唇、
シーッという発声、
たえず顰める　眉、表情ゆたかな手、
褒め言葉などの　甘いしどろもどろのつぶやき、
ぶったり叫んだりして強調される　娼婦たちの　満足の様子。
好運な男は　花の弓をもつ愛の神から　こ

*

娼婦①たちの　ずばぬけた眼の美しさを　見て
一番のりこう者　黒羚羊②は　すみかを　棄てた。
彼女らの　二つの乳房に打ち負かされて　象は　いきり立った。③
概して　おろか者は　ひとに凌《しの》がれた時も　慢心を捨てない。　〔一七〕〈20〉

*

いとしい女の　丸い乳には　見たこともない不思議な　火がある。
遠くからでも　身を焦がすのに　体を寄せれば　冷んやりしている。　〔一八〕

*

きみの乳房が　垂れているのは　どうした訳かね、別嬪さん。——
馬鹿ねえ　あなた、山だって　下を掘れば　崩れるじゃないの。①　〔一九〕*

*

花の上に花が咲くということは

んな悦楽を　得る。

〈22〉バルトリハリ作の混入であろう。
発情した象のこめかみのように広やかな
サフラン液でぬれた　愛する女の乳房のふくらみに
快楽の疲れにぐったりして　胸をあずけ、
鳥籠のような腕の中に抱かれて
あっという間に睡りに落ち 夜を過ごす人は　幸福である。

〈23〉
もし　赤星さん、あなた　お月様の奥さんでしょ。
だったら　貴女、旦那さまの悪戯を　止めてちょうだい。
わたしの寝間に　格子窓から入りこんで
腰の辺に触ったりなさるの
あれが　紳士のなさることかしら。

〈24〉
解脱とは　楽も苦も知らず　不感不覚な
ある状態であると
世上　謬《あやま》った考えの者どもが　主張している。
だが　わたしの意見では、愛の神がほほ笑む青春を動揺させる
恋に酔う眼もと美しい女の腰帯の解けることが　解脱である。

聞くことはあっても　見たためしが無い。
乙女よ、おまえの蓮花の顔に
どうして　一対の　青すいれんが　咲いているのだ。　〔二〇〕

＊

両乳が垂れてしまったのに　気付いて
いたずらに思い沈んでいるのは　なぜだ、
羚羊のように切れ長な目の女よ。
驕慢①で　分別もなく②　民を苦しめる覇者③も
隆盛を極めれば④　没落するさだめだから⑤
そんなことは　何の不思議もないではないか。　〔二一＊〕〈25〉

＊

愛の神のマンゴーの花房よ①、
耳までとどく美しい眼の女よ、
ぼくの心を奪って　どこへゆくんだ。
ここには　不法が　横行しているのか。　〔二二〕〈26〉

〔二一〕　乳房と王の運命を同一視する。後半は両方に通ずる。
①「むっちり固く」とも読める。
②「こんもりとくっつき合って」
③「男を熱狂させるものであっても」
④「極度に盛り上がってしまえば」
⑤「後はしなびるだけだから」
〔二二〕　①愛の神のもつ五本の花の矢の一つで、迷妄を起こさせる。ここでは女を意味し、呼び掛けに使われている。
〈27〉美人の両眼を擬人化した。
「もし　何かのはずみで　狭い道に　躓《つまず》いて
腰のくびれた女が　怪我をしても
わたくしども二人に　罪を　着せたりなさらないでください。
御覧なさい、大きな張りきった乳房が
路を　塞《ふさ》いでいるではありませんか。」
切れ長の両目は　こう語り始めたかのようだ。
〔二三〕　アマル・シャタカという傑作集の一系統にも存する。
①「前にわたしがそうだったように、今は怒りがおまえの心を独占しているから」と補って考える。
〈29〉前半の文意がつかめぬが、しばらく以下の如く訳す。
　怒りん坊さん、機嫌を直しておくれ。
いとしい　奥や、わたしの言い方が悪かったんだ。
もし　言おうとしたことを　正しく　受け

*

蓮花の目をした女よ、
もし　おまえの心に　怒りが生じたのなら
その怒りが　おまえの愛人となるがよい。①
こんな時には　他に　手の下しようもないのだから。
そのかわり、前にしてあげた　抱きしめを
たっぷりと　返しておくれ。
わたしがしてあげた　口づけも
たっぷりと　返しておくれ。　〔二三〕〈28〉

取ってくれるなら
自分の僕《しもべ》にすぎないものに　何を怒ること
があるの。
すばやく　腕で絡みつくこと、歯で咬みつ
くこと、
ふくらんだ乳房をたたくことが　わたしの
咎であるなら
おまえの流眄《ながしめ》の矢という武器で　懲らしめ
ておくれ

〈30〉
腰に壷を据え　美しい半ば瞑《つぶ》った目をもつ
顔を向けて
わたしを見るのは　いったいなぜだ。
いい事をするのにお似合いの　他の男ども
を　眺めた後だというのに。
多勢の印**のついた　淫奔な女を　わたしは
好まない。

*インドの女性は骨盤が横に張っているから
その上に壷を据えて運ぶ。**「壷の痕」をも
意味する。

〈31〉前篇で強がりを言った男に対して、「そんなことを言っても、あんたの目はもうわたしの魅力に屈服している目つきよ。わたしに相手にされない苦しみであんたがいつ自滅するかが、目下の興味だわ」と反論するのであろう。しかし「破滅」という原語は既出の「壷」と関係する裏の意味をもつのであろうが具体的にはわからない。

貴男の　おっしゃることは　まことにごもっともだわ、
魚の旗印をもつ愛の神の矢に傷ついたお方。
あなたの投げかけた眼差しなんか
わたし　ちっとも気にかけていないわ。
だけど　わたし、あなたと同じ姿をした
わたしの奴隷が
今日にも　破滅してしまうか　しまわないか　考えているの。

［「血と薔薇」第一号　一九六八年一一月］

# 蓮から「さかしま」に

不図した転みで、インドの古典にあらわれる「蓮」の意義に関心をもったものの、資料を蒐《あつ》めにかかると、養殖場の蛤のように無尽蔵で、いつまで経っても序の口を脱けられない。近頃は、やけになって傍線を引くばかりである。

それでも、対訳本などを使う際には、いくらか内容が頭に入り、あらためて興味をそそられることもある。こうして、蓮がその含蓄を微妙に支える、中世俗語詩の一篇に、行き当った。

それは、『カーヴヤ・プラカーシャ（技巧詩解明）』という著名な修辞学書に、暗示に富む作品の例として、掲げられている。これを味わうには、神話や伝承の常識を必要とするから、まず、直訳を示して、解釈に移ろう。

「さかしま」の交わりさなか
臍の蓮花に坐るブラフマーをみとめたラクシュミーは
欲情の漲るゆえに

ハリの右眼を　たちまち　蔽《おお》ってしまう。〔『ヴァッジャラッガー』六一一・『サッタサイー』八一六〕

女神ラクシュミー（吉祥天）は、夫ハリ（ヴィシュヌ大神）に跨り、「さかしま」の楽に耽けろうとしている。当然、男神は、仰向けである。

ところが、この姿勢は、インド教の信仰によると、宇宙の主宰神としての彼が、劫（世界周期）の始めにとるとされているものなので、臍から蓮花が生じ、万物の創造神ブラフマー（梵天）が、萼《うてな》の上に出現してしまった。

これは、ヴィシュヌに心の準備が無いために起こった、不測の変異である。それを全く目にも留めず交わりへと猪突する、ラクシュミーの態度の積極性は、驚くに耐えるであろう。

宇宙原理ブラフマンの後身ブラフマーは、叙事詩『マハーバーラタ』の新層以降その光輝を次第に失い、しばしば卑少な道化師とまで堕している。ここでも、ただ剽軽に女神の挙動を窺う、創造神の形骸に過ぎない。あられもない恰好を眺められているのに気づいた途端、ラクシュミーは激しい羞恥に襲われるが、いまさら、燃え上る欲望を抑える術もない。咄嗟に一計を案じて、夫の右眼を掌で蔽ってしまった。

というのも、ヴィシュヌの左眼は月、右眼は太陽なので、この行為が、夜をもたらすからである。しかし、ブラフマーには闇の物を視る力があるから、暗さが問題ではない。

彼女を救うのは、蓮の、日が沈むと花弁を閉ざすという性質である。蕾に包まれたブラフマーは、ヴィシュヌの腹中に帰滅しなければならない。

かくて、だれ憚るものもなくなった女神は、奔放にその本領を発揮することが、予想される。

大意は、以上に尽きよう。特殊な素材を活かして、短い行間に、ゆたかな諧謔をたたえながらも、明快な理詰めで、ほとんど陰翳《いんえい》がない。

だが、この詩の根柢についての疑問が残る。それは、二神の「さかしま」の交わりが、「臍の蓮花」の珍奇さを契機とする偶然の思いつきに止まるか、それとも、宗教・文化史的な背景を有するかという点である。そこで、ブラフマーを加えた三神が、それぞれ単独にも、蓮と関係が深いことを念頭に置いて、検討を進めてみよう。

まず、もっとも一般的な見解によれば、ヴィシュヌは元来が太陽神であり、ラクシュミーは紅蓮を象徴とするので、「太陽と蓮花」という絶好の取り合わせが成り立つ。しかし、天と地に位し、愛情を注ぐものと応えるものであるから、「さかしま」は不適である。

つぎに、ヴィシュヌの顔または眼が、白蓮（プンダリーカ、アラヴィンダ）と同一視されるから、「紅白の蓮」の併立が考えられる。似あいの夫婦を表わすには適当で、詩題として秀れているが、これも、「さかしま」には向かない。

結局、ヴィシュヌの優越や両神の親和を認めるかぎり、「さかしま」には、「戯れ」としての存在理由しかない、やはり、ラクシュミーの、旧い性格を考える必要がありそうである。

彼女は、美と吉祥のほか、繁栄・多産を司ることからも推察されるように、アーリア人の侵入以前には、偉大な地母神として、インダス流域その他で信仰を集めていたに違いない。

最古の文献『リグ・ヴェーダ』の付篇では、パドマー・カマラー（蓮という名詞の女性型）と呼ばれ、原初の水から生じた宇宙的な蓮の人格化として、万有の母と看做《みな》されている。

この形態と機能をヴィシュヌに摂取するために、新しい神話作者が、胎の代りとして父神の「臍の蓮花」を案出し、直接の創造をブラフマーに委ねたことは、歴然であろう。

また、女神は、自らも「蓮から生まれたもの（パドマ・サンバヴァー）」として、蓮に坐し、右手に蓮を持っている。これが、そっくり、ブラフマーに当て嵌まるのである。

つまり、ラクシュミーは、かつて盛んな地母神として包括した、主宰者および創造者としての役柄を、ヴィシュヌとブラフマーに、分割・収奪されていると言えよう。

そこで、にわかに、女神の異常なほどの能動性、ヴィシュヌの木偶《でく》のような消極性、ブラフマーの進退の滑稽さが、意味あり気に浮かびあがってくる。夫妻の「さかしま」の交わりは、母神の失地挽回の戦いと、その勝利への願望を秘めているのではないのか。

さらに広く、ある種の「さかしま」の交わりは、征服者的・牧畜的・父系的社会における、原住民的・農耕的・母系的要素の復権を祈る、神事でもあるのではなかろうか。

その痕跡でもあるかと、発掘を試みたのであるが、そもそも穿ちすぎであるのか、今のところ成果がない。

ただ、「さかしま」の交わりを扱った文学作品は、かなり多く、詞華集も項目を立てており、インド恋愛詩の特色でもあるから、未整理であるが、いくつか紹介しよう。

＊

宮廷風に改められているが、古代民謡のおもかげを伝える、ハーラ編の俗語詩集、『サッタサイー』（八一六は既出）から――

孔雀の尾羽そっくりに髪ふり乱した　女よ。
腿の　ふるえの止まらぬ　女よ。
半眼すら　すっかり閉じてしまった　女よ。
男として振舞ったので　静かになってしまった　女よ。

少しは　知るがよい、
男たちの　苦労というものを。〔五二〕

髪はくずれ　腕輪もぬけ落ち
頸飾りが揺れるのもかまわず
男の役に熱中する　お転婆は
半ば飛立つヴィドヤーダリーさながら　男に君臨する。〔四四六〕

お腹の荷物が　大儀でも
嫁女の　心は　沈みはしない、
いとしい殿御と「さかしま」の
交わり叶わぬことから見れば。〔四八三〕

両腿をかすかに顫わせ
眼を瞑り　髪もばらばらの
男のように振舞った　愛人の中に、
万能の武器をもつ　愛の神は　宿る。〔六一六〕

「さかしま」の楽しみが好きなお方、
どうして「妊娠したか」なんて　お聴きになれるの。

うつ伏せた　甕の口に
ただの一滴だって　溜るもんですか。〔六五六〕

いずれも、率直、無技巧であるから、女性の態度に差があることに注意すれば足りる。〔四四六〕の、ヴィドヤーダリーというのは、空中を自由に翔ける下級神の妻で、しばしば人間の男を誘惑する。『サッタサイー』の韻律を梵語に移して、内容的にこれを凌ごうとした、ゴーヴァルダナの『アーリアー・サプタシャティー』（一二世紀）には、「さかしま」の詩が九篇あるが、女神の登場する最初の二篇のほか、割愛する。

カウストゥバの宝玉と
それに映った　愛妻の肢体が、
ヴィシュヌの胸に　君臨する。
ラクシュミー女神は、
その胸を　鏡のように覗きながら
男の役を行なう。〔巻頭詩群・一二〕

男のように振舞う
山の娘パールヴァティーの　顔は、
すべてに　打ち勝つ。
その顔によって、シヴァ神も

茎が上に伸びた臍の蓮をもつ
ヴィシュヌさながら　照り輝く。　〔巻頭詩群・一九〕

カウストゥバとは、ヴィシュヌが乳海を攪拌して得た秘宝の一つで、つねに彼の頸に懸けられている。それを鏡として利用する神妃ラクシュミーは、ここでも余裕綽々である。つぎに、ヒマラヤ山の娘パールヴァティーは、シヴァ大神の配偶者である。蓮花のような顔をした彼女が、夫の腹上に跨ったとき、ふたりの姿がヴィシュヌに似るというのである。両篇とも、どこか本文冒頭の詩〔四七ページ〕を想わせるから、模倣作かもしれない。

つぎに、現存する最古の詞華集、仏教徒ヴィドヤーカラ編、『スバーシタ・ラトナコーシャ』（佳句の宝庫、一二世紀頃）を、一応の標準として採りあげよう。

「さかしま」の交わりのよろこびで
顫える　臀の辺りに　揺れる
小鈴の　カラカラいう音に　混じって
喉から　声を洩らし、
摑まれて　束ねた髪も解け、真珠の飾りも　散らばり、
早い吐息に　乳房を波打たせる、
恋情あふれる女は、
運のよい男を　悦ばせる。　〔五六一・ソーンナカ〕

おりおり、羞《は》じらいを見せ、
途方にくれて　笑いかけ、
しばらく　休み、
また　為かけた事にとり掛かる　美人の、
汗で標識《ティラカ》が濡れ　額に捲き毛がなびく　顔は、
「さかしま」の交わりに際して
まことに　魅惑的である。〔五八三・スラビ〕

愛の亢《たか》まりと、親しみと、笑われたことで
つい　その気になって、たおやめは
女には不向きなことに　取りかかった。
けれど、もともと蔓草のようになよやかな　彼女は、
行為なかばに　どうすることもできないで
羞恥におののく両の眼を　私にそそぐのだった。〔五八五・コーンカ?〕

「よい娘《こ》よ、僕は　きみの奥さんだ。
だから、君は　旦那さまにおなり。」
こう　わたしが言うと、
「いやよ、いやよ」と　頭を振りながらも
自分の手首からこちらの手首へと　腕輪を滑らせて、

鹿の目をした女は　言葉を用いずに承諾を表わした。　〔五八七・作者不詳〕

なんじの胸に　いつも　こぼれよ、
情欲が亢まって　乱暴に髪を摑んだため　ほどけた
蔓草のような捲き毛から　落ちる
いとしい女《ひと》の髷の　たくさんの素馨の花が。　〔五八八・バーナ〕

わたしの薄ぎぬで　前を　さっと隠し、
大ゆれの戯れで乱れた髪の紐に　せわしく手をやり、
荒い息づかいの度に　はっきりする
爪痕で　胸が飾られ、
自分の大胆さを思い出して　顔を俯《うつむ》けている　彼女を
楽しみの終りに　わたしは　見た。　〔五八九・アビナンダ？〕

足輪の音が　鎮まると、
腰帯の響きが　聞こえる。
夫が　快楽で　疲れると
概して　細君が　男の役をする。　〔作者不詳・五九二〕

顔に落ちる　額の汗で　化粧が流れ

台無しになった　雪のように蒼白い　頰は、
若妻たちが
男の役を果したことを物語る。　〔六二五・ムラーリ　アナルガラーガヴァ・七・一〇七〕

ますます、女性のか弱さと、男性の要望に奉仕する受動性が強調され、「男のように振舞う」ことでかえって顕われる、一層の「女らしさ」を楽しむようになっている。したがって、行為そのものの描写は間接的かつ節度を具え、ある場合には全く言及を欠き（五八八）、準備段階の心理観察を主眼としながら（五八七）、強烈な情緒を表現している。
とはいえ、常套的な語句も増えてきたから、もう少し目先の変ったものを、探すとしよう。

「さかしま」は　さかさまではない。
他の交わりこそ　さかさまなのだ。
木に　蔓草は　登るが、
蔓草に　木が　登るためしは　何処にも無いから。　〔『スークティ・ムクターヴァリー』・七九・一〕

格言調の、強引な断定である。代表的な愛経文献『アナンガ・ランガ』にも使用されていたと記憶する。

ゆらぐ中空に　雲は　漂い、
月は　震え、鳩は　クーと鳴き、
星群《ほしむら》は　落ち、

聖なるガンガーの　浪は　うねる。〔出典未詳〕

この詩は、隠喩の連続によって成立しており、文字通りに読めば、脈絡のない不思議な夜景にすぎない。中空とは、少し無理だが、若い女の上半身であろう。雲が髪、月が顔であることは、誰にも頷かれる。鳩が鳴くというのは、感きわまって喉から洩らす、言葉にならぬ声で、視覚的な意味はなかろう。星群は、真珠の頸飾りで、紐がちぎれて散らばったのである。末行の「ガンガーの浪」とは、くびれた細腰にできる「三筋の皺（トリ・ヴァリー）」で、インド美人の必須条件の一とされる特殊なものを指す。

闇は　月を　蔽い、
山は　揺るぎ、
星群も　消えている。
惟うに　これは、
カーンチー・プラの境界《さかい》での
何らかの　天変地異を　物語るのだ。〔バルトリハリ・八一〇〕

これも、前の作品と近い詩境であるが、掛け言葉の技巧を使っている。闇が髪、山が乳房である。「カーンチー・プラの境界」とは、そういう名の城府の辺境である一方、「腰帯（カーンチー）の前の境目」すなわち「かくしどころ」という裏がある。したがって、「天変地異」は「激動」である。

解脱者が　俗界で　堕落し、

新発意《しんぼち》だけが　至福を　成就する。
衣服が　地べたに　口づけする。
「さかしま」では　何一つ　あべこべでないものは無い。　〔出典未詳〕

同一の単語の男性形と女性形が、複数の主格では区別がつかないことを利用している。解脱者（ムクタ）は、深山に隠棲すべきものであるから、下界に降りるべきではないが、真珠の飾り（ムクター）は、すぐ地面に散らばる。修業中の青年僧（バーラ）は、たちまち、うら若い女（バーラー）に変容する。彼女らのみが、羞《はじ》らいとしなやかな肢体のゆえに、「さかしま」の相手として男に歓迎される。衣服の接吻は、床にかなぐり捨てることの喩えである。

顔から流れた　汗の滴りで
サフランの化粧の
頸まで滲んでいるのを　見つけた　女友達は、
ほっそりした女が
男の役を演じたことを　諷するために
笑いながら掌に　刀の絵を　描いてみせた。　〔『カーヴヤ・プラカーシャ』・一〇・五三七〕

「刀」は、男性のみが所持するものであるから、似つかわしくない行為をした女を諷するには、まことに巧妙といわねばならない。微妙繊細な情趣をもつ詩の、範例とされている。優雅の域に達し、温か味もあり、「さかしま」を離れて立派な作品である。

もち場を替えた交わりで
みだれた捲き毛の房はなびき
耳輪は　揺れ
玉なす小粒の汗に　額の標識《しるし》も　いくぶん滲み
楽きわまって　眼ざしの　もの憂げな、
ほっそりした女の　顔が
汝を　守護するように。
ハリ、ハラ、ブラフマーの神に　何の用があろう。　〔『アマル・シャタカ』・三〕

この詩は、傑作に富む『アマル・シャタカ』（百頌《しょう》）の中では、水準以下である。ただ、帰敬頌《きけいじゅ》（神を讃えて加護を願う巻頭の詩）に、「さかしま」が入っているのは珍しいし、却って、シヴァ、ヴィシュヌ、ブラフマーの三大神を貶めて、女性を崇めているので、この文の締め括りとして選んだ。〔擱筆〕

【付記】インドには厖大な愛経文献（カーマ・シャーストラ）が存することは、周知の通りであるが、この方面の研究は、自ずと興味と目的を異にするので、一切、触れなかった。けれども、紙数も残っているので、岩本裕博士の『完訳カーマ・スートラ』から、第二篇第九章末尾の詩頌を、掲載させていただくことにする。

自らの心の中を祕めたれど、
愼み深き女なりとも、

男の上に乗るときは
劇しき情慾《よく》に負かされて
自《おの》が意中《こころ》を現はさん。

如何なる性《さが》の女にや
如何なる技巧《わざ》に長《た》けたるか、
女はおのが行ひにより
凡てを男に知らすべし。

月經《つきやく》中の女をば、
子を産める女、ムリギーを、
さては、姙める女をば、
交るに餘りに難き女をば、
男は上に乗すなかれ。

[「血と薔薇」第二号　一九六九年一月]

# 漢語の「愛」について——インドにおける愛の思想・序説(一)※

インドにおける「愛の思想」を論ずるに先立ち、国語としての「愛」が、重厚な歴史を欠くゆえに、一見、自明の内容を有するごとくして、実は、空虚な器に過ぎず、他の文化圏に存する相当語との比較検討に耐え得ぬものであることを、認識しなければならない。

同じく外来の抽象語でありながら、「忠」や「孝」が、人倫の大本として定着し、独自の体系を発展させたのに反し、「愛」が、西欧的理念の接木をしてすら、遂に開花しないのには、それだけの理由がある。「愛」は輸入される以前から、その限定である「仁」に地位を奪はれてをり、漢土でも考究の対象ではなくなってゐた。また、仏教の説く「愛」の内、肯定されるのは「慈悲」であって、これのみが非常な勢《いきおい》で浸透した。つぎに、国語では、「おもひ—おもふ」といふ最も包括的な語が、多くの場合「愛」の機能を兼ね、さらに、「こひ—こふ」「うつくし—うつくしみ—うつくしむ」「かなし—かなしみ—かなしむ」等の繊細な感情語群が、完備してゐたから、いまさら中間段階として「愛」を必要としなかった。

また、「忠」「孝」は、直ちに実践と結びつく美徳であったから、「まめ・まめこころ」のやうな幼稚な対応語に替るものとして、容易に骨肉化したが、具体的な人間関係を超越し、普遍的な概念として反省的に把握せねばならぬ、「高級愛」は、我国のごとく「アニミスティックな愛」と「血縁的愛」が瀰漫《びまん》した風土では、もともと成育が困難であった。「慈悲」に較べて、よりヒューマニスティックな「仁」が、一般化しなかったのはこの為であらう。

　しかし、「愛」は、漢籍・仏典に親しむ、教養人士の語彙に留ってゐた訳ではない。「愛す」といふ動詞形は、既に、平安朝の『堤中納言物語』に、「この蟲どもを朝夕に愛し給ふ」と使はれ、室町時代の御伽草紙『浦嶋太郎』に、「蓬萊の山にあひをなす」とあるのは、「逢ひ」よりも「愛」だとされる。安土桃山期には、「愛」は日用語となってゐたが、上から下への軽い意味しか持たなかったので、伴天連《バテレン》はこれを避け、「御大切」なる言葉によって、やうやく、彼等の「愛」を説いたといふ。

　かくのごとく、我国に渡ってから、一度として厳粛な高みに達せず、徒らに卑俗への途を辿った「愛」も、明治を迎へると、西洋文明とキリスト教によって、再び活力を注入されるかに見えた。しかし、巨大な精神文化の中核となる思想が、伝統を真摯に追体験することなく、吸収できるものではない。極く少数の、宗教者・学究・文人の業績には、瞠目すべきものがあるが、多くの所謂知識人の説は、浅薄な受売り、それも誤解つきである。百年の成果は、蒙昧不逞の輩が、臆面なく「愛」を口走ることであらうか。

＊

　以上、国語としての「愛」は、他を測る基準として適せず、西欧文化の精華たる「愛」も、安易な規定を発無することが、瞭《あき》らかとなった。

　それゆえ、次の手続きとして、禹域《うぃき》および泰西《たいせい》における、「愛」とその関係語の、及ぶ限り根源的な意味を、探って置きたい。漢語は、素朴な造字法と、古代音韻論の助けにより、印欧語は、発達した比較言語学により、原義を推察することが、程度の差はあれ可能だからである。

この作業は、未知の植物群の葛藤を、裁断して闡明《せんめい》することなく、各の胚子を解剖して異同を弁ずるに似た、単純化ではあるが、インドの豊富な「愛」の類語や、「やまとことば」と対比する為には、却って、最も有効と考へられる。

＊

まづ、漢語の、「愛」「哀」「仁」「戀［恋］」「憐」「慕」「慈」「悲」等を、検討するが、これらの解釈については、殆ど全面的に、藤堂明保教授の『漢字語源辞典』（學燈社）に、依拠させていただいた。但し、筆者の盲蛇に怖じざる当推量が、随処に混ってゐるから、注意して読まれたい。

## 「愛」と「哀」・附「欲」

「愛」の原字は「㤅《アイ》」であって、「旡《キ》」は声符《せいふ》とされる。では「㤅」は形声文字かといふと、会意文字とも看做され、どちらの要素を重視するかで、「愛」の根本義の理解も異《こと》ってくる。

「旡」（*kïer→kïei）が、「㤅」の古音（*·er→·ei）を示す声符に過ぎぬとすれば、とりあへず、「愛」の定義は、「アィと声を出すやうなこころもち」となる。また、「アィといふ音がもつ意味に適はしいこころもち」でもよい。

つぎに、「㤅」を会意文字とする。「旡」は、「むせぶ」と訓ずるが、藤堂教授は、「腹をふくらせてのけぞった姿。食べ過ぎて、ゲップの出ること。いっぱいにつまって、喉もとのつかえること。」と、説明してをられる。したがって、この場合の「愛」は、「心がいっぱいになること」、「胸がいっぱいのこころもち」と、定義できるだらう。

そこで、順を追って、藤堂教授の見解を補って行かう。

「アィと聲《こえ》を出すやうなこころもち」に関して――「北京語では、切ない時に感嘆詞〔・ai!〕を用い、漢字では㗒!噯!唉!などと書く。哀・愛なども、古代語における、胸せかるるさいの感嘆詞だと考えてもよい。(…)「いとしい、かなしい、おしい」などの意味は、もと一つの胸せまる嘆声より分化したものと考えることができる。」と解説される。

「アィといふ音がもつ意味に適はしいこころもち」については、「氣・吃・愛・哀　つまる、いっぱいにこもる」と、音韻学的に定義されるから――「慨・哀と同系で、切ない氣持を意味」し、「心がいっぱいになる、つまり胸いっぱいになって苦しい氣持を愛という。愛はもとより to love ということだけではない。愛惜の愛(おしむ)とは、「ああ、もったいない」と胸がいっぱいになることで、「ああ、こいしい」とて胸がつまるのと、同じ状態の両面だといってよい。愛の古文は、「心+既声」であり、後世の慷慨・感慨などの慨の原字である。慨とは、胸がいっぱいになることであるから、愛の原義と全て同じである。」と論証される。

この説明は、「㤅」を会意文字と考へても、そのまま通用する。たしかに、「㤅」は、「悪」(形声)、「思」(心と囟《おどり》の會意)、「志」(心の之《ゆ》き向ふところ、会意形声)、「哀」(口+衣声、感嘆詞の機能をもつ)に見られる、すべての造字要素を備へてゐる。結局、藤堂教授によれば、「㤅」は、感嘆詞としての起源を有する会意形声文字で、その根本義は、「胸いっぱいの切ないきもち」とされるのであらう。

この規定は、教授の説明された筋道に従へば、それ自体として完璧であるが、「愛」の観念の重要さを思ふとき、いかに太古のものとしても、必要充分なものとして、そのまま受容れられるであらうか。まことに不遜ではあるが、敢《あえ》て臆測を辞せず、若干の疑義と仮説を呈してみたい。

第一に、「㤅」における「旡」は、音価も「アィ」に近似し、「つまる、いっぱいにこもる」といふ意味も「愛」の心理状態を要約して、二重に好都合であるが、あらゆる会意文字の常として、一面性を免れない。「慨」も同然である。

第二に、「愛」の別字とされる「哀」の声符「衣」(·iər→·iəi)は、「氣」「吃」「既」のごとく、先頭に子音を持たない。それゆえ、藤堂教授の分類では、KÊR, KÊTとして統一される「氣・吃・既」群に含まれてゐるが、「愛・哀」は、自らを中心とする単語家族を別立すべきではないだらうか。

第三に、「アィ」のごとき原始的な発声は、その音調の変化により、幾多の感情を表現し得るものである。少くとも、最強度の「いとしい・かなしい・おしい」を意味する、感嘆詞ばかりではない。「噯々」とは、広東語で小児を眠らせる、「あやし言葉」である。英語のayは、驚きや悲しみの間投詞であるが、ayeは、応諾である。梵語のayiは、勇気づけと親しみの呼掛けである。国語でも、「アィ」といふ返答には、女房子供の、従順さと可憐さが漂ふ。「アィ」に、「余裕のある親和感」が籠る場合を、忘れてはならない。

第四に、「アィ」は、純粋に音声として、ひろく事物のいかなる在り方を暗示するか、触れるべきであらう。漢語では、意味の無い音の効果によって、状態・雰囲気など捉へ難いものを、端的に表象することが一般的だからである。

まづ、「㤅」と「夊」(あしを引きずる)の合した、「愛」の本義を、藤堂教授は「切ない気持で足の進まぬこと」と解され、「愛逮」といふ熟語を、「行きなやむさまを形容するコトバ」と説明してをられるが、元来これと同一語の「靉靆」は、「雲のたなびくさま」といふ外に、「雲の日を覆ふさま、雲のくらいさま。〔集韻〕靉、靉靆、雲暗皃。」とあるのに、ぴったりしない。また、「靉靉」は、「雲の盛《さかん》なさま」、「樹木の茂って密なさま」であり、音は移るが「靉䨠《イキ》」の、「雲のさま。物のさま。又、不明のさま。審《つまび》かでないさま。〔広韻〕靉、靆䨠、不明貌。」とされるも、注目に値する。「䨠」も、「明らかでないさま。〔玉篇〕䨠、不明貌。」とある。

さらに、「靄《アイ》」は、「雲のたなびくさま」、「もや」、「立ちこめた氣」等であるが、「靄靄」は、「雲の集るさま、もやのかかるさま、又、和気のみちたさま」となる。

「アィ」なる韻の与へる、「あるものが充満して不分明」な印象は、雨部にのみ観察されるわけではない。「和氣藹藹」といふ形で衆知の、「藹藹」は、「草木のしげるさま」、「多く盛なさま」、「心のやはらいださま」である。「曖」は、「かげる」、「くらい」、「物のさま」の意義をもつが、「曖曖」は、「うすぐらいさま。又、おぼろなさま。〔楚辞、離騒〕時曖曖其将罷兮。」、「曖乎」は、「情意の籠ったさま。〔韓非子、主道〕明君之行賞也。曖乎外時雨、百姓利其澤。」、「曖曃」は、「明らかでないさま」、「曖昧」は、「はっきりしない。まぎらはしい。たしかでない。うろん。模糊。」となる。「昧」は、「よあけ」、「くらい」が、基本である。まったく、枚挙に暇がない。

以上のごとく、一渡り見廻して、「愛」そのものの詮議に戻らうとすると、「愛」にも、あまり使はれぬが、「おぼろ」といふ用例がありそうなことに気付いた。『詩經、邶風、靜女』の一篇がそれである。「静女其姝　俟我於城隅　愛而不見　搔首踟躕」とあって、「愛而不見」を、吉川幸次郎博士は「愛すれども見えず」と読み下されたが、「普通ただすく意として読んでいるが、清儒の中にはこの愛は隠であって、かすむ、かくれるの意とするものがある。」と注してをられる。辞書には、「僾に通ず。〔廣雅、釋言〕愛、僾也。（…）〔説文〕僾、彷彿也。詩曰、僾而不見。」とある。また、「薆」に作るものもある。いづれにせよ、「愛は朧《おぼろ》」とは、古代人も意識しなかったであらう。しかし、単音節語を使用する宿命によって、聴覚の鋭敏となった彼等は、二重母音 ai の、「撓《たわ》みつつ途絶えぬ、やや平面的に擴《ひろ》がる」響きに、「たち籠めてさだかならぬもの」、ときには「ほの暗さ」といふ意義を、照応させ得たのである。

第五に、藤堂教授が、「つまる、いっぱいにこもる」状態を、専ら心の内部と結び付けられたのは、考落《かんがえ》しではなからうか。これは、「愛」が、「ある明確な対象との関係において成立つ」といふ事実を、軽視された行き方である。よしんば、「旡」のみを鍵語としたままでも、他者なる要素を加へれば、「自分と相手の間が、つまってゐる、いっぱいにこもってゐると、感ずるこころ」といったところから、「愛」を再検討し得るはずであった。

言ひ換へれば、藤堂教授の「愛」の定義、「胸ふさがる切ない気持」は、緩やか過ぎる上に、「愛の諸相」を覆ふことができないのが、問題なのである。まづ、教授の規定に遵《したが》へば、「憂」「愁」などは、「愛」の一種としなければならない。つぎに、「愛慕」「愛惜」といった、別離・喪失に伴ふ感情には適合するが、最も重大な、親子・夫婦・朋友の「幸福な愛」を、包攝することが困難となる。この欠除によって、勿論、「哀」は生ずるが、「愛ゆえの不幸」のみが「哀」の原因ではない。一面で、「愛」と「哀」は、同源と看做《みな》し得るとしても、その分化後の歴史は長く、単純に表裏をなすとは言へぬであらう。

以上、雑駁ながら疑点の開陳を了《しま》ったので、筆者みづからが、「愛」なる語に抱く、暫定的な解釈を提出して、叱正《しっせい》を仰ぐことにしたい。

私見は、偏に、「アィ」の音感に基くので、「㤅」の字型には依らない。また、「哀」の場合のごとく、最強度の感嘆詞にその起源を認めるものでもない。

そこで、「アィ」音を含む情調語を、もう一度整理して見やう。

「アィタィ」。「愛逮・行きなやむさま」「靉靆・雲のたなびくさま、雲の日を覆うさま、雲の暗いさま」、「曖曃・明らかでないさま」。それゆえ、「アィタィ・行きなやむ、たなびく、覆ふ、暗い、明らかでない」となる。

「アィアィ」。「靉靉・雲の盛なさま、樹木の茂って密なさま」、「靄靄・雲の集るさま、もやのかかるさま、和気のみちたさま」、「藹藹・草木のしげるさま、多く盛なさま、心のやはらいださま」、「曖曖・うすぐらいさま、おぼろなさま」。したがって、「アィアィ・もののひろがりみちた、心のとけ合った、うすぐらい、おぼろな」となる。

「アィマィ」。「曖昧・はっきりしない、まぎらはしい」。

かくして、「アィタィ」「アィアィ」「アィマィ」なる三組の畳韻語から、「アィ」の要素を抽出すると、「アィ・あるもやもやしたものの遍満《へんまん》」となる。

つぎに、「アィ」の音そのものに、「ものとものの緊張・牽引・接着・融合」を暗示する力が、内在してゐる。

つまり、「アィ」は、「状態」のみならず、「関係」をも規定することができる。

そこで、「アィ」の有するこの二つの意味を、「愛」に導入すると、「愛とは、対象と自己と、別箇の存在であることを知りながら、分ち難くなるきもちである。」といふ定義が、一応成立する。

では、かかる「愛」は、いかなる状況で発生したかと尋ねれば、母親の幼子に懐く感情こそ原型であると、答へて憚らない。而《しか》して嬰児を胸に「あやす」際の、自然の発語が、「アィ」または「アィアィ」で、これが「愛」の語源となったと思はれる。さらに「全き一体感」の情緒は、母親に育まれる幼児に見出されるか、これは「彼我未分」の境地であって、「関係」の自覚が無いから、「愛」と認めるのは躊躇される。ただ、この「スキンシップ」の体験が、多岐多様な「愛」の形成を支配するものであることは、言ふを俟《ま》たない。

この、すぐれて「母性的」な古代中原の「愛」は、母系制の影響著しい農耕社会では、天地人倫の原理とまでは行かぬにせよ、普遍的価値をもつ必然性があった。多くの辞典における「愛」の項が、「いつくしむ。〔説文〕愛、恵也。〔正韻〕愛、恵也。」のごとく始り、「あはれむ。憐也。」「したしむ。親也。」と続くのも、徳目《とくもく》として重視されたことの反映であり、あながち本末を顚倒した釈義ではないのである。

とはいへ、「愛」は、もともと分別や利害を離れたものであるから、「有與君之夫人相愛者。〔戦國策、齋策〕」といった、不倫の戀《こい》も、「纏綿《てんめん》たる情」の存する限り、「愛」の本義に背馳しない。

このやうにして、「愛」は、「寵」「慕」「通」「好楽」「仁・隠・恩」「惜」と、派生義を増したのであるが、猶且《なおかつ》、「欲」と繋らなかったのは、寧ろ、不思議である。

「欲」は、藤堂教授（『言葉の系譜』新潮社）によると、「欠は人が背を曲げ腹をくぼめて、ガックリした姿を示す字。谷はいうまでもなく、くぼんだタニである。（…）だから欲とは、腹がくぼみ、心中うつろになって、ガックリとまいった状態である。空腹になれば食物がほしく、うつろな心は何かで埋めることを求める。」と、説明されてゐる。

これは、「愛」の俗解に、「本義は、めぐむで、腹一杯になって満ち足りると、はじめて、恵む心が起る。」とあるのと、まさに対蹠《たいしょ》的で、かかる通念が有力であったとすれば、二語の両立、結合に抵抗を覚えるのは、当然かもしれない。

しかし、ローマおよびインドの「愛神」、cupīdō と kāma が、ともに「欲望」に由来する一事を考へても、「愛」と「欲」とは、甚だ近い関係であり得る。

ところが、「色欲」「情欲」といった表現は、不断に存しながら、「愛欲」なる組合せに限って、仏教徒が案出するまで、熟さなかった（『無量寿経、下』愛欲栄華不可常保）。「愛執」「愛着」（二義ある内、今日も使はれる意味で）も、桑門《そうもん》の所産である。どうも、華人は、「愛」と「欲」との混同を、慎重に避けてゐたと思はれる。

つぎに、「愛」と「恋」との関係を、審かにすべきであるが、これほど重大な問題は、字義の穿鑿《せんさく》などで解決する筈もないので、捲土重来《けんどちょうらい》を期するのみである。ただ、『詩経』『玉台新詠《ぎょくだいしんえい》』以下『聊斎志異』『浮生六《ふせいろっ》記《き》』に至る文学作品に照して、所謂「戀愛《れんあい》」が存したことは明白で、これが欠除したとする、ルージュモン（『愛と西欧』、特に補遺四）の東洋的愛の理解は、絶望的に杜撰である。

しかし、「戀愛」といふ熟語そのものは、よほど後世に創られたか、日本人による翻訳語ではないかとの、疑ひが残る。曹植の『鼙鼓《へいこ》歌』に、「沈吟有愛戀　不忍聽所之」とあるが、この「愛戀」が「戀愛」と、全同か否かは、判然としない。「愛し戀すること」と、分けられるからである。「戀、思也。」「戀、慕也。」とあっても、「戀、愛也。」「愛、戀也。」といふ釈が無いことから見て、両者の語感は、かなり隔ってゐたと思はれる。（「戀」については後述する。）

また、言葉のあるなしに拘らず、漢人の家族制度と結婚の慣習から言って、「戀愛」は、多く「私通」「野合」と卑しめられたので、観念としては発達せずに終った。

以上、「愛」について述べたところを、要約すると

「漢語の〈愛〉は、母性的感情の発露を原型とする〈彼我の情緒的合一〉であり、その対象への態度は多く〈めぐみ〉として現れ、〈欲〉である場合は少い。また、〈戀愛〉は中核的な意義をもたない。」となる。

このやうな性格の「愛」は、人間生活の支へとして、つねに肯定され、大切に扱はれた。ただ仏教の伝来以後は、一般の詩文においても、貶下的に用ゐる例があるから、弁別を要する。

〔未完〕

次稿は、「仁」から始め、印欧語に見られる「愛」の原義の解明を経て、「インドにおける愛の思想」の独自性を、宗教世俗の両面から検討したい。

〔「血と薔薇」第三号　一九六九年三月〕

※本論考は「一」のみ発表された。

# 〈愛〉の意味・〈愛〉の言語

愛の過不足なく普遍妥当な定義を求めることは、愛の様態の多岐性、愛の解釈の恣意性、愛の用語の混交性のために、困難というより、不可能であり、無意義である。

人類の愛の様態は、異なる自然環境と社会組織の制約のもとに形成された結果、顕著な特性をもつまでに分化している。それらは、習俗の根強さによって、保守的な大衆を羈絆《きはん》する一方、反生物学的・非人間的なゆがみによって、自覚的な個人に対する権威を失墜しつつある。それゆえ、愛の主体的な把握を志すものは、歴史的・民族的・文化的・宗教的な姿相の究明と並行して、これらを超えた、自己の人格と整合性をもつ愛の理念の確立に努力しなければならない。

そこで、既存の説を離れて愛の本質を考える一助に、哺乳類の生態に注目すると、意外な事実が認められる。まず、ピグミーチンパンジーの性行動は、普通のチンパンジーとでなく、人間と酷似する。さらに、ゴリラの雌は群中の母なし子を養護するが、これについでおおらかな父親らしさを発揮するのは、他の類人猿でなくライオンである。また、ひとくちにイヌ科と言っても、オオカミやキツネは番《つがい》となるが、犬や熊はならない。これらの異同が、種の遠近とは別の要因に左右されているのは、雌雄・父子・集団の関係のあり方が、潜在的な可能性の一つのたまたま現れた、不安定なものでしかないことを物語る。つまり、人間の愛には、母子の間の親密性を除けば、動物学的な水準においてすら、確固たる原型が存在しないことになる。とはいえ、まったく次元が違うはずの、人間の愛の心理機構と、原生動物の接合や物理的・化学的な親和現象が、かえって、偶然とは思われぬ類比を示すことも、否定できない。だから、いくら愛が多様だとしても、つきつめてゆけば、恒常的な共通要素がないはずはない。

あらゆる愛の基本が、〈なにものかにひかれること〉である点に着眼すると、〈ある主体の、特定の対象にいだく、全体的または部分的な、合一の欲求〉といった、愛の概括的な定義さえ、導き出すことができる。この一見無内容な定義が露呈させるのは、愛と食、愛と死の、根源的な相似性と相関性である。〈合一〉とは、相互発展的な〈融合〉でもありうるが、〈対象を吸収する（食う）〉か〈対象に吸収される（食われる）〉かに偏しやすく、後者への欲求の極限は、生存の緊張から逃れるために個体を解消しようとする、〈死へのあこがれ〉にほかならない。こうして、生命に内在する、ある単一の力が、生命過程において、食・愛・死の欲求を順次発現させることと、生物学的に見た愛の機能が、生と死の中間項としての、新たな生命の産出であることが、了解できる。また、〈合一の欲求〉が、本来の利己性を超えて、対象の利益の顧慮から、〈自己犠牲〉にまで進むことも、強烈な〈情緒〉と〈苦楽〉をともなうことも、納得がゆく。

しかし、フロイトの説く〈リビドー〉と異なり、万有の本源から発して、全存在に遍満しなければならない、〈ある単一の力〉とは、いったいなにか。それが、なぜ、いかにして、〈合一の欲求〉を生じさせるのか。これらの疑問に答えることは、宇宙・生命・意識の発生の理由を明らかにすることにひとしいから、とうてい、われわれの悟性と科学的認識のなしうるところではない。以上の定義と解釈は、あくまでも、常識的な立場から、愛の骨格だけを没価値的に示そうとした、一つの試みにすぎない。いくつかの宗教と形而上学は、これと多かれ少なかれ異なる見方で、愛の本質と原因に関する思弁を展開し、なかには、複数の愛をはっきりと区別するものもある。代表的なものの一部を、比較のために要約すれば、つぎのごとくである。

**エロスとアガペ**

プラトンの説く、〈エロス erōs〉の愛は、自己に欠けたものへの欲求である点、上記の〈欲求説〉に近い。しかし、その欲求が、対象自体よりも、対象に発現する、より高い美しさ、完全さ、価値に向かい、究極は〈一者〉との合一を目ざすというのは、〈イデア説〉と同根である。プラトン個人の、〈死へのあこがれ〉が反映しているのかもしれない。

新約のキリスト教の愛は、とくに、〈アガペ agapē〉というギリシア語で呼ばれる。新約の神は、愛ゆえに人間を創造した、〈愛の神〉であるが、神自身の本質も愛だとされる。〈神の人への愛〉にこたえる〈人の神への愛〉として、己を捨て〈神の愛〉に入るとき、人間は、〈愛の神の子〉として、〈人の人（隣人、敵）への愛〉をはたしうる、〈愛の人〉となる。いっさいが神すなわち〈与える愛〉を原因とするから、〈欲求〉ではなく、さきの定義は適用できないが、このような愛の観念を成立させた心理の底には、やはり、父なる絶対者への〈合一の欲求〉が潜んでいる。

**東洋における〈愛〉の語彙**

愛に関するサンスクリット語の類義語は、仏典に現れるだけで数十に達するが、訳語が一定でないことがある反面、一〇以上の語を一様に〈愛〉と訳したりするので、漢訳からは原語を判別できないことが多い。もっとも重要な原語（梵＝サンスクリット語、巴＝パーリ語）に、標準的な漢訳と解説を付加すると、以下のようになる。

梵巴〈カーマ kāma〉：〈愛・愛欲〉。原義は〈欲求〉一般であるが、しばしば〈愛欲・性愛・性行為〉を指し、インドでは古来、人生の三（ないし四）大事と認められているが、仏教では、もちろん、否定されるべき〈煩悩〉とみなされる。ただし、巴〈アッタ atta-（梵アートマ ātma-）・カーマ〉：〈自己愛〉が、〈自分をたいせつにすること〉として肯定されているのは、注目に値する。

梵〈トゥリシュナー tṛṣṇā〉、巴〈タンハー taṇhā〉：〈愛・渇愛〉。原義は〈渇き〉で、英語〈thirst〉、ドイツ語〈Durst〉と対応し、英語〈dry（乾いた）〉などと同源で、〈十二支縁起〉の一つとして、〈苦〉の原因とされている。際限なく増大してゆく〈欲望〉というのが、仏教の基本的な、愛の見方である。

梵〈プレーマン preman〉、巴〈ペーマ pema〉：〈愛・愛念・慈〉。〈愛情〉のことで、肯定も否定もされうるが、〈他人・衆人を愛すること〉と〈人々に愛されること〉とは、仏教徒としても大事であるとされた。前者を、〈慈〉と訳すこともある。

梵巴〈ラーガ rāga〉：〈愛・愛染・貪愛〉。〈心が真っ赤に染まるような、激しい性愛〉のことで、仏教はその規制を説いたが、後代のタントラ的密教においては、〈男女交合〉を〈涅槃《ねはん》〉〈仏道成就〉とさえみなすようになった。

梵〈マイトリー maitrī〉、巴〈メーッター mettā〉：〈慈・慈悲〉。原義は〈ミトラ mitra（友）〉に由来する〈友情・友愛〉であるが、仏教では、とくに〈いつくしみ〉として尊重される。

梵巴〈カルナー karuṇā〉：〈悲・慈悲〉。原義は〈うめき〉であるとも言われ、〈(他者の苦痛をわがこととして）苦しむこと・嘆き悲しむこと〉から、〈同情・あわれみ〉を意味するようになった。仏陀の〈悲〉はとくに、〈マハー・カルナー mahā-karuṇā（大悲・大慈悲）〉と呼ばれ、〈自分が、だれかに、どれだけのことをしてやる〉という、三条件を意識しない、〈無縁の大悲（無条件の大きな愛）〉だとされている。なお、〈慈悲〉

の原語は、上記の二語のどちらか一つ、双方、別の語と、一定していない。

中国の〈仁〉には、多くの訓詁があるが、〈人間（男）であること・人間（男）らしさ〉が本義で、早い時期に、〈任（重い任務）〉〈人と人の間でもつべき態度・他者へのいたわり〉などの語感が、複合したものであろう。家父長的な義務感を出発点とし、〈天〉の〈命〉によるという使命感に支えられ、弱者への〈惻隠の心〉とともに、一人前の人間としての責任をまっとうしうる〈能力〉をもつことが、重視された。〈仁〉の、近きより遠きにおよぼす、現実主義的な性格にあきたらず、墨子は、〈兼愛（無私平等の愛）〉（兼愛説）を提唱したが、理想論にすぎぬとして、広く受けいれられなかった。

以上のごとく、愛の理念は、一つ一つが微妙に力点を異にしており、〈欲求説〉によって総括しようとすれば、本質を見失うものが多い。まして、文芸・絵画・彫刻・音楽などの芸術作品は、概念の網では決してすくうことのできない、愛の具体的な真実を、感性を通して訴えかけてくるのであるから、意味の抽出を急いではならない。

そこで、現代日本語としての〈愛〉の素性に目を向けると、この語は、本来の中国的な意義と、これと相いれぬインド仏教的な意義とを担って、上代の知識階級の語彙に加わったが、中世・近世を通じてむしろ卑俗な語感をもち、明治になると近代ヨーロッパ語の〈ラブ love〉〈リーベ Liebe〉〈アムール amour〉の受皿として用いられ、〈おもい〉や〈恋〉の地位をおびやかすに至ったものである。ところが、西洋文化の源流を伝える、古典語とくにギリシア語では、サンスクリット語の場合と同じく、愛の観念を包括する単語が存在しなかった。英・独・仏の現代語では、愛を表現するのに、一つの名詞がとび抜けて有力になっているから、最近までの日本人は、古代のギリシア人や中世以降のヨーロッパ知識人が、異なる愛の観念を区別するために異なる単語を用いる事実に、気づかなかったのである。

## 印欧語における〈愛〉の語彙

そこで、中国語の〈愛〉の原義と、印欧語の主要な〈愛〉を表現する名詞の素朴な意義とを、順序不同に紹介しておくことにする。

〈愛〉は、母親の幼児にいだく〈せつない愛情〉が自然な発語として定着したもので、少なくとも中古以後は、〈ai〉という二重母音が、完全に一体ではありえないが別個の存在というにはあまりにも不可分な、母子関係の緊密さを、潜在意識に感じさせていたと憶測される。〈母性愛〉のあらわれであるから、〈与える愛・いつくしみ〉が本義である。

これに対して、ラテン語〈amor（イタリア語 amore、フランス語 amour、スペイン語 amor）〉は、幼児が母の〈乳房〉を慕う際の発声が起源で、ラテン語〈mamma（乳房）〉、日本語〈mamma（食物）〉、日本語と朝鮮語の〈omo（母）〉と同じく、発声が容易でしかも吸着行為の口の動きと密接な両唇音を主体としているから、本来は〈求める愛〉である。

英語〈love〉、ドイツ語〈Liebe〉などは、印欧原語〈leubh〉にさかのぼることができ、〈愛・あこがれ・親しみ〉など、広い意味をもっていた。フロイトの〈リビドー〉の原語であるラテン語〈libido〉は、〈激しい欲望〉を本義とするこの群に属する語である。

ギリシア語〈erōs〉は、〈性愛〉を指すのが普通であった。これに対して、ギリシア語〈philia〉は、〈philos（形容詞＝親愛なる、名詞＝友人）〉に由来し、〈友愛・友情〉である。しかし、〈philos〉の原義は、ホメロスが用いた〈自分自身の〉であり、リュディア語〈bilis（自分自身の）〉に代表される、アナトリア語が起源らしい。

〈自分自身の（もの）〉だから〈いとしい〉という発想は、ほかにもあり、サンスクリット語〈priya（いとしい）〉〈preman（愛）〉がその例であるが、〈priyā（いとしいもの、形容詞・女性形）〉に対応するものとして、北欧や古代高地ドイツ語の女神名〈Frigg〉〈Frija〉があり、英語の〈Friday（金曜日）〉に名残りをとどめる。また、〈自分自身の（からだ）〉だから、奴隷でなく〈自由〉だというのが、英語、ドイツ語〈free〉〈frei〉（自由な）の原義であり、〈自分の（側に立つ人）〉というのが、英語、ドイツ語〈friend〉〈Freund〉（友人）の本義である。

ギリシア語〈agapē（愛）〉は、動詞〈agapaō（好意をもつ・愛情をもつ・好む・満足する）〉から、比較的おそく造られた語で、〈性愛〉であることはまれだったので、新約の用語として採用された。

ラテン語〈caritas（愛・愛情）〉は、形容詞〈carus（イタリア語・スペイン語caro、フランス語cher、親愛なる）〉に由来し、ギリシア語〈agapē〉の訳語とされて、キリスト教的〈愛〉を指すようになり、さらに、〈愛〉にもとづく〈慈善〉の意をもつようになった（カリタス）。英語〈charity〉の語源でもあるこの語が、サンスクリット語〈kāma（欲求・愛欲）〉と同根であるらしいのは、いかに語の意味内容が移ろいやすいかということのよい見本である。

〔『大百科事典』第一巻　一九八四年一一月〕

# インド古詩抄　鄙《ひな》の恋・都の恋

往古のインドにおける都市生活の栄華を偲ぶべく、『遊女の手くだ』を記した三種の物語の比較・抄出を準備する内、紙数が多くなりさうな事に気付いた時には、締切が迫つてゐた。慌てて別の極く小品を翻してみたが、今度はいかにも興味が薄く、自分で厭になってしまった。止むなく有合せの訳稿から、「鄙《ひな》の恋・都の恋」と題して弥縫を試みる。

前半「鄙の恋」は、中世インド俗語、マハーラーシュトリー語で書かれた、ハーラ編とされる『サッタサイー』（七百頌《しょう》）の一部で、主として、三世紀前後の南インド農村が舞台である。ただし、都会人の趣味に照らした田園生活の反映であって、素朴な民謡ではなからう。

後半「都の恋」は、七、八世紀の詩人アマルの名を冠する古典梵語短詩集『アマル・シャタカ』（百頌）より採った。詩人の生地はカシミールと推定され、成因について奇妙な伝説があるが、いづれも根拠に乏しい。都市の機能と直接に係る叙述は少いが、富の集中の結果としての物心の余裕が産んだ詩情が有る。

選択の基準は、判り易さを旨とし、必ずしも傑作を抽出したものではない。

## 鄙の恋

1

日盛りには、暑さを怖れて
影さへ　体から　外に出やうとはしないんですよ。
ですから、旅のお方、
妾《わたし》のところで　休んでいらしったらいかが。〔四九〕

2

旅の方、石だらけの土地しかない村ですから、
ここには　寝るところはありません。
けれど、湧き起った雨雲を眺めて
留らうとなさるなら、どうぞ　お留りなさい。〔八七九〕

3

マドゥカの花なんて何になるの、若いお方。
貴男が　妾の腰から着物を剝取ったら
誰の救けを呼べばいいの。
森の中で　人里離れてゐるし　妾はたった一人なのに。〔八七七〕

1〜5　人妻が、さり気なく暗示を与えて、旅人を誘惑する。夫は行商などで留守が多い。後世まで続く題材のはしりである。

3　マドゥカの花を摘みに森へ入った女が、若い旅人に出会う。花は身を護るのに役立たない。

4

夜は真暗、主人は留守、家はがら空きです。
どうぞ、旅のお方、
わたしたちが盗賊に襲はれぬやう
見張ってゐて下さい。〔三三五〕

5

ここに姑が眠るの。ここが妾、ここが召使みんなよ。
明るい内によく見ておいて、
夜盲《とりめ》の旅人さん
妾の寝床に躓かないやうに。〔六六九〕

6

田舎育ちで　田舎に住み
都のやり方は知らないけれど、
妾が何だって　関やしないわ。
町の女の亭主を　擒《とりこ》にしてやるんだ。〔七〇五〕

7

心配なくさまよって下さい、有徳のお方。
あの犬は、今日、
ゴーダーヴァリーの岸辺の恐しい茂みに棲む
狂暴な獅子に　殺されましたから。　〔一七五〕

8

お止めなさい、牡牛よ。
稲粒が　何かに食べられてしまったので、
今日、御主人様の田んぼは
見張られてゐるんですから。　〔九五八〕

9

商人《あきんど》さん、わしらのとこじゃ
象牙や虎の皮なんぞ　誰が取ってくるもんかね。
顔に捲毛が垂れかかった
嫁の奴が、この家にのさばる限り。　〔九五一〕

10

「ダーモーダラは今でも子供《ねんね》なんですよ。」

7　語り手の女は、河のほとりで逢引を重ねるが、行者が禊《みそぎ》や祭壇の水汲みに来て邪魔なので、表裏ある語により牽制する。一見、行者の恐れている猛犬の死を告げるのみだが、より危険な獅子の存在を匂はせる。

8　召使の女が、田の中に潜んで待つ相手の男に、警告する。人前だから、牡牛になぞらへた。

9　語り手は、伜が昼間から房事に耽って、猟に出向かぬのを、嫁の所為にする。顔に捲毛の垂れるのは、奔放な戯れの名残である。

10　ダーモーダラは、牧人の神格

かうヤショーダーが云ふと
牛飼ひの女どもは
クリシュナの顔を覗いて　密《ひそ》かに笑ひかけた。　〔一一二〕

11

仕合せな方、貴男の心が　千人もの女で一杯で
入れてもらふ余地がないので、
元々やせてゐるのに　彼女は
もっと痩せやうと日も夜も無いのよ。　〔一八二〕

12

別嬪さん、一寸おいで。
中傷が拡ってゐるから、耳をお貸しなさい。
おお、腰の細そりした女よ、
奴等は　あんたの顔を月に譬へてゐるよ。　〔九七二〕

化であるクリシュナの別名。養母のヤショーダーの知らぬ間に、彼は大いに発展している。

11　心の問題を肉体に置き換へた技巧。

12　褒め言葉を中傷に格下げたための面白味。

## 都の恋

### Ⅰ

若い夫婦の睦言を　夜通し聴いた
家の鸚鵡《おうむ》は、
朝になると　年寄たちの前で、それらを
図に乗って　繰返しはじめた。
すると　羞《はずか》しさで一ぱいの新妻は、
石榴《ざくろ》の粒をやるやうに見せかけて
耳飾の紅玉の小片を　嘴に押し込み、
まんまと　彼のお喋りを黙らせてしまった。〔一五〕

### Ⅱ

貴女の心から愛《いと》しい方は、頭を垂れ
外に坐って　地面を引掻いてゐます。
泣き通しで目を腫らした女友達は、
御飯も喉に通りません。
籠の鸚鵡も、笑ったり話したりするのを
あきらめてしまひました。

Ⅰ・Ⅱ　最も好評な篇の一。

あなたの様子も　そっくりですよ。
かたくななお方、もう怒るのはお止めなさい。〔八〕

Ⅲ

運命に見放されたわたしは
ほっそりした女の前で
名を言ひちがへて恐れをなし、
途方に暮れて　取り止めもないものを床に描きはじめた。
ところが　いかなることか
その線描たるや、今度は
手足を備へた　他《あだ》し女の姿が
はっきりと浮び上るといふ始末。〔四〕

Ⅳ

さて　それに気付くと
淑やかな女も
頬がふるへて真赤な色に染まり、
思ひがこみ上げて　急に　泣きくづれ、
「ああ、何てことが起ったんでせう。」
と叫びながら、怒りにまかせて

Ⅲ・Ⅳ　連作。

ブラフマーの武器のやうな左足の一撃を
わたしの頭に見舞ふのだった。〔五〕

V

一つ席に二人の愛人が並んでゐるのを見ると
抜き足さし足で近寄り、
冗談でやっているやうなふりをして
片方の女の　目をふさぎ、
頸を横に曲げた　悪党は、
身の毛がよだち　恋の思ひに心戦《おのの》き
押しこらへた笑ひで頬の輝く
別の女に　口づけする。〔一八〕

VI

自分でわたしに付けた爪跡を見つけ
酒に酔ってゐるので理不尽な嫉妬に駆られて、
うら若い女が去って行くのを、
「何処へ行くんだ。」とわたしは裾をとらへる。
顔をふり向け　眼に涙をためた彼女は、
唇を怒りに震はせて

V　身の毛がよだつのは、歓喜のしるし。

「放して、放してったら。」と叫ぶ。
ああ、誰がから云ったことを忘れられやう。〔四七〕

Ⅶ

いとしい人が悪い事をしたので　追払ふと、
親しい女友達の装ひで　戻って来ました。
だまされた妾は　すがりついて、
彼と会ひたいといふ秘密を　打明けてしまひました。
すると　どうでせう。
「お馬鹿さん、そいつはとっても難しいわよ」と云って、
笑ひながら、ぎゅっと抱きしめたではありませんか。
今日の夕まぐれ、妾は　あの詐欺師にたぶらかされたのです。〔四一〕

Ⅷ

他し女に　唇を遠慮なく嚙まれたので
手に弄ぶ蓮花で打たれた　色男は、
花粉が目に入ったかのやうに
眼をしばたたいて立ってゐた。
そこで、愛人が、もしやの思ひと　猾さから
月の顔を　蕾のやうに尖らせて

Ⅷ　インド人は接吻の際、相手の唇を嚙むので、痕が残って痴話喧嘩の種となる。女は、面子上、怒って見せたが、早く和解したいので、わざと騙されたふりをする。男も、跪いて赦しを乞う苦労が省ける。

息を吹きかけると、
跪くのを抜きにして　接吻されてしまった。〔八〇〕

IX

眉を顰めるのが　怒り、
黙り込むのが　争ひ、
お互の頰笑みが　仲直り、
見つめるのが　好意のしるし——
こんな愛情だったのに
いまや　災厄がふりかかりました。
御覧なさい　貴男は足許《もと》にのた打ち、
意地悪女の妾は　怒りを捨てないのです。〔三三〕

X

そもそもの昔、わたしたち二人は
切っても切れない一体でした。
それから、貴男は　いとしいお方
妾は　望みを絶たれた「最愛の女」となり、
いまや、あなたは　御主人様　こちらは　妻、
その外に　なんにもありません。

X　「最愛の女」といっても、単なる習慣的な呼称に過ぎない。気位の高過ぎる女の辿る運命。

これが、金剛石のやうに固い
呪はれた生命の　果報です。〔八一〕

XI

腕輪は　行ってしまった。
仲好しである涙も　どんどん流れていってしまった。
勇気は　もう一瞬も留ってくれないし、
心さへ　出ていかうときめてゐる。
妾の恋人が　出発を決意すると、
これらはみんな　一緒に行かうとする。
命よ、お前も去らなければならないなら、
どうして　親友たちと道連れにならないのか。〔三一〕

XII

妾が　あの淫らな女かしら。──
これが　人に聴かれた足輪かしら。──
妾たち生来の慎みを取得とする女性が
どうしてあんなあられもない事ができたのかしら。──
快楽を遂げた後で　記憶が戻ってくると、
体を点検し　羞恥に駆られて

XI　旅立つ恋人との別離の悲哀を、擬人法で唱ふ。素材も手法も、インド詩の常套。先づ、痩せたので腕輪が脱け落ち、次々と、より重要なものを失ってゆく。

XII　男の位置をとった女の、事後の反省。

まづ　男のやうな振舞を離れ、
ついで　夫から離れる。〔一二〕

〔「都市」第一号　一九六九年一二月〕

# 中世天竺　恋愛八十相

「遣手婆の遊女に与える忠告」を骨子とする物語が、中世サンスクリット文学に、三篇残っている。ダーモーダラグプタ『女将の教訓《クッタニー・マタ》』（八－九世紀、略、教訓）、クシェーメーンドラ『手管の母《サマヤ・マートリカー》』（一一世紀、手管）、ボージャ『シュリンガーラマンジャリー物語《カター》』（一一世紀、物語）がそれである。

これらは、同工異曲に見えて、趣向の踏襲と新機軸の案出が意識的になされており、対照して読むと興味がある。

ところが、ここに紹介する、恋する男《ナーヤカ》の「愛染《ラーガ》」を扱った『手管』第五章（一－五九）では、『教訓』に相当箇処が無いかわりに、『物語』の著者ボージャの、『根本情念解明《シュリンガーラ・プラカーシャ》』という詩論書をも検討しなければならない。しかるに、この、全く異った角度から「愛染」に関説する厖大な労作は、煩瑣《はんさ》を極め、要約は筆者の能力を越える。したがって、比較は、皮層に止った。テキストは、インド人特有の、事物の羅列と分類への飽くなき嗜好を示し、奇想にも富んでいるから、それ自身のおもしろみも存するであろう。

「愛染《ラーガ》」は、『カーマ・スートラ』で「性愛《ラティ》」の同義語に数えられているが、本来は「染めること」で、色彩（殊に赤）、（心がある情緒で染まるから）感動、恋愛、喜悦、美（特に声の）、音楽の調子などの意味が派生した。なお、「愛染」は仏典の語彙で、一般には通じないから、本文では「恋」と和らげた。

さて、「恋《ラーガ》」の分類は、色彩の連想から、染料になぞらえて始められる。さらに、別の暗示により野放図に増大するが、八種ずつ八組と補遺一六、計八〇という八ずくめの形式だけは整っている。しかし、真の体系化ではないから、説明に無理があり、了解に苦しむ点も多い。

この乱雑さを救うために、『物語』では一二の色彩を四組三段階に構成し、それ以外を切り捨てた。アクシーバ（木からとる染料）、サカラ（未詳）、泥土、ローチャナ（鮮黄色のもの）、カーンピリヤ（鮮紅色のもの）の五種が、加えられている。

藍の組――破滅しても消えない。
（1）藍の恋、（2）真鍮の恋、（3）アクシーバの恋。
茜草の組――なかなか消えないが薄れてゆく。
（4）茜草の恋、（5）柿色の恋、（6）サカラの恋。
紅花の組――消えてしまうと害をする。
（7）紅花の恋、（8）臙脂の恋、（9）泥土の恋。
欝金の組――たちまち消えてしまう。
（10）欝金の恋、（11）ローチャナの恋、（12）カーンピリヤの恋。
これらは、下段ほど不安定であるが、なお上段の性格を保持しているから、四種で代表されるという。

それらに対するあしらいは――

藍の恋をなす者は、布地のように、利用しつくしてから棄てろ。

茜草の恋をする男は、欲しい時に富を奪ってもかまわないが、冷淡にしてはいけない。

紅花の恋の場合は、おべっかが嫌いだから、ちやほやするのは禁物。折を逃さず、財産を搾ってしまえ。

欝金の恋の客は、すぐ遠のくから、早く取り上げるのが何より。
『物語』には、この各々を説明する、四つの挿話がある。しかし、残りの九種の配置は、恣意的であるとの印象をまぬかれない。

そこでボージャは、『解明』ではサーンキヤ哲学の観念に基き、この一二を、より合理的に再編した。「純質《サットヴァ》」「激質《ラジャス》」「翳質《タマス》」の「三性質《トリ・グナ》」の下に、四種ずつ分けるのである。この三語は、色彩について、「輝き」「赤さ」「暗さ」を意味するから、都合がよい。

「純質」に属するもの——

（1）欝金の恋、（2）ローチャナの恋、（3）カーンピリヤの恋、（4）真鍮の恋。

「激質」に属するもの——

（5）紅花の恋、（6）臙脂の恋、（7）アクシーバの恋、（8）茜草の恋。

「翳質」に属するもの——

（9）泥土の恋、（10）柿色の恋、（11）サカラの恋、（12）藍の恋。

しかして——

純質の男は、同情などの感覚が豊かなため、「愛欲《カーマ》」の作用する余地が乏しく、恋は永続しない。また、恋は、普通の仕事の遂行を妨げない。

激質の男は、新たな恋が起っても、本の恋は消えず、深まる一方。

翳質の男は、前二者と違って、恋の消えたり深まったりすることがない。しかし、阻まれると別の型の恋となる。

夫々の上段は極めて脆弱で、順次、堅固なものに及ぶとされる。

このように、『解明』の立場は思弁的な一般論なので、多くの文芸作品の人物を範例として掲げているが、それらを要領よく提出できないので、細部にわたる批判をほどこせないのが遺憾である。
結局、インドでは、素朴な着想も、たちまち擬似科学の餌食となるのだから、あまり真面目にとらず、気楽に読んでいただければ幸甚である。

**サマヤ・マートリカー（第五章一〜五九節）**

そこで、白髪の（遣手《やりて》）婆さんは、発情期《さかり》で狂った象のような嫖客《おとこ》どもを繋《し》縛《ば》るための、遊女の心得を語った――〔一〕

まあお聴きな。あんたが（自分の）娘みたいに可愛いから、いつでもぴったりの手管が使えるように、知って置かなけりゃならない事を教えてあげるんだよ。〔二〕

まず第一に、惚れてくる男の気持がどんな質《たち》だか、突止めるのが肝心さ。捨てるの喰っ付くのは、愛情《こころ》の見分けがついての上だからね。〔三〕

（1）紅花《べにばな》の恋、（2）朱《しゅ》の恋、（3）サフランの恋、（4）臙脂《えんじ》の恋、（5）茜《あかね》の恋、（6）柿色の恋、（7）欝金《うこん》の恋、（8）藍の恋――この八つが、色になぞらえたもの。

（8）インディゴ。

（9）金の恋、（10）銅の恋、（11）真鍮の恋、（12）鉛の恋、（13）鉄の恋、（14）宝玉の恋、（15）ガラスの恋、（16）石の恋――この八つは、鉱物になぞ

らえたもの。〔六〕

(17) 薄明の恋、(18) 月の恋、(19) 虹の恋、(20) 稲妻の恋、(21) 火星の恋、(22) ケートゥ星の恋、(23) 太陽の恋、(24) ラーフ星の恋――この八つは、天空と結びつけたもの。

(25) 耳の恋、(26) 眼の恋、(27) 舌の恋、(28) 肌の恋、(29) 鼻の恋、(30) 意《マナス》の恋、(31) 覚《ブッテイ》の恋、(32) 自我意識《アハンカーラ》の恋――この八つが、感覚器官《インドリヤ》の*恋と呼ばれるもの。〔九〕

(33) 牡牛の恋、(34) 馬の恋、(35) カメレオンの恋、(36) 牡羊の恋、(37) 犬の恋、(38) 驢馬《ろば》の恋、(39) 猫の恋、(40) 象の恋――この八つが、動物で分けたもの。

(41) 鸚鵡《おうむ》の恋、(42) ハンサ鳥の恋、(43) 鳩の恋、(44) 孔雀の恋、(45) 雀の恋、(46) 雄鶏の恋、(47) コーキラ鳥の恋、(48) ジーヴァージーヴァ鳥の恋――この八つは、鳥で分けたもの。〔一二〕

(49) 髪の恋、(50) 骨の恋、(51) 爪の恋、(52) 掌の恋、(53) 歯の恋、(54) 足の恋、(55) 標識《テイラカ》の恋、(56) 耳飾の恋――この八つは、体で示したも

(17) 昼夜のつなぎ目、明方と夕方。
(22) 彗星、悪魔サーンヒケーヤの尾部、第九の惑星と考えた。
(24) 蝕現象を説明する架空の暗黒星、悪魔の頭部、不死の甘露を盗んで切断された。
(30) いわゆる心に当る。
(31) 根源的思惟機能、確認作用を本質とする内的器官。
(32) 我慢とも訳される内的器官、自己中心的誤想により、輪廻の因となる。
＊普通、五感覚器官・五行動器官・意の一一を総称するが、覚なども入る。

(42) ただの鵝鳥《がちょう》であるが、詩的に美化されて、白鳥のごとく扱われる。
(47) インド郭公《かっこう》、甘い声が好まれる。
(48) 雉の一種、共命鳥。
(55) 所属宗派の表示または飾りに、額に描くしるし。

の。

（57）影の恋、（58）幽霊《ブータ》の恋、（59）癲癇の恋、（60）憑物《グラハ》の恋、（61）ガンダルヴァの恋、（62）ヤクシャの恋、（63）狂気の恋、（64）ピシャーチャの恋——この八つが、激しい恋と名付けられたもの。〔一五〕

（65）花の恋、（66）水甕の恋、（67）柑橘《みかん》の恋、（68）石榴《ざくろ》の恋、（69）酒の恋、（70）癩病の恋、（71）丹毒《たんどく》の恋、（72）火葬薪《チター》の恋、（73）蜂の恋、（74）蛾の恋、（75）蝎《さそり》の恋、（76）熱病の恋、（77）目眩《めまい》の恋、（78）記憶の恋、（79）催《ラ》淫《ティ》鬼の恋、（80）血の恋——この十六が、雑多なもの。

さあ今度は、一つ一つの特徴を、順よく手短かに話してあげるから、よくお聞き。〔一八〕

（1）紅花の恋は、丁寧に扱えば変らないが、放って置くとすぐ消えてしまう。

（2）朱（辰砂《しんしゃ》）の恋は、もともと荒っぽいけれど、情をこめて交われば〔油を混ぜて用いれば〕長く保つ。〔一九〕

（3）サフランの恋は、淡い内こそ快いが、度を越すと〔濃すぎれば〕耐えられぬもの。

（4）臙脂の恋は、温かくすればのぼせてくるが〔融けて色が着くが〕、冷た

（57）悪夢、悪魔。
（58）死人の遊魂、亡霊。
（60）心身に悪影響する、魔物または精霊。
（61）インドラの天宮で、楽師や歌手をつとめる、半神族。
（62）富の神クベーラに仕える、下級神群。
（64）食人鬼の一種。

くすると寄りつきもしない〔固まって色が着かない〕。〔二〇〕

（5）茜の恋は、温かくしても冷たくしても同じに、落着いた楽しみが得られる。

（6）柿色の恋は、邪慳に〔乱暴に〕扱うのは何ともないが、優しくすれば〈油気がまざると〉駄目になってしまう。〔二一〕

（7）欝金の恋は、いくら大事にしても、（日の目を見ると）忽ち色褪せてしまう。

（8）藍の恋は、死ぬまで変らず〔染めた生地が傷んでも色は残り〕、妨げられても〔どんな仕打を受けても〕びくともしない。〔二二〕

（9）金の恋は、裂かれても〔切られても〕、苛《いじ》められても〔擦《こす》られても〕、悩まされても〔火に入れられても〕、いつも同じ輝きがある。

（10）銅の恋は、応待に怠りない限り〔手入がゆき届いていれば〕申し分ないが、さもなければ続かない〔銹《さ》びる〕。〔二三〕

（11）真鍮の恋は、情をかけると〔油がつくと〕損われる〔光が曇る〕。

（12）鉛の恋は、始めも途中も終りも、どんよりとした灰色。〔二四〕

（13）鉄の恋は、鋭いという本性《さが》と頑固さ〔堅さ〕のために、頭を下げることがない〔曲がらない〕。

（14）宝玉の恋は、見せかけでなく、もともと清く澄んで移ろわない。〔二五〕

（15）ガラスの恋は、根っから毀《こわ》れやすく、ごまかしにすぐ気付く。

（15）後半不詳。

(16) 石の恋は、鈍さで〔重みで〕永続きするが、心が欠けているので味がない。〔二六〕

(17) 薄明の恋は、ふらつくこともあるが一途なこともあり、環境《まわり》次第で、それに応じた欠点が出てくる。

(18) 月の恋は、思い叶わぬか満ち足りているか〈盈虧《みちかけ》〉にしたがい〈変化するもので〉、苦しみが和らぐと〔十五夜が近づくと〕冷たくなる〔光が冴えてくる〕。〔二七〕

(19) 虹の恋は、沢山の娯しみ〔色〕があり、邪なまやかし〔弧を描く幻影《マーヤー》〕の魅惑から生じたもの。

(20) 稲妻の恋は、気まぐれ〔揺れ動くこと〕で始まり、現れるとすぐ消えてしまう。〔二八〕

(21) 火星の恋は、女の蔑みにいきり立って、顔を真赤にする〔表面が赤い〕。

(22) ケートゥ星の恋は、逮捕や殺害などにより、はっきりした災厄をもたらす。〔二九〕

(23) 太陽の恋は、かっとする〔熱い〕性質のため、つねに燃え上り、のぼせる〔昇る〕一方なもの。

(24) ラーフ星の恋は、友だち〔太陽〕を損おうと望むよこしまなもので、大の欲張り〔大きな惑星〕。〔三〇〕

(17) 全体的によく判らない。

(22) 彗星の出現は凶兆。

(24) 悪事をヴィシュヌに告げられたので怨みを抱き、太陽を呑もうとする。

(25)耳の恋は、耳に快いことを求め、（自分の）相手の女を（他人が）褒めそやすのを聞くのに夢中になる。

(26)眼の恋は、もっぱら、外見だけを追い求める。〔三一〕

(27)舌の恋は、いろいろな食べる楽しみを、貪婪に求める。

(28)肌の恋は、すべてを打棄《うっちゃ》って、あらゆる女を抱こうとする。〔三二〕

(29)鼻の恋は、花や香料などの、豊かな匂いを欲する。

(30)意《マナス》の恋は、つねに繰返して、一つの望みだけを遂げようとする。〔三三〕

(31)覚《ブッディ》の恋は、いとしい女《もの》〔真理〕に愛着し、悪を離れ、徳がある。

(32)自我意識《アハンカーラ》の恋は、褒めるに値する人との交際《つきあい》を増やすのを、特徴とする。〔三四〕

(33)牡牛の恋は、若さによるもので、肉体《からだ》に具わる自慢の力から生まれる。

(34)馬の恋は、交合《まじわり》だけが目当てで、いつでも即座に奮い立つ。〔三五〕

(35)カメレオンの恋は、女の視線《まなざし》にあうと、ときめく。

(36)牡羊の恋は、一口の草を、反芻《にれが》むようなもの。〔三六〕

(37)犬の恋は、交合《まじわり》が終ると顔を背け、女の秘密を明らさまにする。

(38)驢馬の恋は、激しいこすり合わせを充分おこなうことのみが、最終の目的。〔三七〕

(39)猫の恋は、つねに、相手にぴったりひっついているもの。

(40)象の恋は、苦労や捕《つか》まることに頓着せず、交合《まじわり》に耽けるもの。〔三八〕

(32)利己的で、得になる人としか交らぬ。

(35)驚いて体色を変えることか。

（41）鸚鵡の恋は、心に愛情がないくせに、口先だけ甘さたっぷり。

（42）ハンサ鳥の恋は、幸福《しあわせ》で、善いものと悪いものの差別《けじめ》を立てる。〔三九〕

（43）鳩の恋は、情の濃やかさと色好みなことが、特徴のすべて。

（44）孔雀の恋は、己が身のゆたかな容色《かたち》に酔い痴れて、踊りくるう。〔四〇〕

（45）雀の恋は、くり返し肉体《からだ》の交りだけを求める。

（46）雄鶏の恋は、ほんの僅かしか、愛する女《もの》〔牝〕の苦労を分かち合わない。〔四一〕

（47）コーキラ鳥の恋は、囁きも甘く、大変なお喋り。

（48）ジーヴァージーヴァ鳥の恋は、ぴったり接吻《くちづけ》したまま、動かない。〔四二〕

（49）髪の恋は、七日つづき〔染めた色は七日しか保たず〕、愛情が湧くのもやっとのこと〔なかなか染まらない〕。

（50）骨の恋は、内に籠っていて、秘めた思慕《おもい》を生命《いのち》と心得る。〔四三〕

（51）爪の恋は、一月つづき〔生え更るのにかかり〕、そろそろと消えて行く〈剪《き》られる〉。

（52）掌の恋は、激しくても、拳《こぶし》に握りしめているので露《あらわ》にならない。〔四

（42）蓮根の乳液だけ泥水中から摂取することか？

（48）雉類の番いは、仲が好い。

四〕

(53) 歯の恋は、いつも蒟醤《きんま》を弄ぶことにのみ、満足を味わう。

(54) 足の恋は、ひたすら、身を屈めて〔敬礼して〕、足に執着する〔足許にひれ伏す〕。〔四五〕

(55) 標識《ティラカ》の恋は、卑賤な男の、身分高い女との交わり。

(56) 耳飾の恋は、偽って〔曲っているので〕耳にとり入り〈ひっつき〉、自慢し過ぎる〔カチャカチャ鳴る〕。〔四六〕

(57) 影という憑物《つきもの》の恋は、どこにでも付きまとい、人を憔悴《やつれ》させる。

(58) 幽霊《ブータ》の恋は、気心が知れず、痴呆と呼ばれ、我を失っている。〔四七〕

(59) 癲癇の恋は、絶えず、兇暴な怒りで痙攣《ひきつけ》を起す。

(60) 憑物《グラハ》〔掴む者〕の恋は、路で〔他に〕人がいてもいなくても（関わず）、着物の裾を引っぱる。〔四八〕

(61) ガンダルヴァの恋は、歌や踊りなどの道楽に、溺れ込む。

(62) ヤクシャの恋は、追出しても帰らず、（女の）家に舞戻るのが巧妙。

〔四九〕

(63) 狂気の恋は、囈言《たわこと》を口ばしり、箍《たが》の外れたことをする。

(64) ピシャーチャの恋は、不浄を好み、ひどい傷をつけて引裂くもの。

〔五〇〕

(53) この葉を檳榔子《びんろうじ》・石灰とともに噛んで嗜好品とする。

(55) 男を、顔料の色土に譬《たと》えた。

(65) 花の恋は、束の間だけ取得があり、賞め言葉だけを受付ける。

(66) 水甕の恋は、毀れていても、断片《かけら》を寄せれば、つながっているように見える。〔五一〕

(67) 柑橘《みかん》の恋は、内側に美味い汁気があるが、外側は舌を刺しきわめて苦いもの。

〔五二〕

(68) 石榴の恋は、心の中で、はちきれそうに大きく育っているもの。

(69) 酒の恋は、一時の酔いに似て、正気に戻れば、跡方も留めないのが特徴。

(70) 癩病の恋は、怖ろしい行ないの気味の悪さで、ひどく嫌われる。

〔五三〕

(71) 丹毒の恋は、体の急処に、ひどい損傷を起す。

(72) 火葬薪《チター》の恋は、全身を燃え立たせるもので、調服（の咒文や惚薬）を使って（誑《たぶら》かすことにより）生ずる。〔五四〕

(73) 蜂の恋は、物珍しさで味見をするだけで、（つぎからつぎへと）新しいものに向う。

(74) 蛾の恋は、愛する女《もの》〔火〕の素晴らしさ〔輝き〕に夢中になり、破滅へと激しく牽《ひ》かれる。〔五五〕

(75) 蝎の恋は、（女に）苦痛を与え、ひどく嫌われていても、あくまで動じない。

(76) 熱病の恋は、ものを食べず、高い熱のために色つやが失くなるもの。

（72）死骸を焼くときには、呪文を唱えて点火する。

〔五六〕

(77) 目眩の恋は、思慮を失くし、輪に乗っているように、目が廻っているもの。

(78) 記憶の恋は、愛しい人を想い浮かべて、他の女と交わるもの。〔五七〕

(79) 催淫鬼《ラティ・グラハ》の恋は、いつも眠っているとき、交合《まじわり》の楽しみを得るもの。

(80) 血の恋は、賤しい男が喧嘩で血を流したとき、亢《たか》まるもの。〔五八〕

(80) 嗜虐症。

さあこれで、八十の恋の区別を、かいつまんで話してあげたことになる。けれど、これらをもっと詳しく述べ立てようものなら、誰が数なんか算え尽くせるもんかね。〔五九〕

〔「都市」第二号　一九七〇年四月〕

# インド古典芸術における「女主人公（ナーイカー）」の分類（その一）

## はじめに

『カーマ・スートラ』を繙《ひもと》いた人は気付かれたと思うが、インド人には、独特かつ顕著な「分類癖」がある。それは、梵語の文法的組織の徹底した解明に見られる、卓越した分析力の所産であるが、普遍・典型を重視し特殊・個体を軽視する、思弁的態度の影響を免れない。したがって、事実の観察よりイデアに基く分類――分類のための分類――となる傾向が強く、インド人の思惟は自然科学を生み出すに至らなかった。この点、豊かな経験的知識をもちながら、それらを理論的に体系化する抽象性に欠けていた、シナ人の思惟方法と、全く対照的である。

このインド的「分類癖」は、あらゆる分野の理論的著作に頭をもたげるが、「演劇論（ナーティヤ・シャーストラ）」および、それを源流とする「修辞論（アランカーラ・シャーストラ）」、「絵画論（シルパ・シャーストラ）」においても、随処に発見され、その一つが、戯曲・詩歌・絵画の「女主人公（ナーイカー）」に対する分類である。

それは、次元の異なる三つの分類（および一部の再分類）を組み合わせて、結局、「女主人公」を三八四種に細分するものである――

（イ）「自分の女（スヴァキーヤー）」、「他人の女（パラキーヤー）」、「共有の女（サーダーラニー）」の三種。

（ロ）「女主人公」のおかれた状況（後述）による八種。

（ハ）「最上の女（ウッタマー）」、「中位の女（マディヤマー）」、「最低の女（アダマー）」の三種。〔以上、基本的分類〕

（ニ）（イ）の「自分の女」を、「無経験な女（ムグダー）」、「中間的な女（マディヤー）」、「経験豊かな女（プラガルバー）」に分けた三種。

（ホ）「中間的な女」と「経験豊かな女」を、気性によって、「冷静な女（ディーラー）」、「中間的な女（マディヤー）」、「冷静でない女（アディーラー）」に分けた三種。

（ヘ）それを「主人公」の抱く愛情の程度によって、「気に入りの女（ジエーシュター）」、「気に入りでない女（カニシュター）」に分けた二種。〔（ニ）・（ホ）・（ヘ）の再分類によって、「自分の女」は、一三種となる〕

（ト）（イ）の「他人の女」を、「未婚の女（カニヤー）」と「既婚の女（ウーダー）」に分けた二種。

以上の分類法で、まず驚くことは、「女主人公」の「性格」による分類が、（イ）の「自分の女」における（ニ）の「中間的な女」と「経験豊かな女」にしか適用されず、それも、（ホ）の「冷静な女」「中間的な女」「冷静でない女」という、「ヒステリー性格」の程度しか問題にしていないことである。強弱の差こそあれ、女にヒステリーはつきものであるからこれでは、真の「性格」というものを全く無視しているに等しい。

つぎに注目されるのは、「状況」の重視である。「自分の女」一三種、「他人の女」二種、「共有の女」一種、計一六種は、すべて一様に八種の「状況」によって分類され、実際には、「身分」よりも「状況」が肝心なのである。

その「状況」によって、あらゆる女性は、つぎのごとく、八種の存在として把握される――

①「愛人（夫）を支配している女（スヴァーディーナ・パティカー）」〔別称、スヴァーディーナ・バルトリカー〕

②「（愛人・夫との）別離を悲しんでいる女（ヴィラホートカンティター）」〔別称、ウトカー、ウトカンティター（悲しんでいる女）〕

③「家に（愛人・夫を受けいれる）用意のできている女（ヴァーサカ・サッジャー）」〔別称、ヴァーサカ・サッジカー、ヴァーサカ・サッジター〕

④「喧嘩で（愛人・夫と）離れている女（カラハ・アンタリター）」〔別称、アビサンディター（離れている女）、クピター（怒っている女）〕

⑤「（愛人・夫に会う約束をすっぽかされて）欺された女（ヴィプララブダー）」

⑥「（愛人・夫が来ないので）悩んでいる女（カンディター）」

⑦「（愛人・夫のところへ）逢いにゆく女（アビサーリカー）」

⑧「愛人・夫が旅に出てしまった女（プローシタ・バルトリカー）」〔別称、プローシタ・パティカー、プローシタ・プレーヤスィー〕

右の八種こそ、「女主人公」の分類の中核であって、この「状況」を重んじ、「性格」を軽んずる態度は、「個我」の「唯一性」よりも「人間存在」の「置換可能性」を真理に近いとする、インド人の哲学の反映である。もちろん、実際の戯曲などにおいては、強烈な個性の持ち主が現れないではないが、それらとても、西欧、シナ、日本の登場人物とくらべれば、類型的に描かれており、特に絵画においては、この傾向が極端に達している。

しかし、この観念的な分類は、意外に実用的な分類でもある。つまり、「主人公」（ないし男性一般）の「女主人公」（ないし女性一般）に対する「関心」の在り方を中心とした分類である。この点から見ると「自分の女」の中の「無経験な女」に、「冷静・中間・非冷静」の区別がないのは、ある意味で「無経験な女」はすべて「非冷静」に決まっているし、「無経験であること（おぼこらしさ）」そのものがなによりも珍重すべき「特性」であるから、余計な限定をしないのだと納得がゆく。「気に入りの女」「気に入りでない女」の区別がないのも、はじめのうちはだれでも、「気に入りの女」に決まっているからである。また、「他人の女」が、「未婚、既婚」とだけ分かれているのも、「盗む側（男）」のスリルと責任からすれば、「娘」か「人妻」かが大問題で、「性格」は二の次となり、「気に入りの女」でなければ手を出さないからである。さらに、「共有の女」とは「娼婦」のことであるが、「娼婦」は「経験豊かな女」、「冷静な女」でなければつとまらず、「気に入りの女」でなければ客が通わないから、細分されないのである。

以上が、「女主人公」の分類法の特色であるが、「主人公」の分類は一般的な「性格」と「女性に対してとる態度」を基準として、四種ずつ二重の区別がなされ、計一六種を数えるに過ぎない。そのわけは、「他人の男」を「主人公」として「女主人公」が慕うことはインド古典演劇では認められず、「女主人公」から見た「主人公」は、すべて「自分の男」であり、「主人公」となるほどの男は、「冷静な男」、「気に入りの男（最もいとしい男）」、「最上の男」に決まっているので、かなり分類が単純化されるからである。〔ただし、「恋愛詩」においては、「人妻の浮気、誘惑」は重要なテーマである〕

ここで、ちょっと不思議なのは、「女主人公」の分類では中核と目された、「状況」による八種の区別が見ら

## 女主人公(ナーイカー)の分類表

nāyikā
女主人公

- A. svakīyā 自分の女
  - ⓐ mugdhā 無経験の女
  - ⓑ madhyā 中間的な女
  - ⓒ pragalbhā 経験豊かな女
    - (ⓑ・ⓒ)
      - ㋑ dhīrā 冷静な女
      - ㋺ madhyā 中間的な女
      - ㋩ adhīrā 冷静でない女
        - ⓘ jyeṣṭhā 気に入りの女
        - ⓘⓘ kaniṣṭhā 気に入りでない女
- B. parakīyā 他人の女
  - ⓐ kanyā 未婚の女
  - ⓑ ūḍhā 既婚の女
- C. sādhāraṇī 共有の女

① svādhīnapatikā・愛人を支配している女
② virahotkaṇṭhitā・愛人との別離を悲しんでいる女
③ vāsakasajjā・家に愛人を受けいれる用意のできている女
④ kalahāntaritā・喧嘩で愛人と別れている女
⑤ vipralabdhā・愛人に会う約束をすっぽかされて欺された女
⑥ khaṇḍitā・愛人が来ないので悩んでいる女
⑦ abhisārikā・愛人のところへ逢いにゆく女
⑧ proṣitabhartṛkā・愛人が旅に出てしまった女

Ⅰ uttamā 最上の女
Ⅱ madhyamā 中位の女
Ⅲ adhamā 最低の女

$$N = [(1 + 2 \cdot 3 \cdot 2 + 2 + 1) \cdot 8] \cdot 3 = 384$$

1: a ／ 2: b, c ／ 3: イ,ロ,ハ ／ 2: i,ii ／ 2: α, β ／ 8: 1~8 ／ 3: Ⅰ~Ⅲ
A (a; b, c) ／ B (α, β) ／ C (1)

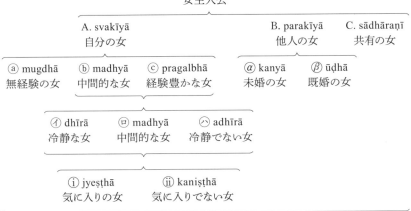

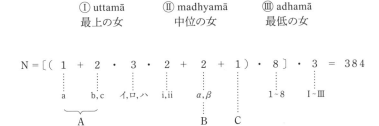

れないことであるが、その理由は容易に判明する。すなわち——

①「愛人・妻を支配している男」というのは、いうまでもない当然とされる。

②「愛人・妻との別離を悲しんでいる男」は、もちろん存在するが、「女々しい」のであまり歓迎されない。〔ただし、『メーガ・ドゥータ（雲の使）』、『チャウラ・パンチャーシカー』のごとく、この主題のみを唱った「抒情詩集」もある〕

③「家に愛人・妻を受けいれる用意のできている男」、「メイク・ベッド」は女の仕事であるから、男にふさわしい「状況」ではない。

④「喧嘩で愛人・妻と別れている男」は、女と同じ数だけいるわけであるが、「痴話喧嘩」のもつ意味は、一般に女性における場合よりはるかに軽い。

⑤「愛人に会う約束をすっぽかされて欺された男」、こんな「まぬけ」は、「主人公」とはなりえない。

⑥「愛人が来ないので悩んでいる男」、これも「女々し」すぎる。

⑦「愛人のところへ逢いにゆく男」、これも当然である。女の方から危険を冒して忍んで来るところに、詩趣が生ずる。

⑧「愛人・妻が旅に出てしまった男」、インドでは女性が長い旅に出る理由がないから、ほとんど成立しない。

つまり、「女主人公」の場合にならって、「主人公」の「状況」による分類をおこなうことは、不成立、無価値、普遍的のいずれかであることによって、妥当でないのである。「男女関係」が、「男性」の置かれる「状況」のごく一部に過ぎないことも、かかる区別を立てない一因かもしれない。

そこで、「主人公」の分類は、つぎのごとく簡単である——

## 主人公（ナーヤカ）と補佐役の分類表

nāyaka
主人公

| | | | |
|---|---|---|---|
| A. lalita<br>快活な男 | B. śānta<br>静かな男 | C. udātta<br>高潔な男 | D. uddhata<br>傲慢な男 |

| | | | |
|---|---|---|---|
| ① anukūla<br>忠実な男 | ② dakṣiṇa<br>巧妙な男 | ③ śaṭha<br>不実な男 | ④ dhṛṣṭa<br>恥知らず |

narmaśaciva
主人公の補佐役

| | | |
|---|---|---|
| ① pīṭhamarda<br>相談役 | ② viṭa<br>通人 | ③ vidūṣaka<br>道化師 |

nāyikā
女主人公
〔別表［p.107］参照〕

| A. sakhījana<br>女友達 | または | B. dūtā（女主人公の補佐役*）<br>女使者 |
|---|---|---|
| ① kārū・女工芸家 | | ① dāsī・女奴隷 |
| ② dāsī・女奴隷 | | ② sakhī・女友達 |
| ③ naṭī・踊り子 | | ③ kārū・女工芸家 |
| ④ dhātrī・乳母 | | ④ dhātreyī・乳母の娘 |
| ⑤ prativeśyā・隣の女 | | ⑤ prativeśikā・隣の女 |
| ⑥ śilpinī・女画家 | | ⑥ liṅginī・女修行者 |
| ⑦ bālā・少女 | | ⑦ śilpinī・女画家 |
| ⑧ pravrajitā・尼僧 | | （⑧ svā・〈女主人公〉自身） |

〔＊女友達ないし女使者の分類は、変化が多いので、二例のみ示す。〕

㋑「快活な男（ラリタ）」
㋺「静かな男（シャーンタ）」
㋩「高潔な男（ウダーッタ）」
㊁「傲慢な男（ウッダタ）」〔以上、本質的な「性格」による分類〕
㋭「（愛人・妻に対して）忠実、従順な男（アヌクーラ）」
㋬「（愛人・妻に対して）巧妙な男（ダクシナ）」
㋣「（愛人・妻に対して）不実な男（シャタ）」
㋠「（愛人・妻に対して）恥知らずな男（ドゥリシュタ）」〔以上、「女性に対する態度」による分類〕

このㄋ～㊁と㋭～㋠を組み合わせることによって、一応、一六種の「主人公」ができ上るわけであるが、より重要で実用的なのは、㋭～㋠の分類であり、㋑～㊁はしばしば省略されている。ことに、「女主人公」との関連においては、㋭～㋠のみが問題である。

そこで、本論においては「女主人公」のみを扱うので、ここで、「忠実・従順な男」以下四種の、「定義」と「実例」を挙げておこう。

①「忠実、従順な男（アヌクーラ）」の定義

A「つねに一人の女に好意を寄せ、他の女には目もくれず、シーター〔叙事詩『ラーマーヤナ』の「女主人公」〕に対するラーマ〔同じく「主人公」〕のごとくである男、このような男が、かのアヌクーラ（忠実、従順な男）であると教えられる」〔『シュリンガーラ・ティラカ』〔以下〈ST〉〕一・二九〕

B「アヌクーラは、しかし、一人の愛人（ナーイカー）しかもっていない」〔『ダシャ・ルーパ』〔以下〈DR〉〕二・一一（ハースの区分による）〕

(1)「アヌクーラ」の実例
女友達よ、わたしたちの衣服は美しくないし、
首飾りも輝いてはいない。
歩みぶりは派手でなく（未詳）、笑い声も高らかでなく、
なんらの激情があるわけでもない。
いったい、他の人たちは、（わたしたちのことを）なんと云うだろうか。
でも、（わたしにとっては）、この（おまえ）からこそ至福がもたらされるのであって、
他（の女）からの愛などないのだ。
（おたがいの）眼差しをそらすという、ただそれだけのことで、
全世界が惨めになったと、わたしたちには思われる。
②「巧妙な男（ダクシナ）」の定義
A「他の（女）に関心が向いていても、もとからの愛人・妻に対して、尊敬、恐怖、愛情、親切を捨てないものが、ダクシナであると知られるべきである」〔ST・一・三二〕
B「かの女（＝もとからの愛人・妻）に対して、親切であるのが、ダクシナである」〔DR・二・八〕
(2)「ダクシナ」の実例
まさしくかれの挨拶があり、まさしく言葉があり、
まさしく戯れのしぐさがあり、
まさしく畏怖があり、
以前からの愛情にふさわしい、甘い快楽がまさしく存在する。
でも、かの女は、愛人（夫）にとって嫌なことをしたり、

かれに対して、まちがった訳のわからないことを云い立てる。
――女友達（妻）よ、どうして昼も夜もこんな風なの。
心配で、気が安まらないよ。――　〔ST・一・三二〕

③「不実な男（シャタ）」の定義

A「（愛人・妻の）目の前では愛を語り、よそでは思う存分愛に背くことをしており、しかも、悪事をはたらいたそぶりも見せないもの、こんな男がシャタと云われる」〔ST・一・三三〕

B「愛情に背く行為を隠す男が、シャタである」〔DR・二・九〕

(3)「シャタ」の実例

激情のゆえに、いくらか身をかがめ、
力ずくで（愛人・妻の）髪の毛をしっかりと引っぱり、
快楽の住居（寝室）に連れてゆき、
（こんどは逆に）愛人（妻）により真珠の飾紐で幾重にも縛られ、
――これでもまだ、あの女の家へ行くの――と、
突然、喉の途中で泣き声をあげる女により、
耳（の飾り）の青蓮で、
ある幸運な男は、ひそかに、打たれる。　〔ST・一・三五〕

④「恥知らずな男（ドゥリシュタ）」の定義

A「罪を犯しても心を労せず、打たれても恥じることなく、罪の現場を見られても嘘を云い立てる、そんな男がドゥリシュタといわれる」〔ST・一・三六〕

B「ドゥリシュタとは、（他の女との愛欲で生じた）身体の損傷を（もとからの愛人・妻に）見せつける男

である」〔DR・二・一〇〕

(4)「ドゥリシュタ」の実例

――〈なんてことでしょう、あんたって人は、悪漢、恥知らず。
あんたは、（あの）最愛の女を大事にするべきだわ。
この紅（の痕）は、あんたの心臓を、
あの女が足蹴にした証拠じゃないの〉
こう云ってやったのに、
あの嘘の上手な悪人は、（わたしの）両足を、
ちっとも放しやしないのよ。
これでは、貴女《あなた》、他にどんな仕打ちをしてやれば好いのかしら――　〔ŚT・一・三八〕

以上が、「女性に対する態度」を基準とした「主人公」の分類の、定義と実例であるが、「アヌクーラ（忠実な男）」を除く他の三種は、すべて広義の「不実な男」であり、愛人・妻に対する「配慮〜思いやり」の程度によって、異なる名称をもつにすぎない。また、『ダシャ・ルーパ』では、「忠実な男」が四種の最後に別扱いされているから、インドの上流階級の男は、「浮気」をしない方が例外だったのかもしれない。どうせ愛人・妻を裏切るのなら、せめて「心づかい」だけは十分しようというのが、「巧妙な男（ダクシナ）」であろう。「女主人公」の分類について、詳述する余裕がなくなったが、一見、活きた「人間」を「人形」化するようなインド的分類法も、具体的な例とつき合わせてゆくと、なかなか興味深いものである。次号からは、できるだけ名作の例を盛り込んで、「女主人公」の記述を進めることにする。

〔「月下の一群」創刊号　一九七六年五月〕

# インド古典芸術における「女主人公（ナーイカー）」の分類（その二）

## 本論

### 女主人公（ナーイカー）の定義

「ナーイカー」は、「ナーヤカ（主人公）」と同じく、動詞「ニー（導く）」の派生語であり、「導く者」「高貴な者」などの原義をもち、演劇用語としては「女主人公」を指す。しかも、インドの古典演劇は、王侯の庇護のもとに発達した宮廷演劇であるから、「女主人公」の地位と品格も、「主人公」とひとしく第一級でなければならない。

「女主人公（ナーイカー）」は、まず、「主人公」との関係によって、

A「自分の女・妻（スヴァキーヤー、スヴァー、スヴィーヤー）」、

B「他人の女・妻（パラキーヤー、アニヤー）」、

C「共有の女（サーダーラナー、サーダーラナ・ストリー、サーマーニヤー、サーマーニヤ・ヴァニター）」に三分される。最後の「共有の女」とは、「娼婦」に他ならないが、「高級娼婦」は、原始仏典にも「都市の飾り」として求められているように、王侯貴紳と対等にわたり合える気位と教養をもっていたのである。

「スヴァキーヤー（自分の女・妻）とパラキーヤー（他人の女・妻）とさらにサーマーニヤ・ヴァニター（共有の女）と、かれ（＝ナーヤカ）にとって、この世に、技芸全般にすぐれた三種のナーイカーが存在する。」〔ŚT・一・四六〕

「スヴァー（自分の女・妻）とアニヤー（他人の女・妻）とサーダーラナ・ストリー（共通の女）という、かれ（＝ナーヤカ）〈とひとしい〉美点をもつ三種のナーイカーが存在する。」〔DR・二・二四〕

右の定義で、「技芸全般」とは、「カーマ・スートラ・一・三」に記されるごとき「六四芸」であって、ここに詳述する余裕はないが、今日の淑女に期待される教養の域をはるかに超える、百科全書的な知識と実技をいう。また、「ナーヤカとひとしい美点」とは、「よい育ち」「魅力」「寛大さ」「聡明さ」「よい血統」「若さ」その他の、考えつく限りの「美点」である。このように「主役」が理想的でありすぎるという事実は、「悲劇」を認めない態度とともに、インド古典劇の重大な制約となった。

A、自分の女（スヴァキーヤー等）の定義「自分の女・妻」は、ⓐ「無経験な女（ムグダー）」、ⓑ「中間的な女（マディヤー）」、ⓒ「経験豊かな女（プラガルバー、プラウダー）」に三分される。

「雅びた立居振舞に気をくばり、貞淑で、忍耐と正直さに飾られた、ムグダー（無経験な女・妻）とマディヤー（中間的な女・妻）およびプラガルバー（経験豊かな女・妻）と、スヴァキーヤー（自分の女・妻）は三種存在すると考えられる。」〔ŚT・一・四七〕

「ムグダー、マディヤー、プラガルバーという、慎しみや正直さなどを具えた、スヴィーヤー（自分の女・妻）が存在する。」〔DR・二・二五〕

かくのごとく、古典劇の「女主人公」となる「自分の女」には、「不貞な女」は存在しないことになっているが、抒情詩や物語りでは、「不貞な女」の奔放な行為が有力な題材となっていることは無視できない。つまり、右の定義は、「主人公」を「寝盗られ男」にしないための用心をしているのである。

ⓐムグダー（無経験な女・妻）の定義

「ムグダー（無経験な女・妻）とは、新鮮な若さに飾られた、新妻であり、彼女にとって愛の神の秘密（＝性愛）は初めてのものであるから、羞《はじ》らいにみちた愛の享楽をおこなう。」〔ST・一・四八〕

「ムグダーは、うら若い欲望をもち、愛の享楽においては内気で、怒りに際しても穏やかである。」〔DR・二・二六〕

要するに、「おぼこ」の状態のまま「はじめて男に接したばかりの女」が、「ムグダー（無知・無邪気なもの）」である。

《ムグダーの羞らいにみちた悦楽の例》

〈やめて、あなた。
裾をお離しになって。
介添女《サキー》のそばの灯を消して頂戴。〉
こんな新妻の言葉によって新郎は、
房事そのものに勝る
歓喜を得た。　〔ST・一・五一〕

《ムグダーをなだめすかす例》

〈別嬪さん。
池の岸辺で飛び廻っている蜂の一隊は、
蓮《パドマ》の花におさらばして、
あんたの唇〔の蜜〕を吸うために
来襲するんじゃないかな。〉
こう告げられると、
恐がってちょっと頸をそらせたお馬鹿さんは、
蓮花《カマラ》のような口を、旦那さまによって
長いこと激しく接吻されてしまった。〔ST・一・五五〕

ⓑマディヤー（中間的な女・妻）の定義
「マディヤー（中間的な女・妻）とは、若さを登りつめ、性愛にめざめ、いくらか大膽《だいたん》な言葉をはく、さまざまな悦楽を知るものである。」〔ST・一・五八〕
「マディヤーとは、盛りの若さの性愛を知り、気も絶え絶えになるまでの悦楽に溺れるものである。」〔DR・二・二七〕

《マディヤーのいくらか大膽な言葉の例》
〈いとしい方。
貴男《あなた》はクラバカの花よ。
なのにどうして抱擁《だきしめ》が欲しくないの。

心の君は、
どうして唇の美酒《うまざけ》が欲しくないの。
ケーサラの花でいらっしゃるのに。
いつもアショーカの木である貴男には、
足蹴《あしげ》がぴったりですわよ。〉と、
ある女が、嬉しいことを
冗談に優しく云った。〔ST・一・六二〕

右の詩は、詩聖カーリダーサ作『雲の使い（メーガ・ドゥータ）』第七五詩頌《しょう》の影響を受け、「植物」に関する俗信を利用して成立している。

まず、「クラバカ」の花は、女が抱擁すると咲き、「ケーサラ」の蕾は、恋する女が口に含む酒を吹きかけると咲く。つぎに、「アショーカ（無憂樹）」の蕾は、恋する女が左足で蹴ると咲くという。また、「アショーカ（無憂）」は、「のほほんとしている」という意味もある。そこで全体として、「わたしはこんなに貴男に首ったけなのに、貴男はわたしの気持に応えずのんびりと構えていらっしゃるのですから、罰として足蹴にされても当然ですわね。」と、からかい半分に、自分の愛情を強調し相手の薄情をなじっていることになる。インドの淑女は、自尊心が高く、不実を謝罪するために足もとに跪く夫や恋人の頭を蹴ったりするが、ここでは裏切りと怒りがあるわけではないから、「憎いお方」と云われた男が「やにさがって」いられるのである。

《マディヤーとの愛欲における優れた歓楽の例》
〈愛の行為において、ともかく長い間、

味わいのあるさまざまな戯れに耽り
内なる快楽に達して両眼を閉じ
頰辺に汗をかいている、この美女は
本当に眠っているな。〉と、
幸福なる男は、やさしく抱擁したが
はげしい愛の戦に体が耐えられないので
一緒に眠りこけてしまった。〔ST・一・六四〕

房事の後たちまち女とともに熟睡できることは、男にとって理想的な状態とされている。なお、「やさしく」の原語「スヴァイラム」は、「思いのままに・好きなように」とも解しうる。

ⓑ〔㋑㋺㋩〕マディヤーの三種類の性格

「ディーラー（冷静な女・妻）は、怒って、罪を犯した愛する男〈夫〉に、遠まわしな云い方で語り、マディヤー（中間的な〈気質の〉女・妻）は、非難たっぷりに語り、アディーラー（冷静でない女・妻）は、乱暴に〈語る〉。」〔ST・一・六五〕

「ディーラーは、怒って、罪を犯した愛する男〈夫〉を、皮肉をこめた遠まわしの云い方で脅やかし、マディヤーは、涙ながらに〈脅やかし〉、アディーラーは、乱暴な言葉で〈脅やかすであろう〉。」〔DR・二・二八〕

右のごとく、「マディヤー（中間的な〈経験をもつ〉女・妻）」は、男が不実を犯したのに気付いたときの反応の差異によって、㋑「ディーラー・マディヤー」㋺「マディヤー・マディヤー」㋩「アディーラー・マディヤー」の三種類に分けられている。女にとっては「男の不実」が最もゆゆしい問題であり、男にとっては「浮気が露見したときの女房の怒り」が最も恐ろしいのであるから、この一見奇妙な分類法は割合実用的である。

㋑《ディーラー・マディヤーの例》

〈固い抱擁を望んで　あの女《ひと》に近づき、
すばらしい白檀《びゃくだん》を奪われて
長いこと〔あの女のところに〕いらっしゃったのね。
あの女の目に接吻なさったので
美睫膏《アンジャナ》が付いているわ。
〔だから〕いまでも、たちどころに
目的をお遂げになったことが判るのよ。
いとしい方。〉　〔ST・一・六六〕

「白檀」は、泥状にして清冷感を得るために体に塗布するものであり、それがとれてしまったのであるから、長いこと激しい抱擁がなされたことは明白である。また、「美睫膏」は、「アイ・シャドー」のごとく使われるものであって、その青黒い色が口か頬のあたりに認められれば、お熱い接吻の歴然たる証拠となる。このように夫・恋人の尻尾をつかんでも、内心の怒りを抑えて、推理力を誇るという形で余裕をもって警告するのが、理知的な女のやり方である。

㋺《マディヤー・マディヤーの例》

〈わたしが怒ったが最後、

あなたにとって、
月は太陽となり
蓮花は炭火の山となり
芭蕉の茎は松明《たいまつ》となってしまうんですからね、あなた。〉
〔こうおどかされた〕当座〔の時間〕は
毒から成り立っているが、
〔すぐに、〕甘露から成り立つ
まったく別の時間になってしまう。
〈あなたなんかいや、悪もの。〉と
涙を流して云いながら、
弱い女は、何が何だか判らなくなる。〔ST・一・六七〕

冷たい「月」の光は、熱暑にあえぐインド人の救いであるが、女の怒りから夜の享楽を拒絶された男にとって、酷烈な「太陽」の光のように身を焦がすものとなる。「蓮花」のはなびらは、ひんやりとして柔らかいので、「花のしとね」として用いられるが、それも「炭火の山」のごとく寝るに耐えなくなってしまう。「芭蕉の茎」は、おそらく、その繊維を布の原料にするのであろうが、これも「たいまつ」のように燃え立つものとなる。異性の不在に悩むものにとって、「清冷」なものすら「燃える苦しみ」の因となるというのは、インドの文芸の常套的表現である。「マディャー・マディャー」は、一応は人並みに男をおどしてみるものの、遊治郎の手くだの前には、忽ちしどろもどろになってしまうのである。

(ハ)《アディーラー・マディヤーの例》

〈ひどい人。
何百という幻影により
作りものの恋の魅惑をもつ
あの想われ女《もの》は、
あなたの心を占めているのね。
いまや、わたしの入り込む余地なんか
全然ないんだわ。
だから足蹴のまねをしたのよ。〉　〔ST・一・六八〕

「アディーラー（激しやすい女・妻）」にしては、おとなし過ぎる気もするが、「マディヤー（中間的な経験の女）」は、「プラガルバー（経験豊かな女）」のように徹底的にはなれないのであろう。

ⓒプラガルバー（経験豊かな女・妻）の定義

「プラガルバー（経験豊かな女・妻）は、威厳をもち、あらゆる愛戯に巧みであり、ナーヤカ（夫・愛人）を尻の下に敷き、媚態に長じている。」〔ST・一・六九〕

「プラガルバーは、若さに盲《めし》い、恋情に狂い、悦楽の始めにおいてすら、歓喜で夢中になって、夫（愛人）の体にかじりつく。」〔DR・二・二九〕

前者が、「能力」について記すのに対し、後者は、「耽溺性」について述べている。

《ナーヤカを尻の下に敷くプラウダー（＝プラガルバー）の例》

〈旦那さま、巻き毛を捲いてちょうだい。
すてきな額印《ティラカ》を額《ひたい》につけて、あなた。
命の君、ばらばらになった真珠の頸飾を
お乳の上にまた繋いでね。〉と云って、
快楽が一段落ちついたので御機嫌な
満月の〔ように美しい〕顔をした女は、
〈かしこまりました。〉とかれ（夫・愛人）に触わられて
身の毛がよだち、もう一度
わけが判らなくなってしまった。〔ST・一・七二〕

「ティラカ」は、婦人の額の真中に描く、飾りの印《しる》しである。「真珠の頸飾」は、激しい悦楽の動きによって、すぐ糸が切れて四散するものとされている。また、「身の毛がよだつ」のは、「怖さ」や「寒さ」のためだけではなく、「歓喜」によることもあるが、ここでは、「性的亢奮」の反応である。いったん燃えた「経験豊かな女」の肉体は、ちょっと触られても、再び火が点いてしまうというのである。

《悦楽でとり乱すプラウダーの例》

――〈ねえ、おまえ、
愛人に全身をぴったりからませて
われを忘れること（＝悦楽）を行ないながら、
ちゃんと落ち着きを保ち

自信たっぷりな女は、
しあわせだねえ。〉
——〈でも、わたしには、
あの蓮花のような手で着物を脱がす
あの男《ひと》が　だれなのか、
あのときの　わたしが　だれなのか、
快楽とは　なになのか、
想い出すこともできませんわ。〉〔ST・一・七五〕

男が、悦楽の直後にはなに喰わぬ堂々たる態度をとり戻す、「経験豊かな女」をからかったのに対し、女が、悦楽の最中は自失状態で、愉しいことを憶えていないから「しあわせ」ではないと、ふざけて抗弁しているのであろう。「あの男」とは、もちろん、当の会話の相手の「夫・愛人」である。

ⓒ　㋑㋺㋩プラガルバーの三種の性格

「怒ったとき、尊敬をよそおいながら悦楽に際して冷淡であるのが、(経験豊かな)ディーラーであり、おどかしながら打ったりするのが、他のもの(＝経験豊かなアディーラー)であり、中間的な経験をもつアディーラーのように語るのが、(経験豊かな)マディヤーである。」〔DR・二・三〇〕

「マディヤー・プラガルバー(中間的な気質の経験豊かな女)」が、「アディーラー・マディヤー(冷静でない中間的な経験の女〈原語の語順は逆〉)」と同じふるまいをするということは、「経験豊かな女」は「中間的な経験の女」より一段と「大膽」になる傾向があることを示している。

ⓒ（イ）ディーラー・プラガルバーの定義
「かれ（夫・愛人）が過ちを犯したとき、怒って気にしていながら、形にはあらわさず、悦楽に際して冷淡であるのが、ディーラー〔・プラガルバー〕である。」〔ST・一・七六〕

《（夫・愛人に）過ちを犯された（ディーラー・）プラガルバーの例》
着物の結び目を結んでもらっても
手を払いのけたりしない。
突然唇を襲われても
ちっとも眉をひそめたりしない。
夫（愛人）が激しく抱きしめても
やすやすと身を委ねてしまう。
このような　なすがままの態度によって
誇り高い女の　大きな怒りが語られているのである。〔ST・一・七八〕

ⓒ（ロ）（ハ）マディヤー・プラガルバーとアディーラー（・プラガルバー）の定義
「マディヤー（・プラガルバー）は、皮肉を含んだ事実を摘発することばで、かれ（夫・愛人）を非難するが、アディーラー（・プラガルバー）は、怒って、おどかしながら、愛する男（夫）をなぐりつける。」〔ST・一・七九〕

《マディヤー・プラガルバーの例》

〈嘘をおつきにならないで。
おやめなさい。もう判ったのよ、浮気な方。
あの愛する女《ひと》と　ゆっくり存分にお会いなさい。
あの女《ひと》の爪の跡《パダ》〔＝足《パダ》〕と
紅《ラーガ》の沢山ついた〔＝情欲《ラーガ》たっぷりな〕美しさ〔＝媚態《ヴィラーサ》〕によって、
あなたの心に　足《パダ》を踏みこまれているのですから。
いつも変りばえせず〔＝貞淑で〕曲のない〔＝まっ正直な〕ことし
かできない
わたしのようなものは、
なにを　あなたにしたらよいのでしょう。〔ST・一・八〇〕

不実な男が、情婦に爪跡をつけられ、紅を塗った足でたわむれに蹴られた跡を消さずに帰ってきたので、妻が皮肉と「掛け言葉」を混じえて咎めた云いぐさである。

《アディーラー・プラガルバーの例》
〈たしかに、あなたは
あの女と会ったんだね。〉と
両腕の鎖でとり押えられ、
〈まだ、あの女と会う気でしょう、悪もの。〉と
口汚なく非難され　脅かされ、

〔妻・愛人の〕女友達のまえで
否定をもっぱらにした夫（愛する男）は、
足輪が鳴り響いたかとおもうと、
怒った　誇り高い女に
足蹴のやり方で
アショーカの木のように扱われた。〔ŚT・一・八一〕

「アショーカ」については、すでに説明した。

【注】マディャーとプラガルバーの細分
「マディャーとプラガルバーは、さらに、ナーヤカの愛情と関連して、二種に分けられる。ひとつはジエーシュターー（より気に入りの女）であり、もうひとつはカニシュター（それほど気に入らない女）である。」〔ŚT・一・八二〕
「アムグダー（ムグダーでない女）は、ジエーシュターとカニシュターの二種があって、（合計）一二通りになると云われる。」〔DR・二・三二〕

A′・スヴァキーヤー（自分の女）の定義
「順境においても、逆境においても、死においても、〔夫を〕捨てない女が、スヴィーヤー（＝スヴァキーヤー）である。かの女に対して、善行をなすものの愛が生ずる。」〔ŚT・一・八六〕

以上で、スヴァキーヤーについての説明を終る。

［「月下の一群」第二号　一九七六年一二月］

# インド古典と現代日本——ヴァールミーキ著、岩本裕訳『ラーマーヤナ』

最近、仏教を除くインド文学の分野で、三種の大規模な翻訳が出版されることになった。『ウパニシャット全書』(全九巻、東方出版、本年中に完結の予定)、『ラーマーヤナ』(全七巻、平凡社「東洋文庫」、既刊第一冊、一五〇〇円)、『タゴール著作集』(全一二巻、第三文明社、明年一月より隔月刊)である。『ウパニシャット全書』は、世界最大のウパニシャッド訳・注であるが、五〇年ぶりの復刻である。『タゴール著作集』は、学者・詩人・作家の分担による新訳であるが、脱稿していない。そこで、『ラーマーヤナ』全篇完訳の意義を中心に、われわれとインド古典との関係を考えてみたい。

『ラーマーヤナ(英雄ラーマの行跡)』は、『マハーバーラタ(バラタ族の大戦争、または、バラタ族の戦争の大物語)』とともに、インド叙事詩の双璧といわれる。二大叙事詩は、紀元前後の数百年を経て徐々に形成され、文学史には、ヴェーダ本集~ブラーフマナ~古ウパニシャッドなどのバラモン教聖典についで現れた。最初のヒンドゥー教的作品であり、古典文学の先駆かつ源流となっている。

叙事詩以前の文学は、辻直四郎《なおしろう》博士の孤高な精進の成果として、『リグ・ヴェーダ讃歌』・『アタルヴァ・ヴェーダ讃歌』(以上、岩波文庫)、『古代インドの説話——ブラーフマナ文献より——』(春秋社)が遺されているから、『ウパニシャット全書』を併せ読めば、大要を通観できる。古典サンスクリット文学も、辻博士の『シャクンタラー姫』、金倉・北川両博士の『ヒトーパデーシャ』（以上、岩波文庫）、田中於菟弥《おとや》教授の『鸚鵡《おうむ》七十話』、指田清剛氏と共訳の『十王子物語』、上村勝彦氏の『屍鬼二十五話』（以上、東洋文庫）などが、新本で入手できるから、一応の見本はそろっている。

ところが、インド文化全般に対する影響力はヴェーダやウパニシャッドよりもむしろ大きく、成立から二千年ちかい現在もインド内外の民衆の心の糧として生き続ける、二大叙事詩に関しては、ごく一部の抜萃《ばっすい》訳のほかは、西欧語訳からの重訳要約版と梗概しか存在しなかった。いわば、ヒンドゥー的アジアを理解するための、要が欠けていたのである。

この欠落の原因は、第一に、それらの厖大な分量にあった。『マハーバーラタ』は付篇と合わせて一〇万シュローカ、『ラーマーヤナ』は二万四千シュローカを含む。シュローカとは、一六音節の二行を単位とする詩形である。すなわち、前者は、一万六千行たらずの『イーリアス』と一万二千行あまりの『オデュッセイア』を合わせたものの約八倍、後者でも、『イーリアス』の四倍弱の長さをもつのである。また、シュローカは、音節数では短歌と等量であるが、梵語の音節は複雑で表現も緊密なので、和訳すれば二首に匹敵する。つまり、前者は、『万葉集』の正味四千数百首の約四〇倍、後者で約一〇倍となる。別の比較をすれば、『平家物語』の一五倍および四倍である。

しかも、この長さは、ただの長さではない。口誦文芸である古代叙事詩は、流伝するにしたがって、あらゆる種類の夾雑物が付着するという宿命をもっている。『マハーバーラタ』の五分の四は、混然たる非本質的要素であり、『ラーマーヤナ』の過半も、同様である。かかる部分を誤りなく理解し翻訳するためには、あらかじめ、古代インドの自然と文化に関する百科事典的な知識を具えていなければならない。

## 半生の蘊蓄傾けた「解題」

つまり、叙事詩の訳者は、インド学の全般的研究と叙事詩の専門的研究を両立させ、老熟の境に達しながら人一倍精力的で、大作の翻訳の専注しうる梵文学者でなければならない。このような条件を達成することは、理論的には五〇歳以前でも可能であろうが、現実の日本では、近代的インド学を移入してこのかた、七〇歳になんなんとして『ラーマーヤナ』の訳業にとりかかった、岩本裕博士のほか存在しえなかったのである。

しかし、いくら能力のある訳者が出現しても、刊行費用を負担する、出版者ないし読者の支持がなければ、書物は生まれない。『ラーマーヤナ』の訳稿が終戦前に完成していたとしても、国家または富裕な財団の資金援助なしには、陽の目を見られなかったであろう。それが、公共の補助を受けない、平凡社「東洋文庫」から、比較的安価に発売されたことは、戦後日本の出版文化の成熟を感じさせる。『ラーマーヤナ』を全訳でしかも安価に提供することを可能にしたのは、たしかに、生活水準の向上と教育の普及がもたらした、読書人口の増加である。また、西洋文明過信の反動としての東洋文化への回帰志向や、オカルティズムの流行とつながるインド神秘主義への憧憬なども、最大の読者層である若い世代のインド古典への関心を高めさせているのかもしれない。

だが、この一五年の間に三〇〇点以上の名著を世におくり、一般読書人に東洋の典籍への眼を開かせた、平凡社「東洋文庫」関係者の地味な努力がなかったら、はたして『ラーマーヤナ』は、理想にちかい形でわれわれのものとなったであろうか。「東洋文庫」が日本の古典や中国の古典と同列に扱ってくれなかったら、なじみのないインドの古典が、専門家と好事家のほかに広汎な読者をもてたであろうか。こう考えると、やや順調に見えるインド古典の普及版による刊行も、奇特な翻訳者と奇特な出版社が結び付いたときのみに実現する、きわめて不安定なものであることが判る。

だから、インド古典にもその訳者にも、運不運がある。たとえば、大地原誠玄氏畢生《ひっせい》の事業として原典から完訳された、『スシュルタ本集』は、昭和一九年に出版されそびれ、昭和四六年に原稿の写真複製で公にされるまで埋もれていた。しかも、昭和五四年の再刊（臨川書店）も、どうやら少部数で高価な非活字本らしい。これなどは、インド伝統医学の淵源である上に第一級の文化的資料である名著の名訳なのだから、活字の廉価本がいずれ出るべきである。

また、梵語の仏典は、過去も現在もいろいろと和訳が試みられているが、同じ経典が何度も翻訳される反面、重要でも言語的・内容的に厄介な経典や宗門と関係のない経典は、敬遠される傾向がある。さらに、それ自体としても原始仏教の本質を究めるためにも無視できない。ジャイナ教教典の翻訳となると、情けないほど乏しいのである。

そこで、話が移るが、ジャイナ教教典の解読に不可欠であるばかりか、インド仏典ことに原始仏教経典の研究にもほとんど必須な、『アルダマーガディー語辞典』（全五巻、名著普及会）が、おそらく日本にただ一部の完本から三〇〇部だけ復刻されたが、すぐ品切れと思いのほか、二年半で、一五〇部しか需要がない。『ラーマーヤナ』の購読者が、全冊完成のあかつきには一万人に達するかもしれないというのに、インド仏教学者・学生の一割も基本図書を座右にしないで済むのは、素人より玄人の方が知識欲をもたないことになる。

さて、『ラーマーヤナ』そのものに関しては、岩本訳第一分冊（原本の第一巻）に、本文の二一九頁に対する一二六頁を費やした、周到な「解題」が付いているから、ぜひ一読されることをおすすめする。岩本博士が数十年の蘊蓄を傾けたこの「解題」は、優に一冊の啓蒙的学術書の内容をもっており、要約することも補足することもできない。

## インド文化の原点

ただ、この叙事詩の魅力について宣伝すれば――作品と作者が「最初の技巧詩（アーディ・カーヴィヤ）」「最初の技巧詩人（アーディ・カヴィ）」と讃えられていること――主人公ラーマはクリシュナと並んでインドでもっとも人気のある男性とされ、その妻シーターは理想的女性とされていること――東南アジア全域はもとより中央アジア（コータン）・中国・日本にまで影響を及ぼしていること――文芸・彫刻・絵画・音楽・舞踊・演劇・影絵芝居・人形芝居の素材となっていること――伊・仏・英・独語に訳され、阿部知二氏に一四〇〇枚にもなる英訳からの要訳版を作らせたこと――など、客観的事実の提示で十分であろう。

また、『ラーマーヤナ』を統一と緊張を重視する立場から、冗長とするのは、見当ちがいである。先にも述べたように、叙事詩はもともと口誦文芸であって、ことなる吟遊詩人がごく一部ずつ順序不同に誦えたのを、聴者たちがめいめい長い年月の間につなげて、全体を構築するものであった。

だから、われわれも、一気に通読しようとしたりせず、おりにふれて少しずつ読み返し、ゆっくり自家薬籠中のものとすればよい。

このような聴き方や読み方では、細部の味わいが大切であるから、翻訳はどうしても全訳でなければならない。インド古典文学に随筆というジャンルが欠けているのは淋しいことであるが、われわれは、古典に対する注釈や、叙事詩の本筋からそれた細部から、随筆に代わるもの――あるいは随筆の種となるもの――を引き出すことができるのである。

岩本訳『ラーマーヤナ』のおかげで、わが国の民俗学者・神話学者・比較文学研究家などは、多大のまた想いもかけぬ便益をうるであろう。しかし、日本人一般という立場からすれば、いろいろな登場人物の人間性を、できるだけ丁寧に読みとりたいものである。なぜなら、『ラーマーヤナ』はフィクションであるとはいえ、古代インド人の典型的な人情が描かれている。

そして、人情の核心の性質は、数千年を経ても変わらないことが多いのである。だから、『ラーマーヤナ』を味読することは、比較的に接触のすくないインド人だけでなく、程度の差はあれインド文化の洗礼を受けている、東南アジアの隣人たちの人情を理解するよすがとなるであろう。

### 空地文化の魅力

さらに、突飛なようであるが、『ラーマーヤナ』をはじめとするインド古典に親しむことは、中国文化の特質を把握するのに大いに役立つ。国境を接していながら、インド文化と中国文化ほど対蹠的な文化は存在しない。われわれは、対比によって、両者のかけがえのない特質を際立たせることができ、それによって、いっそう双方への敬意を深めるのである。と同時に、この二つの文化の影響のもとに形成された日本文化が、中国・インドのいずれにも見られぬ、数えきれない美質をもつことも明らかになる。

しかも、はるか昔から、わが国の文化は、固有の文化に中国とインドの文化をないまぜた、三枚腰であった。そして、一つの文化の中に全く異質の価値体系を併存させてきた経験が、西欧文化の移植を容易にしたことも確かである。日本人が、イスラム文化やユダヤ文化のごとき一元的文化を吸収できるかどうかは疑問であるが、ともかく、世界でもっとも文化的融合力の強い民族であることは、論議の余地がない。

二一世紀における日本人の文化的使命は、融合した文化を質的に飛躍させて、統一性を示すことにあるのかもしれないが、そのためには、固有の文化を含めて、かかわりの深い諸文化を、もう一度きびしく見つめる必要がある。

インド文化は、深遠にして幼稚な文化であり、中国文化が空地なし文化であるのに対して、空地文化である。いまの若者の多くは、この空地性に惹かれるらしいが、空地はブラックホールともなりうるのである。インド思想による解脱を急ぐまえに、『ラーマーヤナ』のように大らかな文学と取り組んでいただきたい。

［「朝日ジャーナル」一九八〇年七月一八日号］

# タゴール、大インドの人格化

『タゴール著作集』の第七巻は〈哲学・思想論集〉と銘打たれているが、タゴールは体系家ではなかったから、本巻にも、かれの哲学や思想の全精髄を結晶させたような、厳密な論考が含まれているわけではない。その反面、タゴールのあらゆる著作には、かれの哲学ないし思想が、随所に析出したり暗示されたりしている。したがって、本巻［『タゴール著作集』第七巻。以下同様］で解説すべき、タゴールの哲学と思想は、これまでの各巻における〈解説〉と〈解題〉によって、ほとんどすべて、一度は取り上げられている。

とはいえ、本巻で開陳されているのは、〈宗教〉〈人間〉〈宇宙〉〈真理〜真実〉〈哲学〉〈仏陀〉など、それ自体が人間の精神にとって第一義的な事物を主題とする、タゴールならではの思索である。

これらの〈主題〉は、相互に不可分なものであるから、これらに対するタゴールの態度を、かれの〈生涯〜人格形成史〉との関わりで、一貫的に解明することこそ、本巻の〈解説〉として期待されることであろう。しかし、この望ましくしかも至難な仕事の要約は、本巻の〈解題〉を担当される、タゴール研究の権威である森本達雄氏が、〈解題〉に必要な作業として、果してくださるに相違ない。もっと詳細な検討は、「〈別巻〉タゴール研究」に収録されるであろう。

だから、タゴールの訳者としてのみならず読者としても新米な、本巻の〈解説者〉には、もともと、本来の〈解説〉をなしうる、能力も余地もなかったのである。

ただ、この『著作集』の〈解説〉は、これまでの巻でもかなり自由な書き方のものがあるから、本巻でも、相当の変則が許されるであろう。

そう決めた上で、あらためて考えると、これまでの〈解説〉と〈解題〉は、ほとんどすべて、タゴールの思想を肯定する立場からのもので、そうでない場合にも、露骨な批判はなされていない。

本巻の〈解説者〉（以下、筆者と記す）から見ると、タゴールは、〈理想主義者〉であり、〈神秘主義者〉である。それに対して、筆者は、あえて言えば、〈現実主義者〉であり、〈合理主義者〉である。

当然、筆者にとって、タゴールの思想と業績は、納得しきれるものではなく、批判したい点は多々あるのだが、それにもかかわらず、今回の翻訳への参加を機縁として、かれの思想・作品・人柄への好感が高まってゆくのを禁じえなかった。

現代の日本人の大半は、程度の差こそあれ、〈現実主義的〉であり〈合理主義的〉であるから、『タゴール著作集』の読者の中にも、筆者と似た反応を起こした方が少なくないであろう。

だとすれば、苦しまぎれに、筆者個人のささやかなタゴール体験のもたらした、いくつかの感想と疑問を記すことも、このような読者のタゴール体験を整理するのに役立つかもしれないし、専門の研究家をはじめとする、タゴール心酔者の各位の参考にもなるかもしれない。

筆者の感想と疑問は、結果的に、タゴールの哲学と思想に関する問題を列挙することになるので、曲がりなりにも、〈解説〉の代用にはなるであろう。

一

——私は黙って聞いていた（タゴールの場合にはなにも言えないのである）。タゴールの話はゆっくりと展開し、やや散漫で、漠然としたところがあり、事実の正確な叙述がなく、演説口調の考察へ自己満足的にひろがってゆく。（タゴールはまったくの講演家であり、聞くことより話すことのほうが必要なのではないか、と思える。議論することなど困難である。なにものにも妨げられずに、長々と意見を述べることのほうを好む。その陳述は際限なしに、しかも静かに、あちこちに分散しながら流れてゆくが、その途中でしばしば脇道へ逸れる。——それで相手が答えるべき時が来たときには、タゴールが触れた多くのことのうちの、ただ一点だけに話を限らなければならない。答えるべきことがたくさんありすぎるので、主要なことだけを話さなければならない。）——それで私は長いこと聞いているだけで、話したくてうずうずしていた。

辛辣すぎる批評と感ずる読者もあるだろうが、右は、蛯原徳夫《えびはらとくお》氏の労作、『ロマン・ロランとタゴール』からの引用（七三ページ）で、西欧におけるタゴールの最高の知己と目される、ロマン・ロランが、一九二六年、イタリアのファシズムについて語る、タゴールの印象を書き留めたものである。

談話にかぎらず、論説も、このような調子で進められることが多いから、タゴールの思考法と語り口に不慣れな者がその翻訳にたずさわれば、原著者との内心での対話が成り立ちがたいために、苦行を強いられることになる。

意想奔逸症的な長広舌——奇抜というよりも突飛な比喩——だらだらと付加される現在分詞が導く副文——

このような障碍は、タゴールの文体の通弊であるのみならず、千年以上も前からの、インド人の文体の一特徴である。

だが、タゴールの文章は、かれの母語であるベンガル語でなく英語ではじめから書かれたり、ベンガル語の原文からかれ自身により英訳された場合と、タゴール以外のインド人により英訳された場合には、さらに二段階に、難解の度を増してくる。なぜなら、タゴールの英語行使力は完璧ではなく、他のインド人による英訳には、同様な欠陥のほかに、誤訳が加わるからである。

そのため、原文にせよ訳文にせよ、英語からの和訳を分担し、しかもタゴールのすべてに暗い、筆者（と共訳者）は、疲労困憊した。

ところが、それぞれの論説の輪郭が明らかになるにつれて、細部に合点のゆかぬ箇所が残るばかりか、趣旨にも賛成できない場合ですら、ある不思議な共感が湧き起こるのであった。

この共感は、タゴールの論理の太い骨格が、かれの立場から見て筋が通っているという、整合性にも由来するが、それ以上に、文章のあちこちで片鱗を覗かせる。タゴールの人間性の魅力に基くものらしい。

## 二

ノーベル賞選考委員のペル・ハルストレームは、委員会への報告書で、つぎのごとく述べている。

……現代詩のなかで、タゴールに匹敵するものを見出そうとすれば、ゲーテに求めなければならない。とは言っても、二人の詩人の人格になにか特に共通点があると言いたいわけではない。――聞くところによると、タゴールの同胞たちは、彼の出現とともに、新しい文学の時代が、彼らの言語の歴史のなかでも最も偉大な時代が始まったと考えているそうである。門外漢が翻訳から推測できるかぎりにおいても、それはけっして誇張とは思えない。それにしても、一八三二年のゲーテの死以来、ヨーロッパでは、気高い人間性と、ゆるがぬ偉大さと、古典的な静けさにおいて、タゴールに比肩しうる詩人は出ていない。

（K・クリパラーニ著、森本達雄訳『タゴールの生涯』（上）二三九ページ）

右の報告でも触れている、インドの精神的近代化への貢献として、タゴールは、わが国の北原白秋・山田耕筰・武者小路実篤・山本有三・岡倉天心・福沢諭吉を合わせたよりも幅広い活動をした人物である。そこから、「インド・ルネッサンスにおけるレオナルド・ダ・ヴィンチ」という評価さえ生じた。

だが、このレオナルドとの同一視は、贔屓の引き倒しではなかろうか。筆者の判断によるかぎり、タゴールの詩・小説・戯曲・作曲のどれ一つとして、レオナルドの絵画・彫刻における最高傑作に匹敵しうるものは存在しない。それどころか、タゴールの個々の作品は、二流ではないにしても真の一流には達せぬ、一・五流という印象さえ与える。

というのも、筆者がタゴールの芸術から受ける感動は、もっとも親しみやすい詩の場合ですら、ごく小品を除けば、一篇の全体からでなく、片言隻句《へんげんせっく》からしかもたらされないからである。

しかも、これらの佳句の光輝といえども、やはり、それらを含む作品との繋がりにおいて発揮されているのであって、抜萃して並べれば魅惑の半ばを失なうと思われるが、こちらの想像によりタゴールの人間像が形成されてゆくにしたがって、作品よりもこの人間像からの放射であると感じられてくる。

つまり、タゴールの表現は、作品という段階を跳び越えて、タゴールの人格の表現としてはたらきかけてくるのであるが、このことは、筆者の芸術的偏見のためばかりではなく、タゴールの芸術の方にも原因があるのではなかろうか。

筆者は、千篇を超えるタゴールの詩の中から、愛誦すべき一篇を見出すことができないでいる。それにもかかわらず、かれの詩業の総体からは、これまでに遭遇したことのない、なにか巨大なものの息吹きを感ずるのである。

この息吹きの発生源は、一応は、タゴールの人格とみなしうるのであるが、どうも、単なる個人的な人格として行き止まりになるようなものではないらしい。

タゴールの人格は、かれが森羅万象から感得した、〈普遍にして唯一なる実在〉と通い合っていて、この〈絶対者〉の息吹きをさまざまな形で伝える、〈風穴〉のような機能をもっているような気がする。

そうであれば、かれの創作態度が、とくに詩においては、彫心鏤骨《ちょうしんるこつ》の完成度より流露の自然さを尊重するのは当然で、その無造作な放漫を、筆者は、箇々の作品としては受け容れられなかったのである。

## 三

だが、タゴールは、独力で〈普遍にして唯一なる実在〉を感得したのでもなく、ただちに不世出の詩人になったのでもなく、詩人としてだけ偉大だったのでもない。

タゴールの天才は、稀有の素質と、最良の家族環境と絶好の社会状況とが相まって、はじめて開花したのであるが、それが大輪多彩でありえたのは、インドの歴史と風土のたまものである。

三千年以上にわたって、ある高級文化の伝統が、同一の地域で、創始者の子々孫々により維持された例は、インドと中国にしか存在しない。しかも、インドにおいては、英国の植民地となることにより、西欧文明の影響を善悪両面で受け、そのことが、インド人の国民的な自覚をうながしたのである。

こうして、正しい伝統の復元と陋習《ろうしゅう》の打破を企てる運動を生じたが、それを支持する富裕な知識人の家系に、わがラビンドラナート・タゴールは育った。

当時の首都カルカッタに住むインド人は、かれの祖父ダルカナート・タゴールの世代から、自国の伝統的な教養と西欧の近代的な教養を併せもちうるようになりはじめたが、双方を対比して批判的に身につけ、その効果をもっとも輝やかしく体現したのは、ほかならぬラビンドラナートであった。

しかし、かれの自由を不可欠とする性格は、詰めこみ式の学校教育を、インドでも英国でも受けつけなかった。そのかわり、自然を第一の師とし、古今東西の書物を思うがままに耽読し、民間の伝承にもこだわりなく親しんだ。

世界的視野を開き、インドの過去の天才たちを縛ってきた因襲から解放されて、インドならではの豊饒な風土と文物を存分に味到しえたことが、タゴールに、インド人のみならず全人類の中にも例を見ないほどの、大きな風格を与えた。

そして、この風格が、〈神さびた〉と形容したいような荘厳な深さを彷彿させるのは、「人間の宗教」第六章（本巻・七八ページ以下）に述べられているように、かれが、つとに「無意識のうちにヴェーダ時代の祖先たちの道をたどって」、〈現象の根底にある実在〉に到達していたからであろう。

筆者の見るところでは、インド古典期の詩聖と言われるカーリダーサも、律気で緻密ではあるが大人物ではなく、中国の二大詩人の一人の杜甫は、むしろ小人物であり、もう一人の李白には、崇高さがない。だが、タゴールは、疑いもなく大人物であり、タゴールの最高の作品は、かれ自身の人格なのであるから、その詩篇の中に一篇の傑作を認めることには困難を感じても、前代未聞の大詩人とみなされるのである。

タゴールは、インドの地味と水分と陽光が総力を結集し、何千年もかけて、インドの大地いっぱいに根を張らせて、ようやく一本だけ育て上げることができた、途方もない巨木といったような風格をもつ。

# 四

しかし、タゴールは、「学者でも哲学者でもない」（本巻・七八ページ）と自認し、かれの思想のもっとも重要な源泉である〈宗教〉についても、「わたしはつねに、先祖から相続したものや外から輸入したものによってではなく、自らの成長の過程をとおして己の宗教を実感できたのである」（同上）、「詩人の宗教であり、伝統的な信仰家のものでもなければ、神学者のものでもない」（八一ページ）と語っている。

これは、やや言い過ぎであるが、なによりも自己の〈実感〉を根拠とし、〈実感〉に忠実に思索を発展させたことを明らかにしたかったのだと解すれば、偽りではない。

タゴールの哲学ないし思想の中核は、ウパニシャッドの〈梵我一如〉の主張や、シャンカラの〈不二一元論〉とほぼ等しいのであるが、それが〈実感〉によって得られたものであるかぎり、個人の思想としての独創性の有無などは、先達についても自分についても、はじめから問題にしていないのであろう。

このような思想は、全存在の〈整合・調和・相互滲透〉を信ずることによって成立するのであるから、〈神秘主義的思想〉である。しかも、だれが考え出したとも言えないほど、太古からどこにでも存在した、人類の〈思想の類型〉の一つである。

だから、情緒的には、〈神秘主義者〉でなくても、万人が、これを受け容れたい傾向をもっている。また、現代科学の説くところとも、矛盾なく共存させることが可能である。なぜなら、〈存在〉は、どう考えても〈神秘〉であり、その集合がこれほど久しく存続してきたことには、〈調和〉とそれをもたらす〈統一的な力〉を想定せざるをえないから。

しかし、この型の思想は、〈人格的な絶対者〉とか〈不滅の霊魂〉とか〈死後の世界〉などを持ち出しやすく、そうなると、筆者の拒否反応はにわかに強まるのである。

さらに、あまりに〈予定調和〉めいたことを自明視されると、半ば本気で、「宇宙、本と是れ、虚空の癌。万物、悉皆、癌中の癌」といった見方だって成り立つのではないかと、混ぜ返したくなってくる。

タゴールに〈神秘主義的傾向〉がある証拠は、枚挙にいとまがないが、〈ものごとの感じ方の差〉としてこれを規定しているのは、「瞑想録」における、つぎの一条である。

> 卵のなかの雛《ひな》は未発達な羽や眼や足をもつ。それは雛がまだ殻のうちにいるあいだは役に立たない。しかしこれは想像であるが、雛のうちには殻のなかにいる時から、未発達の機能をじゅうぶんに使える世界が外《そと》にあるにちがいない、と感じているものもいるかもしれない。またある雛は、合理主義者ないしは論理家で、殻の外《そと》の生活はありえない、と論じるかもしれない。人間もそれと同じように、殻の外の生活を信じる者と信じない者とに分かれる。われわれには、知性だけでは説明のつかない能力をもつと信じる者と、信じない者とがいる。　（本巻・二八三ページ）

この論理は、他人を説得するためには詭弁的でお粗末すぎるが、タゴールの思考の態度を告白しているのであれば、文句をつけてもはじまらない。タゴールは「信じる者」であり、筆者は「信じない者」なのである。だが、人間の〈精神〉にかかわるものごとは、客観的に存在するとしないとにかかわらず、「信じる者」にとっては儼乎《げんこ》として実在し、その確信の影響は、「信じない者」にも心理的・物理的におよんでくる。〈神〉は、この種の〈存在〉の代表で、この〈存在〉なくして、人類の偉大な文化と文明は、中国のものを除くと、形成されえなかったのである。その中国においてすら、〈天〉は、〈自然の理〉であるばかりでなく〈造物主〉の性格をもつ、超越的な〈存在〉であった。

また、現代人にとっても、客観的な存否に関係なく必須な〈存在〉として、〈自由意志〉の〈感覚〉があり、物理的に〈自由意志〉など存在しえないと理性で否定する者も、〈自由〉の〈実感〉なしには生活できない。タゴールの思想における〈絶対者〉その他は、まさにこのような〈実感〉によって〈存在〉しているのであるるから、かれにとっての〈実在〉であることは、「信じない者」としても容認せざるをえない。まして、タゴールの〈神秘主義的思想〉は、すべて、〈体験〉に基く〈実感〉の、もっとも素直な表現である。だから、筆者のような「信じない者」も、かれの〈実感〉を、かなりの程度に、おのれの〈実感〉として分有することができるのである。

ただし、その〈実感〉は、〈詩〉から受ける〈実感〉で、〈真実〉から受ける〈実感〉ではない。つまり、現在の筆者にとって、タゴールの〈神秘思想〉は、美しく崇高であっても、無条件の〈真実〉とは認められないものなのである。

## 五

タゴールの〈神秘主義〉は、かれがつぎのような〈実感〉を重視するとき、〈理想主義〉の色彩を帯びてくる。

人間はまた内面の実感の領域に、すなわち非物質的な価値の領分に、もうひとつの住み処をもっている。これは、人間の意識がしばしば、精神の地下の土壌から、あたかも種子のように、思いもかけず明るい自由のこころのなかへと芽をふきだし、また個人が普遍的な人間のうちに自分の真実を実感するという世界である。（「人間の宗教」第六章、本巻・七九ページ）

「普遍的な人間のうちに自分の真実を実感」したとき、タゴールは、精選された少数の聴衆を相手に〈神秘的法悦〉を唱って能事終われりとする詩人の立場から、人類を破滅させかねない不正・暴力・無知・偏狭の排除のために生涯を捧げる志士の立場へと、一歩踏み出した。

しかし、タゴールの思考の様式は、かれが自覚していたよりも、はるかにインド的である。一般的に、インド人の思考の枢軸をなすのは、〈個〉と〈普遍〉であって、すべての〈個〉を〈普遍〉と〈一如〉であるとみなすことから、〈自己〉と〈他己〉の〈平等性〉が観念的に成り立つのであるが、タゴールの考え方も、この流儀である。

つまり、中国人のように、〈私〉から〈公〉へ、〈自己〉から〈天下〉へと、同心円的に考えを拡大してゆくのでないから、現実的に〈社会〉をとらえる感覚が稀薄である。

本質的に詩人である上にインド人であるタゴールが、〈個人〉の理性と良心に訴えて、〈社会〉と〈世界〉の滔々たる風潮を矯正しようとしたのであるから、結果が思わしくなかったのは当然であろう。

だが、〈理想主義〉の価値は、不毛性と蹉跌に堪えて、あくまでも〈実践活動〉を続けることにある。晴れがましいことを思い立ち表明した〈つけ〉を、一生のあいだ払い通すことにある。

〈個人〉の〈理性的自覚〉による〈人類〉の〈普遍的救済〉に努めた、釈尊も、〈仁〉と〈礼〉とによる〈理想社会の実現〉を企てた、孔子も、その晩年の心境は暗澹たるものではなかったかと忖度される。

この二人を厳密な〈理想主義者〉とすれば、タゴールは、緩い〈理想主義者〉である。そのため、かれの行動には、逃避や後退や不徹底が生じた。しかし、そんなときでも、〈理想主義者〉としての最後の一線には、踏み止まった。もともと、かれは、気持の振幅が激しい、意志よりも情緒の人だったのである。

かれの甘さと弱さと散慢さは、かれの人柄に、偉大なばかりでない、懐しいふくらみを与えている。

## 六

いままで、筆者は、タゴールと筆者の思想的立場を、ともに類型的なものとして対比し、その上で感想を述べてきたのであるが、タゴールの思想の中には、賛成反対を超えて、筆者にはまったく不可解な要素も、いくつかあるので、最後に提示して、専門家の解説をお願いしておく。

まず、タゴールの詩業の晩年期に属する、『螢』（一九二四）における、つぎの短詩は、表現は簡潔であるが、それだけに、なにを言おうとしているのかまったく判らない。

　死の霊は一つ、
　　生の霊は多数、
　神が死ねば宗教は一つになる。　（『タゴール著作集』第二巻・八六ページ）

この詩での〈神〉は、タゴールが他の作品や論説の中で、定義を避けながらも肯定的に語ってきた〈神〉とは、いかなる関係をもつのであろうか。

また、「人間の宗教」の〈付録1〉として、本巻に載せられた、アインシュタインとの対談、「実在の本性について」の冒頭で言明された〈神〉とは、同一存在ではありえないと思うが、どうであろうか。

**アインシュタイン（E）**　あなたは神を、この世界から遊離・超越したものとして信じておいでですか？

**タゴール（T）** 神は世界から遊離・超越してはいません。人間の無限のパーソナリティー〔人間的本質・個人の本体〕は宇宙を包含しています。人間のパーソナリティーによって包摂されえないものはなに一つ存在しません。そしてこのことは、宇宙の真理〔真実〕はとりもなおさず人間的真理であることを証明しています。（…）（本巻・一八六ページ）

この問答は、もっと引用したいのであるが、とめどがなくなるから、これだけにした。

ともかく、ここでの〈神〉は、〈死ぬ〉ことなど起こりえないであろうから、さきの詩における〈神〉とは別ものと考えられる。すると、さきの詩での〈神〉は、〈本ものの神〉ではなく、〈既存の各宗教における神〉を指すのかもしれないが、そう解して詩になるであろうか。

また、タゴールは、アインシュタインが〈神〉について問うたのに、一言で答えて、「人間の無限のパーソナリティー」を持ち出してしまったが、これが〈神の本体〉あるいは〈神をも包摂する究極的存在〉と全同であると主張したいのであろうか。

「宇宙論」の章間に挿入された詩篇においても、驚くべき〈人間中心主義的思想〉が覗われ、タゴールの思想には、まことに端倪すべからざるものがある。

〔『タゴール著作集　第七巻　哲学・思想論集』一九八六年四月〕

# 第二章　蓮の神話学

# わが到りえぬ日蓮

筆者はかつて、『法華経』の核心を形成させた構想力の根柢に潜む〈蓮〉の象徴機能の解明を志して、『法華経と蓮』なる試論の第一稿を発表したが、伝統的な教学や信仰には関説しないよう努めた。無学かつ放恣《ほうし》な不信心者の分際で聖域に踏み込むことを慎んだためでもあるが、『法華経』の作者およびインドの初期信奉者の秘教的信仰と後世のとくに中国や日本における顕教化した信仰との間には、比較を絶する差異が存すると判断したためでもある。

私見によれば、どの程度までインド人の手になるか疑わしい（伝・竜樹所造）『大智度論』に窺われる『法華経』理解の浅薄さはおくとしても、漢訳として遺存する唯一のインド撰述『法華経論』の作者・世親《せしん》ですら、すでに、『法華経』の密意を捉えそこねている。天台法華教学の基礎となった『妙法蓮華経』に強引な創作的意訳の部分があるのも、訳書・羅什《らじゅう》が梵文『法華経』に教理面の弱さを感じたからで、秘匿された壮大な象徴的表現をまったく看過したためである。

かかる事実は、最初は受け容れられがたかった〈万人が最高の覚りに到達できる〉という『法華経』の画期的な提唱が大乗一般に公認された結果、『法華経』の文言は弘通することになったが、母胎としてこれを護持してきた秘教的な〈原始法華経団〉はかえって衰亡を早め、隠された〈蓮〉の象徴的意義を解く鍵となる〈口伝〉が失なわれたことを示すのであろう。中国や日本の学僧は、この〈奥義〉を伝授されず、〈蓮〉に関して無神経な訳文に依拠するほかなく、インド文化史の展望を欠くという、三重の悪条件の中で、天才的な曲解により、『法華経』作者の意図を超えた教理体系を築き上げたのである。

さて、いわゆる『法華経（サッダルマ＝プンダリーカ・スートラ）』は、本来は単に『サッダルマ＝プンダリーカ（正法《しょうぼう》蓮華）』と呼ばれ、〈スートラ（経）〉よりも〈ダルマ＝パリヤーヤ（法門《ほうもん》）〉とみなされていたと考えられる。そして、『法華法門』は、『法華という法門』とも『法華の法門』とも解され、前者なら一つであるが後者なら多数でもかまわない。『法華経』が一つでないことは、当の『法華経』にも述べられている。したがって、『法華経』そのものも、智顗《ちぎ》の体系も、日蓮の論者も、甲乙つけがたく貴重な『法華の法門』である。

筆者にも、この三大『法華法門』の、三段跳びの跡をたどってみたい欲求がないのではない。しかし、〈蓮〉の役割について、梵文『法華経』のつぎには『華厳経』と『涅槃《ねはん》経』を検討するつもりなので、その機会はあるまいとほとんどあきらめていた。

ところが、『法華経と蓮』第二稿の腹案を練るうちに、日蓮への関心がつのってきた。というのも、現行の『法華経』は、形式的には完結し〈おまけ〉までついているが、筆者の見地からすれば、思想的にはこれからというところで中絶しており、その先をつきつめたのが、智顗でも最澄でもなく、日蓮だということになりそうなのである。

まず、筆者は、「序品《じょほん》」と「化城喩品《けじょうゆほん》」を除く、「方便品《ほうべんほん》」から「法師品《ほっしほん》」までの最初の八品は、もとからの『法華経』ではなく、『アグラ＝ダルマ（最高の法）』と呼ばれる一団であったと推定している。この『アグラ＝ダルマ』が約束する〈アグラ＝ボーディ（最高の覚り）〉の成立根拠を明らかにするために作られたのが、

「見宝塔品《けんほうとうほん》」と「如来寿量品《にょらいじゅりょうほん》」を二本の柱とする『原・法華経』の一団で、もっと溯れば、『サッダルマ＝プンダリーカ』とは「見宝塔品」のことであった。

なぜなら、この語は、後には〈アグラ＝ダルマ〉の意味を包摂して〈白蓮に比すべき（最高の）正法〉とも解しうるようになったが、第一義としては〈正法の（体現者としての）白蓮〉であり、「見宝塔品」における〈釈尊〉の秘密の名号としてはじめて用いられたものだからである。

この品での〈釈尊〉は、〈白蓮〉といっても実はこれと等価物である〈日輪〉と同一視され、〈紅蓮＝地的生産力＝大地母神ラクシュミーの男性化〉である〈多宝如来〉により〈救済者・教主〉の能力を保証される、〈天的原理＝太陽神ヴィシュヌの投影〉として、衆生の〈覚りの蕾〉を開花させる資格が暗示されている。

ついで、「如来寿量品」では、この〈白蓮＝釈尊〉が、一つの花は萎れても種としては太古と同じ花を永遠に咲かせ続ける、〈イデア的白蓮＝久遠《くおん》の本仏〉としての素性を顕わし、超越的な庇護者として、聴聞者——実際には仏滅から時を経て不安に悩む信仰者——に絶対的な信頼感を与える。

こうなると、〈蓮〉の〈繁殖現象〉を、〈信徒〉の側に当てはめようとするのは、自然の勢である。かくして、「従地涌出品《じゅうじゆじゅつほん》」では、〈上行《じょうぎょう》菩薩〉をはじめとする〈蓮の実＝地涌《じゆ》の菩薩〉が出現する。〈水〉からでなく〈地〉からなのは、〈法華信徒〉が迫害下で潜伏を余儀なくされた情況を反映し、〈根茎からの花〉でなく〈種子〉なのは、涸いた土に埋もれた〈蓮種〉も〈雨＝法〉に恵まれればいつかは表層に浮上して〈開花〉する機能を保持することを、〈菩薩〉の可能性になぞらえたからである。

しかし、着想の順序とは逆に、経典の戯曲的な進行の都合で、「涌出品」が「寿量品」の前に挿入され、せっかくの趣向が十分に展開されないまま立ち消えになったことは、不幸なことであった。

散文部の作者より〈蓮〉の玄義にうとい詩偈《しげ》の作者は、〈地涌の菩薩〉を〈紅蓮華（パドマ）〉に譬《たと》える愚を犯したが、〈地涌の菩薩〉は、どうしても〈白蓮の種子〉でなければならない。〈イデア的白蓮＝久遠の本仏〉

そのものを再生産する〈白蓮の種子（または根茎）〉であってこそ、〈本仏〉と全同かつ平等な〈白蓮華＝最高の覚りの体現者〉となりうるのである。この事実こそ、〈法華信徒〉に無上の救済が内在する証明であり、〈法華思想〉の極限を支えるはずのものであったのだから、いかに秘説とはいえ、「寿量品」の前でなく直後で、もう少し丁寧に扱うべきであった。もっとも、この部分は、〈蓮〉の象徴性を利用するうちに瓢箪から駒が出て、作者としても途迷った箇処なのかもしれない。

　この不充足な「涌出品」の潜在的意義を洞察して、徹底的に拡張したのは、ほかならぬ日蓮であった。この点で、日蓮あっての『法華経』と云っても、かならずしも顚倒《てんとう》の言ではない。

日蓮が、『観心本尊抄』で、「我等が己心の釈尊は、五百塵点、乃至、所顕の三身にして天始の古仏」と説くのは、もちろん「寿量品」に基くが、余人のなしえぬ「涌出品」の色読なくして、「己心」という眼目の一語は使われまい。まして、『下山抄』での、「教主釈尊よりも大事な行者」という自覚は、「涌出品」の唱うべくして唱ええなかった主張の、明快無比な宣揚ではないか。

　このように、日蓮が天台教学の〈迹門〉尊重に対して、〈本門〉を重視するのは、〈インド的法華経理解〉の立場から見ても、まったく会心のことであるが、さらに悦ばしいのは、教典としての『法華経』と〈久遠の本仏・釈尊〉の背後に、唯一の実体としての〈法（ダルマ）〉を認めたことである。

　一闡提《いっせんだい》の不遜を顧ずに付度すれば、日蓮が、『法華経』の字義にしたがえば「南無釈迦牟尼仏」となるところを、「南無妙法蓮華経」でなければならぬと力説するとき、〈経（スートラ）〉に相当するのは、書物としての『法華経』でも〈イデア的スートラ〉としての『法華経』でもなく、根源的理法と現実的存在が即融した、〈ダルマ〉を指すのではないかと考えられる。だとすれば、文言によってこの〈ダルマ〉を啓示する『法華経』は、かならず色読されるべきであるが、かならず揚棄されるべきものとなる。かくして、はじめて、主体的『法華経』実践者としての道が開かれるのであろう。

このように、筆者の妄想かもしれない、『法華経』が含む〈インド的シンボリズム〉の延長上には、例外なく、日蓮が望まれる。日蓮のみが望まれる。

そこで、日蓮の遺著を学ぶことによって、〈インド的法華思想〉の理解を深化したいという、奇妙な願いが生ずるのであるが、日蓮の信念・勇気・行動力・神秘的直観には、とても歯が立たない。せめては、その修学の軌跡なりともたどってみなければと思うが、日蓮の教養は博大であって、これを追求することは中国に伝来してからの全仏教史をわがものとするに等しい。わが魯鈍《ろどん》をもってすれば、百年を要するであろう。

〔「現代思想」一九八二年四月号〕

# ロータスの環

植物学では、ハスはNelumbo、スイレンはNymphaea、オニバスはEuryale、オオオニバスはVictoriaで、ともにスイレン科の水草であるとはいえ、属を異にしている。

ところが、文化史からすれば、ハスとスイレンは、しばしば混同されてきたばかりか、エジプトのスイレンの象徴的意義が、インド以東ではハスに受け継がれている。

したがって、宗教や芸術を論ずる場合には、ハス〜スイレンを一体と扱うことが必要なのであるが、中国や日本には、両者をまとめて呼ぶ言葉がない。インドでは、パドマという語をハス〜スイレンの総称としうるが、本来は〈紅いハス〉であるうえに、パドマでは多くの日本人に通じない。だから、題名にロータスという国際語を使ったのである。

こうして、ハス〜スイレンをロータスとしてまとめると、ロータスは、アフリカをはじめ、ヨーロッパ（ハス、スイレン）、アジア（ハス、スイレン）、オーストラリア（ハス）、北アメリカ（アメリカキバナバス、スイレン）、南アメリカ（オオオニバス）と、六つの大陸に自生することになる。

水と温度をととのえれば、どこでもハス〜スイレン〜オオオニバスを楽しめるので、このロータスを、人類の連帯と平和と繁栄のシンボルとしたいものである。

だが、これまでの歴史におけるロータスは、西はエジプトから東は日本までのいくつかの文明で、特色ある精華を連ねたに過ぎない。

ただし、東へ行くほど、西でのロータス文化を順次受け容れたので、いまのところ、日本が重層の極限となっている。

### エジプト

エジプト人は、頭に載せる花がパピルスか青スイレンかで区別しうる、二体の〈ハピ神〉として、ナイル河を表現した。南北エジプト統合の意図を象徴したもので、パピルスは北エジプト、青スイレンは南エジプトを代表する花だったことになる。

エジプトの詩文にも、「スイレンはかれ〔アメン・ラー神〕のゆえに心愉し」（「単一神への讃歌」）とか、「万歳、なんじスイレンよ、なんじネフェル・テム神の表象よ」（「死者の書」）とか、「死が今日は眼の前に見える、スイレンの花の香りのように」（「男とその魂の対話」）〔以上は諸氏の訳による〕とか、スイレンを唱った文学の遺産がないわけではない。

だが、なんと言っても、後代の世界、とくに東方への影響が大きかったのは、美術上のモチーフである。

まず、建築では、〈スイレン柱頭〉がある。ギリシアでは〈アカンサス柱頭〉に変じたものの、イラン〈ペルセポリス〉ではそのまま採用され、インドでは〈ハス柱頭〉になる。

つぎに、太陽神ホルスは、あるスイレンから天に昇り、別のスイレンに憩うて、朝までにもとの池に戻る。この神話とメソポタミヤの〈世界の中心の池の生命の樹〉が結びついて、インドのアショーカ王の〈四獅子・

ハス柱頭〉が案出され、やがて、『法華経』での〈妙法蓮華〉、〈紅蓮に支えられた白蓮〉（＝日輪）としての釈尊〉を発想させる。

また、〈スイレンの連続文様〉が、ササン朝ペルシャ、ガンダーラ、中国を経て、日本の〈唐草《からくさ》〉へと変化している。

ヘロドトスは、エジプトにはハスも生えていたように述べているが、真実とすれば、ペルシャ人の侵入がもたらしたか、インドから輸入したかであって、ハスは自生でない。

## その他のオリエント諸国

ユダヤ（『旧約聖書』）、メソポタミヤ、イラン、アラビア（『千夜一夜』）でのスイレンのことは、省略せざるをえない。

## ギリシア

『オデュッセイア』は、〈ロートスを食べる人々〉の島のことを語っており、オデュッセウスらがその実を食べると、憂いが消え、故郷に帰るのを忘れかけたとある。

だが、lotos = lotus は数種の植物を指し、ここではナツメともニレとも言われ、〈陸生の木の実〉としかわからない。だから、ハス〜スイレンではなく、〈忘郷果〉である。

スイレンの学名 Nymphaea は、ギリシア語の nymphaia の訛《なまり》で、ニンフが変身した由来は、テオフラストス『植物誌』に見える。ちなみに、フランス語のスイレン nénuf（ph）ar は、梵語で青睡蓮を指す nilotpala

が、ペルシャ語nilfarを経て、フランスに定着したもの。

### 近代ヨーロッパ

ヨーロッパでのハスの自生はカスピ海北岸に限られるが、スイレンはイギリスやドイツまで分布し、water lily, Wasserlilie（水のユリ）と呼ばれた。後には、ハスも、Wasserrose（水のバラ）と名づけられている。スイレンの古い伝説もあるが、芸術の対象となったのは一九世紀からで、オリエンタリズムの興起と園芸種の流行の結果である。

モローの「サロメ」やフローベールの『サランボー』に対する、モネの「睡蓮」やプルーストの『失なわれた時を求めて』など、異国趣味のものと現実反映のものとが相半ばし、芸術の中心フランスでは、一〇〇〇点も作品が生まれた。ハイネの「ハスの花」のように、インドのハスが唱われることもあった。

### インド

最古の文献『リグ・ヴェーダ』の千余の讃歌で、ハス～スイレン語彙が現れるのは、プシュカラの数回とプンダリーカの一回だけで、当時はなにを指したかすら明瞭でない。

ところが、後代には、古典語サンスクリットのものだけで五〇〇語を超えている。土着語を吸収した上に、それぞれ一〇に余る〈水〉〈泥〉〈生じた〉などを合成して、〈水生花〉〈泥生花〉といった複合語を、ハス～スイレンを呼ぶのに用いたからである。

何種類の実物を識別していたのか分明でなく、時代・地方・個人で意味を異にすることが多く、種類によって文学的機能が反対になったりするので、詩文の鑑賞は容易でない。

とはいえ、初期の仏典では、四種の代表的なハス～スイレンが固定していた――。

utpala, uppala　昼咲き青スイレン
kumuda　夜咲き白スイレン
padma, paduma　紅いハス
puṇḍarīka　白いハス

これらを原典で読み分けるのに苦労はないが、漢訳では、音写のほかに、安易な意訳をおこなったため、重大な誤解を生じた。

中世までの中国人は、ハスは赤いものと思っていたし、スイレンは、晋の『南方草木状』が紹介するまで、無視されていた。

だから、さきの四語の訳し分けに困って、〈青蓮〉〈黄蓮〉〈赤（紅）蓮〉〈白蓮〉と、色で無理に区別してしまったのである。

この誤訳から、実在しない〈青いハス〉への熱烈な憧れが生じ、〈外側が淡緑色を帯びた白いハス〉を〈青蓮〉として尊崇したことは、涙ぐましいほどである。

また、〈黄色いハス〉も、北米にしか存在しなかったのに、あると思いこんだ。

ハス～スイレンに関して夥《おびただ》しい謬見《びゅうけん》を発表した南方熊楠は、クンダという〈白いジャスミン〉を指す〈軍図〉という訳語を、クムダと誤認した上で、インドにない〈黄スイレン〉だと説いているが、クンダもクムダも〈まっ白いもの〉の代表だったのである。

これらはまだしも、白いハスを見知らぬ昔の中国人はインドにおける〈プンダリーカ（白いハス）〉の格別の意義を知るすべもなく、『サッダルマ・プンダリーカ』という、〈正法《しょうぼう》白蓮華〉と翻《ひるがえ》すべき経題を、『正法華

経』『妙法蓮華経』と、〈白蓮華〉という特質を示さず訳して済ませてしまった。

この経題が『法華経』の中核の秘密を開く〈鍵語〉だと気づかぬままに、壮大な教学の体系を樹立する、原因となったのである。


この経を創作したインドの法師たちの真の意図は、〈正法白蓮華〉の第一義が、〈正法の体現としての白蓮華（すなわち釈尊）〉であり、同経で釈尊と並坐《びょうざ》する〈多宝如来〉が〈紅蓮華（すなわち男性化した蓮女神）〉であるという秘密を察知しなければ、把握しようがないものであった。

この秘義こそ、エジプトの〈スイレンに坐する太陽神ホルス〉のモチーフが、メソポタミアにおける〈世界の中心の池の生命の樹〉や〈太陽を表象する大車輪〉のモチーフと複合し、インドの神話的諸伝承と合流した末に形成された、画期的な構図を開示するものだったのである。

インドでは、〈太陽＝白蓮華〉〈大車輪＝大法輪〉〈紅蓮華＝大地女神〉〈太陽神ヴィシュヌと釈尊の近似〉〈ヴィシュヌと蓮女神ラクシュミーの対（夫婦）関係〉などの事実が認められていたから、〈天的な真理の啓示者・釈尊（日輪＝白蓮）〉を〈地的な生産力の根源・大女神（紅蓮）〉が迎え承けるという、絶妙の構図が成立したのである。


そこで、多宝如来の原型、〈蓮女神〉に触れると、いっそうの祖型は、インダス文明を経てメソポタミア文明にまで遡る、〈大（地）女神〉で、〈繁栄・豊饒〉をもたらすものであるから、〈水〉と関係が深い。

古くは〈めでたいもの〉を意味するシュリーやラクシュミーと呼ばれたが、〈紅いハス〉を指す名詞の女性形、〈パドマー〉〈カマラー〉の別称をもち、〈吉祥天《きっしょうてん》〉ともなる。

大女神の後裔《こうえい》が〈ハス〉と結びついたのは、インドがはじめてであった。

この蓮女神は、仏教においては、さらに二つの、重大な存在に変容している。

一つは、釈尊の母〈マーヤー（摩耶夫人）〉で、とくに工芸では、〈蓮女神〉と見分けがつかないように浮彫りされている。

いま一つは、〈観世音菩薩・観自在菩薩〉である。前身をイランのアナーヒター女神とかシュリー・ラクシュミーとか、単一と断定するのは一知半解で、支流を統合する大河がデルタでまた分割されるように、複雑多岐な姿をとる大神格なのである。

仏教の女性蔑視のため、〈菩薩〉という男性として採用されたが、最有力な原型は蓮女神であったから、男が見れば女、女が見れば男という、微妙な印象を与えやすい。

さて、インドにおけるハスの地位は、西洋のバラに匹敵し、諸種のスイレンも、独自の特色をいたく好まれている。その結果、一冊の文芸書に、ハス～スイレンが百回以上も現れ、植物名が数十種出てきても、使用頻度で三割を占めることは、普通となっている。

当然、ハス～スイレンは〈美の典型〉とみなされ、理想的美女を〈パドミニー（ハス～スイレンの長所を具備した女）〉として想い描くことになる――。

顔はパドマ、眼はパドマかウトパラの花びら、吐息はウトパラの芳香、掌はパドマの蕾、腕はハスの茎（ムリナーラ）、性器とその臭いはパドマ、足はパドマといった具合で、インド人は飽きないのである。

また、大叙事詩『マハーバーラタ』や古伝書などは、〈大地〉を〈ハス〉、インドを〈ハスの花びら〉と同一視している。

これはまだ優雅と言えるが、『華厳経』の説く〈宇宙蓮〉、〈華蔵荘厳世界海〉は、大宇宙を素粒子かクオークなみに格下げしてしまう、夢魔的な構造をもっている。

この宇宙蓮を中国人向きに縮小したのが、偽経『梵網《ぼんもう》経』の〈蓮華台蔵世界〉という〈大蓮華〉で、一〇〇〇の花びらの一々に、〈三千大千《さんぜんだいせん》世界《せかい》〉という、直径五〇〇〇万キロの〈小世界〉の一〇〇〇の三乗箇の集合が収まっている。

これを再簡略化した雛型が、東大寺の大仏の〈蓮座〉で、六メートルもない〈蓮弁〉に感嘆するのだから、日本人も胆が小さい。

## 中国

中国人が自分で考え出した最大のハスは、〈蓮花十丈藕如船（ハスの花は直径三〇メートルもあって、レンコンは船のようだ）〉という、韓愈《かんゆ》の詩が唱うものであろう。

これを見てもわかるように、インド人の妄想に接したあとでは、なにを提出しても衝撃力に乏しいので、これからは、中国と日本における顕著な特色のみを摘記する。

中国の文芸でハスの用例の過半を占める、詩について言えば、唐以前に三〇〇例、唐代に一五〇〇例、宋代に推定三万例と急増し、その後は数え切れないのである。

だから、インドの作家が一人当たり十倍ハス〜スイレン語彙を用いたとしても、中国での用例の方が、総量ではまさるであろう。

一人の使用回数にしても、清の乾隆帝《けんりゅうてい》は、生涯に四万二五〇〇首の詩を作り、その中の一〇〇〇首にハスを用いているから、世界記録保持者かもしれない。

中国と日本では、文芸でスイレンを対象とすることは、近代まで絶無であった。

中国人は、ハスの畸形を愛重し、日本人もこれに準じたが、インド人はほぼ無視した。普遍と特殊の評価が反対だったのである。

インドでは、詩に唱われたハス〜スイレンの大部分が性愛と結びつくが、中国では、〈蓮《リエン》〉を〈憐《リエン》〉の掛け言葉とした場合にのみ、男女の愛情を仄《ほの》めかす機能を発揮した。

ハスにかかわる中国の絵画・陶磁器は、ハス～スイレンにかかわるインドのそれより、技術の点で断然すぐれている。

**朝鮮**

文芸や絵画は、中国の亜流を脱けていないが、ハスの絵づけをした朝鮮の陶磁器の中には、巧緻に過ぎた中国のものより、温い野趣においてなつかしい、逸品がある。

**日本**

俳句がなければ、ハスに関する日本の文芸は、中国のそれにどの分野でも及ばなかったであろう。俳句は、鋭敏・繊細な観察の集中的な表現によって、短歌や漢詩にない詩境を開拓しており、これによって、日本のハス文芸は、インドの〈幻〉、中国の〈文〉と特長を競いうる、〈絞〉の凄みを世界に提示できたのである。絵画や工芸には、中国の傑作の塁を摩するものも稀ではないが、ことに仏像・仏画・仏具におけるハスは、しばしば中国のものを凌いでいる。

**南北アメリカ**

アメリカキバナバスおよびオオオニバスという特産物をもちながら、世界史への参加が遅く、宗教の構想力と結びつかなかったために、ロータス文化を形成するにいたっていない。

ハスやスイレンに対するアメリカ人の愛好は盛んなのであるから、これからは、地球上の全員がキバナバスとオオオニバスを含むロータスに親しみ、どんなものになるか楽しみな、世界的ロータス文化を育ててゆきたいものである。

[「FRONT」一九九七年六月号]

# 仏典における信ずるべからざる部分のおもしろさ

仏典への漢訳者による潤色・竄入《ざんにゅう》は、意外に頻繁で、インド人による加上・増広よりも甚しい弊害をもたらしうる。そのような改変は、インドの思想・信仰・風物の実際と背馳することが多く、これを真に受ければ、深刻な誤解を招きかねないからである。

その反面、ある経典の中で、捏造された文言を一点でも剔抉《てきけつ》できれば、㋑〈該当語句の信憑性の否定〉はもとより、㋺〈別箇の虚偽の摘発〉の端緒ともなり、漢訳者の大規模な水増しによる㋩〈部分的偽経の発見〉へと、薯蔓《いもづる》式の収穫を得られるかもしれない。

しかも、〈全面的偽経〉と目されるものを含めて考えると、〈非インド的叙述〉のあり方によっては、㋥〈偽作者の出身地ないし経典の成立地の推定〉、㋭〈偽作者とその文化母胎における思惟方法や価値観の特徴の把握〉も可能となるから、こうした穿鑿《せんさく》もゆるがせにはできないのである。

そこで、これらの実例を、なるべく簡単なものから順に提出することにしよう。

## 一　『大仏頂《だいぶっちょう》如来《にょらい》密因《みついん》修証《しゅしょう》了義《りょうぎ》諸《しょ》菩薩《ぼさつ》万行《まんぎょう》首楞厳経《しゅりょうごんきょう》（略・楞厳《りょうごん》経）』

唐代に訳出（かつ捏造）されて以来、筆致の明快さにより、知識階級の愛読書となったが、宋の『朱子語類』の中で、筆受者・房融の創作部分が夥しいと指摘されている。

つぎに掲げるのは、清の『陔余叢考《がいよそうこう》』、日本の『大辞典』・『大漢和辞典』・『日本国語大辞典』に、〈世界〉という語の典拠として引用され、今後も害毒を及ぼすであろう箇所である。

「阿難云、何名為衆生世界。世為遷流、界為方位。汝今当知、東西南北、東南西南東北西北、上下、為界、過去未来現在、為世。」〔大正〔『大正新脩大蔵経』、以下同〕・一九・一二二・下〕

まず、〈世界〉は、梵語の〝loka《ローカ》-dhātu（世間の区分領域～構成要素）〟を漢訳するための、シナ仏教徒の造語であるから、〈世〉を〈時間〉に、〈界〉を〈空間〉に配するのは、まったくのデタラメである。

おまけに、〈遷流〉も仏教の造語で、〝pravṛtta（回転・進行する、もの・こと）〟の訳であるが、これと結びつく〈世〉の原語は、〝loka〟ではなく、〈路〉を本義とする、〝adhvan〟に決まっている。

では、こんな暴挙をおかした理由はというと、『荘子（知北遊）』の「疏」などに、「天地四方曰宇、往古来今曰宙。」とあるのを、捻って転用したために相違ない。

しかも、この〈宇宙〉の訓詁そのものが荒唐無稽で、古代の儒家から現代の物理学者までを謬《あやま》った語源解釈に導いているのだから、言葉というものは怖ろしい。

〈宇宙〉の真義は、〈屋根の内部の空間〉であり、〈ローカ（世間）〉の原義は、〈（森の中の）光が差しこむ空き地〉である。

二　『四分律《しぶんりつ》（巻第二二）』

「池中、有七茎蓮花。五花、共一茎、香気芬馥、花色殊妙。復有二花、共一茎、其香色殊妙。」〔大正・二二・七八四・下〕

右で注目すべきは、〈一本の茎に五つの花をつけた蓮花〉と〈一本の茎に二つの花をつけた蓮花〉が存在したとする点で、これらは、シナや日本では〈瑞蓮～妙蓮〉として珍重されたが、一茎五花はともかく一茎二花の〈双頭蓮～並蔕蓮〉はそれほど稀少ではなく、両国に数百の実例があり、漢文学での言及は千回にとどまらない。

ところが、インドでは、文献に現われる蓮花の頻度はシナの何倍もであるのに、〈一茎二花〉のものですら、十年も眼を皿にしても、このほかの書物には一例しか見つかっていない。それなのに、ここでの〈妙蓮〉の出現は、漢訳者による潤色の結果なのである。

というのも、ここでの〈七茎の蓮花〉は、釈尊の前身である弥却（megha）が然燈仏に捧げる有名な〈青スイレン（utpala）〉を指し、他の一切の経文や浮彫でも〈一茎一花の七本〉とされているばかりか、実際、〈ハス〉とちがって、〈スイレン〉には、〈一茎多花〉は生じないらしいからである。

インドに溯れずまことに残念ではあるが、同じ〈植物学的畸形〉を、〈例外的現象〉として無視するのと、〈奇瑞〉として愛好するのと、インド人とシナ人の対照的な態度を理解する一助となるので、事実の改変もたまには価値が出る。

## 三 『観《かん》無量寿《むりょうじゅ》経（第五観）』

この経に関しては、あまり注目されていない箇所を、一つだけ採り上げる――

「次当想水。〔欲〕想水者、極楽国土、有八池水。一一池水、七宝所成、其宝柔軟。従如意珠王生、分為十四支。一一支、作七宝色、黄金為渠。渠下皆以雑色金剛、以為底沙。一一水中、有六十億七宝蓮華。一一蓮華、団円正等、十二由旬。其摩尼水、流注華間、尋樹上下。其声微妙、演説苦空無常無我諸波羅蜜、復有讃歎諸仏相好者。〔従〕如意珠王、踊〔涌〕出金色微妙光明。其光化為百宝色鳥、和鳴哀雅、常讃念仏念法念僧。是為八功徳水想、名第五観。」〔大正・一二・三四二・中〜下〕

以上の文脈では、まず、八種の美質をもつ〈水〉である〈八功徳水〉を〈八つの池水《いけ》〉とみなしているのが奇妙であり、しかも、〈池〉そのものの描写はほとんどなされず、〈八功徳水〉とはまったく異質な〈宝石《マニ》の水〉の効能と、〈疏水設備〉の構造の叙述を主眼としているのは、特異である。

実は、ここに見られるのは、〈極楽の蓮池〉でも〈尋常の湖沼〉でもなく、〈理想化されたオアシス〉の風景なのである。

ところが、"oasis"を英梵辞典で探すと、〈荒野（maru）の中の緑地（sādvala）〉を意味する、長い複合語（句）として三種みつかったが、一つとして梵英（梵独・梵仏）辞典には載っていないし、漢語で〈オアシス〉を指す成語も、管見には入らない。

つまり、インドやシナ本土では、〈オアシス〉は、絶無か稀少であったことになる。

こうして、この場面の原景は西域に求められるが、西域に居住・往来するシナ人もいたので、それだけでは、シナ撰述の可能性を否定しきれない。

しかし、〈オアシスの源泉〉とされる〈如意珠王〉への極端な讃美は、〈水〉への憧憬のはなはだしい西域人でなければ発想できないと考えられるので、西域撰述説はすでに多数意見となっているにせよ、新しい観点から傍証を加えたことになる。

## 四　『正法念処《しょうぼうねんしょ》経』

源信作『往生要集』における、「地獄品」の最大の所依《しょえ》となっているので、日本仏教への影響はとくに深い。

梵文『ダルマ＝サムッチャヤ』とその漢訳である『諸法集要経』の第二偈《げ》に、「『正法念処《しょうぼうねんしょ》経（Saddharma-smṛty-upasthāna-sūtra）』の広大な海から、世人の眼となすために、わたしは偈頌《げじゅ》を抽き出すであろう（依正法念処　広大契経海　集成此伽陀　為作世間眼）」とあるので、長行《じょうごう》（散文部分）と偈頌（詩形部分）を具えた原典の実在したことが窺われる。

しかるに、二千数百首におよぶ『正法念処経』の偈頌は、上記の梵漢二典の内容とおおむね対応するが、その何倍もの量に達する長行の原文は、『シクシャー＝サムッチャヤ』に引用された、三箇所の断片しか発見されていない。

ところが、偈頌の表現は穏当であるのに、長行の修辞はしばしば誇大であり、とくに、事物の名称には、他のいかなる経典にも見出せぬものが何千も含まれている。

しかも、本経と同源の〈小本〉とみなしうる、『妙法聖念処経』が、よしんば〈短縮版〉の不忠実・不完全訳であったにせよ、十五分の一の紙数しかないのは、圧縮しすぎと感じられ、また、この中に異常な語句をまったく欠くことも気になることである。

そのため、『正法念処経』の長行には、漢訳者の捏造による大幅な増広がなされたのではないかと疑われるのであるが、五十万字を越える七十巻の経文をチベット語訳と精密に対照するには十年を要する上に、チベット語訳が漢訳からの重訳でありそうだと予想されるので、実行に踏み出せないでいる。

そこで、やむなく、『シクシャー＝サムッチャヤ』での引用原文に当たってみると、もっとも長い一箇所に、つぎのような驚くべき叙述がなされている――

「火焔の尖端の只中に入っても、焼かれず、いっそう歓喜し、地獄の住人どもの頭蓋を破って血を飲む、〈火焔の尖端におもむくもの（agniśikhācara）〉という名の鳥がいる。頭蓋を破って燃える脳髄を飲む、〈頭蓋の内部におもむくもの（kapālāntaracara）〉という名の鳥や、舌を裂いて残らず啖《た》べてしまう、〈舌の肉を食らうもの（jihvāmiṣabhuj）〉という名の鳥がいる。その舌は、食われても、紅蓮《パドマ》の花弁より柔軟なものとして、再びまた生ずる。かくのごとく、行動に応じて名付けられた、〈歯を抜き去るもの（dantotpāṭaka）〉という名の、〈頸の血管を裂き開くもの（kaṇṭhanāḍyapakarṣaka）〉という名の、〈肺を露出させるもの（klomakāśin）〉、〈胃を啖《く》くうもの（āmāśayāda）〉、〈脾臓を掻きまわすもの（plīhasaṃvartaka）〉、〈腸の内部を嚙るもの（antravivarakhādin）〉、〈背骨に入りこむもの（pṛṣṭhavaṃśacara）〉という名のすべての関節の内部を破壊し、関節をばらばらにして、内部に入り、泣き喚くものたちの骨髄の漿液を飲む、〈関節の奥に入りこむもの（marmaguhyaka）〉という名の鳥がいる。針に似た嘴で血を飲む、〈針の孔（sūcīchidra）〉という名の鳥がいる。かくのごとく、〈骨の内部を食うもの（asthivivarāśin）〉、〈六部位の皮膚を啖うもの（ṣaṭtvagbhakṣin）〉、〈爪を損うもの（nakhanikṛntaka）〉、〈脂肪を喰うもの（medoda）〉、〈腱をとくに好むもの（snāyuviśeṣaka）〉、毛髪を根もとから引き抜く、〈毛でいっぱいな胃をもつもの（keśoṇḍuka）〉という名の鳥がいる。（…）」〔BST［Buddhist Sanskrit Texts］版・四二～四三ページ〕

以上に対応する、「地獄品之九」の訳文は、つぎの通りである――

「次復有鳥、名火髻行、火所不焼、極大歓喜、破其頭已、先飲其血。次復有鳥、名食髑髏、以火焔嘴、破其髑髏、而飲其脳。次復有鳥、名為食舌、而食其舌、及歯根肉、食已復生、新生柔軟、如蓮華葉、如是復食、食已復生。次復有鳥、名為抜歯、嘴如焰鉗、其鳥大力、尽抜牙歯。次復有鳥、名執咽喉、身甚微細、食其咽喉。次復有鳥、名苦痛食、而食其肺。次復有鳥、名食生蔵、破其心已、而飲其汁。次復有鳥、名為脾聚、而食其脾。次復有鳥、名腸内食、食其腸内。次復有鳥、名喜背骨、破其背骨、而飲其髄、飲已外出。次復有鳥、名為脈蔵、脈脈断已、入脈孔中、而飲其汁、受苦唱喚。次復有鳥、名為針孔、嘴利如針、而飲其血。次復有鳥、名骨中住、破其頬骨、在内而食。次復有鳥、名食肉皮、食其外皮。次復有鳥、名為抜爪、抜一切甲。次復有鳥、名為食脂、破其皮已、而飲其脂。次復有鳥、名為緩筋、破裂其筋、一切皆食。次復有鳥、名為抜髪、抜其髪根。」〔大正・一七・七八・上〕

そこで、梵文と漢訳を比較すると、漢訳には説明的な添加が多いとはいえ、〈悪鳥〉の呼称はかなり忠実に訳出されており、捏造による増広は皆無であることが判明する。

引用された梵文がなければ、漢訳とチベット語訳を突き合わせたところで、該当する梵語原文の存否は立証し難いであろうから、他に類例のない〈行動に応じて名付けられた〉りする合成語の羅列のゆえに、本経のもっとも特徴的な箇所を、すべて偽作であると誤認するところであった。

とはいえ、このような原典の造語法は、シナ人のもともと得意とするものであったから、散漫かつ不均斉な百科事典的書物の漢訳に従う者が、随所に模倣による補充をおこなう誘惑を感ずることは、ごく自然であろう。だから、依然として、竄入の疑いは残るのであるが、真贋の鑑定は綿密な作業を経てすら難しそうなので、これとはまったく異質な、インドの事実や伝承に反する記述の検討に、目を転ずることにしよう――

「復往詣於青蓮花林、其花第一色香味具。於花葉中、流出摩偸美味之飲、猶如酒糟。酒流而出、其色青緑、如分陀利。黄分陀利出黄色飲、琉璃色華出琉璃色飲、頗梨色花出頗梨色飲、車渠色花出車渠色飲、雑色之花出雑色飲。(…)」〔大正・一七・一六四・下〕

右の文で、まず腑に落ちないのは、〈青蓮花（utpala,nilotpala 青スイレン）林〉から流出する〈摩偸（madhu 蜜酒）〉が、唐突に、〈ハス〉であって〈スイレン〉ではありえない〈分陀利（puṇḍarīka）〉に譬《たと》えられ、しかも、酒を出す主体が〈分陀利〉にすり替えられていることであるが、このことについては詮議のしようがない。

だが、それにも増して衝撃的なのは、〈プンダリーカ〉に、〈青緑・黄・琉璃色・頗梨色・車渠色・雑色〉と、六種もの色彩を与えていることである。

この語は、〈プシュカラ〉とともに、『リグ＝ヴェーダ本集』に現われる、最古の〈ハス〜スイレン名称〉の二つの中の一つであるが、〈ハス〉を指すことは確かでも、色を決めうる叙述は、上代の文献には欠けていた。それが、仏教成立期までには——『アイタレーヤ森林書』へのサーヤナ注と、『ジャータカ（本偈）』への語注に、〈紅蓮〉と解する箇所が一つずつあるとはいえ——〈白蓮〉に落ち着き、〈白〉以外の色と結びつけた用例は、ほかには見当たらないのである。

だから、本経における特異な文言の成因を合理的に追究するには、先行経典の中に、このような謬見《びゅうけん》を生み出しうる素材となる表現の有無を探らなければならない。

すると、たとえば、『起世経』などに、つぎのような二様の〈決まり文句〉のあったことが想起される——

「復有諸華、優鉢羅華、鉢頭摩華、拘牟陀華、奔茶利迦華。其華雑色、青黄赤白。」（大正・一・三一二・下）

「復有無量優鉢羅華、鉢頭摩華、拘牟陀華、奔茶利迦華等、遍覆水上。其華火色、即現火光。有金色者、即現金光。有青色者、即現青光。有赤色者、即現赤光。有白色者、即現白光。婆無陀色、現婆無陀光。」（同右・中）

右のうち、前者は、〈ハス〜スイレン〉の代表とされる、〈utpala（青スイレン）〉・〈padma（紅ハス）〉・〈kumuda（夜咲き白スイレン）〉・〈puṇḍarīka（白ハス）〉に、〈青・赤・黄・白〉の一色をそれぞれ宛てた、単純なものであるが、後者は、植物学的現実を超えて、〈パドマ〉の色に〈火色・金色〉を加えるなど、複雑化している。

こうして、一華一色の原則が破られると、〈ウトパラ〉には、〈赤・白〉のものもあるし、〈婆無陀〉が不詳なので、厳密な色の配分はできなくなるが、〈プンダリーカ〉（と〈クムダ〉）には、〈白〉のみを考えているのであろう。

しかし、いつもではないにせよ、華の順序と色の順序が喰い違っていたり、華の種類より色の種類が多かったりする上に、構文そのものが曖昧なのであるから、〈現実〉という制約を離れて読めば、〈各華に各色のものが存在〉すると解しても、誤りとは言えない。

こうして、『正法念処経』が〈さまざまな色のプンダリーカ〉を出現させたことも、あながち理不尽とは言えなくなったのであるが、謎がとけたわけではない。

「其色青緑、如分陀利。」とあるのは、〈プンダリーカの（もっとも普通の）色〉を〈青緑〉とみなさなければ譬喩として成り立たないが、明らかに無根拠だからである。

また、さきにも触れたが、〈分陀利〉の譬えを用いたからといって、実物の〈分陀利〉をつぎに持ちだすのは、支離滅裂に近い。

つまり、この文節は、まともなインド人によって書かれたとは信じがたいのである。

こうして拘泥すればきりがないので、あと一つ、天主（＝インドラ神）に仕える象王、〈伊羅婆那（erāvaṇa, airā-vaṇa）〉の現じた神変の叙述の、冒頭のみを採り上げてから、まとめに入ることにする――

「爾時、白象伊羅婆那、聞天主教、即化大身。身有百頭、頭有十牙、一一牙端、有百浴池。一一浴池、有千蓮華、皆有千葉、七宝所成。一一葉端、皆有千数七宝衆蜂。一一葉間、有千天子。其象頂上、有諸天女、不相妨礙、作天伎楽。（…）」〔大正・一七・一五五・中〕

「時、伊羅婆那大竜象王、（…）即自化作三十三頭、其一一頭、具有六牙。一一牙上、化作七池。一一池中、各有七花。一一花上、各七玉女、各復自有七女為侍。」〔『起世経（巻第七）』・大正・一・三四三・上〕

対照のために添えた〈原型的神変〉と較べると、格段に大袈裟になっているが、誇張の徹底化はインド文献史を貫く傾向であるから、そのこと自体は問題ではない。

気になるのは、〈三十三頭〉〈六牙〉という由緒の深い決まりを、なぜ『正法念処経』だけが、それほど代わり映えがするとも思われぬ、〈百頭〉〈十牙〉に変えたかである。

この点を重視すれば、〈伊羅婆那の神変〉のインフレ化をおこなったのは、インド神話や仏教伝説にこめられた微妙な意味に無知か無頓着な者だと考えたくなる。

本経の訳業は、ベナレス出身の瞿曇般若流支（Gautama Prajñaraci）が、二人のシナ僧の協力により、十年もかけ、後期には寺でなく篤志家の邸にこもって完成したとされる。

しかし、真の主訳者の正体や助手と庇護者の関与の実態は不明なので、捏造や他の典籍からの資料の補強により、自分たちの創作欲を満足させようとする密謀を遂行してほくそ笑んでいたのではないかという、邪推さえ生ずる。

〔「仏教」第二一号　一九九二年一〇月〕

# 法華経と無《む》熱《ねつ》悩《のう》池《ち》および蓮華上仏

## 一　問題の所在

梵文法華経諸本と『妙法蓮華経』は、〈無《む》熱《ねつ》悩《のう》（Anavatapta~Anotatta）池《ち》〉に関して、池自体に言及せず、八竜王の一員としての'Anavatapta-nāgarāja（阿《あ》那《ば》婆《な》達《だっ》多《た》竜王）'の名を挙げるのみであり、〈蓮華上仏（Padmottara~Padumuttara）〉については、まったく触れていない。

にもかかわらず'Saddharma-puṇḍarīka'の第一義を〈釈尊〉とみなす、筆者の仮説（「法華経と蓮」・『第三文明』一九七五年一月～一九七六年一〇月）からすれば、〈無熱悩池伝承〉は法華経の成立に不可欠であり、〈蓮華上仏（の祖型）〉も、おそらく同様と考えられる。

推定の経緯は、つぎのごとくである——

（イ）一九六〇年、再刊『大正蔵経』中の漢訳法華経と荻原・土田『梵文法華経』を読み較べて感じたのは、

'puṇḍarīka'を含む経題が頻出するのにハス～スイレンとくに〈白蓮〉の使用が乏しい奇妙さと、一世界一時一仏の通則を破って〈多宝如来〉が現れる異様さであった。

（ロ）六四年に、稲荷日宣《にっせん》氏から妙法蓮華＝釈尊との意見を聴いて、〈多宝＝紅蓮華（padma）～蓮女神Padmā の男性化〉、〈釈尊＝白蓮華～太陽神ヴィシュヌの投影〉と直観したが、並坐《びょうざ》の意義は洞察できなかった。

（ハ）諸書を渉猟するうちに、『央堀魔羅経』の「上方去此過二恒河沙刹。有国名分陀利。仏名妙法分陀利。」なる叙述、赤沼智善《ちぜん》・西尾京雄《きょうお》両氏（「悲華経解題」）や本田義英氏（『法華経論』）の、『悲華経』での〈釈尊〉と〈慈悲の白蓮華（Karuṇā-puṇḍarīka）〉の同定、本田氏の法華経の〈妙法蓮華〉も〈釈尊〉にほかならぬとする主張が、稲荷説の底にあると気がついた。

（ニ）『央』『悲』二経は、遅い仏典が各「S°-p°」や〈p°を後分とする複合語〉を仏名に用いた証拠となるから、法華経自体も〈S°-p°＝釈尊〉とした可能性は認められる。

（ホ）だが、本田氏の〈正法白蓮華＝釈尊〉の提唱は、斬新な法華経が旧来の〈蓮華不染喩〉に依存するはずもなく、〈多宝如来〉とも繋がらないので、首肯できなかった。

（ヘ）七〇年ごろ、Jean Przyluski "La Grande Déesse" を繙《ひもと》くと、第四章でサールナートの〈アショーカ王獅子頭柱〉が論じられ、〈日輪（＝法輪）・獅子・蓮華〉の意匠をもつ〈柱頭〉の源流を、インド→ペルシャ→アッシリア→エジプトと遡ったほか、〈半月石〉や『獅子座三十二話』を例証として、仏典のみに見られる〈無熱悩池〉との同一構造を指摘している。

（ト）プシルスキー教授のおかげで、〈獅子頭柱〉と〈無熱悩池〉が、エジプト的要素〈日輪・獅子・スイレン・湖〉とバビロニア的要素〈生命の樹・湖・四聖獣・四大河〉の複合物であると判明したが、これらを産んだ文化史背景こそ、法華経の中核を構想する力の淵源であると確信した。

（チ）〈獅子頭柱〉の細部の意義と、『三十二話』での〈正午に池中から伸びて日輪を支える蓮茎（stambha）〉の記述を、法華経の〈二仏並坐〉にいたる事態の解釈に適用することにより、積年の疑問は氷解した。

（リ）〈多宝如来〉は、〈紅蓮華（padma）～大地女神 Padmā の男性化〉として、〈釈尊の画期的な教説‘Agra-dharma’の保証者・支持者〉たる大任を果たしたのであり、〈釈尊〉こそ、〈日輪（～法輪）〉と同一視される、〈正法の体現としての白蓮華〉だったのである。

（ヌ）経題としての“S.-p.”は「見宝塔品」（相当部分）の構想が成るまでありえなかったことになるが、「方便品」など現行・法華経の最古層への原題は――一乗説の信奉者にもれなく‘agra-bodhi（最高の覚り＝無上《むじょう》等正覚《とうしょうがく》）’を約束する教説――“Agra-dharma（最高の法）”であった。

（ル）〈獅子頭柱〉の役目は〈令法久住〉であったが、〈多宝塔上の日輪～白蓮〉の機能は、〈日輪〉としては、〈最高法の普遍的救済力〉と〈釈尊の寿量の無窮性〉の根拠づけに移り、〈白蓮〉としては、〈開悟した釈子と釈尊の等質性〉の啓示に転じた。

（ヲ）〈無熱悩池〉は、〈大蓮茎〉を〈多宝塔〉として提供したものの、続いて上昇的場面が要請されるので、〈阿那婆達多竜王〉にかかわる豊富な要素を、南に下がった霊鷲山での説法に付加しにくくなった。

（ワ）「提婆達多品」（相当部分）に、〈阿那婆達多竜王〉でなく〈娑竭羅（Sāgara）竜王〉の幼女が登場するのは、垂直的踊出のために、発進地を〈大海（sāgara）〉に代替させたせいで、内容的には、未利用の〈無熱悩池伝承〉を活かしているのである。

（カ）こうして、法華経の〈釈尊〉を〈正法白蓮華〉と認めることは、有効なるがゆえに正当と思われてきた。

（ヨ）だが、〈獅子頭柱〉や〈無熱悩池の大紅蓮〉を「見宝塔品」の光景の発想源と断定するには、もっと証拠が欲しい。

（タ）そこで目についたのは、パーリ小部“Apadāna”に、‘Padumuttara’という仏名が夥しい事実で、主体をなす‘Therâpadāna’五五〇章（PTS［Pali Text Society・以下同］版の落とす三章をインド版で補う）中に、一〇〇章・一四四回を数え、‘Therīapadāna’四〇章中にも、一三章・一六回が見える。

（レ）より重大なのは、「Therâp.」に二二回、‘Therī-ap.’に一回、‘Jalajuttama’という仏名が現れることで、作者の杜撰から生じた二箇所の例外を除けば、すべて‘Padumuttara’の言い換えなのである。

（ソ）伝統的解釈を顧慮せず語義を考えると、〈紅蓮華（Paduma）の上（uttara）にあるもの〉＝〈蓮華（jalaja）の最上（uttama）のもの＝白蓮華〉で、筆者の想い描く〈多宝塔上の釈尊〉と完全に一致してしまう。

（ツ）もっとも、‘jalaja’の原義は形容詞〈水から生じた〉で、パーリ三蔵には他に〈蓮華〉としての用例がなく、梵語文献で〈ハス〜スイレン〉を指すのも紀元後何世紀かからなので、‘Jalajuttama’を〈水生物の最上者〉と受け取れば、〈蓮華〉と〈白蓮華〉の両義を考慮しなければならない。

（ネ）“Apadāna”の現形の成立が予想外に新しいとすれば、すでに〈ハス〜スイレン〉とする用法が発生していたのだと解しうるが、そうであれば、‘Jalajuttama’と〈多宝塔上の釈尊〉の出現の先後が問題となる。

（ナ）ともあれ、〈池〉や〈柱〉へのエジプト系神話の影響が確かであるからには、ラー〜ホルス〜ハルポクラテースなど〈スイレンに坐する太陽神〉のインド化した後身が、広くは知られぬままに存続するということも、あってよさそうである。

（ラ）また、『悲華経』での〈釈尊〉が〈慈悲の白蓮華〉と讃えられたのは、浄土仏‘Padmottra’との対比によってであるが、数多い浄土仏の中からこの仏を選んだのには、言詮《げんせん》しない理由があったかもしれない。

（ム）『悲華経』でこそ東南方の〈現在仏〉とされているが、もともとの‘Padmottara’は、〈無熱悩池〉（またはそれと等価の浄土）を本拠とする、素性を忘れられるほど古い仏で、〈多宝搭上の釈尊〉という新機軸の案出にも、はるかな祖型として利用されているのではなかろうか。

このような次第で、〈無熱悩池〉と〈蓮華上仏〉の始源的様態の穿鑿《せんさく》が、法華経解読の試みを再開するにあたっての、最初の課題となったのである。

## 二　北伝仏典における蓮華上仏

〈無熱悩池〉は、漢訳経典においては、初期から精緻に叙述され、誤解によるほかは後代にも基本構造の変化がなく、パーリ経典においては、実感のない僻遠の聖域として終始するので、池自体よりも〈蓮華上仏〉との関係の有無が注目される。

その〈蓮華上仏〉も、南伝では、一例を除きすべて過去二十四仏中の第十仏として、最後期の経典にようやく現れ、偉大さを記録するのは主として注釈文献であるから、まず、北伝での〈蓮華上仏〉を一覧しよう。

〔経題の前の数字は《大正蔵経》での整理番号、（　）内の数字は《蔵経》での所在、＊印は続出、〈　〉内は〝Pa〟の漢訳名〕――

A〔阿含部〕　なし。

B〔本縁部〕

①一五七『悲華経』（三・一六七中＊）〈蓮華尊〉、①′一五八『大乗悲分陀利経』（三・二三四上＊）〈蓮華上〉、①″〝Karuṇāpuṇḍarīka〟（九＊）。※東南方〈蓮華（Padmā）世界〉の現在仏。本来〔経集部〕所属。

②一八六『普曜経』（四・四八三中）〈蓮華上〉、②′一八七『方広大荘厳経』（五・五三九中）〈波頭摩勝〉、②″〝Lalitavistara〟（BST［Buddhist Sanskrit Texts・以下同］版・一・四）。※過去四八仏（②）または五十

五仏（②′②″）の筆頭。

③一九〇『仏本行集経』（六六三中＊）〈蓮華（花）上〉。※釈尊が過去世で供養した三番目の古仏。「彼蓮花上仏初生時。両足蹈地。其地処処皆生蓮花。面行七歩。東西南北所践之処。悉有蓮花。故号此仏為蓮花上。」と、命名の由来を述べるが謬説《びゅうせつ》。

④二〇〇『撰集百縁経（二二・小児散花供養仏縁）』（四・二一四上）〈花盛〉、④′“Avadānaśataka（22, Padma）”（BST版・一九・五八）。※④は三阿僧祇劫後の未来仏とするが、④′は成仏の時期を記さず独覚仏とする。④は、「七・王家守池人花散仏縁」＝‘7, Padma’の、〈花盛（Padmottama）仏〉となる話と混同している。

⑤“Mahāvastu（Bahubuddhaka-sūtra）”（セナール版・一・五八）。※過去世の釈尊が、八百人のDīpaṃkara（燃燈）仏のつぎに遇った、五百人の同一名の古仏。

⑥“M°v°（Bahubuddha-s°）”（三・二四〇＊）〈Padumuttara~Padumottara〉。※過去世の釈尊が、燃燈仏のつぎのつぎに遇い、銀華を供養した古仏。⑤⑥とも、燃燈以前に始まる多仏の系列に属するが、伝承を異にする。

C〔般若部〕

⑦二五九『観想仏母般若波羅蜜多菩薩経』（八・八五四中）〈最上蓮華〉〔?〕。※「Padmottama」かもしれず、過去仏か現在仏かも不明。観想すべき多仏の一。

D〔法華部〕なし。

E〔涅槃《ねはん》部〕

⑧三八〇『大悲経』（一二・九六二中下）〈蓮華上〉。※過去世の釈尊が、然燈仏のつぎに遇い、金華を供養した古仏。

F〔華厳部〕

⑨二七八『大方広仏華厳経』（九・七一七下）〈無上蓮華〉、⑨′二七九同名経（一〇・三六六中）〈無上蓮華〉、⑨″二九三同名経（七三二中）〈最勝蓮華〉、⑨″“Gaṇḍavyūha-s°”（BST版・五・一五七）。※過去仏を最新の迦葉《かしよう》から、拘那含牟尼《くなごんむに》→拘留孫《くるそん》（⑨欠）→毘舎浮《びしやふ》（⑨⑨′欠）→尸棄《しき》→毘婆尸《びばし》（⑨欠）→提舎《だいしや》→弗沙《ふしや》→無上勝《むじようしよう》（＝名称⑨″）と遡った、最後に挙げる。

⑩二九四『羅摩伽経』（八五九上）〈無上蓮華〉。※⑨類に基き、十方の世界海に無数の同名仏が見えると、列挙する中の一。

G〔宝積部〕

⑪三一〇『大宝積経』（一一・五四中下）〈蓮華上〉。※蓮華厳世界における現在仏。

H〔大集部〕

⑫四一四『菩薩念仏三昧経（弥勒神通品第四）』（一三・八〇五上＊）〈蓮華（花）上〉、⑫′四一五『大方等大集経菩薩念仏三昧分（同前）』（八四四上中）〈蓮華上〉。※過去世で弥勒菩薩が、造光仏（⑫）＝然燈仏（⑫′）のつぎに遇った古仏。

⑫′は、然燈仏から一切菩薩念仏三昧、蓮華上仏から普明三昧を獲たとする。

⑬四一四・「微密王品第十一」（八二〇下＊）〈蓮花（華）上〉、⑬′四一五・「神通品第十三」（八六三下＊）〈蓮華上・上蓮華〉。※太古に出家精進した、微密王（⑬）＝善観作王（⑬′）の後身である現在仏。

⑭四一四・「諸仏本行品第十四」（八二七中）〈花上〉、⑭′四一五・「諸菩薩本行品第十五」（八七一中）〈蓮華上・花上〉。※賢劫が過ぎてから出現する未来仏。

I〔経集部〕

⑮四三九『諸仏経』（一四・一一三下）〈最上蓮華〉〔?〕。※釈尊より九代前の過去仏。'Padmottama' かもしれない。

⑯四四〇『仏名経』（一一四～）〈波頭摩上・波頭摩勝〔?・〕〉、⑯′四四一『仏名経』（一八五～）〈波頭摩上・蓮華上・波頭摩勝〔?・〕・蓮花尊〔?・〕〉。※⑯では、波頭摩上が六回、波頭摩勝が二四回も現れるが、それぞれ同名異仏。〈波頭摩上勝（Padmottama?）〉も出て、波頭摩勝の原語は決定不能。⑯′は、シナで増広した偽経。

⑰四四二『十方千五百仏名経』（三一二～）〈蓮華上・華上〔?・〕・蓮華勝〔?・〕・蓮華尊〔?・〕〉。※シナ人の編纂した偽経で、⑯′と同様、Padmottara の異訳に過ぎないものを、別仏のごとく扱っているらしい。

⑱四四三『五千五百仏名神呪除障滅罪経』（三一八～）〈蓮華上・華上〔?・〕〉。※〈蓮華最上〉は、‘Padmottama’の訳名か。

⑲四四五『不思議功徳仏所護念経』（三六三下）〈蓮華上〉。※上方はるかの、蓮華厳世界における現在仏。

⑳四四八『未来星宿劫千仏名経』（三八九上下）〈蓮華上〉。※複数の未来仏。

㉑五三二『私呵昧経』（八一三中）〈蓮花上〉。※億刹土を距てる世界での未来仏。

㉒六三九『月燈三昧経』（一五・六〇七上＊）〈蓮花上〉、㉒′“Samādhirāja-sūtra”（ＢＳＴ版・二・二五二）。※太古の善花月（Supuspacandra）法師の後身の過去仏。

㉓六五七『華手経』（一六・一二七～）〈華上〉〔?・〕。※二回現れ、異世界の別仏。

Ｊ〔密教部〕

㉔一〇五〇『大乗荘厳宝王経』（二〇・六〇上＊）〈蓮華上〉。※釈尊の前身に、六字大明陀羅尼を伝授した過去仏。

㉕一三五〇『一切如来名号陀羅尼経』（二一・八六四上）〈蓮華上〉。※古仏の列挙中、燃燈仏の直前に見える。

Ｋ〔律部〕

㉖一四四八『根本説一切有部毘耶薬事』（二四・七五上）〈上蓮華〉。※釈尊の前身が、商人として銀花を供養した過去仏。

㉗同右（二四・九二下）〈蓮花上〉。※無熱悩池に五百仏弟子が釈尊を囲んで集まり、各自の前業を吐露した際、為光が、過去世にこの仏の塔を供養したと語る。間接的にせよ、〈無熱悩池〉と〈蓮華上仏〉が繋がるのは、漢訳仏典ではこの一箇所のみ。

㉘一四九三『大乗三聚懺悔経』（二〇九四中）〈蓮華上〉。※現在仏の一。

L〔釈経論部〕

㉙一五〇九『大智度論』（二五・五八下）〈華上〉。※上方はるかな世界の現在仏。

M〔瑜伽部〕なし。

N〔論集部〕なし。

以上のごとく、北伝での'Padmottara'は、過現未にわたり散在し、卓越した教説も事蹟もなく、命名の由来も信憑性に欠け、〈無熱悩池〉との係わりもなきに等しいから、個性ある姿に収斂させるのは、無理だと思われるかもしれない。

だが、『増一阿含』以来ひさしく過去第一仏と認められていた'Dīpaṅkara'を無視して、②類と⑨類が'Padmottara'を最古の仏とみなし、㉕が最古ではないが'Dī°'の直前に据え、さらに、⑤⑧と⑫類が'Dī°'のつぎ、③⑥がつぎのつぎの古仏と定めている事実は、'Padmottara'の原態を窺わせる。

つまり、〈蓮華上仏〉は、〈燃燈仏〉とは無関係の信仰から、〈燃燈仏〉より遅く発生したが、当初は〈最古仏〉たることを必須条件としており、教説よりも存在自体が尊崇の原因であったと推測されるのである。

つぎに、原始仏教・バラモン教・インド教と無縁であるから、外来の着想源を求めると、仏名の〈蓮華の上の存在〉という語義に対応するものとして、〈生命の樹〜スイレン〜大蓮華を生じて、太陽神〜仏陀に座を提供する池〉ほどぴったりなものは見当たらないから、やはり、〈原・無熱悩池伝承〉の移入にともなって形成されたのだと考えたくなる。

〈無熱悩池〉より後にずれて経典に登場するのは、万人の歓迎すべき〈理想郷〉の摂取と異なり、信仰のあり方を左右する〈新規の古仏〉を受容するには、抵抗が強かったからであろう。

〈蓮華上〉を現在仏や未来仏とすることが多いのは、もともと潜流に過ぎなかった伝承の真髄が忘れられかけてはじめて、音調の好い名号のみが安易に流布するようになったせいでもあろうが、〈いったん去ったようでもまた現れて不滅である、太陽神的存在〉としての印象の記憶が残っていたためとも思われ、かえって、〈法華経の日輪的釈尊〉との類似を際立てそうである。

結局、北伝での〈蓮華上仏〉は、決定的な証拠を示さぬながらも、総合的には、法華経に深甚な影響をおよぼしているとの印象を強めさせるのである。

## 三　南伝仏典における蓮華上仏

パーリ三蔵の本典における'Padumuttara'の出現回数は、"Apadāna"での一七一回（別称'Jalajuttama'を加えれば一九四回）を除けば、厳密には注釈部分のみに属する"Jātaka"でのものを含めても、二〇回に過ぎない――


【1】"Majjhima-nikāya〔中部〕(116, Isigiri-sutta)"（ＰＴＳ版・三・七〇）。※等正覚者でなく辟支仏である上に、対応する『増一阿含（力品・七）』に相当名を欠くので、後代の竄入《ざんにゅう》と思われる。

【2】"Buddhavaṃsa〔仏種姓経〕"
（a）'XI, Padumuttarabuddha-vaṃsa'〔一、三、八、一九、二三、二四、三一詩偈《しげ》〕（ＰＴＳ版・五〇〜五二）。※南伝〈蓮華上仏〉の基本データは、この一箇所に集中。

（b）'XII, Sumedhabuddha-v'〔二〕（五三）。
（c）'XXVII, Pakiṇṇaka-kathā'〔八、九、一〇、一二〕（一〇〇）。
【3】"Jātaka〔本生経〕"
（a）'I. Dūrenidāna'（PTS版・一・三七〜）。※〈蓮華上仏〉の項の三回とsumedha仏の項の一回は『仏種姓経』、〈一切仏要約〉の項の一回は注釈文献に基き、この「遠い因縁物語」での五回はすべて借り物。
（b）'12, Nigrodhamiga-jātaka'（一四八）※Kumārassapaの母が「蓮華上仏の足もとでの願いに叶う息子を得た。」とあるが、発願の際の記述を欠く。
（c）"100, Asātarūpa-j"。（四〇九）。※Sīvali長老が過去世で、〈蓮華上仏〉足もとに伏し所得第一を祈願。
（b）（c）とも注釈文献に依拠し、『本生経』での〈蓮華上仏〉は、独自性を欠く後代の付加のみ。'547, Vessantara-j"。二〇八六偈の'padumuttara'は、未詳の植物名。

"Apadāna"が残るが、【2】（a）で権威を確立し以後も踏襲される〈決まり〉のうち、とくに重要なものを挙げると、（一）過去二十四仏の第十仏とされること、（二）十万劫の昔に現れた唯一の仏とされること、（三）Haṃsavatīが都だとされることの、三項目である。

（二）か（三）への言及があれば、仏名なしでも〈蓮華上仏〉との結びつきが知れて便利なのであるが、はるかに貴重なのは、（三）が、〈無熱悩池〉との連繋の傍証となることである。

'Haṃsavatī'は、〈ハンサをもつもの〉を意味する架空の都であるが、白鳥類の渡り鳥〈ハンサ〉の繁殖地は古来ヒマラヤのマーナサ湖と想定され、実際にはもっと北からも飛来するのだから、〈ハンサに富む都〉の所在も、極北とするのが自然である。

常人の住めない僻陬《へきすう》に都を定めるには理由がなければならないが、神話的背景を考えれば、北方の楽土〈無熱悩池〉に思い当たる。

そこで、この池を像《かたど》った、アヌラーダプラの〈半月石〉に目を向けると、水面の何分の一かを占める巨大な蓮華の周囲を、四聖獣の並ぶ岸辺まで、ハンサの群が覆っており、まさしく〈ハンサヴァティー〉ではないか。〈蓮華上仏〉の本拠を〈無熱悩池〉とする推測を、一歩進めることができたのである。

こうして、"Apadāna" 検討の運びとなるが、紙数がないので、要点のみ摘記する——

【4】"Apadāna〔譬喩《ひゆ》経?〕"

〈i〉'Buddhâpadāna' 'Paccekabuddhâp.' 'Therâp' 'Therī-ap.' より成るが、起源的には 'Therâp.' のみのはずである。

〈ii〉'Therâp.' は、五百長老の一人に一章、全五百章でよいのに、五五〇章ある。

〈iii〉実在長老の名は七〇に過ぎず、供養の物品や行為にちなむ、非実在の長老名が四〇〇を超え、八〇章ほどは既出名が重複する。

〈iv〉各章は、一長老が前世での一仏への善業により多大な果報を得たことを語るのを原則とするが、不備な章の混入も夥しい。

〈v〉供養の対象が、（イ）辟支仏であるもの二八章、（ロ）特定しえないもの六章、（ハ）過去第十一仏か第十二仏か弁別できないもの一章、（ニ）第十三・十四・十五仏のいずれとも……一章、（ホ）第十七仏か第十八仏か……三章、（ヘ）第二十仏か第二十一仏か弁別できないもの一九章が存在する。

〈vi〉第三八七章 'Pubbakamma-piloti' は、釈尊が自己の前業の小片を長老たちに語るもので、それ自体は 'therâp.' ではないが、ある時期には、全 "Apadāna" を諦め括る、結末だったのである。

〈vii〉これを除く五四九章について、われわれに重要でない〈v〉の計五八章のものを無視し、全長老の五四

表1

| | | | | |
|---|---|---|---|---|
| | ／ | ① Dīpaṃkara | 1 | 0.2 |
| | ／ | ② Koṇḍañña | 2 | 0.4 |
| | ／ | ④ Sumana | 2 | 0.4 |
| | ／ | ⑥ Sobhita | 1 | 0.2 |
| 5.6 | 4 | ⑦ Anomadassin | 9 | 1.6 |
| | ／ | ⑧ Paduma | 3 | 0.5 |
| | ／ | ⑨ Nārada | 2 | 0.2 |
| 66.2 | 47 | ⑩ Padumuttara | 117 | 21.3 |
| 8.5 | 6 | ⑪ Sumedha | 18 | 3.3 |
| 2.8 | 2 | ⑬ Piyadassin | 7 | 1.3 |
| 2.8 | 2 | ⑭ Atthadassin | 25 | 4.6 |
| | ／ | ⑮ Dhammadassin | 4 | 0.7 |
| 4.2 | 3 | ⑯ Siddhattha | 90 | 16.4 |
| | ／ | ⑰ Tissa | 29 | 5.3 |
| | ／ | ⑱ Phussa | 9 | 1.6 |
| 2.8 | 2 | ⑲ Vipassin | 114 | 20.8 |
| 2.8 | 2 | ⑳ Sikhin | 28 | 5.1 |
| | ／ | ㉑ Vessabhū | 11 | 2.0 |
| | ／ | ㉒ Kakusandha | 5 | 0.9 |
| 2.8 | 2 | ㉔ Kassapa | 5 | 0.9 |
| 実在長老 | | | 全長老 | |

九章と実在長老のみの七一章における、二十四仏の出現回数と百分率を仏名の左右に示すと、つぎのごとくなる――【表1】

〈viii〉右の表により、五百長老の員数合わせを強行しようとした現行‘Apadāna’では、⑩⑲⑯の三仏がとくに優勢だと判明する。

〈ix〉‘Vipassin’が、‘Padumuttara’と比肩して二位なのは、古くは〈過去七仏〉の第一であった貫録の余勢らしいが、さほど取り柄のない‘Siddhattha’が三位なのは、同名の釈尊にあやかったためであろうか。

〈x〉ところが、“Apadāna”の根幹をなす、実在長老の章を抽き出すと、⑲⑯が凋落して⑩が三分の二を占めるのは、この経典の背後に、‘Padumuttara’の功徳を格別に高く評価する伝承が存在したことを物語る。

〈xi〉‘Therâp°’には‘Jalajuttama’が二二回現れるが、Paduma（一九四）とVipassin（三三二）のこの語への言い換えを無知か軽率による誤用とみなせば、一九回が‘Padumuttara’にともない、一回（三七四）は単独で出てくるので、‘J°-j°’が‘P°-u°’の別称であることに疑問の余地はない。

〈xii〉他の二十三仏はこのような別名をもたないので、〈蓮華上仏〉の〈白蓮華的性格〉を窺わせる表現として、珍重すべきである。

〈xiii〉一方、五二九章で、〈蓮華上〉という仏名の由来を、「蓮華《パドゥマ》に似たる顔《かんばせ》と、蓮華《はす》の無垢なる　好き肌に、蓮華《パドゥマ》の水に〔染まぬ〕ごと、世間に染まず、聖賢は、蓮華《パドゥマ》の花弁　眼となして、蓮華《パドゥマ》さながら　愛すべく、卓れし蓮華《パドゥムッタラ》の　香りあり――されば　こそ、かれ、パドゥムッタラぞ。」と説明するのは、凡庸で、信ずるに足りない。

〈xiv〉付篇‘Therī-ap’四〇章中、〈蓮華上仏〉との因縁を語るのは、‘Padumuttara’の現れる一三章（一五回、‘Jalajuttama’も一回）に推定を加えて、一六章・四割であるが、実在長老尼の二〇章で見れば、一二章（一四回）・六割に達している。

〈xv〉'Anotatta'は、三八六章（結語に一回）と三八七章（冒頭と末尾の二回）にしか見えないが、ある時期には、三八六章での Soṇakoṭivīsa 長老の過去世回顧談によって、〈無熱悩池〉での五百長老の告白が完了し、つづいて、釈尊も自己の経歴を略述して閉会するという構造になっていたと読み取れるのだから、"Apadāna"全体が〈無熱悩池〉で語られたことは明らかである。

〈xvi〉こうして、かつて〈蓮華上仏〉と〈無熱悩池〉で遇った者は一人もいないにもかかわらず、〈蓮華上仏を讃え合うこと〉が主目的であるかのように、全長老が〈無熱悩池〉に集められたことになる。

〈xvii〉辺鄙な池を会合地とした理由は、遊行者であった〈蓮華上仏〉の足跡は拡散しているので、そろって遺徳を偲ぶには、その〈故都〜生誕の地〉に赴くのが最適と判断したのだと推定すると、通りが好い。

〈xix〉こう考えると、〈蓮華上仏〉は、やはり、〈無熱悩池〉と切り離せぬことになる。

ところが、北伝における〈五百長老の無熱悩池集会〉では、〈蓮華上仏〉の役割は無にひとしいので、簡単にそう決められない。

## 四　北伝での無熱悩池集会との対比

《1》一五五『菩薩本行経（巻上）』〔三・一一二中〕。※五百阿羅漢の一人・婆多竭梨（Bhaddiya Kāḷigodhāputta）が、定光《じょうこう》（Dīpaṃkara）如来の塔を掃除した果報を述べるのみで、話が転じてしまう。

《2》一九七『興起行経』〔四・一六三〜〕。※釈尊が現世で受けた禍患《かかん》の原因を、自らが前生に犯した悪業の余殃《よおう》であるとして、十条の宿縁を説いた特異な経典。'Therâp。, 387' および『仏五百弟子自説本起経（世尊品第三十）』と対応。「序」に、「所謂崑崙山者。則閻浮利地之中心也。（…）周匝有五百窟。（…）常五百羅漢居之。阿耨大泉。（…）泉中有金臺。（…）臺上有金蓮華。以七宝為茎。如来将五百羅漢。常以月十五日。於中説戒。（…）」と、〈阿耨大泉＝無熱悩池〉を世界の中心に位すると、本来そうあるべきであったように述べるなど、注目すべき説明が多いのは、この経の訳出時期が二世紀末とはやいこともあり、資料的価値が高い。本文の「孫陀利宿縁経第二」から、五百比丘が〈紅蓮華〉の肌色をもち〈蓮華座〉に坐っていたと知れるのも、貴重な情報である。

《3》"Divyâvadāna（XII, Pratihārya-sūtra）"〔BST版・二〇・九三〕。※すべての仏のおこなうべき十事の一として、無熱悩池に声聞たちを伴なっての、前業のかずかずの陳述を挙げる。

《4》一九九『仏五百弟子自説本起経』（四・一九〇～）、《4′》一四四八『根本説一切有部毘奈耶薬事（巻第一六～）』〔二四・七六～〕、《4″》"Mūlasarvāstivāda-vinayavastu（Bhaiṣajyavastu）"〔GM［Gilgit Manuscripts］版・三・一・一六二～〕、《4″》《《4″》相当部分の蔵訳および仏語訳注》（Hofinger "Le Congrès du Lac Anavatapta I" による）。※《4′》《4″》は、《4》と同源の'Sthavirāvadāna（長老のアヴァダーナ）'が「毘奈耶薬事」に挿入されたものであって、《4》群は、南伝の'Therâp.'と対応する。そこで、まず、これらにおける長老と所縁の仏の一覧表をつくると、つぎのごとくなる【表2】。〔pb = pratyekabuddha（辟支払・縁覚・独覚）。A = Anomadassin 仏。K = Kāśyapa（迦葉）仏。Kr = Krakucchanda（拘楼秦・拘留孫）仏。P = 蓮花上 = Pa-dma bla ma（= Padmottara）仏。Si = Sikhin 仏。Su = Sumedha 仏。V = Vipaśyin（惟衛・毘鉢尸）= Vipassin 仏〕――

表から判明することのほかに並記すべき事項があるので、以下は箇条書きにする――

（イ）《4》類では、独覚や特定不能の仏を所縁とするものが過半を占め、ついで、過去六仏の最初と最後の Vipaśyin と Kāśyapa を重視するが、'Therâp.'は、過去二十四仏制を採り、《4》類と対応する二三章においては、'Padmuttara'が七割五分に達する。

（ロ）「薬事」では、難陀・鄔波難陀竜王が〈大蓮花〉を化作するが、この兄弟が現れるのは場違いで、

"Divyâvadāna（XII）"などに見える、〈舎衛城の神変〉での情景を気安く転用したと思われる。

（ハ）北伝と南伝の〈無熱悩池における五百長老と釈尊の告白〉は、一方が他方を模倣したものではなく、それぞれに共通の伝承の肉付けを試みた成果である。

《5》一四六四『鼻奈耶（巻第七）』〔二四・八八四上〕。※釈尊が五百阿羅漢を率いて舎衛《しゃえ》国から阿耨達《あのくだ》宮に飛ぶと、阿耨達竜王が〈五百の大蓮華〉と〈最妙の一華〉を化作しており、その上で食事をしたあと、『阿耨達経』を広説したというもので、長老の自説はされないが、〈蓮華の用意〉の芸の細かさが目をひく。なお、『阿耨達経』は、おそらく'Anavataptanāgarāja-sūtra'の略名で、他の資料から、阿耨達竜王の仏への供養と果報としての未来成仏を述べたと推定され、法華経での〈竜女成仏〉への影響も考えうるので、亡佚《ぼういつ》が惜しまれる。

《6》一五〇九『大智度論（断見品第十四）』〔二五・三八四中下〕。※参集に際しての、舎利弗と目連の術くらべに触れるのみ。

こうして、《4》群と'Therâp.'が〈無熱悩池〉に関説する仏典の双璧と認められたが、後者で際立つ〈蓮華上仏〉の優越は、パーリ仏教のみが保存できた〈蓮華上仏尊崇の伝承〉に負うものと思われ、その痕跡はパーリ注釈文献に遺っている。

## 五　パーリ注釈文献における蓮華上仏

本土伝来の古記録の採集が目的であるから、蔵外仏典の注や複注は無視する。

（1）『律注』。※三箇所に各一回現れるのみ。

表2

| 自説本起経 | | 有部毘奈耶薬事 | | 梵本～蔵訳 | | Therâpadāna | |
|---|---|---|---|---|---|---|---|
| 〔1〕大迦葉 | ／ | 〔1〕大迦葉波 | pb | Mahākāśyapa | pb | Mahākassapa | P [3] |
| 〔2〕舎利弗 | pb | 〔2〕舎利弗 | pb | Śāriputra | pb | Sāriputta | A [1] |
| 〔3〕摩訶目揵連 | pb | 〔3〕大目連 | pb | Maudgalyāyana | ／ | Mahāmoggallāna | A [2] |
| 〔4〕輪〔輸〕提陀 | ／* | | | *(Suddhita) | ／ | ／ | ／ |
| | | 〔4〕善妙 | ／ | Śobhita | ／ | Sobhita | P [131] |
| 〔5〕須鬘 | V | 〔5〕妙意 | V | Sumanas | V | Sumana | Si [69] |
| 〔6〕輪〔輸〕論 | V | 〔6〕二十倶胝 | (V) | Koṭiviṃśa | V | Soṇakoṭivīsa | V [386] |
| 〔7〕凡耆 | V | 〔7〕妙音 | V | Vāgīśa | V | Vaṅgīsa | P [541] |
| 〔8〕賓頭盧 | ／ | 〔8〕賓頭盧 | ／ | Piṇḍola | ／ | Piṇḍola | P [8] |
| 〔9〕貨竭 | (V) | 〔9〕善来 | (V) | Svāgata | (V) | Sāgata | P [32] |
| 〔10〕難陀 | pb | 〔10〕有喜 | pb | Nandika | pb | Nandaka | P [542] |
| 〔11〕夜耶 | ／ | 〔11〕名称 | ／ | Yaśas | ／ | ／ | |
| 〔12〕尸利羅 | K | 〔12〕財益 | K | Śaivala | K | ／ | |
| 〔13〕薄拘盧 | V | 〔13〕薄倶羅 | V | Vākula | V | Bakkula | A [393] |
| 〔14〕摩呵酣 | ／ | 〔14〕尊者 | pb | Sthavira | ／ | ／ | |
| 〔15〕優為迦葉 | K | 〔15〕優楼頻螺迦葉<br>那提迦葉<br>伽耶迦葉 | K | Kāśyapa | K | Uruvelakassapa<br>Nadīkassapa<br>Gayākassapa | P [535] |

| | | |
|---|---|---|
| 〔16〕 | 迦耶 | ／ |
| 〔17〕 | 樹提衢 | V |
| 〔18〕 | 頼吒惒羅 | K |
| 〔19〕 | 貨提 | pb |
| 〔20〕 | 禅承迦葉 | pb |
| 〔21〕 | 朱利般特 | ／ |
| 〔22〕 | 醍醐施 | K |
| 〔23〕 | 阿那律 | ／ |
| 〔24〕 | 弥迦弗 | pb |
| 〔25〕 | 羅雲 | ／ |
| 〔26〕 | 難堤 | V |
| 〔27〕 | 颰提 | pb |
| 〔28〕 | 羅槃颰提 | Kr |
| 〔29〕 | 摩頭惒律致 | ／ |

| | | | | | | |
|---|---|---|---|---|---|---|
| 〔16〕 | 名称 | ／ | Yaśas | ／ | ／ | |
| 〔17〕 | 火生 | V | Jyotiṣka | V | ／ | |
| 〔18〕 | 護国 | ／ | Rāṣṭrapāla | K | Raṭṭhapāla | P [18] |
| 〔19〕 | 娑底 | pb | Svāti | pb | ／ | |
| 〔20〕 | 膝多迦摂波 | pb | Jaṅghākāśyapa | pb | ／ | |
| 〔21〕 | 周利般陀迦 | ／ | Cūḍapanthaka | ／ | Cullapanthaka | P [14] |
| 〔22〕 | 蛇僕 | K | Sarpadāsa | K | ／ | |
| 〔23〕 | 阿泥盧駄 | ／ | Aniruddha | ／ | Anuruddha | Su [4] |
| 〔24〕 | 獅子王迦羅 | pb | Mṛgadharaputra | pb | ／ | |
| 〔25〕 | 羅怙羅 | ／ | Rāhula | ／ | Rāhula | P [16] |
| 〔26〕 | 難陀 | V | Nanda | V | Nanda | P [13] |
| 〔27〕 | 実力子 | pb | Dravya Mallaputra | pb | Mallaputta | P [531] |
| 〔28〕 | 近将 | pb | Upasena | pb | Upasena | P [17] |
| 〔29〕 | 賢子 | pb | Bhadrika | pb | Bhaddiya | P [43] |
| 〔30〕 | 賢塩 | Kr | Lāvaṇya Bha° | Kr | Lakuṇṭaka Bha° | P [598] |
| 〔31〕 | 蜜性 | ／ | Madhuvasiṣṭha | ／ | ／ | |
| 〔32〕 | 因縁 | V | Hetuka | V | ／ | |
| 〔33〕 | 憍陳如 | K | Kauṇḍinya | K | Aññākondañña | P [7] |
| 〔34〕 | 鄔波離 | ／ | Upāli | ／ | Upāli | P [6] |
| 〔35〕 | 為光 | P | Prabhākara | P | ／ | |
| 〔36〕 | 奎宿 | ／ | Revata | ／ | Revata | P [9] |

（2）『長部注』。※第一五経注に四回、第二七経に一回。前者は、蓮華上が出家精進して全智に達し、〝多生の輪廻を（…）〟と誦えたのち、菩提樹下で七日を過ごしてから、〝地面を踏んでみよう〟と足を下ろすと、「地面を破って大蓮花が涌出した。その柄つき花弁は九十肘、花蕋は三十肘、果托は十二肘で、水瓶九箇分の花粉があった。大師の身長は五十八肘あった。両腕の間隔は十八肘、額は五肘、手と足は十一肘であった。かれの十一肘の足を十二肘の果托に近づけると、九瓶分の花粉が五十八肘のところまで舞い上がり、鶏冠石の粉末を塗ったように、かれを蔽《おお》った。それゆえに、蓮華上世尊として知られる。」と、名称の由来を述べる。

（3）『中部注』。※第二三・四四・八二（六回）・九二・一二四経注に計一〇回。

（4）『相応部注』。※四箇所に計七回。‘Nidānavagga-vaṇṇanā’（XII. vi. 10）に、『長部注』での名称の由来と同文を記す。

（5）『増支部注』。※‘I. Ekanipāta-vaṇṇanā. xiv’のほぼ全体‘A. 1, 4~10, B. 1~10, C. 1~10, D. 1~12, E. 1~13, F. 1~10, G. 1~8, 10’に集中して、釈尊の主要な弟子である三九長老と一三長老尼、一八名の俗人男女が、この仏のもとではじめて修道の志を抱いたとする。‘A. 1’で、覚りに達した蓮華上が、「大菩提樹下の跏趺から起ち、大地を踏もうと足を挙げるや、足を承けるために、大蓮花が涌出した。その柄つき花弁は九十肘、花蕋《かずい》は三十肘、果托は十二肘、足場は十一肘であった。かの世尊の身長は五十八肘あった。かれが蓮の果托に右足をのせると、大水瓶の量の花粉が舞い上がって、身体にまとい着き、左足を下ろすとき、同様の蓮花が足を承け、前述のごとく身体を蔽った。その花粉に打ち勝って、かの世尊は身光《しんこう》を放ち、（…）十二由旬《ゆじゅん》四方を照らした。第三の足を挙げるとき、最初に生じた蓮花は消滅し、足を承けるために、別の新しい蓮花が涌出した。このように、進行を欲するごとに、かならず、歩歩、大蓮花が涌出した。そのため、かれは蓮華上等正覚者と名づけられたのである。」と説明する。

（6）『経集注』。※三箇所に計四回。

（7）『法句経注』。※一一箇所に計一三回。

（8）『自説注』。※五箇所に各一回。

（9）『如是語注』。※一箇所・一回。

（10）『長老偈注』。※六九箇所（六八長老）に一〇五回。半分は、“Apadāna”の引用。

（11）『長老尼偈注』。※〔未披見《ひけん》。相当数。〕

（12）『所行蔵注』。※一箇所に五回。

（13）『譬喩《ひゆ》注』。※本典にない「因縁物語の説明」に四回、'Therāp-saṃvaṇṇanā' 中の七九章（七十七長老）に一九二回、計一九六回。第三・大迦葉の章で、「蓮花上というのは、世尊が母胎を出て、はじめて足を置くとき、歩を進めるごとに、十万の花弁をもつ蓮花が、地面を破って涌出した。それゆえ、この称がある。」と、命名の由来を述べる。別称 'Jalajuttama' も五箇所に八回現れ、〈最高の蓮花〉と正しく注されるが、一箇所で 'Jalanuttama' と言い換えられ、〈輝くもの（jalana）中の最高者〉と説明するのは、強引すぎる。二箇所で 'Jalajuttara' とするのも、異称の発生意図を理解していない。

（14）『仏種姓注』。※五箇所に二七回現れ、'Padumuttara' の章の一七回が重要。「かれの生誕に際して、蓮花の雨が降った。それゆえ、かれの命名日に親族はパドゥムッタラ王子と名づけた。」とあり、覚りを達成して諸仏に誓いを述べたときにも、「一万の世界の全空間を飾るかのごとく、蓮花の雨が降った。」とする。さらに、（2）（4）と同文の〈奇瑞《きずい》〉を記すが、「相応部布教者によれば、これが蓮花上の名称の由来である。」と、異説扱いにしている。

　以上の概観により、'Padumuttara~Padmottara' が、〈すぐれた蓮花のごとき存在〉でなく〈蓮花の上にあるもの〉を第一義とすることは判かったが、なぜ蓮花と縁が深いのかは問題にされず、〈無熱悩池〉にも触れていないという、隔靴掻痒の憾《うら》みが残る。

「見宝塔品《けんほうとうほん》」の作者であるdharma-bhāṇaka（法師）は、経典に盛り切れぬ伝承の保持に努めるSaṃyutta-bhāṇaka や Aṅguttara-bh°などから、すでに〈無熱悩池伝承〉と〈蓮華上仏伝承〉に分化してしまった、オリエント起源の古伝承を仕入れ、〈ヴィシュヌ＝白蓮～パドマー＝紅蓮〉というインド教神話の助けを借りて、発展的再統合に成功したらしい。法華経の法師の視野は、どの経典の作者のものよりも、広かったのだと思われる。

〔『インド思想と仏教文化　今西順吉教授還暦記念論集』　一九九六年一二月〕

# アパダーナと法華経

## 一　問題の所在

筆者は、「法華経と無熱悩池《むねつのうち》および蓮華上仏」（『今西順吉教授還暦記念論集　インド思想と仏教文化』春秋社、一九九六年）［本書一七五ページ］と『蓮と法華経』（第三文明社、二〇〇〇年）によって、パーリ仏教の最末期に形成された『アパダーナ』（Apadāna・以下Apと省略）が『法華経』（Saddharmapuṇḍarīkasūtra／以下Spと省略）の成立に重大な寄与を果していると主張したのであるが、学者からの賛非の声を聞かない。

ある書物が別の書物の影響を受けていることは、後者が前者の題名を挙げているか、文言の明らかな引用をおこなっているかしない限り、確認しがたいものである。

ApとSpの文章の中には、見方によっては共通の特異な現象の叙述をおこなっていると解しうる箇所がありながらも、明らかさまに同一の事柄を扱っていると認められるほどの類似を示していない。両者の間の共通点は、とくに眼を立てなければ、存在に気づかぬものなのである。

そのうえ、それぞれの独自の思考の所産であったり、いずれも別の先行資料からの受け売りであったりする、可能性を否定できない。さらにSpの場合には、Ap以外のものからの影響を考慮しなければならない。そんなわけで、ApとSpの関係を論ずることは、柄《え》のないところへ柄《え》をすげる暴挙と受けとられかねない試みなのである。

それを承知の上での、今回の拙文の目的は、Spの作者（たち）が、Apを披見したに止まらず、その内容に格別の注意を払った結果、Spの成立に不可欠な換骨奪胎の趣向を得たことを、きわどい事実を頼りに、論証することである。

論証の決め手を探す作業は簡単であったし、その提示も容易なのであるが、なぜかApがSpの成立に不可欠だという確信を抱き、なぜそれを重大視するのかという説明をしなければ、読者各位の関心も理解も望めないであろう。そこで、迂遠ながら、その事情を報告することから、本文に入らせていただくことにする。

## 二　法華経とその題名の意義に対する疑問

筆者は、因縁によって、サンスクリット技巧文芸の学習を志すことになったが、それらに頻出するハス～スイレンの名称の、分類と機能の弁別ができなければ、これらを含む作品の情趣の味読には歯が立たない。観賞には作品の多読と比較が必須である。ところが、往時は、サンスクリット原典の購求《こうきゅう》がきわめて困難であった。やむなく、ハス～スイレンに関する知識を補給するために、漢訳仏典などに眼を向けたのである。

復刊された大正蔵経と荻原・土田本で梵漢の法華経を読んで感じたのは、puṇḍarīka（puṇ）を含む経題が百回前後も出現するのに、実物の白蓮華への言及が一度しかないことと、一世界一時一仏の通則を破って、多宝如来が活躍することの、異様さであった。

一九六四年稲荷日宣《にっせん》氏から、妙法蓮華は釈尊であるとの意見を聴いて、〈多宝＝紅蓮華（padma）～蓮女神（Padmā）の男性化〉、〈釈尊＝白蓮華～太陽神ヴィシュヌの投影〉と直観したが、二仏並坐《びょうざ》の意義は洞察できなかった。

その後、稲荷説の底には、赤沼智善《ちぜん》・西尾京雄《きょうお》両氏や本多義英氏の主張があると気がついたが、釈尊と多宝を関説させていないので、問題の解決に資するとは思えなかった。

七〇年ごろ、ジャン・プシルスキー（Przyluski）の“La Grande Désse（大女神）”を繙《ひもと》くと、サールナートの〈アショーカ王獅子頭柱〉が論じられ、〈日輪（＝法輪）・獅子・蓮華〉の意匠をもつ〈柱頭〉の源流を、インド→ペルシャ→アッシリア→エジプトと遡ったほか、〈半月石〉や『獅子座三十二話』を例証として、仏典のみに見られる〈無熱悩池〉が、エジプト的要素、〈日輪・獅子・スイレン・湖〉とバビロニア的要素（オアシス・生命の樹・日輪）の複合物であると判明したが、これを産んだ文化史的背景こそ、法華経の中核「宝塔品」と「提婆品《だいばほん》」の龍女成仏を部分を構想する力の淵源であると確信した。

〈四獅子頭柱〉の細部の意義と、『三十二話』での〈正午に池中から伸びて日輪を支える蓮茎（stambha）〉の記述を、法華経の〈二仏並坐〉にいたる事態の解釈に適用することにより、積年の疑問は氷解したのである。〈多宝如来〉は、〈紅蓮華（padma）～大地女神（Padmā）の男性化〉として、釈尊の画期的な教説‘Agra-dharma（以下Ad）’の〈保証者・支持者〉たる大任を果たしたのであり、〈釈尊〉こそ、〈日輪（～法輪）〉と同一視される、〈正法《しょうぼう》の開示者・体現としての白蓮華〉だったのである。

経題としての〝Saddharmapuṇḍarīka〟は、「見宝塔品《けんほうとうほん》」の構想が成るまで発生しえなかったことになるが、「方便品《ほうべんほん》」などの現行・法華経の最古層への原題は――一乗説の信奉者にもれなく‘Agra-bodhi（最高の覚り＝無上等正覚・Ab’を約束する教説――‘Ad（最高の法）’であった。

漢訳「序品」の詩偈《しげ》で〝法華経〟と訳されている箇所は、梵本では、四回が‘Ad’、一回が‘paryāyaṃ

agraṃ（最高の教説）’であり、長行における四回の‘Sp’との対応から、双方が同一の経典を指すと了解できるように、工夫がなされている。

しかるに、経題までを異にする断層が存在することを不都合と考えた、漢訳者とくに妙法華の羅什は、‘Ad’部分で最重要な、adとabを極力目立たぬように訳してしまった。

おまけに、Adの完結部である「法師品《ほっしほん》」に、〈この教典〉とだけある原文を、本来のSp部との平滑な接続を計って、二三箇所も〈法華経〉と改変したので、漢訳が頭に浸みこんでいるシナや日本の研究者たちには、「見宝塔品」製作の意図が理解しにくくなってしまった。

Abを保証するのにいちばん有効なのは、〈授記（ある信者の将来の成仏に関する諸情報の伝達）〉であるから、Adは授記を頻発している。

それが安易すぎるという非難を抑えるために、「方便品」で明らかにしてあった、釈尊の‘narāditya（人間の太陽＝慧日大聖尊）’という資格により、‘veneyya-padma（教化されるべき蓮華）’とみなされる衆生を、あまねく開悟せしめる、論理が成り立ったのである。

〈四獅子頭柱〉の役目は〈令法久住〉であったが、〈多宝塔上の日輪～白蓮〉の機能は、〈日輪〉としては、〈最高法の普遍的救済力〉と〈釈尊の寿量の無窮性〉の根拠づけに移り、〈白蓮〉としては、〈開悟した釈子と釈尊の等質性〉の啓示に転じた。

〈無熱悩池〉は、〈大蓮茎〉を〈多宝塔〉として提供したものの、続いて上昇的場面が要請されるので、〈阿那婆達多池（＝無熱悩池）〉とその龍王などにかかわる豊富な要素を、南に下がった霊鷲山《りょうじゅせん》での説法に付加しにくくなった。

「提婆達多品」（相当部分）に、〈阿那婆達多龍王〉でなく〈娑竭羅（Sāgara）龍王〉の幼女が登場するのは、垂直的踊出のために、発信地を〈大海（sāgara）〉に代替させたせいで、内容的には、未利用の〈無熱悩池伝承〉を活かしているのである。

こうして、法華経の〈釈尊〉を〈正法の白蓮華〉と認めることは、有効なるがゆえに正当と思われてきた。だが、〈四獅子頭柱〉や〈無熱悩池の大紅蓮〉を「見宝塔品」の光景の発想源と断定するには、もっと証拠が欲しい。

そこで目についたのは、パーリ小部の教典“Apadāna（Ap）”に、‘Padumuttara（Pu）’という仏名が夥しい事実である。Apについては、不案内の各位が大半と思うので、項を改めて論ずることにする。

## 三　アパダーナの特異性

Apは、最後のパーリ経典として形成された。釈尊の直弟子たち一人ひとりの、仏法への発心のきっかけとなった〈感心なおこない（ap）〉の説明に始まり、その後の経緯を語って終る、報告の集成ということになっている。

混淆梵語〜梵語により革新的な態度で作製された、‘avadāna（立派なおこない・av）’経典群の影響下に生じたものなので、保守色の強い、シンハラ仏教の守旧派やビルマとタイの仏教は、Apを聖典として受け容れていない。

しかし、〈釈尊の前生譚〉である〈ジャータカ〉の集成・補作・注釈という大事業の片がつくと、進歩的な部派の中から、〈仏弟子たちの前生譚〉を収拾したり創作したりして、これをまとめようとする企てが起こるのは、自然の勢いであった。そのような〈仏弟子たちの前生譚〉の各篇と集成が、‘avadāna（av・立派なおこない）’と呼ばれたのである。

五百羅漢と言われるように、釈尊の高弟は五〇〇と数えられる。ところが、名前の残る直弟子は七［、］八〇人で、前生譚のある者などはごくわずかである。

だから、〈五百弟子の前生譚〉をそろえる目論みが無謀なことは、はじめから明白なので、この暴挙を敢えておこなった。『仏五百弟子自説本起経』や『根本説一切有部毘奈耶薬事《うぶびなややくじ》』での成果は、きわめて貧弱なものに終ったのである。

だが、Ap だけは、曲がりなりにも、一応はこの至難事を達成している。

現存の Ap は、‘Buddhāp（仏陀 ap）’、‘Paccekabuddhāp（辟支 ap）’、‘Therāp（長老 ap）’、‘Therīap（長老尼 ap）’の四部を具え、長老 ap は、人名の重複のために、五五〇章となっている。

発案通りに形成されていれば、長老 ap の五〇〇章のみに、締め括りとして〈釈尊の告白〉の一章を加えた形で、完成していたはずである。

それは、釈尊と五百人の長老が、無熱悩池に赴き、それぞれが、Pu 仏のおかげで、仏法への発心の機縁となる、多くはささやかな〈善行〉をおこない、莫大な〈果報〉を得たことを、語り合うべきものであった。

そうならなかったのは、実在の長老の ap を案出する途中ではやくも挫折し、時を経てこの作業を再開した。後継作者たちの中には、弟子の員数を充たすという目的の一つのみを知って、Ap の成立には Pu 仏の存在が不可欠だという根本条件を心得ぬ者が、多くなったからである。

ともかく、杜撰な補足の結果、採用された実在の長老は七〇名であるのに、架空の長老が四〇〇名を超え、八〇章ほどに既出者が重複することになった。

これにともない、百パーセントであるべき Pu 仏との繋がりも、実在長老に限れば六六パーセントの水準を保っているが、長老全では二二パーセントの低さになっている。

過去七仏の第一である Vipassin が二〇パーセントと擡頭しているのは、パーリ仏教の主流に押されたためだと推測できるが、普通には事蹟を言挙げされない、Siddhattha 仏が一六パーセントと三強の地位を占めるのは、理解に苦しむ。過去二十四仏のほとんどや、得体の知れない辟支仏が大手を振るのは、作者たちが珍奇を競ったためなのか。

Pu仏と対をなして重要な、'Anotatta（無熱悩池）' への言及も、三八六～七章に計三回しかないから、とくに全体の構造に関心を払わなければ、低級apの徒に膨大で乱雑な寄せ集めにしかみなされないのである。だから、往時のインドの仏教徒は、Apが、オリエントの重層的な伝承のインド化の無残に近いが貴重な末端であり、〈四獅子頭柱〉と一長一短の資料価値をもつなどとは、夢にも思わなかったに違いない。

当初の野望は果たされなかったとはいえ、Pu仏を百七十一回も登場させ、集会の舞台を無熱悩池と明言していることは、後代の研究者にとっては、ありがたいでは済まないほどのことであった。

というのも、パーリ三蔵でのPu仏の記述は、すべてApの直前に編まれた、"Buddhavaṃsa（仏種姓経、Bu）" を出所としているが、Buですでに、過去二十四仏中の第十仏に組み込まれて、矮小化が進んでいるので、Apによらなければ、Pu仏の本態を推察できない。Apは、一応はこの第十仏という規制にしたがっているが、ApでのPu仏は、この枠にはまらぬ絶大な威力を発揮しており、それがあるべき姿なのである。

このことに気づかぬと、もろもろのパーリ注釈文献で、Pu仏とApが圧倒的に尊重されている理由が不可解になるし、五世紀ごろには異常なほどPu仏が尊崇されていたという事実も見逃してしまう。

パーリ仏典でのPu仏の規格化と異なり、梵語仏典と漢訳仏典においては、Pu仏に相当する'Padmôttara（Po、蓮華上仏・華上仏・花盛仏など）' は、過去・現在・未来の三時のいずれかに現われる、分化した仏として、一見とりとめのない様態を示している。

だが、Apを参考にしながら、三十ほどの仏典の数十例を比較検討すると、Po～Pu仏の意外な原態が浮上してくる。

蓮華上仏は、'Dīpaṃkara（燃燈仏）' と無関係の信仰から、燃燈仏より遅く発生したが、当初は〈最古仏〉

たることを必須条件としていたのである。

燃燈仏の役目は、もっぱら、釈尊の前身への最初の授記《じゅき》をおこなったことであって、授記をしなかった三名の先仏を言う経典もあるので、最古仏であるかないかは重大でない。

これに対して、蓮華上仏は、人間以外の者を含む五百の衆生に、仏法への発心のきっかけを与え、釈尊の直弟子となる遠因をつくっている。

そのほか、'Divyāvadāna'は、すべての仏のおこなうべき十事の一つとして、声聞たちを伴って無熱悩池に赴き前業の数々を陳述することを挙げている。無熱悩池は、単なる聖地としてではなく、蓮華上仏ゆかりの地とみなされたために、遠征されるのであろう。だから、蓮華上仏は、すべての仏を含むすべての仏教徒を仏法に導いた、〈原初仏〉ということになる。

すると、蓮華上仏の信奉者は、燃燈仏を無視するか軽視していれば好いのだが、燃燈仏の信奉者は、新しい原初仏に権威を奪われかねないので、蓮華上仏を否定するか格下げするか別の時空に移すかせざるをえない。『普曜《ふよう》経』と『華厳経』が蓮華上仏を最古仏と認め、『一切如来名号陀羅尼経』が燃燈仏直前に据えるほかは、おおむね燃燈仏の下風に立たせているのは、そのためであろう。

これとは別に、蓮華上仏の方が無熱悩池より登場がおそく、出現回数も段違いに少ないのはなぜかという疑問が起こるが、外来の〈生命の樹に乗る日輪〉という神でも人でもないものを、尊崇すべき原初仏と同定するまでには、かなりの時間がかかったのであろう。また、〈新たな理想郷〉は万人が歓迎したが、〈新たな古仏〉の受容には抵抗が強かったので、時期と頻度に差がついたのではないか。

しかも、遅れをとり戻した蓮華上仏が無熱悩池が――バビロニアでのオアシスと生命の樹に乗る日輪のように――不可分の一組になることは、漢訳仏典では稀有であった。『根本説一切有部毘奈耶薬事』に、〈無熱悩池に五百人の仏弟子が集まり、各自の前業を吐露した際、為光という男が過去世に蓮華上仏の塔を供養したと語った。〉とあるのが、間接的にもせよ、両者の繋がる唯一の例なのである。

こうして見てくると、不出来を咎めていられないほど、Apの存在は貴重なのだと判明するが、法華経との関係を調査しようとする者にとっては、天恵と呼びたいほどの、蓮華上仏に対する新規の別称の命名が、Apではなされているので、項を改めて論ずることにする。

## 四　Padumuttara と Jalajuttama

Apには'Jalajuttama (Jj)'という語が二三回出現するが、すべてPadumuttara仏の別称として用いられており、実在の長老の章に見られるものが一一、架空の長老の章に見られるものが一二、存在している。Jjの字義は、〈水生物の中の最高のもの＝最高の水生物〉である。

語の前半のjalaja（水から生じた）は形容詞としてのほか、魚・法螺貝などを意味し、後代の梵語ではハス～スイレンともなりうるが、パーリ仏典ではこの用法は生じていない。だが、後半にuttama（最高のもの）が付けば、〈最高の水生物〉を〈ハス〉と解することが可能であり、Apでは、全部が〈ハス～紅蓮華〉として使用されている。

この複合語は、Apの作者の造語で、ApとApの注釈以外の、パーリ文献には皆無である。この語と対応する、'jalajottama'という梵語も、雑多な古伝承を収録する大量の〈プラーナ〉群の中に、ただ一度見出せただけで、それは、〈最高の法螺貝〉だったのである。

大半の実在の長老のapは、架空の長老のapより先に作られたはずであるから、かなりはやいap作者の中に、PuがJjでもあることを表明することが必要であると考えた者がいたと、判断される。しかも、両方とも仏名であって長老の行為とは無関係なのであるから、その効果は、箇々のapではなく、全体としてのApに及ぼされるべきものなのである。

こんなことは、よほどしっかりした計画があり、しかも、それを仲間たちに賛同されないと、実行できないことである。では、なにを企図したのか。それを解明するには、まず、Pu という本名の意義を把握しなければならない。

パーリ語の注釈家たちは、いずれも間違えているが、Pu は、すなおに、〈紅蓮華の上にある者〉ないし〈すぐれた紅蓮華〉と解すれば好いのである。

Jj の方は、さきに述べたように〈ハス～紅蓮華〉を指すが、もともとが〈最高の水生物〉なのであるから、〈最高の紅蓮華〉というニュアンスをもつ。

すると、Pu は Jj であるとされたのであるから、二つを繋ぎ合わせると、〈すぐれた紅蓮華の上にある最高の紅蓮華〉ということになる。〈最高の紅蓮華〉を〈日輪〉とみなすと、〈四獅子頭柱〉と同じ構造のものが、でき上がってしまう。

筆者は、はじめは、『ブリハッド・アーラニヤカ・ウパニシャッド』の、地上の行者が太陽に対して、〈あなたは天の方処における唯一の白蓮華です。どうかわたしを地の方処における唯一の白蓮華にならせてください。〉と願う文句や、『マハーバーラタ』と多くの〈プラーナ〉に頻出する、太陽神ヴィシュヌ（とその化身クリシュナ）の、〈白蓮華の眼（＝太陽）をもつもの（Puṇḍarīkākṣa）〉という別称や、〈白日〉という成語の存在や、法華経の〈白蓮華〉のことが、念頭を離れなかったので、Jj を、〈白蓮華＝日輪〉に相違ないと、早呑み込みしていた。

しかし、Ap は、一箇所で‘paduma（紅蓮華）’の無上を自明とする譬喩により、三箇所で‘jalajaṃ/udakajaṃ pupphaṃ uttamaṃ（水より生じた最高の華）’、二箇所で‘jalajagga（最高の水生物）’という表現により、〈紅蓮華（paduma）〉こそ〈最高の華〉であると揚言《ようげん》している。

では、Apにおける〈白蓮華（puṇḍarika、puṇ）〉はどうかと調べると、愕然とするほど、貧弱である。Padma や uppala（青スイレン）その他の花と並列するものが四回、白蓮華でなく同名ながら〈白花マンゴー〉を指すものが四回で、単独に白蓮華としてのpuṇが現れるのは、一詩偈の中のわずか三回に過ぎないのである。〈そのときローマサと呼ばれる光り輝く自存者（＝辟支仏）がいた。いとも清らかな心で　自分はpuṇを施した。そのときpuṇを布施して以来　九十四劫　自分は悪趣（＝地獄など劣った転生の場）を知らなかった。これはpuṇ（の施与）の果報なのだ。〉というので、〈エーカプンダリーカ（一茎のpuṇを与えた者）〉なる、架空の長老に帰せられており、明らかに、ApのPu仏尊重という本来の主旨に無知な、付加部分の作者の所産である。

このように概観すると、Apの全六七三九偈に、ハス〜スイレンへの言及は四百回に達し、仏名でなく植物としての紅蓮華でさえ二百回を超えているのに、puṇが〈白花マンゴー〉を含めて十一回なのは、むしろ異常である。そうかと言って、puṇの白浄という珍奇さに対する讃美もなく、〈蓮華不染喩《ふぜんゆ》〉もすべてpadumaによるのである。だから、puṇを貶めまではしないとはいえ、Apは、完全に紅蓮華重視・白蓮華無視の経典ということになる。

こうして、Pu＝Jiという措置のおかげで、〈紅蓮華の上に乗る最高の紅蓮華仏〉が、発生した。この仏を法華経の〈白蓮華仏〉の原像であると決めこんだのは、ひどい早とちりであった。たしかに、釈尊と多宝の二仏を、〈白蓮華〉と〈紅蓮華仏〉とみなして役割を補い合わせる、法華経の趣向の方が、はるかに進んでおり興味も深い。

しかし、Apには、気づいてみれば、絶大な功績があったのである。その一は、四獅子頭柱などでは、〈日輪〉は〈仏陀〉と同定されていなかったのを、Jiの命名により——おそらく日輪→法輪→仏陀という汎仏教的な思考の深化の助けをかりて——人格化を確立したことである。地上の紅蓮華の茎が伸びて、天上の最高の紅蓮華を支え、その最高の紅蓮華があまねき衆生の救済者なのだという着想は、バビロニアの発案者にも初期の仏教徒にも思いつかなかった、画期的な改革であろう。その二は、〈白蓮華〉とも〈紅蓮華〉とも決まらなかった〈日輪~法輪〉を、漸定的・過渡的であるにもせよ、紅蓮華と判断したことである。その三は、紅蓮華こそ〈最高の華〉であると、何度も明言していることである。

筆者は、五十年にわたって注意しているが、インドの典籍では、〈白蓮華を最高の華~最高の存在と認める〉記述を見たことがない。〈青スイレン（uppala~utpala）を、第一の水生花〉に挙げることは、はやくから続いているが、これは香気のみについて言うのであると解される。〈プラーナ〉群の中には、メール山やガンガー河の後に紅蓮華をもち出して、それらのように、そのプラーナが最高であると主張する例がないではないが、それとて極く稀である。

だから、法華経よりはやい仏典Apに、〈紅蓮華こそ最高の華である。〉と、六回も繰り返されているのは、奇異でもあるが、望外のありがたいことなのである。

と言うのは、〈紅蓮華こそ最高の華〉とするApが法華経より先に厳存しているからには、法華経すなわち'Saddharmapuṇḍarika（正法の白蓮華）'を、〈白蓮華のごとく最もすぐれた教説〉に見立てる。有力な説が、一概に正当とは認められなくなるからである。

筆者は、法華経はもともと法華経以外の〈正法〉の存在を否定しているので、〈最もすぐれた〉などと、複数の正法間の比較をさせるこの解釈は、謬見《びゅうけん》だと考えている。

だから、Spの第一義を、〈正法の開示者ないし体現としての白蓮華（＝日輪＝法輪）、すなわち釈尊〉と判断しているので、紅蓮華を白蓮華のはるか上位に置くApの陳述は、とりあえず、まことに有益だったのである。要するに、白蓮華を至高の存在とするのは、インド人の一般的な見方ではなく、特別な場合にのみ成り立つので、その理由については、今後も探求を続けなければならないという、臆病とも慎重ともつかぬ態度をとっているわけである。

## 五　法華経の作者はアパダーナを知っていたか

Apは、二名一体の〈紅蓮華〉を世に出したが、Puの別称Jj（最高の水生物）は、puṇを最高視する者が接すれば、そのまま〈白蓮華仏〉と読み替えることが可能である。

Spの作者はApを知っていたであろうから、Jjを〈白蓮華仏〉にPuを〈紅蓮華仏〉に改変して、釈尊と多宝という天的と地的な一対の仏の構図とすることが、考えつくのはともかく、作業としては容易だったはずである。

しかも、法華経の釈尊の発光者へ開花者としての基本的性を暗示するきわめて重要な語として、方便品に一度だけ使われている、‘narāditya（慧日《えにち》大聖尊、直訳は、「人間の太陽」）’に相当する、‘narādicca（人日）’として、Avに二度用いられている。さらに、法華経には見られぬが、法華信者の受光者から発光者への転容を示し、譬喩品での舎利弗《しゃりぶつ》の〈華光《けこう》（Padmaprabha、紅蓮華の耀きをもつ者）〉という命名の由来を理解させる、‘veneyya-paduma（教化されるべき紅蓮華）’という語が、Apに二回現れる。

しかも、この二語は、他のパーリ三蔵には皆無なので、パーリ語だけを問題にしている限り、SpはApの影響を受けて「見宝塔品《けんほうとうほん》」での二仏並坐の状景を発想したのだと、思いたくなる。

この推測は、おそらく正しいのであるが、Apは、パーリ仏典に属するとはいえ、広大なavadāna群のいわば〈出島〉に過ぎないのであるから、それらとの関連を精査しなければ始まらない。古いAvである、“Mahāvastu（大切な事柄、大事）”や“Avadānaśataka（百篇のav、漢訳、撰集百縁経）”にも、‘narāditya’と‘veneyyapaduma’は現れるので、この二語は、Av群における通用語かもしれないのである。また、二仏並坐は、四獅子頭柱やなんらかの仏典の古伝承から、Avなしで考え出せぬものでもないので、いちばん都合が好いのは、Spの作者がApを熟読した証拠が見つかることなのである。

SpとApとAv群におけるap~av（感心なおこない～立派なおこない）を洩れなく拾い上げ、SpとApのものが特に〈ささやかさ〉を共有するという印象を確認してから、全体を分類し対比することは、数年を要する大為事《おおしごと》である。

Apから取り掛かってみたのであるが、六百章の長老と長老尼の、無秩序に配列された〈おこない〉を、各一行に縮めて下書きを作るだけで三十枚になった。これを要領よく整理し解説したものは、ある程度の興味を期待できるだろうが、序の口に過ぎない。全体として綿密の域に達することはできないので、今回は企てを断念することにした。その代り、耳で聴いても判かるほどの、簡単な情報だけを提供することにしたのである。Av群との関係は閑却できないので、捲土重来《けんどちょうらい》をするつもりであるが、当面肝要なのは、Spの作者がApを必ず読んでおり、しかも、他の資料には求められない叙述の影響を受けて、Spの形成を左右されていたということを、証明することであろう。熱望によって得られた好運と言うしかないが、それが叶えられたのである。

Apには、砂丘に塔を建てたり、砂粒で塔を造ったりする記述があるが、困難かつ無益だと判かっているせいか、Av群や他の仏典にこのような文言は一度も見られない。ところが、Spにだけは、「方便品」で〈小善《しょうぜん》成仏《じょうぶつ》〉を説く詩偈中の有名な傑作として、〈童子が戯れに、砂をあつめて仏塔をつくると（…）覚りを得る者となった。〉とあって、実際に起こりうる説得力のある表現にまとめられている。この箇所には、ほかにも、Apだけにある行為を承けたと思われる詩偈がいくつか存在するのだが、この〈砂の模造塔〉が、Apだけの〈おこない〉を飛躍的に改善したものであることは、動かせぬ事実である。

このことから、Spが、Adと呼ばれていた初期に、Apを下敷きとして利用していたと判明する。

すると、Pu仏を、わざわざJjという別称を創出して、〈天上の蓮華仏〉としたのは、後にも先にもApしかないのだから、はやくからApを愛読していたSpの作者が、この偉業の価値を見逃すはずはない。

紅蓮華尊重の二名一仏を、白蓮華と紅蓮華に補完性を与えた、二名一組の天上仏と地上仏に改めることは、バラモン教〜ヒンドゥー教の知識にも富む、Spの作者にとっては、やり出せば造作もないことであろう。

筆者は、この新たな一組の二仏には、バラモン教の太陽神ヴィシュヌとその妃である大地女神（にして美と反映の女神）ラクシュミーが投影されていると解するのだが、この神妃《しんひ》の男性化した多宝如来には、〈失われた繁栄の回復〉という機能が隠されていて、在家の支持者である商人や工人に歓迎されていたと考える。さらに憶測を加えれば、Spの作者とその支持者たちは、同じクシャナ帝国の中でも、カニシカ王以前の支配者のもとで栄えた地域に居住していたので、現在のカニシカ王に親近感を抱かなかったのだと考える。Spの作者は、王に敬重された馬鳴《めみょう》の、『仏所行讃《ぶつしょぎょうさん》』を、破綻がないだけの〈秀才文学〉に過ぎないではないかと軽んじ、こちらは〈独創文学〉でゆくぞと意気ごんだのが、Spを作成した一因ではないかと、想像を逞《たくまし》くするのである。

## 六　オリエントからインドまで

Spに対するApの恩恵は明らかとなったが、そのApは、建造物や伝承としてのオリエントの文明を背景として成立している。ところが、両者は、完全にインド化しているので、読んだだけでは、外国からの要素が入っているとは、まず気がつかない。とくにSpでは、単にインド化しただけではなく、多くの絶妙な趣向と融合して、完全に法華経化している。しかし、将来、法華経を世界の賢明な人々に理解させてゆこうと考えると、そのはたらきかけの主力となるべき日本人が、前もって法華経の発生からの国際性を常識としておくことは、とても大切である。

その一助として、エジプトからインドにいたる、法華成立までの要素の誕生・継承・発展を、並べて置こう。

Ⅰ.スイレン柱、スイレン上の太陽的幼童神（エジプト）
Ⅱ.理想的なオアシスの中の生命の樹とそれに乗る日輪（バビロニア）
Ⅲ.スイレンを柱頭とする列柱（ペルセポリス）
Ⅳ.アショーカ王の四獅子頭柱（インド）
Ⅴ.無熱悩池と蓮華上仏（インド）
Ⅵ.紅蓮華上の紅蓮華仏としての蓮華上仏（インド、アパダーナ）
Ⅶ.天的な白蓮華仏としての釈尊と地的な紅蓮華仏としての多宝如来（インド、法華経）

以上

［「インド論理学研究」平成二三年度、第Ⅳ号　二〇一二年三月］

# ヴィシュヌ神とアヴァターラ

## まえがき

編集子から特集の企画［「ペルソナ」］を耳にしたとき、筆者は、「仮面」という梵語に出会っていないことに気が付いた。そこで、古代インドの高級文化においては、「仮面」の使用がなかったか、あっても大きな機能をもつことがなかったのではないかという臆測を述べ、「仮面」とつながる「ペルソナ」の問題については、「アヴァターラ（権化）」の観念がきわめて興味深いことを語った。

その後、「英梵辞典」二種と「英巴（パーリ語）辞典」によって"mask"の項を検索し、数語を得たが、編者の造語である疑いがあったので、逆に「梵英」「梵独」「梵仏」「梵和」および「巴英」で引き直すと、㋑――本来のパーリ語には「仮面」に相当する単語は存在せず、㋺――梵語も"varṇaka""varṇikā"以外の記載はなく、㋩――最古の用例といっても、演劇論『ナーティヤ・シャーストラ』や戯曲『マーラティー・マーダヴァ』など、紀元後数世紀からの文献にしか見られないことが判明した。ただし、「仮面」に先行するものとしての「隈取《くまどり》」の発生は、はるかに早い。また、インドの伝統的舞踊には「仮面」をつける流派が多いが、アーリア起源でないかもしれないので、どこまで溯れるか不詳である。さらに、『宗教倫理百科事典（ERE）』には、チベット、ビルマ、シアムの「仮面」への言及はありながら、インドの名すら現れないので、「仮面文化史」におけるインドの役割は、さほど重要ではないのであろう。

さて、「アヴァターラ（avatāra）」であるが、詳しい詮義は後で行うとして、この語は、近代欧州諸語の語彙となっており、①――〈incarnation〉権化・化身、②――〈embodiment〉具現・示現、③――〈phase〉相・面などと等価のごとく用いられているから、欧米経由で御存知の方が多いかもしれない。筆者の場合は、少年時代、ポーの『赤死病の仮面』ではじめて遭遇し、“the blood was its seal and Avatar”とあったことは憶えているが、ゴーティエのどの作品に出てきたかは忘れていた。そこで、阿部良雄君に電話で問い合わせたところ、たちまち、期待以上の事実を調べてくれた。

①――欧州では、一六七二年に、オランダの学者Von Baldaensが、“autaar”という不正確な形で紹介したのが最初らしい。②――ゴーティエは、『マドモアゼル・ド・モーパン』に使ったほか、“Avatar”という標題の中篇小説を著している（筆者は、『換魂綺譚』という邦訳で読んだのだった）。③――バルザックの作品にも現れる。④――イギリスでは、スコットが用いている。⑤――一般に、「神が地上に降りること」と理解された。⑥――しかし、フランスでは、神が次から次へ変身して活躍することと、語形・発音の類似から、“aventure”（冒険）の意味に誤用される傾向があった。

これらの教示によって、「アヴァターラ」なる語と観念が、思いのほか早く欧州に伝わり、間の消息は不明であるものの、一九世紀中葉のフランスでは、東洋趣味の波に乗って、ささやかな流行語とさえなっていたことが知られたのである。

この西方に渡ったヴィシュヌ神の「アヴァターラ」に対して、東方のわれわれが受け取ったのは、仏・菩薩の「アヴァターラ」すなわち「権化」の観念である。また、「アヴァターラ」の訳ではないかもしれないが、ほとんど全同の意義をもつ「権現」は、「本地《ほんじ》垂迹《すいじゃく》説」と結び付いて、日本の神道に多大の影響を与えている。「化身」の原語はいくつかあるらしく、意味もいくつかあるが、その一つは「アヴァターラ」であったように思われる。かくのごとく、われわれは今日なお「アヴァターラ」の訳語を頻用するにもかかわらず、その淵源を探る者は乏しく、西方に生き残る意義の片割れに気付く人は稀である。この数奇な一語の、インド教（ヴィシュヌ派）的内容を説明するのが、本文の目的である。

## 一　アヴァターラの語義

"avatāra"は、"ava + tṛ"「下に・到着する」すなわち「降下する」という動詞から作られた名詞であって、①――（神の天界からの）降臨、②――（任意の神の地上への）出現、③――ヴィシュヌ神の、十種の化身のいずれかの姿による、顕現（すなわち「権化」）、④――任意の、予期せぬものの出現、⑤――（神の権化とみなされる）優れた人物への呼称などを、主要な語義とする。

これから問題とするのは、もちろん③である。しかし、その前に、ヴィシュヌ神のより本来的な存在様態、すなわち、「アヴァターラ」でない姿を見ておきたい。

## 二　ヴィシュヌ神の本質

ヴィシュヌは、アーリア人のインド侵入後、太陽の遍照作用の神格化により創出され、多くの太陽神格の一員に過ぎなかった。最古の聖典『リグ・ヴェーダ』において、三歩で天空地の三界を濶歩したとされているが、かれに捧げられた讃歌は、わずか五篇である。

しかし、「ブラーフマナ（梵書）」においては極めて重要な「供犠（yajña）」と同一視されたため、地位が高まり、叙事詩『マハーバーラタ』では、ブラフマー（梵天）・シヴァと並ぶ三大神と尊ばれ、叙事詩の新層では、シヴァとともにインド教の最高神と仰がれるに至った。さらに、インド教にシヴァ派・ヴィシュヌ派・シャクティ（性力）派の分派色が濃くなった結果、ヴィシュヌ教徒は、ヴィシュヌをシヴァの上位に据え、万有の最高原理・宇宙の支配者・絶対的超越者として、ひたすら信愛（bhakti）を捧げることになった。「アヴァターラ」の体系が完成したのは、この時期のいくつかの「プラーナ聖典（古伝書）」においてである。

かくして、ブラフマー・ヴィシュヌ・シヴァが唯一の最高神の地位を争うことになると、この拮抗の宥和《ゆうわ》策として、「三神一体（trimūrti）」説が形成された。つまり、三大神といえども、無体の最高原理の「顕現（tanavas, tanu〈身体〉の複数形）」にすぎないというのである。そして、かれらは、宇宙の創造・維持・破壊の一つずつを分担するものとみなされ、また、サーンキヤ（数論）哲学における「三徳（tri-guṇa）」、「激質（rajas）」「純質（sattva）」「翳《えい》質（tamas）」という補完的な性質が配されることにもなった。しかし、どの派も自分の特に信仰する神を上に据えたいのが人情であるから、シヴァ教徒は、シヴァがブラフマー・ヴィシュヌ・バヴァ（bhava 低位のシヴァ）として顕現するとし、ヴィシュヌ教徒は、ヴィシュヌがブラフマー・低位のヴィシュヌ・シヴァとして顕現すると云い、また、クリシュナ崇拝者は三大神をクリシュナの顕現と解するようになったのも当然である。

ただ、かかる三神の「顕現（tanavas）」は、「父」と「子」と「聖霊」が神の三つのペルソナであるとするキリスト教の「三位一体説」と似ており、決して「アヴァターラ」ではない。「アヴァターラ（権化）」の定義を補足すると、㋑――最高神が、㋺――生類救済のため、㋩――仮りに（＝権）人間または動物の姿をとって現れること（＝化）、および、㋥――その現れた個体「化身」を云い、㋭――化身は一時に一つなのである。

しかるに、三神の「顕現」は、㋺――宇宙の創造・維持・破壊のため、㋩――神の姿で現れ、㋭――一時に三者が共存しうるのである。つまり、目的・形態・数が異なっており、「三神一体説」は、「アヴァターラ思想」を下敷にして成立した、別の体系である。

また、ヴィシュヌは、水準を異にする三重の存在様態を示すことがある。インド教的宇宙は、四十三億二千万年だけ存続すると、同じ期間だけ超越的本質の中に帰滅するという、交互作用を永遠に反復するのであるが、無宇宙時代（空劫《くうこう》）のヴィシュヌは、「無」ないし「無限定」の表象である「闇黒《あんこく》の大洋」の中で、「シェーシャ（śeṣa 残存者）」または「アナンタ（ananta 無窮存在）」と呼ばれる「多頭蛇」を臥床《がしょう》とし、「ナーラーヤナ（nārāyana 人間〈nara〉の帰依所と通俗語源的に解され、海とも関係づけられるが、本来は太陽神）」の資格で眠っている。「海洋」「多頭蛇」「ナーラーヤナ」は、それぞれ、宇宙的姿・動物的姿・人間的姿をとった、超越神ヴィシュヌの仮の存在様態であると考えられる（ハインリッヒ・ツィンマー説）。しかし、これらももちろん、「アヴァターラ」ではない。

## 三　ヴィシュヌ神のアヴァターラ

「アヴァターラ」が、最高神の生類救済のための化現《けげん》である以上、シヴァ神の「アヴァターラ」があるのは当然であるが、この神格は、しばしば極めて兇暴であって、ヴィシュヌのごとく常に生類に好意的・親和的・育成的ではないから、シヴァの「アヴァターラ」は人気がなく発展しなかった。また、叙事詩の中で人間の形をとらなかったことも、ラーマやクリシュナとして活躍するヴィシュヌとは大違いである。そこで、「アヴァターラ」といえば、実質的には、すべてヴィシュヌの「権化」となるわけである。

さて、ヴィシュヌの「アヴァターラ」は、六種から二十数種まで挙げられ、叙事詩の主要部では「野猪」

「倭人」「馬頭（hayaśīrṣa）」「人獅子」「クリシュナ」「ラーマ」がヴィシュヌの「化身」とされ、後期には十種とされているが内容は不同である。いまは、標準的な十種について具体的に述べるつもりであるが、その前に、特殊あるいは端役の「アヴァターラ」について説明しておきたい。

まず、「アヴァターラ」には、ヴィシュヌの「神性」の付与度によって、五段階がある。①――〔全神性を付与されたもの〕例、クリシュナ（ただし、最初は歴史的人物として描かれていた）、②――〔神性・人性が半々のもの〕例、ラーマ、③――〔四分の一が神性〕例、バラタ（ラーマの兄弟）、④――〔八分の一が神性〕例、ラクシュマナとシャトルグナ（ラーマの兄弟）、⑤――〔神性と人性・獣性・無生物性が混在するもの〕例、「魚」「野猪」「亀」「人獅子」「ある種の石」。また、占星術書によれば、「日・月・星辰」も、有力な「化身」の降る三界の情況を規制するものとして、ヴィシュヌの「アヴァターラ」とみなされる。

つぎに、役割の重要でない「アヴァターラ」を、列挙する。㋑――ナラとナーラーヤナ（神でなく聖者としての）、㋺――カピラ仙（サーンキヤ哲学の開祖）、㋩――ダッタートレーヤ（タントラ派の祖）、㋥――「供犠（yajña）」、㋭――リシャバ（ṛṣabha ジャイナ教の第一祖、〈牡牛〉の意もある）、㋬――「馬頭（hayaśīrṣa）」（魔物に盗まれたヴェーダ聖典を、海底から取り戻した）、㋣――ヴィヤーサ仙（聖典の整備者）、㋠――プリトゥ（最初の王）、㋷――ドゥルヴァ仙（dhruva〈不動〉の意で、昇天して、「北極星」となった）、㋦――モーヒニー（〈情欲〉の意、女性であって、反神アスラを惑わし、不死の「甘露」を取り戻した）、㋸――ナーラダ仙（ナーラダ法典の著者、大音楽家でもある）。

そこで、いよいよ、十大「アヴァターラ」について記すが、その由来や本質については別項で論ずることとし、まず、これらの所業のみを述べたい。また、順序は、ギリシヤ・ローマの「黄金・白銀・青銅・黒鉄」の四時代とほぼ対応する、「クリタ・トレーター・ドゥヴァーパラ・カリ」の「四ユガ（yuga 世界周期）」に従うことにする。

### A　クリタ・ユガのアヴァターラ

①――「魚（matsya）」大洪水に際して、人祖マヌ・ヴァイヴァスヴァタ（＝マヌ・サティヤヴラタ）を救う。この（一四人中）七代目のマヌは、マヌ法典の作者とされるマヌ・スヴァーヤンブヴァ（初代）とは異なり、旧約聖書のノアに相当する。浄めの水の中で見つけた小さな魚は、マヌに大洪水の近い到来とそれからの救済を告げ、だんだん巨大になってヴィシュヌの化身であると悟らせる。船を作るよう命じ、仙人たちと動植物を収容させる。大洪水が襲うと、マヌは多頭蛇シェーシャを綱として船を巨魚の角に繋ぎ、巨魚に導かれて高い岡に逃れる。他の説明によれば、魚は、劫末期《こうまつ》に眠っているブラフマーからヴェーダ聖典を盗んだ悪魔ハヤグリーヴァを退治し、ヴェーダをマヌに与え、新しい人類の指導原理を教える。『マハーバーラタ』のヴァナ・パルヴァンでは、ブラフマーの化身とされており、ヴィシュヌの権化とされたのは後の時代である。

②――「亀（kūrma）」大洪水で失われた不死の「甘露（amṛta）」などの宝物を求めるため、一時停戦した神族と魔族が、マンダラ山を棒とし巨蛇ヴァースキを（棒に絡んで回転させる）紐とし、乳海の大攪拌を行ったとき、ヴィシュヌは亀と化して海底におもむき、軸受けとなって仕事を成功させた。この攪拌により、まず、「甘露」とその杯をもつ「神医ダンヴァンタリ」、ついで、「幸運の女神ラクシュミー」「酒の女神スラー（またはヴァールニー）」「月（チャンドラ）または神酒ソーマ」「仙女ランバー（またはアプサラス水精群）」「神馬ウッチャイヒシュラヴァス」「宝玉カウストゥバ」「天木パーリジャータ」「如意牛スラビ」「霊象アイラーヴァタ」「螺貝パーンチャジャニヤ」「霊弓シャールンガ」「猛毒ハーラーハラ」の一四の貴重な存在が出現した。一説には、この亀としてのヴィシュヌが、「陸地」を背で支え続けていると云う。

③――「野猪（varāha）」「ヴァラーハ・カルパ（野猪の宇宙周期）」と後に名づける劫のはじめ、「大地」

は海底に沈んでいた。ヴィシュヌは野猪となって水に潜り、大地（女神）を捕えていた悪魔ヒラニヤークシャと千年間も闘って、彼女（大地）を救出した。大地を浮上させてから、ヴィシュヌは、平坦な大地を山で飾り、七つの大陸に分けた。それから、ハリ（hariヴィシュヌの別名で、「〈悲哀の〉除去者」の意）は、四つの顔をもつブラフマーの姿となり、（ヴィシュヌの「純質（サットヴァ）」でなくブラフマーの）「激質（ラジャス）」の展開的気質に従って、生類を創造した。また、インドの宇宙は回帰的であるから、あらゆる事象は反復すべきであるが、そのことを明言する資料が乏しいうらみがある中で、この野猪は大地女神に「前にもわたしは、このようにして、おまえを救出した」と語りかけるので、他の権化の行為も長い間には繰り返されることが類推される。この野猪の話は、ヴァリアントがきわめて多い。

④――「人獅子（nṛ-siṃha）」半人半獣に化身して、悪魔ヒラニヤカシプを退治する。この魔物は、ブラフマーの恩寵により、昼も夜も、神・人間・動物のいずれによっても、かれの宮殿の内でも外でも、殺害されない保証を得て、三界を領し、神々への供犠を横取りしていた。しかし、その子のブラフラーダは、ヴィシュヌの篤信者で生命のかぎり至高神を讃美しようとしたので、怒った父は子を殺そうとした。時あたかも、（昼と夜のどちらでもない）黄昏である。ヴィシュヌは、（人でも獣でもない）人獅子となって、（宮殿の内でも外でもない）柱の中から出現し、父なる悪魔を爪で裂き殺した。

## B　トレーター・ユガのアヴァターラ

⑤――「倭人（vāmana）」アスラの王バリは、敬虔に功徳をつんで、三界を領するに至った。住処と供犠を失った神々は、ヴィシュヌに救いを求めた。かれは、倭人となってバリの前におもむき、三歩の範囲だけの地域を譲ってくれと頼んだ。人の好い魔王がこの乞いを容れると、ヴィシュヌは実相を現じて、第一歩で全地上

をまたぎ、第二歩で全天界を蔽《おお》い、第三歩を進める空間がなかったので、足をバリの頭にのせて踏みつけ、かれを地下界にめり込ませてしまった。バリは、王者としての約束にしばられて、この敗北を認めざるを得なかったが、ヴィシュヌは憐愍《れんびん》から地下界パーターラのみを魔族の領有にまかせた。一般に、バリに同情があつまり、ヴァーマナは人気がない。ヴァーマナは、欺瞞家の同義語となるくらいである。

⑥――「パラシュ・ラーマ（paraśu-rāma〈斧を持つラーマ〉の意）」ブリグ仙の後裔《こうえい》ジャマダグニの第五子と生まれ、父の命により母レーヌカーを殺しさらに蘇生させて妻としたが、罪を咎められず、長寿と不敗を得た。バラモンである父を殺したクシャトリヤの王カールタヴィーリヤと息子たちに仇を報ずるため、クシャトリヤ族の領土ナルマダー流域に二一回も斧を振い、かれらを全く掃蕩《そうとう》し、その領土をバラモン族に献じた。コンカン地方で海岸に達し、海をも得ようとして弓を射たが、矢は遠くに飛ばず小区域を収めるにとどまった。斧でブラフマプトラ河を切り開いたとも伝えられる。マヘーンドラに引退して、いまも生存するとも云う。シヴァ神から、武器の扱い方を教わり、斧を授かったので、それから「斧のラーマ」と呼ばれることになったのである。

⑦――「ラーマ（rāma または rāmacandra」叙事詩「ラーマーヤナ」の主人公。ダシャラタ王の子ラーマチャンドラとして生まれ、したがって、クシャトリヤである。妻シーターを魔王ラーヴァナに奪われたので、ランカー島（セイロン）に遠征して、魔軍と戦い、ラーヴァナを殺し、シーターを取り戻す。

### C　ドゥヴァーパラ・ユガのアヴァターラ

⑧――「クリシュナ（kṛṣṇa〈黒いもの〉の意）」ヴァスデーヴァとデーヴァキーの第八子として生まれ、悪王カンサを殺戮する。父ヴァスデーヴァには、クリシュナの母のほかにもう一人、ローヒニーという妻がいる。

デーヴァキーの弟カンサは、姉の八人の子供のいずれかに殺されると予言されているので、クリシュナの両親を幽閉し、六人の息子をつぎつぎに殺した。七番目のバララーマ（balarāma）とクリシュナは、本来ヴィシュヌの黒白二本の毛髪がデーヴァキーの子として化現したもので、同腹であるが、バララーマはローヒニーの胎に移ったので難を免れた。クリシュナは父に連れられて生地マトゥラーを逃れ、牛飼いのナンダと妻ヤショーダーの養子となった。ナンダはクリシュナを育てながらゴークラからヴリンダーヴァナへ転々とし、クリシュナはバララーマとともに、森林を駆けめぐり、牧童らしい遊戯に耽りつつ成長した。幼年のときすでに、蛇王カーリヤを征服し、インドラ神の怒りにふれた牧女たちを守るためにゴーヴァルダナ山を支えるなど、神的な力を発揮したが、ふだんは自分がヴィシュヌの化身だということを忘れているのだった。牧人の娘たちを何人も愛人にしていたが、中でも、ラーダー（rādhā）がお気に入りだった。カンサ王を殺してから、グジャラートにドゥヴァーラカーという都城《とじょう》を築いて、マトゥラーの住民を移した。クリシュナの不品行は有名であるが、大愛の象徴として、許容されている。クリシュナを単なる権化でなく、全神性を付与された、ヴィシュヌ自身と目する場合は、兄のバララーマ（強いラーマ）を第八権化に当てる。

**D　カリ・ユガのアヴァターラ**

⑨――「仏陀（buddha）」ヴィシュヌは、現在の最も堕落したユガに、仏陀として現れ、誤った教義を弘めることにより、悪人どもや悪魔（ダイティヤ）たちに、ヴェーダの学習や祭式を放棄させ、また、階級制度などの社会秩序を無視させて、かれらを破滅に導く。ヴィシュヌ教徒の考え方からすれば、あらゆる宗教は良くも悪くもヴィシュヌに属するものであり、ニュアンスは少し異るが、キリストさえヴィシュヌの権化としてしまうのである。

⑩——「カルキ（kalki）」この権化は、未来に出現する。聖典が権威を喪失し、人間の寿命が二三歳まで減少した暗黒時代カリ・ユガの末期に現れ、邪曲を亡し、正義を再建し、来るべき黄金時代クリタ・ユガ（＝サティヤ・ユガ〈正義の世界周期〉）の法に従うものを救済する。彗星のごとく輝く白刃を下げ、白馬にまたがって天空に姿を見せると、信じられている。インドの下層階級の人々は、カルキを未来の救世主と仰ぎ、かれらの不遇な社会状態を改善してくれるものと期待している。この化身は、仏教の弥勒菩薩と似た点もあるが、むしろ、キリスト教のメシアに近いと思われる。

## 四　各アヴァターラの特性・由来・本質

以上の一〇種の「アヴァターラ」の中、はじめ四ないし五には、共通の特徴があるから、それを明らかにしよう。まず、①～⑤は、ヴェーダ・ブラーフマナ・叙事詩に用いられた神話的素材を、ヴィシュヌ神と結び付けたものである。つぎに、それらの排列は、新古の順や恣意的なものでなく、一貫的に発展するものとして整理されたと感じられる。「魚」「亀」「野猪」「人獅子」「倭人」という系列は、最初の二つはともに「水棲動物」ではあるが「小魚（マヌの前に現れたとき）」と「大亀」「魚類」と「爬虫類」の相違があり、つぎは「温血動物」の「哺乳類」となり、さらに「四足獣」と「人間」の中間的存在がきて最後が純粋の「人間」となるのであるから、さながら一個の「進化論」である。そして、最初の四者は、クリタ・ユガに現われるのであるから、世界の創成を示すわけである。⑤は、トレーター・ユガに属し、一旦確立した世界秩序または神的ヒエラルキーが早くも崩壊に瀕したのを、再建するのであるから、この位置に完全にふさわしい。

⑥～⑧は、世界が出来上って直ちに堕落に向ったとはいえ、カリ・ユガと較べれば夢のように条件の好い、神話的時期トレーターおよびドゥヴァーパラ・ユガに属している。⑥のパラシューラーマは、バラモン階級と

クシャトリヤ階級の対立・抗争という歴史的事実を多分に反映しているので、アナクロニズムのようにも見えるが、武士階級に奪われた主導権を僧侶階級が回復することが主題であるから、⑤の神とアスラの対立と相似のものが人間の階級間に現われたと解せられ、「下剋上の是正」の小型化として、この順序に置かれる必然性がある。⑦と⑧は、すでに叙事詩においてヴィシュヌの化身とみなされていたのであるから、その成立の古さから云っても①〜⑤に近くあるべきであり、「正義の勝利」のあとの「善政による人類の救済」というテーマからしても⑥に続くべきである。また、後に⑨⑩がつかえているから、ここしか空席がないわけである。

⑨は、明らかに後代の追加であるが、大乗時代の仏陀は太陽神格の相貌を帯びているから、ヴィシュヌ教の太陽神格であるヴィシュヌと密接な対応関係にあり、「アヴァターラ」に数えられなければその方が奇怪なのである。また、仏教徒の側が、仏陀の超越性を高めるため、意識してヴィシュヌを模したという事実もある。そして、「アヴァターラ説」が完成に近づいた頃の仏教は、インド教各派にとってあなどれぬ競争相手となっていたから、仏陀の教説に魅力を覚えれば覚えるほど、それをもっともらしく否定できる方法を案出しなければならなかったのである。その意味で、仏陀に付せられた役割は、秀逸な発明と云えよう。そして、仏教とインド教の緊張状態は、近い過去からその当時まで続いていたのであるから、話の中の「近い過去・現在・未来」と関連する⑨の地位が必要だったのである。

⑩は、化身であるカルキという人物に劣らず、乗り物（ヴァーハナ）としての白馬が重要である。ヴァーハナは、動物的水準において、乗り手である神格の特性を示すのである。そこで、ほとんど総《あら》ゆる場合に、馬が太陽神格と結び付くことを、思い出すべきである。ヴィシュヌは神馬ウッチャイヒシュラヴァスをもち、釈尊はカンタカをもち、オーディンはSleipnirをもつなど、枚挙にいとまがない。しかし、最も驚くべきは、キリストが白馬に乗って再臨するという、黙示録（第一九章一一節）の記述である。これらの馬は、「太陽」の象徴であり、白馬は、白熱した太陽の「輝き」である。つまり本来が太陽の遍照作用の神格化であったヴィシ

ュヌの素性が、この馬において再び明瞭に露呈されているのである。さらに、暗黒時代の終りに近く、この白日の象徴が現われることは、なんと力強く黄金時代の再来を予告することであろう。この「アヴァターラ」が、別名を「アシュヴア・アヴァターラ aśvāvatara 〈馬の権化〉」と呼ばれることには、まことに深い理由があったわけである。こう考えてくると、ヴィシュヌと競合的なシヴァが、強健で遅い牡牛ナンディーをもつのと対照的に、カルキが細っそりして速い白馬に乗ることの意義などは、あっても採るに足りないわけである。いずれにせよ、この「アヴァターラ」は、「白馬」のゆえに、十大権化の末尾を飾るにこの上ないものとなったのである。

以上のごとく、十種の「大アヴァターラ」は、起源的には雑多なものであるにもかかわらず、極めて巧妙に編成されていることが判明した。

では、これらの「アヴァーターラ」は、箇々にいかなる由来をもつのであろうか。できるだけ簡単に記してみよう。

①――「魚」この化身についての最初の文献は『シャタパタ・ブラーフマナ』であるが、おそらく、それより遥かに古い伝説を借用したものであって、ルヌー教授の推測されたごとく、バビロニア起源かもしれない。

②――「亀」やはり『シャタパタ梵書』に、プラジャーパティ（生主）が亀の形をとって世界創造を行なったとあるのが淵源らしく、亀は同じ梵書に「太陽」であると説明されている。

③――「野猪」この獣とヴィシュヌが最初に結び付くのは、『タイッティリーヤ・サンヒター』であるが、権化の祖形としては『シャタバタ梵書』の野猪となって大地（女神）を救ったプラジャーパティが考えられる。しかし、ヴィシュヌと野猪の関係そのものは、ヴィシュヌと対応する北欧の神 Frey も猪と縁があることから判断すると、本来的なのかもしれない。この野猪も「太陽」である。

④――「人獅子」勇猛さの神格化として、クシャトリヤ起源のものであろう。すべての生類の中で「人」が

最強力・最優秀であり、動物の中では「獅子」が最強なことから、両者の結合が生ずることは自然である。しかし、「強さ」と「勇気」が、『ヤジュル・ヴェーダ』の詩句から生ずるので、これらの詩句の具現が「人獅子」だとする説もある。また、シヴァ信仰とヴィシュヌ信仰の対立を背景とするから、「牡牛」に勝る「人獅子」なのかもしれない。いずれにせよ、あまり古くはない。

⑤――「倭人」このテーマは『リグ・ヴェーダ』にもあるが、ヴィシュヌとの結び付きは、『タイッティリーヤ・サンヒター』以来である。これも、「太陽神話」であるが、「三歩」についてはイラン Ameša-Spenta の三歩の神話があり、「倭人とバリ」は「倭人となった Frey と巨人 Beli」と驚くべき対応を示すので、詳細については問題が多い。

⑥~⑩については省略する。

## 五　アヴァターラ説の成因

「アヴァターラ」の体系が成立したのは、第一には、従前のインド神話における中心的存在をすべてヴィシュヌと同一視し、しかも、権化というやや劣った存在と解することによって、他の信仰に対して極めて包容力をもちながらつねに優越しようとする、ヴィシュヌ教徒の野心に基くのであるが、このようなどの教団でも抱く願望をヴィシュヌ教徒のみに実現させたことには、いくつかの特殊な原因がなければならない。

まず、通インド的な理由として、①――生類の輪廻の観念が弘布していたから、それを少し変えれば最高神の無窮の生涯における一時的変身として転用できること、②――仏教における法身仏《ほっしんぶつ》や多仏の思想が、利用価値をもつとともに、対抗策を講ずべき脅威となっていたことの、二つが考えられる。

つぎに、ヴィシュヌ教のみに有利な条件として、③――ヴィシュヌが融通無碍の存在であって、本来いかなるものに変身してもおかしくないという至便の性格をもっていたこと、つまり、宇宙の展開そのものが、かれの「遊戯（līlā）」であり「幻術（māyā）」であるから、いかなる行為にも全く抵抗がないこと、④——温和な性格であるので、生類救済者として特に好適であり、救済が目的の変身は、だれにでも首肯されること、⑤——太陽神格という強力な性格があるので、雑多な要素を採り入れても、一貫した筋をもちうることの、三つがある。

少くとも、これら五つの事実が支えとなって、世界にも類のない「アヴァターラ」の体系が成立したのである。

【参考文献】——この小論は、主として次の書物を祖述することで終ったが、誤謬はすべて本文の筆者の責任である。
辻直四郎編『印度』［南方民族誌叢書・第五、偕成社、一九四三年］
井原徹山『印度教』［大東出版社、一九四三年］
S. Bhattacharjil, *The Indian Theogony*
A. Daniélou, *Hindu Polytheism* [New York, 1964]
Ed. par L. RENOU *et al.*, *L'Inde classique* [: *manuel des etudes indiennes*, Paris, 1947]

［「エピステーメー」一九七五年一一月号］

# 古代インド人の宇宙像

## はじめに

インドの「宇宙形態論（コスモグラフィー）」は、「宇宙生成論（コスモゴニー）」および「終末論（エスカトロジー）」と不可分であり、「ヴェーダ文化」「ヒンドゥー教文化」「仏教文化」「ジャイナ教文化」の二千年に亘る歴史の中で、模倣と独創の交錯する複雑無比な発展をとげた。本稿における「概観」の試みが、「無謀」であっても「無意味」に終らなければ、望外の幸である。

## 一　「世界」

「宇宙」の観念は必ずしも「世界」の観念に立脚するとは限らず、また、古代のシナや日本のごとく両者の区別が発達しない文化があった。しかし、相互の関係は緊密であるので、まず、「世界」から筆を進めよう。

ギリシャ語の「コスモス」は、植物名やコスメチック（整髪料）からも想像されるように、「よく整えられたもの・秩序」という本義をもち、「世界」を意味していたが、原初的「混沌」すなわち「カオス」に対するものとして、「宇宙」と拡大解釈されることにもなった。「コスモス」の意義を移した、ラテン語の「ムンドゥス」も、「清潔な・優雅な」という形容詞に由来する。

しかし、印欧語だけでも、「世界」の語源には、「人間の年齢（ヴェルト、ワールド）」「住居」「基底」「光の領域」など多様なものがあり、「世界」という観念が印欧語族の分散後に生じたことを示している。

さて、梵語で「世界」を意味する最初の語は、「ローカ loka」であり、印欧祖語の *luoko に溯る。その原義は、「森の中の（光の差し入る）開けた土地」で、「天の光、陽光」とも関係があるらしい。この語の崩れた形は、Waterloo, Hohenlohe, Oslo など、ヨーロッパの地名の末尾に残っている。

ついで、「ジャガット jagat」（動詞 gam〈行く〉の現在分詞）が、「動くもの、生きるもの」から「世界、この世」の意味を獲得し、「ブー bhū」「ブヴァナ bhuvana」など、動詞 bhū〈存在する、英語の be に相当〉の派生語が、「存在・創造・大地・世界」を指すようになった。しかし、「ローカ」の起源が具体的であるのに較べて、「ジャガット」「ブー、ブヴァナ」の発想は思弁的である。なお、後世には、十指に余る「世界」の同義語が生じた。

## 二 「天・地」と「天・空・地」

最古の文献『リグ・ヴェーダ』（前一二〇〇年を中心に形成）は、「世界〜宇宙」について組織的に述べていないが、これを二分する見方と三分する見方が並行することは、注目に値する。

一つは、「世界」を、「ディヤウス dyaus（輝くもの、天）」と「プリティヴィー pṛthivī（広大なもの、地〕」に分け、「天父・地母」として「ディヤーヴァー・プリティヴィー」と両数形で一組とみなし、「世界」の「父母」「牡牛と牝牛」と同一視している。「天父・地母」の観念は、印欧語族に共通であって、「天父」の「ディヤウス　ピタル（天父よ）」という呼格形は、「ゼウ　パテル」「ユピテル」と対応する。この「天地」の形態については、「二つの鉢」〔三・五五・二〇〕と「車軸の両端の車輪」〔一〇・八九・四〕に喩《たと》えられていて、「円い」ことは確かであるが、後者によれば「天」も「地」も「扁平」であり、前者によれば「下方の凹み」は「地下世界」であって、「地上」は「二つの鉢」の接する「平面」と考えたのかもしれない。また、「天地」には、rodasī, kṣoṇī のごとく単一語の両数形の表現があり、「二個の半分」〔二・二七・一五〕とも云われるので、「二分説」が古いとする学者は多い。

もう一つは、「宇宙」を「天界・空界・地界」の三界に分け、諸神を「三界」のいずれかに配置し、ときには「一一神」ずつ「三三神」を認めるものである。この神々の「三分説」は、『リグ・ヴェーダ』の最古の注釈者により保証され、「宇宙」の「三分説」は、後のブラーフマナ文献における「三界説」とつながるものであって、軽々しく「三分説」を「二分説」より新しいと断定することはできない。さらに、この「天・地」または「天・空・地」は、それぞれ三層に分けられ、「六界」または「九界」に開くこともあり、仏教の「三界」における「三分法」の先駆として重視すべきである。

さて、「宇宙」の大きさ「天地」の距離については、「翔ぶ鳥もヴィシュヌ（太陽神）の居所に達することができない」〔一・一五五・五〕と、消極的に記すにすぎない。

## 三　リグ・ヴェーダの「宇宙創造神話」

『リグ・ヴェーダ』の宗教は、本質的に多神教であって、最高神的「創造神」や宇宙展開の「根本原理」としての「唯一者」をもたなかったが、末期にはこれらを探求する傾向を生じ、最新層（第一〇巻）の六篇の讃歌に結実した（『世界古典文学全集・三・ヴェーダ　アヴェスター』〈筑摩版〉九八～一〇三頁、辻直四郎《なおしろう》博士の解説・訳を参照）。ここでは、その最少限を辻博士の訳から抄出する。

①――ヴィシュヴァ・カルマン（造一切者）の歌

その一〔一〇・八一〕

一～二――（略）。

三――一切方に眼をもち、……顔をもち、……腕をもち、……足をもつ独一の神は、天地を創造するとき、両腕をもって、翼をもって煽ぎて鍛接せり。

四――木材はそも何なりしや、その樹木は何なりしや、それより彼ら（創造を助けた者たち？）が天地を建造したるは。賢き者よ。心に問え、万有を支持しつつ神が拠って立ちしものを。

五～七――（略）。

その二〔一〇・八二〕

一～四――（略）。

五――天のかなた、地のさらにかなた、神々とアスラらとのかなたにあるもの、水（宇宙最初の物質、原水）が、全ての神神の監視の下《もと》に、最初の胎児として孕みしものは、そも何なりしや。

六――水が最初の胎児として孕みしもの、その中に全ての神々は相集まれり。不生者（造一切者）の臍上に、唯一物（万有の本源）は置かれたり、そのうちに万有の安立するところの。

七――（略）。

②――ブラフマナス・パティ（祈禱王）の歌〔一〇・七二〕

一――（略）。

二――ブラフマナス・パティは、この〔万有〕を、治工のごとく鍛接せり。神々の前代において、有《う》は無より生じたり。

三――神の太初の代において、有は無より生じたり。これに続きて方処《ほうしょ》生じたり。〔有は〕ウッターナ・パッド（アディティ？）より生じたり。

四――地はウッターナ・パッドより生じたり。方処は地より生じたり。アディティ（「無垢」、女性的原理）よりダクシャ（「意力」、男性的原理）生じ、ダクシャよりアディティ生じたり。

五――かくして、ダクシャよ、アディティは汝の娘として生じたり。彼女に続きて神々は生じたり、吉祥にして不死の族《うから》なる彼らは。

六――神々よ、汝らがその時、水波の中に互いに固く支えつつ立ちしとき、汝らより激しき埃（飛沫）たちののぼれり、踊る者より起こるがごとくに。

七――神々よ、汝らが魔術師のごとく万有をみなぎらしめたるとき、汝らは海中に隠されたる太陽をもたらしたり。

③――ヒラニア・ガルバ（黄金の胎子）の歌〔一〇・一二一〕

一――太初において彼はヒラニア・ガルバとなりぬ。その生まるるや万有の独一主宰たり。彼は地を安立せり、天をもまた。祭供《さいぐ》もてわれらの祀るべき神や誰。

二〜四――（略）。
五――彼により天も雄偉に、地も安立す。彼により太陽も支えられ、穹窿《きゅうりゅう》もまた支えらる。彼は空界において虚空を測量す。祭供もて……（反復）。
六――（略）。
七――大水が万有を胎児として孕み、火を生みつきたれるとき、彼は諸神の独一の生気としてそれより生じたり。祭供もて……。
八〜一〇――（略）。

④――プルシャ（原人）の歌〔一〇・九〇〕
一――プルシャは千頭・千眼・千足を有す。彼はあらゆる方面より大地を蔽《おお》いて、それよりなお十指の高さに聳《そび》え立てり。
二――（略）。
三――彼の偉大はかくのごとし。されどプルシャはさらに強大なり、万有は彼の四分の一にして、彼の四分の三は天界における不死なり。
四――プルシャは四分の三をもって高く昇れり。彼の四分の一は、下界にありて新生せり（現象界の展開）。これより彼はあらゆる方面に進発して、食するもの（生物）・食せざるもの（無生物）に展開したり。
五〜一〇――（略）。
一一――プルシャを切り分ちたるとき、いくばくの部分に分割したりしや。その口は何に、その両腕は何になれるや。その両腿は何と、両足は何と呼ばるるや。
一二――その口はブラーフマナ（バラモン、祭官階級）となりき、その両腕はラージャニア（王族・武人階級）となされたり。その両腿はすなわちヴァイシア（庶民階級）。両足よりシュードラ（奴婢《ぬひ》階級）生じたり。
一三――月は彼の意より生じ、眼より太陽生じたり。口よりはインドラとアグニと、生気より風生じたり。
一四――その臍より空界生じたり。頭より天界は転現せり。両脚よりは地界、耳よりは方処生じたり。かくしてもろもろの世界は形成せられたり。
一五～一六（略）。

⑤――宇宙開闢《かいびゃく》の歌〔一〇・一二九〕
一――その時（太初において）、無もなかりき、有もなかりき。空界もなかりき、そを蔽う天もなかりき。何物か活動せし、いずこに、誰の庇護の下《もと》に。深くして測るべからざる水は存在せりや。
二――その時、死もなかりき、不死もなかりき。夜と昼との標識（日月星辰）もなかりき。かの唯一物（創造の根本原理）は、自力により風なく呼吸せり。これよりほか何物も存在せざりき。
三――太初において、暗黒は暗黒に蔽われたりき。一切宇宙は光明なき水波なりき。空虚に蔽われ発現しつつありしかの唯一物は、自熱の力によりて出生せり。
四――最初に意欲はかの唯一物に現ぜり。こは意（思考力）の第一の種子なりき。聖賢らは熟慮して心に求め、有の親縁を無に発見せり。
五――彼ら（聖賢）の縄尺は横に張られたり。下方はありしや、上方はありしや。射精者（能動的男性力）ありき、展開力（受動的女性力）ありき。自存力（本能、女性力）は下に、衝動力（男性力）は上に。
六――誰か正しく知る者ぞ、誰かここに宣言し得る者ぞ。この展開はいずこより生じ、いずこよりきたれる。諸神は宇宙の展開よりのちなり。しからば誰か展開のいずこより起こりしかを知る者ぞ。
七――この展開はいずこより起こりしや。彼（最高神）は創造せりや、あるいは創造せざりしや。最高天にありて宇宙を監視する者のみ実にこれを知る。あるいは彼もまた知らず。

⑥――タパス（熱力）の歌〔一〇・一九〇〕

一――天則と真実とは、燃えたつタパスより生じたり。それ（タパス）より夜は生じたり。それより浪だつ大洋も。

二――浪だつ大洋より歳（時間）は生じたり、そは昼夜を規制し、一切の瞬くもの（生物）を支配す。

三――創造者は太陽と月とを、順序に従って形づくれり、天と地と空間とを、その後に日光を。

右の六篇は、ひとしく「宇宙創造神話」ではあるものの、一つ一つがかけ替えのない異彩を放っていることに、まず驚かされるが、なおよく観察すると、いくつかの共通項も見出されて、まことに貴重な資料である。そこで、ごく簡単な注釈を加えておこう。

①は、宇宙創造を建築になぞらえる、素朴な「建造観」をうかがわせる。「ヴィシュヴァ・カルマン」は、「太陽神」の呼称であったが、ここでは独立の神格である。

②の主役は、「ブラフマンの主」であるが、「ブラフマン」の原義は判然としない。しかし、『リグ・ヴェーダ』において「讃歌・祈禱に発現する詩的創作力」の意味を含み、その霊感が「宇宙創造の神秘力」と解されたことは明らかであり、これを契機として後に「根本原理」の名となった。本篇は、神秘的「循環発生」で「BはAから生じ、AはBから生ずる」と説くが、これは「Aが原理的段階から具象的段階に進展する過程」を示すものである。

③では、宇宙の創造・主宰者を、「黄金の胎子」という、従来知られぬ存在としており、また、単一神教的な態度が見られる。「黄金の胎子」は、「太陽」から得たイメージであり、後の「ブラフマ・アンダ（梵卵《ぼんらん》）」

を思わせる。

④は、北欧の「イミル神話」・シナの「盤古《ばんこ》神話」と類似した、「巨人解体説」であるが、これを「祭祀」と結合したところがインド的である。はじめて「四種姓」の名が挙げられた点が注目されるが、それらが「巨人～宇宙」の各部から発生することに、「マクロコスモスとミクロコスモスの対応」を認める学者もある。汎神論的とも云える。

⑤は、『リグ・ヴェーダ』の哲学思想の最高峰を示し、人格神でない「唯一者（タッド・エーカム）」の「自熱（タパス）」が「意欲（カーマ）」によって万物を現ずるという、理論的なものである。しかし、「創造」を「生殖作用」に擬する原始的な面もあって、神話的思考法を脱してはいない。

⑥は、瞑想・苦行の結果、「修行者」の体内に発する「熱力（タパス）」を原初に置く点で、「神々」に対する「人間」の優位という、新しい思想を反映しているのかもしれない。『リグ・ヴェーダ』の最末期に属する「附録」とみなされる。

なお、以上の六篇の個々においてはさほど目立たないが、通観すると重要性に気づくものに、①②③⑤⑥に見られる「原水」がある。「水」を「宇宙～生命」の「母胎～原質」とする考えは世界中にあるが、この「原水」は「暗黒の大洋」であって、「暗さ」と「無限定性」と「可変性」によって三重に「輪郭の表象を拒む」ものであるから、「無」の表象ともなり、「有にして無」あるいは「有ならず無ならざるもの」として、「宇宙開闢」前の「原存在」とされたのである。

また、この「原水」が生み出す最初の存在が、③の「ヒラニア・ガルバ」に代表される「太陽・火・熱」であるが、この両者は、「火と水」「熱と湿気」「太陽と雨」として対等に作用し合うことになる。これは、インドの酷烈な気候の影響かもしれない。

いずれにせよ、やがて、「マクロ～ミクロ・コスモス」の構成要素として、「地・水・火・風・空」の「五大」が考えられ、「宇宙創造説」ではこの逆の「空〜地」の順序の形成を云うのであるが、この「五大」中で「水」と「火」が基本であることを記憶すべきである。

以上のごとく、『リグ・ヴェーダ』においては、「宇宙形態論」こそ発達しなかったが、「宇宙生成論」については太古の印欧族に共通なものから哲学的思弁に至るまでの展開を示し、「宇宙の本質」に対するアーリア人の探究史を明らかにするのである。ただ、注意を要するのは、辻博士が「万有」「宇宙」「一切宇宙」と訳されたのは、コンテクストから意義を採られたのであって、字義的には「一切の存在」「世界」「全世界」などであり、「宇宙」という概念の萌芽はあっても、これを精密に表現する「単語」は確立していなかったと思われる。

## 四 アタルヴァ・ヴェーダの「地獄」

『リグ・ヴェーダ』に見られなかった、「地獄」の観念が、『アタルヴァ・ヴェーダ』〔前一〇〇〇年を中心に形成、非正統的伝承が多い〕以後出現することは、「天国 svarga」の観念以上に注目される。なぜなら、「天国」は「天界」の一部にすぎないが、「地獄」は、それまで叙述されなかった、「地下世界」に属するからである。この「地獄」は、「死の深き暗黒」〔五・三〇・一一〕・「最低処の暗黒」〔八・二・二四〕・「まっくら闇」〔一八・三・三〕など「暗く、低い」ことが知られるが、正確な所在については言及がない。また、「血の河」〔五・一九・三〕が流れている。しかし、最も重視すべきは、「ヤマの領域 yama-sādana」・「ナラカ世界 naraka-loka」〔一二・四・三六〕と呼ばれることである。

「ヤマ」は、その妹「ヤミー」とともに最初の一対の「人間」であり、元来は死後「天界」〔仏教で「夜摩《やま》天《てん》」〕に居所をもつと考えられていたが、この頃から、「地下世界」に住むものとされたらしく、後に「閻摩《えんま》大王（ヤマ・ラージャ）」となった。この「ヤマ」の下降は、「反神・アスラ」の「地下界」への放逐と関係があったらしく、また、「北方」の「神々」が「アスラ」を「南方」に追いやったことから、「死者の王・ヤマ」も、「南方の守護者」ともされることになった。つまり、インドでは、「北方＝上方（ウッタラ）」で、仏教の「理想的大陸（ウッタラ・クル）」も北方にあって良い方角とみなされるのに対し、「南方」と「地下」は死者の領域と落しめられたのである。また、仏教の「四大洲」で一番劣るのが、われわれの住む「南瞻部洲《なんせんぶしゅう》」である。

この、「地獄」の観念と「応報思想」は車の両輪のごときものであり、善人は「天国」に悪人は「地獄」におもむくことになるから、「倫理的要素」が「宇宙論」と結合することになった。かかる傾向は、どの文化にも認められることであるが、インドでは、強度で一貫した特徴となる。

## 五　ブラーフマナと古ウパニシャッドにおける「宇宙形態論」

諸ブラーフマナ（梵書）における「宇宙形態論」も、本質的にヴェーダのそれを越えるものではない。「世界」を二部分で構成されるとする説から、「世界」を「亀」とする説が生じたことは、しかし、いかにもインド的である。盛り上った「甲」が「穹窿」であり、平たい「腹」が「大地」というわけである。

また、『チャーンドーグヤ・ウパニシャッド』（三・一九）では、「非有《ひう》」から「卵」が現れ、一年間横たわった後に分裂し、「卵殻」の一片は「銀色」、他方は「金色」となったが、前者が「地」で後者が「天」であるとする。この「世界」が「卵」そのものまたは「卵」から生じたものとする説から、つぎの時代になると、サンスクリット語で「宇宙」を云う一つの標準的表現である、「ブラフマ・アンダ brahmāṇḍa（梵卵）」という語が生じた。

また、ブラーフマナにおいて始めて、「世界の寸法」を測る試みがなされた。『アイタレーヤ・ブラーフマナ』〔二・一七・八〕によれば、「天地の距離」は、「騎馬旅行で千日分」とかなり大きいが、『パンチャヴィンシャ・ブラーフマナ』では、「お互の背の上に乗り継いだ千頭の牝牛の高さ」と控え目である。

「世界」の「三分説」は、補強されるとともに、二種のヴァリアントをもった。

一つは、ヴェーダ時代から、「地・空・天」を「ブール bhūr」・「ブヴァス bhuvas」・「スヴァル svar」と呼ぶことがあったが、これらに、「マハル（mahar 力）」・「ジャナス（janas 民衆）」・「タパス（tapas 苦行）」・「サティヤム（satyam 真実）」の「四界」が加上されて、「七界」となったことである。これは、「天界」に達するための「善行」の難易の順序によって命名されたものであろう。そして、後になると、これらに対応させるべく、「下方の七界」も案出され、さらに、水平的にも「七つの世界」が成立したが、ともかく「七平面」はインドの「宇宙論」の標準となった。

また、他の一つは、むしろ「二分説」の改変かもしれないが、「空の上の水・空・地・地の下の水」と、「四層～四界」とするものである。これら、「七界」や「天上の水」はバビロニアの「宇宙論」にも認められるので、バビロニアの影響を受けた可能性があるが、独立にも着想しうるので、判定しがたい。

最後に、『ブリハッド・アーラヌヤカ・ウパニシャッド』〔三・三〕の、独特な「世界形態論」を紹介して、本稿の「第一部」を終ることにするが、この部分の年代はかなり下るかもしれない。それは、「アシュヴァ・メーダ（馬を犠牲とする祭祠）」を行ったものはどこへ行くかとの「問」への「答」に含まれている。「この（人の住める）世界は、太陽の車で三二日行程（の広さ）であり、地は四方で二倍（六四日行程）にこれを囲み、海はこの地をさらに四方で二倍（一二八日行程）に囲んでいる。その（卵殻の半分ずつを合わせたような世界の）間に、剃刀の刃のような・蚊の羽のような隙があり、インドラ神はガルダ鳥となってかれら（馬祠《めし》を行ったパリクシット王族）を、風に渡した。風はかれらを自らの中に摂して、馬祠を行ったものの至るべきところ（天の背後・裏側）へ運び去った」とある。ここには、「形態」についての説明もあり、なにより奇抜な面白さがあるが、「仏教」の出現よりおそいかもしれないので、純粋に「ヴェーダ文化」の所産とは云い切れない。

【付記】次回は、「ヒンドゥー教・仏教・(ジャイナ教)」における「宇宙観」を駆けぬける予定である。

［「エピステーメー」一九七六年六月号］

# 古代インド人の宇宙像(二)

## 六　インド人の標準的宇宙像

ヴェーダ的・バラモン教的宇宙像につぐ、インド教・仏教・ジャイナ教の古典的宇宙像は、いずれも紀元前五〇〇年より少しおくれて形成されはじめ、ギリシア占星術や近代宇宙論の浸透を受けながらも、今日なおインド大衆の宇宙観念の典拠となっている。とくに仏教的宇宙像の影響は、インド内よりも東方に著しく、遠く日本にまで及んだのである。

さて、これら三者の間の差異は大きいが、前代のヴェーダ的宇宙像に比すれば、共通の特徴が多い。

㋑「宇宙構造の倫理化」——例外はあるが、「善い者」は「上方」に昇り、「悪い者」は「下方」に堕し、それも、善くなれば善くなるほど「より高処」に達すると考えた。

㋺「三界説」——「三分説」は継承されたが、従来の「天・空・地」から「天界・人間界・地獄」に変り、われわれの住む「人間界」を中心に、上下から多層の「天界」と「地獄」が挾むことになった。

㋩「世界枢軸（axis mundi）」――世界の中央を「地獄」から「天界」まで貫く「高山」として、「メール（meru・梵）」「シネール（sineru・巴）」「スメール（sumeru・梵・巴＝須弥山《しゅみせん》・妙高山《みょうこうせん》）」を設定した。

㋥「七環海《かんかい》と外輪山《がいりんざん》」――「人間界」の水準で、世界は通常七つの「同心円的環状海」をもち、それを「外輪山」が囲むという、㋩と合わせて「中高・盆形」の「地表」が案出された。

㋭「巨数愛好」――仏教と一部のインド教の宇宙論は「無数の世界」を考えるが、それらについて、いまは論じない。しかし、三者は、「宇宙的な時間・空間」の計量において、「巨数」を用いる。本稿では、宇宙論の「時間的側面」に触れる余裕が乏しいので、この機会に述べておく。

## 七　宇宙と時間

ヴェーダ文献ではなんら言及がなかったが、古典的体系は、「宇宙的時間」について、かなり多くの一致する見解をもっている。

ⓐ「宇宙周期」――「宇宙」は、広大な「時間」のリズムすなわち「宇宙周期」の反復にしたがって、「生成・消滅」をくり返すものである。ただし、それらの「周期」の「恒久性」については、意見の対立もある。

ⓑ「没落時代」――われわれの生きるのは、「没落時代」であって、「寿命」は短縮する一方であり、諸状況はますます悪化する。

ⓒ「回復」――しかし、巨大な「宇宙周期」から見れば、「世界時代」は些末なものにすぎず、将来、何度も「完全時代」が再現する。

ⓓ「火と水による終末」――インド教と仏教では、「火」と「水（洪水）」による、「宇宙」の「周期的終末」を考える。

ⓔ「輪廻と解脱」――「宇宙」内のあらゆる「生類」は、「死すべきもの」であり、その「行為（カルマン）」の善悪に応じて「解脱」に至るまで「転生」を重ねる。ほとんどのインド教徒とすべてのジャイナ教徒は、「解脱者」は、「天界」の頂上またはその近くに留まるとするが、仏教徒は「宇宙」を完全に離れるとする。これが「涅槃《ねはん》（ニルヴァーナ・消滅）」である。

以上の「宇宙生成論」的構造を骨子とし、「宇宙周期」「世界時代」に特定の「巨数」を当てはめて組織したのが、三様の「宇宙的年代学」であるが、インド教のものについては、本誌「エピステーメー」一九七六年一月号のパニカール論文を参照されたい。ここでは、これからインド教的「宇宙生成論」に立ち入る最小限の予備知識として、若干を記すに止める。

（i）――「世界時代」は、「クリタ・ユガ（完全時代）」一七二万八千年、「トレーター・ユガ」一二九万六千年、「ドゥヴァーパラ・ユガ」八六万四千年、「カリ・ユガ（暗黒時代）」四三万二千年と続き、これら四つを合わせた。「マハー・ユガ（大時代）」四三二万年の千回分が「宇宙周期（カルパ、劫《こう》）」に相当する。「現代」は、「カリ・ユガ」にある。

（ii）――「宇宙周期（カルパ）」は、四三億二千万年で、「宇宙」の「存続期間」または「帰滅期間」に相当するが、これは「創造神ブラフマー（梵天）」の、「昼」または「夜」の半日にすぎない。

（iii）――「ブラフマー」はこの基準で百年の寿命をもつが、この生涯を「パラ（最高）」という最大の時間単位とし、三一一兆四〇〇億年である。「宇宙」には寿命がある。

（iv）――しかし、「最高神」である「ヴィシュヌ」または「シヴァ」の寿命は、「無窮」であり時間を超越している。

（v）――また、「マンヴァンタラ（人祖マヌの期間）」という、「月」に関係のある「期間」があり、「カルパ」の一四分の一もしくは七一「マハー・ユガ」の長さがある。

(vi)――「ユガ」「カルパ」「マンヴァンタラ」は、本来は互に独立の体系であって、特に「ユガ説」はヘーシオドスの「四時代説」に対応する。

## 八　叙事詩の宇宙生成論

インド教の宇宙論は、後一千年紀に徐々に形成されたプラーナ(古伝書)文献に発達したものが見られるが、『マハーバーラタ』中には紀元前の成立と思われるものがあるので、それを紹介する。

世界の夜が終ると、ブラフマンが目覚め、かれから世界が生ずる。まず、〈大(マハッド ブータム、形而上学的存在)〉が生ずるが、それは〈未顕現(アヴィアクタ)〉とみなされる。この〈大〉から〈意(マナス)〉が生ずるが、これは〈顕現(ヴィヤクタ)〉である。ついで、〈意〉は、〈五大(元素)〉の起源となる。これから〈空(アーカーシャ)〉が生じ、〈空〉から〈風〉が生じ、〈風〉から〈火〉が、〈火〉から〈水〉が、〈水〉から〈土〉が生ずる。これら〈五大〉はそれぞれ固有の特質をもつ。〈空〉は〈声〉を、〈風〉は〈触〉を、〈火〉は〈色〉を、〈水〉は〈味〉を、〈土〉は〈香〉をもつ。しかし、それらは、これらの特質を単独にもつものではない。〈風〉は〈触〉と同時に〈声〉を、〈火〉は〈色〉と同時に〈触〉と〈声〉を、〈水〉は〈味〉と同時に〈色〉〈触〉〈声〉を、そして〈地〉は〈香〉と同時に他のすべての特質をもつ……これが、万物を構成する基礎的要素の創造と生物の創造を完結させ、世界が始まる。まず、創造神ブラフマー、一名プラジャー・パティ(生主)が生まれる。かれは、諸神・父祖・人類を創造し、また、世界とそれを充たすものを創造する……最後にかれは、ヴェーダと供犠、社会の秩序と人生の階程を創造する。〔Ⅶ・シャーンティ・パルヴァン〕

右で、自然哲学的な創造の後に有神論的な創造が付加されていることは、注目に値する。すなわち、「男性名詞」の人格化された「梵天（ブラフマー）」の活動が、「中性名詞」で「宇宙精神」が半人格化された「梵（ブラフマン）」からの生成に続いているのである。ちなみに、人格化された「梵天」が、サーンキヤ哲学で云う「激質（ラジャス）」によって「宇宙」を「創造」し、ヴィシュヌ神が「純質（サットヴァ）」によって「維持」し、シヴァ神が「暗質（タマス）」によって「破壊」するという分業は、『マハーバーラタ』以降認められた。

また、「宇宙の終末」についても述べられており、「宇宙周期（カルパ）」の終りに「破壊（プララヤ）」が起ることになっているが、もともとは、「世界時代（マハー・ユガ）」の終りのものであったらしい。インド教文献における、宇宙の「大生成」と「小生成」「大帰滅」と「小帰滅」の区別は、仏教におけるほど判然としていない。ともかく、空に「七日」が現れて、世界に火が点き、大地が亀の甲のようにのっぺらぼうになるまで、地上のすべては燃える。そこで、「水」は「地」の「香」を取り戻し、つぎに「火」は「地」と「水」の「香」と「味」を取り戻し……「創造」と逆の順序で、「火」「風」「空」と吸収され、最後には「未顕現」も「ブラフマン」の中に消滅し、「ブラフマン」のみが残存する。

## 九　世界卵型説

インド教における「宇宙」の「生成・帰滅」のあらましは、以上のごとくであるが、「宇宙」ないし「世界」の「構造」についてはどう考えていたのか。

「世界」は、一般に「三界（tri-bhuvana・tri-jagat・jagat traya）」と呼ばれ、「大地」の上下に、「天界」と

「地獄」を想定していたことはさきに述べたが、大叙事詩の「宇宙生成論」と一致し、サーンキヤ哲学のより古典的な形を反映するものに、一種の「世界卵型説」がある。

まず、最も外側の「殻」は「未顕現（アヴィアクタ）」であり、その内側に「覚（ブッディ）」と「我慢（アハン・カーラ）」の二層があり、その中に「空」「風」「火」「水」の順で四層がある。各層は、その内側の層より十倍ずつ厚くなっており、いちばん外の「未顕現」は除かれることもあるが、「七層」という「好い数」にするため含まれる。これらの「層」が、全「宇宙」を包むのである。かくして「水」は、「宇宙形態論」の伝統の中で、ヴェーダ時代において「天上」と「地下」および「地の周囲」にあるとされた「水」と合体する。

最後に出現する「地」は、「宇宙」を取り巻くことはせず、その中央で「塊」となる。その基本的な形態は、ヴェーダ文献でのように「巨大」で「偏平」な「円盤」と云ってよいのかもしれないが、「諸海洋」と「諸大陸」の組織によって「分割」されている。

## 一〇　四大陸説

われわれは、「諸大陸」の一つ、「ジャンブ・ドゥヴイーパ（jambu-dvīpa・閻浮提《えんぶだい》、贍部洲《せんぶしゅう》）」すなわち「蒲桃《ふともも》（ジャンブ）の大陸（ドゥヴィーパ、字義的には、島）」に住んでいることになるのだが、この「大陸」がそう呼ばれるのは、「メール山」の南側に生えている巨大な「ジャンブ樹」のためなのである。

この「ジャンブ・ドゥヴィーパ」は、ある文献によれば、「七つの環状海」の第一である「塩の海」に囲まれ、「メール山」を取り巻く「陸地」の総体を指すが、他の文献によれば、それらの「南方の四分の一」のみ、すなわち、「インド亜大陸」を指す。（ただし、普通の「人間」が住めるのはここだけと考えていたから、「大陸」よりむしろ「世界」に相当する）仏教文献では、「ジャンブ・ドゥヴィーパ（南贍部洲《なんせんぶしゅう》）」は、決定的に

「インド（相当部分）」のことである。

しかし、プラーナ的「宇宙論」の「術語」としては、通常、「メール山」を囲む中央の「全陸地」を云うのに、この「ジャンブ・ドゥヴィーパ」を使い、「南方の四分の一」である「インド」を表すには、「バーラタ・ヴァルシャ（bhārata-varṣa・バラタ族の土地）」を用いており、この解釈の方が古いと思われる。そして、この術語規定に従えば、「ジャンブ・ドゥヴィーパ」は、「メール山」を中心とする、四つの広大な「国土」または「大陸」から成り立つことになる。

すなわち、「北」には、太古の「ヒュペルボレオイ（極北人）」の「楽土伝承」の痕跡である、「ウッタラ・クル（uttara-kuru・北倶《ほっく》盧洲《るしゅう》）」、「南」には、「バーラタ・ヴァルシャ」または「ジャンブ・ドゥヴィーパ」、「東」には、「バドラ・アシュヴァ（bhadrāśva）」、「西」には、「ケートゥ・マーラ（ketu-māla）」。

これらの名称の中、「北」と「南」は、仏教の「四大洲」のものと一致するが、「東」と「西」は全く異っている。仏教では、「東」と「西」は全く異っている。仏教では、「東」は「プールヴァ・ヴィデーハ（東勝身《とうしょうしん》州《しゅう》）」、「西」は「アパラ・ゴーダーナ（西牛《さいご》貨洲《けしゅう》）」である。おもうに、「ジャンブ・ドゥヴィーパ」と「バーラタ・ヴァルシャ」は、発想は違ってもインド人が実際に住んでいた世界としての「インド」を指し、「ウッタラ・クル」は、かれらの「故地」を理想化したものであって、「東」「西」の二大陸は、インド教でも仏教でも、付加的であろう。そして、「四大陸」は、メソポタミアにおける、「世界の中心の高山から発する四つの河によって分割される四つの地域」という「世界像」を、インド亜大陸の「三角形」と高峻な「ヒマラヤ」の状況に合うように改変したものである。そのため、「世界の臍（オンパロス）」であるべき「メール山」が、「インド〜世界」の「北」にずれ、「南」以外は「普通の人間の住めない大陸」を考えなければならなかったのである。なお、「ジャンブ・ドゥヴィーパ」を取り巻く環状の「塩の海」は、メソポタミアの「世界像」にも見られるが、ギリシアの「オケアノス」の形態とも以ている。

そこで、インド教と仏教とどちらが早く「四大陸説」を立てたかという問題も、外来文化の影響を考えると、結論が出しにくくなる。そして、両者がかなり独自に発達したらしいことは、「大陸」の「形態」を比較しただけでも判る【図1】は、インド教の「四大陸」で、各大陸の形態は同じであるが、仏教のものは一々が独特である。来月号［次稿「古代インド人の宇宙像（三）」参照］。

## 二　七大陸説

「ジャンブ・ドゥヴィーパ（JD）」は、おそらく「四大陸説」の後に成立した、「七大陸説」にも採用され、「七大陸」の中心の「大陸」となる。この広義の「JD」の外側を、「同心円的」で「環状」の七つの「大洋」と六つの「大陸」が、幾何級数的に規模を拡げながら交互に囲むのである。

「大陸」は、内側から、①——「JD」、②——「プラクシャD（plakṣa-）」、③——「シャールマリD（śālmāli-）」、④——「クシャD（kuśa-）」、⑤——「クラウンチャD（krauñca-）」、⑥——「シャーカD（śāka-）」、⑦——「プシュカラD（puṣkara-）」となっており、⑤が「たいしゃくしぎ」であるのを除き、「植物」を冠する名称である。また、②〜⑥は変更されることもあるが、①と⑦はつねにこの位置にある。そこで、⑦「プシュカラ・ドゥヴィーパ」は重要と思われるが、「プシュカラ」は「蓮〜睡蓮」を指すヴェーダ以来の語であるから、あるいは、単に「蓮〜睡蓮に富む大陸」ではなく、「蓮華＝大陸」として、仏教の「蓮華蔵世界」の先駆をなすものかもしれない。さきの、「四大陸説」でも、「メール山」を「蓮」の「果托」に、「大陸」を「花弁」にたとえた説明は多かったのである【図2】。

つぎに、「大洋」は、（i）——「塩の海」、（ii）——「甘蔗《かんしょ》汁の海」、（iii）——「酒の海」、（iv）——「バターの上澄みの海」、（v）——「凝乳の海」、（vi）——「牛乳の海」、（vii）——「淡水の海」となっている。

図1 「チャトゥル・ドゥヴィーパー ヴァスマティー（四大陸世界）」——東西の大陸名の下段は仏教の対応名。

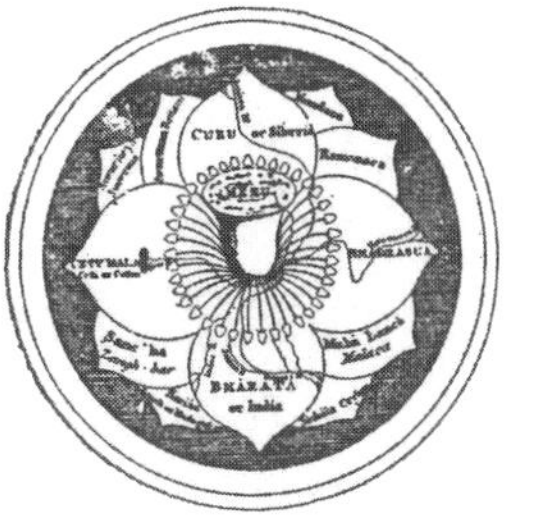


図2 「世界蓮」——世界と蓮の同一視の素朴な段階のもの

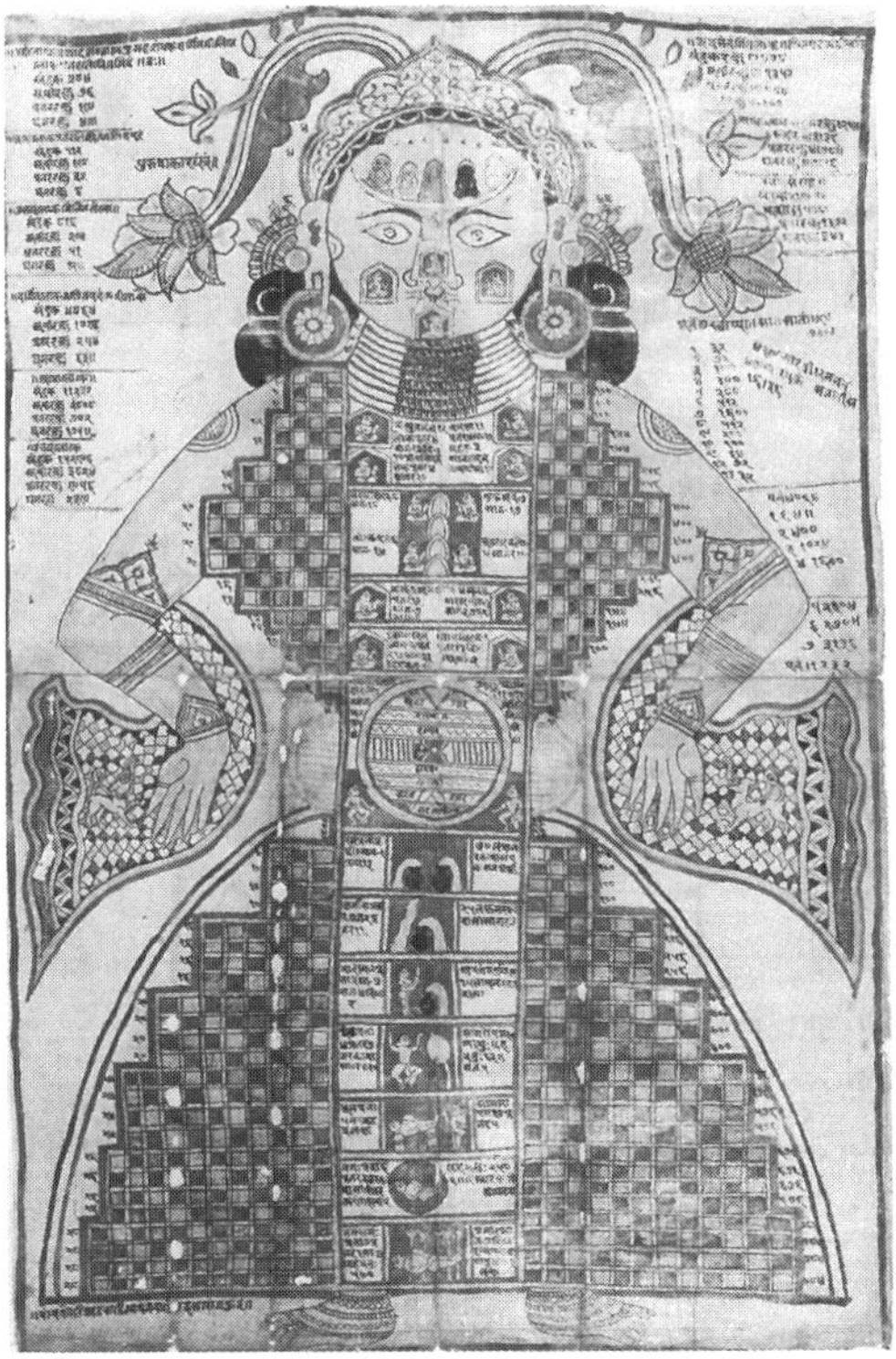

図3 ジャイナ教的宇宙像

そして、「大陸」と「大洋」は、①（i）②（ii）……⑦（vii）と相接し、一組ごとに二倍の大きさとなるので、図示は困難である。そして、最後に、仏教の「鉄囲山《てっちせん》（チャクラ・ヴァーラ）」に相当する「ローカ・アローカ山（lokāloka）」に囲まれているが、この名称は「世界・非世界（の境）」という意味であって、その外は宇宙の涯まで「暗黒」が続いている。

## 一二　メール山

これら「四大陸」または「六大陸」の中心に位する「メール山」は、「円筒状」で「黄金」でできており、地上八万四千ヨージャナの高さと地下八万四千ヨージャナの深さに達する、通常の「山岳」の観念を越えた「世界軸」である。ヨージャナは「由旬」と訳され、「一日に行軍する距離」と云われるが、およそ一四キロ（ときには半分の七キロ）に相当する。また、八万四千の特に有効な部分は、八四〇で、2・2・2・3・5・7の積であるから、2・3・4・5・6・7・8・10・12・14・15・20・30・60など「聖俗」の生活に必要な殆どの数を含む、最小公倍数的な「完全数」で、この数を尊重する習慣はメソポタミアから伝来したと思われる。ともかく、「メール山」は一二〇万キロの高さがあるのだから、「ヒマラヤ」は「裾野」にも当らず、「日月」もその中腹を循るので「太陽」が「メール山」の裏にまわると「夜」が生ずるとされている。そして、「メール山」は、「神々」と「半神」の「楽園」であるが、細部についていまは述べない。

数字が出たついでに触れると、プラーナ的「宇宙論」における「梵卵《ぼんらん》（ブラフマ・アンダ）」すなわち「宇宙」の直径は、五億ヨージャナとされている。また、ある文献では、空間中に無限個の「梵卵」を認めているが、このような考え方は、仏教から借用した後期のものらしい。

## 三　天上界の諸段階

以上は、「人間界」の水準に基づいた「世界像」であるが、「天上界」に関するプラーナ的「宇宙論」は、後期ヴェーダ文献における垂直的「七界説」を継承している。

まず、われわれの住む①――「ブール（bhūr）」すなわち「地界」の上に、②――「ブヴァス（bhuvas）」すなわち「空界」が「太陽」の高さまで拡がり、③――「スヴァル（svar）」すなわち「（本来の）天界」は「太陽」から「北極星」に至る領域である。これらが下方の「三界」であるが、その上に付加された「四界」との間には、「カルパの終り」ごとに破壊されるものとされないものという、重大な懸隔がある。この破壊されない「四界」についての考え方は、さきに述べた、「宇宙は七層に包まれその中の一切は宇宙周期ごとに全く更新される」というサーンキヤ的「宇宙生成論〜終末論」とは矛盾するけれども、インドのように雑多な文化系統が交錯するところでは、諸要素の離合集散によって、どんな説でも生ずるのである。

さて、「世界」の「破壊」は、まず「火」によって起りつぎに「洪水」によるのだが、「北極星」より千万ヨージャナ上の④――「マハル・ローカ（mahar-loka）」に住むものは、自分たちの居所そのものは破壊されないが、「熱」と「湿気」で快適でなくなるので、二千万ヨージャナ上方の⑤――「ジャナ・ローカ（jana-loka）」にしばらく避難する。「ジャナ・ローカ」の八千万ヨージャナ上に⑥――「タポ・ローカ（tapo-loka）」があり、その一億二千万ヨージャナ上に⑦――「サティヤ・ローカ（satya-loka）」がある。

これら上方の「四界」の名称が「倫理的価値」とつながることはすでに〔前号〔「古代インド人の宇宙像」〕で〕述べたが、⑦「サティヤ・ローカ（真実の世界）」は「ブラフマ・ローカ（brahma-loka・梵の世界）」とも呼ばれる。この世界の住民は、「宇宙精神」にして「究極的真理」たる「梵」との一体化を実現して「救済」を得たものたち、すなわち「最高の修行者」の「神話的等価物」であり、「不死」とされる。この「七界」のさらに上方に、最高神「ヴィシュヌ」の住む「ヴァイクンタ」があるが、それはむしろ「超越的世界」であるから、説明を省略する。

仏教は、インド教で最高位の「ブラフマ・ローカ（梵天）」を自らの「天界説」の低位に据えて優越を誇示するが、それは「第二次宗教」の常套手段であるとともに、インド教的「修行法」により仏教的「修行法」がはるかに勝るとする態度の反映なのである。

## 一四　地下界の諸相

「宇宙」が「一四」の「世界」をもつという言及は多く、その場合は、「ブール」から「サティヤ・ローカ」までの「七界」と対応する、「地下」の「七界」を含んでいる。しかし、それらは一万ヨージャナずつしか深くならない。太古の「反神」であった「アスラ」や「邪悪な死者」などが「地下界」に住むが、叙事詩で有力な半神的「竜族」である「ナーガ（コブラ蛇）」も「海底」「水底」のほか「地下界」に居をかまえる。「ナーガ」や「アスラ」の住む世界を、「パータ−ラ（pātāla）」と呼ぶ。

プラーナ的「宇宙論」では、「地下」の七層の「世界」をまとめて「パータ−ラ（p）」と呼ぶこともあるが、それらは個別の名ももっており、最も低いものが「パータ−ラ（P）」であるから厄介である。七つの「p」は、「天上界」のようにすばらしく、「低部」に「ナーガ」が住み「高部」に「アスラ」が住む。しかし、「アスラ」の居住状態の詳細は不明である。基底部である「P」の下には、ヴィシュヌ派の「宇宙生成論」で大役を果す「世界蛇シェーシャ（残存者）」がいて、「世界」を「頭巾（コブラの首のふくらみ）」の上に担っている。

では、どこに「地獄(ナラカ、ニラヤ)」があるのか。「パーターラ」と同じく、元来は一つだけであったらしい「地獄」も、「七」または「七の倍数」に増えた。しかし、この「七層」が、「パーターラ」の直下にあるのか、もっと下の「宇宙的な水」の囲みの外にあるのかはっきりしない。

## 一五　輪廻と死者の行先

古来、「死者」は、「ヤマ(祖霊)の世界」「インドラ神の世界」「シヴァ神の世界」「ヴィシュヌ神の世界」などに赴きうることになっていたが、これらの「世界」はプラーナ的「宇宙論」の体系によく組み込まれていないので、「輪廻」と「世界」の関係を論ずるためには支障となる。また、「輪廻転生」は、それだけで大問題であるから、いまは論じないことにする。

## 一六　ジャイナ教的宇宙

ジャイナ教の「宇宙論」は、その信徒数の二〇〇万人という少なさにもかかわらず、異常に精力的な関心が持続した結果、インド教のものよりはるかに複雑怪奇となっている。また、インド教ほどの近しさも日本人にはないので、説明に何倍も紙数を要する。そこで、系統的な解説を一切あきらめて、ジャイナ教特有の「人間型宇宙像」の紹介によって、一斑を窺っていただくことにする【図3】。

この画は一八世紀ごろ西インドで描かれたもので、「女性形」であるが「男性形」でもよい。インド教的「宇宙論」から多くを採用しながら、全体としては『リグ・ヴェーダ』の「宇宙原人説」の影響が見られる。「臍」のあたりの「円盤」が「ジャンブ・ドゥヴィーパ」であるが、下方へゆくほど「地下界」が拡がり、「天上界」が一度拡がってまた狭まるのは、「人間」に似せようと無理をしたからであり、「生きもの」の住めるのは、「体幹」の「囲み」の中だけである。しかし、ジャイナ教には、もっと奇想天外な「世界像」があって、見る方の気が変になるくらいである。

［「エピステーメー」一九七六年七月号］

# 古代インド人の宇宙像(三)

## 一七　仏教的宇宙論の諸相

一口に仏教的宇宙論といっても、初期仏教における①「十四無記《じゅうしむき》」の立場からすれば、あらゆる宇宙論的関心は、「正覚《しょうがく》」への精進を妨げるものであり、反仏教的であることになる。にもかかわらず、従前の宗教的遺産を継承し、「業報輪廻」によって「成道《じょうどう》」を説明する仏教は、宇宙論に関説せずして自らの体系を樹立することは不可能であった。

かくして、パーリ仏典の経・律に散見する②「半外教的未組織宇宙論」から、注釈文献の③「組織的宇宙論」を経て、部派仏教とくに有部の④「アビダルマ的宇宙論」に至る発達史は、みだりな総括を許さぬほど複雑多岐となった。

しかるに、④で集大成された「小乗的宇宙論」は、仏教の根柢とする「縁起説」の更新を重ねた基準から見れば、最も旧式な「業感縁起説《ごうかんえんぎせつ》」に依拠するものであり、業のもたらす繫縛《けばく》をはなれず迷妄を現実と信ずる、

「流転門《るてんもん》」の立場から世界の構造を述べたにすぎない。

大乗仏教においては、アミダ経類の⑤「浄土論」のごとき過渡的性格のものもあるが、華厳経の⑥「蓮華蔵世界説」、梵網《ぼんもう》経の⑦「蓮華台蔵世界説」、密教の⑧「秘密荘厳蓮華蔵世界説」のごとき、生死の論廻を脱して真如の直視を志す、「還滅門《げんめつもん》」の立場からの宇宙論が多く生まれた。

また、唯識学派の⑨「阿頼耶識《あらやしき》縁起説」は、積極的に「真如法界《しんにょほっかい》」の構造を説くことをしないが、極端な「世界否定」を遂行したことによって、古今無比の「無宇宙論」を形成した。

これらの真髄は、文言をもって伝達しうるものではなく、仏道修行により到達した境地に応じて体得されるべきものであるから、かかる小論で要約を企ることは本来笑止であろう。

とはいえ、仏教的宇宙論が、『倶舎《くしゃ》論（アビダルマ・コーシャ論注）』をもって一応の完成に達し、後世の学徒がこれに準拠することも事実である。「アビダルマ的宇宙論」の詳細な解説を二三の専著にゆずり、その簡単な成立史と骨格を紹介することは、全く無益ではないであろう。また、いくつかの「蓮華世界」の由来を語り、その「形態論」的部分の抽出を試ることも、若干の意義をもつかもしれない。不学非力を顧ず、暴挙にとりかかる所以である。

## 一八　十四無記（反形而上学的態度）

宇宙論とくに形態論の構築に精力を傾注した、実在論的なジャイナ教徒と異なり、現象論的な初期の仏教徒は、宇宙論を積極的に関与するべからざるものとみなしていた。パーリ中部（MN）六三経『チューラ・マールキヤ・スッタ』とこれに対応する漢訳中阿含二二一「箭喩《せんゆ》経」には、かかる立場が端的に表明されている。すなわち、仏弟子マールンキヤ（摩羅迦子《まらかし》）が、世尊は「世界の常・無常・有辺・無辺」について説かないので還俗したいと述べたのに対し、世尊は、かかる論義は正覚《しょうがく》涅槃《ねはん》に導かないから説かず、四諦《したい》の法は正覚涅槃に導くから説くのだとして、「毒箭《どくせん》の喩《たとえ》」を用いて教誨する。その論旨は、射られた人が、「毒箭」についての全データが判明しなければ抜き取ってはいけないと云っていれば、死んでしまうように、もしある人が、「世尊が形而上学的な質問に答えてくれないなら自分は梵行を修しない」と主張し、如来が答えなければ、その人は、〈正覚を得ないまま〉死んでしまうだろう、〈だから、無益有害な疑問に執着せず、ひたすら修行せよ〉というのである。

さて、マールンキヤが提出した疑問は一四あって、釈尊が解答を拒んだことから、『倶舎論』などでは、これをまとめて、「十四無記（caturdaśāvyākṛta-vastūni・十四の説明されなかった事柄）」と呼んでいる。それらは、つぎのごとくである——

A——世界（loka）は、①常（恒久）であるか、②無常であるか、③常かつ無常であるか、④常でもなく無常でもないか、

B——〈世界は、〉⑤有辺（拡がりの限界がある）か、⑥無辺（限界がない）か、⑦有辺かつ無辺であるか、⑧有辺でもなく無辺でもないか、

C——如来は、死後に、⑨存するか、⑩存しないか、〈⑪存しかつ存しないか、⑫存しもせず存しなくもないか〉、

D——個我（jīva 生命）と身体（śarīra）は、〈⑬同一であるか、⑭異なるか〉。

AとBは、「世界（宇宙）」の「時間的・空間的」な本質に関する疑問であるが、少なくとも数種の経典で、釈尊は、このような「宇宙論」の解明を拒否している。おそらく、歴史的人物としてのゴータマの態度と、一致するであろう。

## 一九　五趣と六道

しかし、業報輪廻という、当時流行の俗信を受容した仏教にとって、正覚の達成は、とりもなおさず、輪廻の断絶を意味するわけで、成道までの異なる生存状態の「場」として、「趣（gati・趣くところ、生存領域）」に関説しないことも不可能であった。

まず、インド人は古来一般に、「生類」を、「神」と「人間」と「畜生」の三種に分類していたが、原始仏教では、特に「神」と「人間」を対比的に意識し、しかも、両者とも迷いの生存の中にあると解していた。だが、生きとし生けるものの流転する範囲について考察が進むと、「人間」を中心として、上下の存在の順序が定まった。

①神
②人間 〔最初期の「趣」〕
a ③畜生 ④餓鬼 ⑤地獄
b ③畜生 ④阿修羅 ⑤地獄
a＋b＝c ③畜生 ④阿修羅 ⑤餓鬼 ⑥地獄

こうして、「五趣」あるいは「六趣（六道）」の成立を見たのであるが、後世の部派仏教時代に至っても、説《せっ》一切有部《いっさいうぶ》は、犢子部《とくしぶ》の「六趣説」に対して「五趣説」を固持し、「阿修羅」を含むことを承認しなかった。

これらは、本来、「地獄」が「生存領域」であるほかは「生類」であるが、すべて、「生類」とその「生存領域」の双方を意味しうることになった。そこで、仏教の宇宙論は、まず、㋑「五趣・六趣」説に基づきつつ、㋺「神」すなわち「天上界」の再分割と加上が進み、㋩「地獄」が再分割され、㋥「欲界・色界・無色界」という独自の「三界説」を樹立するといった具合に、伝統的な「須弥山《しゅみせん》説」を枢軸としながら、垂直的な「重層」として発達し、さらに、㋭「小千世界・中千世界・三千大千世界」という水平的な「複合世界」が形成されて、真に「宇宙」と呼ぶに値する観念を獲得し、ついに、㋬「十方（四方・四維・上下）」に際限なく「三千大千世界」を想定する、「無限宇宙」に行き着くのである。

## 二〇　最初期仏教の未組織的世界知識

上座部に所属するパーリ仏典においては、経《きょう》・律《りつ》二蔵《にぞう》の中には「宇宙論」の発達した体系は見られず、論蔵《ろんぞう》のブッダゴーサ（仏音、覚音）作『ヴィスッディ・マッガ（清浄道論）』、あるいは諸種の『アッタ・カター（注釈文献）』（四世紀）に至って、はじめて組織的に記述される。しかしそれも、『倶舎論』（五世紀）の精緻さにすぐ凌駕されるのであるから、ここではむしろ、原始仏教でも最初期の部分のみを資料として、教主・釈尊自身が所有していたであろう「世界に関する知識」を限定しておくことにする。

㋑――「有情世間《うじょうせけん》」（パ satta-loka, 梵 sattva-loka 情識《こころ》をもつものたちの世界、輪廻する存在の総体）」および「器世間《きせけん》」（パ梵 bhājana-loka・容器としての世界、自然世界）」という、仏教独特の、「世間（世界）」を二分する観念は、まだ成立していなかった。

㋺――「現象世界の拡がり」を、「パパンチャ（パ papañca, 梵 prapañca・迷執、妄想）」と呼んでおり、ヴェーダーンタ哲学と共通であるが、かなり観念論的に考えていたらしく、注釈によると、「拡がりの意識」の根源は、「無明（無知）」などの「煩悩（悪い心のはたらき）」であるという。この見解は、継続して発展しなかったが、後世の「唯識説」における、「三界唯一心、心外無別法」という根本的立場の萌芽として注目される〔「スッタ・ニパータ（Sn）」（八七四および九一六偈《げ》）〕。

㋩——自分たちの住む「大陸（世界）」を「ジャンブ・ディーパ（パ jambu-dīpa, 梵 dvīpa・ジャンブ樹の〈生えている〉島、閻浮提《えんぶだい》、瞻部洲《せんぶしゅう》）」とよび、「マハー・メール（パ梵 mahā-meru・偉大なる須弥山）」や「アノータッタ大湖（パ anotattā mahā-sarā, 梵 anavatapta・無熱悩池）」に言及する程度の、世界形態に関する知識はあった。前二者は、古代インドの非ヴェーダ的文化に共通であるが、最後の「神話的な湖」は、仏教独特のものである。しかし、その観念も、メソポタミア起源と推定される〔「テーラ・ガーター（Thag）」および「長部（DN）」〕。

㊁——「ブッダ・ケーッタ（パ budha-khetta, 梵 kṣetra・仏陀の国土、仏刹《ぶっさつ》）」に関する言及があるが、文法的に単数であるから、ただ「一つの仏国土」しか考えていなかった。しかも、この観念の発生は、釈尊の在世中かどうか疑わしく、また、本来は、「仏教の教化範囲」すなわち「インドの一部」を指したのかもしれない〔「Thag」一〇八七偈〕。

㋭——「大地」を支えるものとして、「水輪」「風輪」「空輪」の構造を想わせる記述があるが、この見解の成立は最初期ではないらしい〔DN 一六経「マハー・パリニッバーナ・スッタンタ（大般涅槃経《だいはつねはん》）」〕。

要するに、釈尊とその直弟子は、組織的な世界体系の構築に関心をもたず、所有する知識も当時一般に流布した程度を出なかったことになる。ただ、仏教は「縁起（万有の相依相関的な生起・存在）」を基本的教理とするためか、「現象的世界像」を確乎たる「実在」と受け取らない傾向（㋺）を蔵していたことは、銘記すべきであろう。

## 二　仏教的な神群の位階と諸天界

仏教的「世界」の垂直的多層構造は、性格の異なる「神群」の形成に伴って想定される、それぞれの「天界」の発生によるところが大である。その年代を決めることは難かしいが、アショーカ王以前に一部は出現しているので、順を追って説明する。

①「三十三天（パ tāvatiṁsa-, 梵 trayastriṁśā- 〈-deva-loka 天界、-bhavana 天宮などの語と合成される〉・三十三神、三十三神の住む天界忉利天《とうりてん》）」――インド・イラン共通に、三十三神を神々の全体とする考え方が存在し、インドではインドラ神をその首長とみなしていたが、やがて他に多くの神々が発生すると、三十三神は一群の神と限定され、仏教では、「三十三天（意義訳）」「忉利天（意訳）」と呼ぶことになった。かれらは、天の一箇所にある楽園「歓喜園（nandana）」に住むのであるが、その所在する「天界」をも「三十三天・忉利天」と称するに至り、もっと後には、「須弥山」の頂上に置かれることになった（三十三の天界でなく、ただ一箇所であることに注意）。

②「ヤーマ天（yāma・夜摩天《やまてん》）」――人類の祖・死者の王「ヤマ（yama）」の性格の明るい面をとり出して、特別な「天界」に配置したものである。「ヤーマ」は、名詞「ヤマ」に由来する形容詞で、「ヤマの（天界）」を意味する。やがて、バラモン教で、「ヤマ」の住居を地下の「冥界」とするようになったのに対応して、仏教においても、暗い面での「ヤマ」は、「閻摩《えんま》・閻魔・焔摩（yama-rāja）」として別立し、「地獄」および「餓鬼界」に君臨するに至ったが、本来は同一のものである。

③「トゥシタ天（パ tusita, 梵 tuṣita・兜率天《とそってん》）」――後世、「弥勒」など「一生補処の（つぎの転生で仏陀と

なる）菩薩」の「待機所」として重要となる、この「天界」の「兜率《とそつ》（トゥシタ）」という名称は、通俗語源で「満足した（妙足）」と解されるが、真の意義は不明である。

④「化楽天《けらくてん》（パ nimmāna-ratino, 梵 nirmāna-ratayaḥ・自ら妙楽の境地をつくり出して楽しむ神々〈の天界〉）」。

⑤「他化自在天《たけじざいてん》（パ vasa-vattino, 梵 paranirmita-vaśa-vartinaḥ・他天の化作した欲境を自在に受用して楽を享ける神々〈の天界〉）」。

以上の「天界」が、「Thag（一九七～一九八偈）」、「Sn（散文部）」、「イティヴッタカ（Itiv）」など、初期のパーリ仏典に現れ、①「三十三天」の上に、②～⑤と積み重ねられている。

⑥また、「初転法輪《しょてんぽうりん》（釈尊の最初の説法）」に際し、諸種の神々が讃嘆したことになっており、それらの名が〔「MN」「相応部（SN）」に〕列記されているが、この伝説の成立は、言語的特徴からみて、遅くともアショーカ王以前である。新しく三種の神群（と「天界」、＊印）の加わった、それらの序列は、つぎのごとくである。

ⅷ梵衆天＊＊＊
ⅶ他化自在天⑤
ⅵ化楽天……④
ⅴ兜率的……③
ⅳ夜摩天……②
ⅲ三十三天…①
ⅱ四天王＊＊

ⓘ大地の神々*

*=(bhummā devatā・大地と関係の深い下級神・地霊)。

**=(パ catur-mahārājikā, 梵 catur-mahārāja-kāyikā etc.・四天王天。須弥山の中腹にあって、帝釈天〈インドラ、サッカ〜シャクラ〉に仕え、仏法の守護を任務とする神々〈とその居所〉。狭義には、それらの上首、東方の「持国天」・西方の「広目天」・南方の「増長天」・北方の「多聞天〈毘沙門天〉」を指す)。

***=(brahma-kāyikā・大梵天に統轄される神々〈とその天界〉)。

⑦右のうち、(ii)〜(vii)は、後代の「欲界六天・六欲天」に相当し、(viii)は、「欲界」のすぐ上の「色界・初禅天」に組み入れられるものであるが、「初転法輪伝説」には、このような仏教的「三界(欲界・色界・無色界)」の考えはまだ現れていない。

⑧つぎに、神々はすべて「梵天(brahmā)」の「輔僧(purohita・王者のための主僧)」であるとされていたことから、特別の一群として「梵天の輔僧」が考え出され、(ix)「梵輔天《ぼんほてん》(brahma-purohita・ブラフマーを補佐する神々〈の天界〉)」が生じた。さらに、「梵天」が「空虚」なものとみなされ、そこに、「大梵なる自在者(mahā-brahmā vasavatti)」が住むとしたので、これがやがて、(x)「大梵天(mahā-brahmā)となる。これで、「色界・初弾天」の「三天」が揃ったのであるが、初期パーリ仏典の散文部より古い詩偈《しげ》には、このような配分の傾向は見られない〔「Thag」、「DN(偈)」、「増一部・AN(偈)」など〕。

⑨「神(deva)」は、語源的に「輝くもの〉√div」であるが、特に「輝く神々(devā ābhassarā)」が、一群の神とみなされることになる。かれらは、物質的な食物を採らず、精神的な喜びだけを食するとされ、後世、

「光音天《こうおんてん》・極光浄天《ごくこうじようてん》・光曜天《こうようてん》（パ ābhassara, 梵 ābhāsvara）」として、「色界・二禅天」の「第三天（最上位）」に配置された〔「AN（偈）」〕。

⑩「アカニタ天（akaniṭṭha）」を讃えた詩偈（DN）もあるが、この「天界」は、後世、「アカニシュタ天（akaniṣṭha・色究竟天《しきくきようてん》・有頂天《うちようてん》）」として、「色界・四禅天」の最上位に据えられる。

以上のごとく、まず、「三十三天」から「他化自在天」までの垂直的構造が、かなり早期に確立し、ついで、「梵衆天」「梵輔天」「大梵天」も、由来を異にしながら纏まりかかっていたが、それから先の「神群・天界」は、「三界説」などとの結合によって体系化されてゆくのである。

## 二三　仏教的「三界説」の萌芽

世界を「天・空・地」でなく「欲界・色界・無色界」に分けるのは、仏教の独創であるが、後代の学僧が案出したことで、全く別系統の諸伝承を折衷・保存するための方便であった。しかし、その萌芽は、古い詩偈にも見られる。

まず、生類は欲望に悩まされるものであるから、その生存を、「欲望の領域（kāma-dhātu・欲界）」と呼んだが、本来は、空間的な意味をもたなかった〔「Thag」一八一、三七九偈〕。また、これと対比される「天上界」も、勝ってはいるが、迷妄・無常・生死・苦痛をまぬかれぬ領域とされていた。

だが、「天上界」の「麗しい形や色（rūpa）」に憧れて、「色界（すぐれた物質の世界）」を考えるのは自然である〔「Thag」一二一五偈〕。そして、ここに住むものは「性と食の欲望をもたない」ことにすると、後代の「色界（rūpa-dhātu・物質的形態〈色・ルーパ〉は保持するが、欲望《カーマ》は超越したものの世界）」

となるわけである。「無色界」（arūpa-dhātu・物質のない世界）」は、「色界」の最初の意義と対照的でないから、すぐには思い付かなかった。

やや遅れて、ゴータマ長老（釈尊でなくその弟子）が、「地獄・餓鬼界・畜生道に住み、人間の生を喜び、天上に入り、色界（rūpa-dhātu）・無色界（arūpa-dhātu）・非無想処《ひむそうしょ》（n'evasaññi・想いがないのでもない世界）・非有想処《ひうそうしょ》（asaññi・想いがあるのでもない世界）に輪廻した」という伝説〔「Thag」二五八〜二五九偈〕も現れたが、この場合の最後の四者は、二つずつの対立する組合せで「物質」および「精神活動」の有無を云ったのであって、「三界説」の「色界」「無色界」を指すものではない。しかし、「語」が発生した以上、その内包となる「観念」がやがて形成される要因となったことは否定できない。

また、原始仏教の後期には、仏教独自の、あるいは外教の影響による、「禅定《ぜんじょう》」の発展・深化を反映して、後世「無色界」に配置される、ⓐ「空無辺処《くうむへんしょ》（〈世界が〉虚空のように無辺であると観ずる境地）」、ⓑ「識無《しきむ》辺処《へんしょ》（識が無辺であると観ずる境地）」、ⓒ「無所有処《むしょうしょ》（なにもないということを観ずる境地）」、ⓓ「非想非非《ひそうひひ》想処《そうしょ》（想いがあるのでもなくないのでもない境地）」という四つの「処（āyatana・領域）」を、纏めて考えることも行われた〔ウダーナ・八・一（散文部）〕。

## 二三 「禅定」による階梯

「禅定」が「正覚」への最も有効な手段である以上、「正覚」を目的とする仏教が、「禅定者の世界」を「（欲界の）神々の世界」より上に置くのは、当然である。かくして、後の部派仏教時代には、「色界四禅天」と「無色界四禅天」という都合八層の「禅天」が確立した。「禅定」と一口に云うが、「禅（dhyāna）」と「定（samādhi・三昧）」とは微妙に相違し、前者は「寂静《じゃくじょう》」と「審慮《しんりょ》」という二要素が同じ比重であるが、後者は「寂静」の要素がまさり、それだけ完成度が高いのである。そこで、「色界」が「禅」を行なうものの世界であり、「無色界」が「定」を行なうものの世界であるという見解も生じた。シッダールタ太子が最初に教えを乞うた、アーラーラ・カーラーマ仙が、「四禅」「空処」「識処」「無所有処」「非想非非想処」つまり「四《し》禅《ぜん》」「四無色定《しむしきじょう》」の教義を説いたとの伝承は、かかる組織化の反映である。

しかし、これは後世の付会であって、詳論する余裕はないが、これらⓐ〜ⓓの「境地」は、仏教独自のものでないにしても、原始仏教の初期からそれぞれの理由で肯定的に扱われたものであり、やがて、仏教自身がこの「境地」に飽き足らなくなるに至って、「外道説」として「四無色定」の枠に当てはめられたのである。だから、「アビダルマ」の合理的な段階説は、真義から離れたものである。

## 二四　「三界説」と「禅天説」の関係

仏教は、「神々」と「人間」の「世界」を特に重要視する傾向があったが、「世界」を「物質的領域」と「非物質的領域」とに二分する考え方も、最初期からもっていた。そして、両方の「領域」に生存者を認めたが、普通は、どちらも「再生」をまぬかれず、ただ、「滅」において解脱するもののみが、「死（と再生）」を捨てるとされた〔「Sn」七五四〜七五五偈〕。

やがて、「色界」と「無色界」が、特別の場所と考えられ、そこで生存者が「禅定」を修しているとした〔「SN（偈）」〕。そして、われわれの世界はそれと別とみなし、「欲界」と呼んだ。これをさきの二「領域」と合せて、「三つの生存領域（ti-bhava・三有）」と称したらしい〔「Thag」一一三三偈〕。

さて、「色界」を「四禅天」に分ける趣向は、詩偈中に明示されていないが、「第一禅（pathamajjhāna）」という語が使われている〔「長老尼偈（Thig）」四八〇偈〕。

また、「滅（nirodha）」の境地が、「色界」「無色界」のかなたにあるとされ、やがて一つの「場所」のごとく考えられるようになった〔「SN（偈）」「Itiv（偈）」〕。

かくて、はじめは、「色界定」「無色界定」と「色界」「無色界」が対応するだけだったのに、「滅」に対応する「滅界（nirodhadhātu・滅の領域）」が立てられるに至り、いわゆる仏教的「三界説」と異なる、特殊な「三界説」が立てられることになった〔「Itiv（散文部）」〕。

これらの観念が、後に体系化されて、「四禅」→「四無色」→「滅受想」の「九次第定」となり、「色界・四禅天」「無色界・四禅天」の説が定まり、「三界説」と「禅天説」は完全に結合するのである。

## 二五　地獄の構造

『アタルヴァ・ヴェーダ』以来、「ヤマの領域」「ナラカ世界」として知られた、「地獄」は、原始仏教では、主として「ニラヤ（niraya）」と呼ばれ、当時の俗説を容れて形成された。しかし、後世の異常に発達した複合的体系からみれば、一部の「地獄」について空想をはたらかせはじめた段階にあるに過ぎない。

まず、「地獄」が、大規模なものと考えられていたことは、「大地獄（mahā-niraya）」という語が用いられ、「四門・鉄壁をそなえ、百ヨージャナ四方に拡がっている」という意味の叙述がなされていることから判明する〔「MN」「AN」（散文部）〕。

また、間断のない苦痛が続く、「無間《むげん》地獄（avīci-niraya・阿鼻地獄）」の観念も現れ、仏敵デーヴァダッタはここに堕ちたとされる〔「律・Vin（偈）」〕。この「無間地獄」は、後世の体系では、「八熱《はちねつ》地獄」の最下層・最大のものとして特に有名である。

さらに、「聖者をののしるものは、一〇万ニラッブダの三六倍と五アッブダの間、地獄に赴く」〔「SN」六六

○偈、「SN（偈）」」とある、「ニラッブダ（パ nirabbuda, 梵 nirarbuda)」「アッブダ（パ abbuda, 梵 arbuda)」は、おそらくムンダ語起源で、諸説紛々としているが「巨大数」を意味したことは確かで、単位は不明であるが「寿量（時間）」について云っている。ところが、「偈」と対応する「散文部」では、多数の「地獄」を想定するようになり、「アッブダ」も「ニラッブダ」も「地獄」の「名称」とされてしまった。しかも、「偈」では、単数形で限定されなかった、「地獄」は、「紅蓮地獄（パ paduma-niraya, 梵 padma-)」という、「地獄系列」の一つと明示されている。

この「紅蓮地獄」は、修道僧コーカーリヤが、舎利弗《しゃりぶつ》・目連《もくれん》の二長老に敵意を懐いたために堕ちたところである。この「地獄」の「寿量」についての説明は、諸「地獄」の関連を示すので重要である。

たとえば、コーサラ国の枡目で二十カーリカの胡麻の荷（車一台分）があって、これを百年に一粒ずつ取り出し、全部が尽きたとしても、一アッブダ地獄は尽きない。二十アッブダ地獄は一ニラッブダ地獄に等しい。二十ニラッブダ地獄は一アババ地獄に等しい。二十アババ地獄は一アハハ地獄に等しい。二十アハハ地獄は一アタタ地獄に等しい。二十アタタ地獄は一クムダ地獄に等しい。二十クムダ地獄は一ソーガンディーカ地獄に等しい。二十ソーガンディーカ地獄は一ウッパラカ地獄に等しい。二十ウッパラカ地獄は一プンダリーカ地獄に等しい。二十プンダリーカ地獄は一パドマ（紅蓮）地獄にひとしい〈大意〉。
〔「Sn」「SN」（散文部）〕。

この十種の「地獄」は、それぞれ前者より後者の「寿量」が二十倍長いということで、一貫した系列を作っているが、下位の「基準」の何倍かが上位の一単位に相当するという思考法は、すぐれてインド的であり、古ウパニシャッド以来、「天界」その他の構成についても同じ原則が適用されている。

また、この「十地獄」は、後世の「八寒《はっかん》地獄」と共通する要素をもっているが、両者を対照することによって、本質的な部分が判るので、図示してみよう。

梵語「八寒地獄」

| | | |
|---|---|---|
| 頞部陀 | arbuda | (i) |
| 尼剌部陀 | nirarbuda | (ii) |
| 頞哳陀 | aṭaṭa | (iii) |
| 臛臛婆 | hahava | (iv) |
| 虎虎婆 | huhuva | (v) |
| 青睡蓮* | utpala | (vi) |
| 紅蓮** | padma | (vii) |
| 大紅蓮*** | mahā-padma | (viii) |

パーリ語「十地獄」

| | | |
|---|---|---|
| ① | abbuda | 頞部陀 |
| ② | nirabbuda | 尼剌部陀 |
| ③ | ababa | アババ |
| ④ | ahaha | 阿訶訶 |
| ⑤ | aṭaṭa | 頞哳哳 |
| ⑥ | kumuda | 白睡蓮 |
| ⑦ | sogandhika | 好香青睡蓮 |
| ⑧ | uppalaka | 青睡蓮 |
| ⑨ | puṇḍarīka | 白蓮 |
| ⑩ | paduma | 紅蓮 |

*＝嗢鉢羅《うばら》、**＝鉢特摩《はどま》、***＝摩訶鉢特摩《まかはどま》とも

すると、これらは、ⓐ①〜②〈(ⅰ)〜(ⅱ)〉、ⓑ③〜⑤〈(ⅲ)〜(ⅴ)〉、ⓒ⑥〜⑩〈(ⅵ)〜(ⅷ)〉と、名称の性格を同じくする三群に分けられることが明らかとなるが、その意義の解釈は異なる部分がある。

ⓐ①〜②の本来の意義は、ともに「巨大数」であったが、「地獄」の名称としての意義は明言されていない。これに対し、(ⅰ)〜(ⅱ)は、極寒のために肌に生ずる「ぶつぶつ」およびその「ぶつぶつが破裂すること」と解説されている。

ⓑ③〜⑤・(ⅲ)〜(ⅴ)ともに、苦痛のため発する叫びの「擬声音」である。ただし、共通なのは⑤=(ⅲ)「アタタ」のみであるから、他は二次的な付加であろう。

ⓒ⑥〜⑩・(ⅵ)〜(ⅷ)は、「ハス〜スイレン」の名称に由来するが、その意義に関しては、⑥〜⑩については特に説かれていないが、(ⅵ)〜(ⅷ)については、㋑「地獄の色が特定のハス〜スイレンの色をしている」ため〔「長阿含《じょうあごん》」「大智度論」〕、㋺「寒さで肉が割けハス〜スイレンのように破裂するため」〔「倶舎論光記」〕と云われている。しかし、㋺の解釈は、ⓐⓑⓒともに「八寒地獄」の「寒さ」に由来するものとして一貫させるための、牽強付会であろう。ⓒで一致するのは、⑧=(ⅵ)と⑩=(ⅶ)の二組だけであるが、前者も二次的な付加とみなせば、本来あるのは「パドマ」のみである。ところが、この「パドマ」は、「巨大数」を指すことがある。そう解すれば、ⓐと同じ基準による命名となる。

以上を総合すると、「十地獄」の最古層は、①②⑤⑩〈(ⅰ)(ⅱ)(ⅲ)(ⅶ)〉の四つで、他は「十」または「八」という数を満たすための、補充ということになる。

かくのごとく、不十分ながら、初期パーリ仏典を資料として、仏教的「宇宙論」の形成史と動機を尋ねたので、一挙に飛躍して、「倶舎論」を主な資料とする「アビダルマ的宇宙像」の紹介に移ることにする。

## 二六　須弥山説の構成

㋑「三輪」――仏教は「世間」を「有情世間」と「器世間」に分けたが、この「器世間」を支えるのは、もろもろの「有情」の「業」の増すことによって生じ、虚空にとどまる「風輪（vāyu-maṇḍala）」である。円盤状で、周囲が「無数（asaṁkhya・十の五九乗）」ヨージャナ（＝七キロまたは一四キロ）、厚みが一六〇万ヨージャナある。つぎに、「水輪（jala-maṇḍala）」がその上にあるが、直径は一、二〇三、四五〇ヨージャナ、厚みははじめ一、一二〇、〇〇〇ヨージャナあるが、下部の八〇万ヨージャナが「水」で、上方の三二万ヨージャナに、煮沸された牛乳に膜が張るように「黄金」が凝固して、「金輪（kāñcana-maṇḍala）」を形成する。「大地」の本性は「黄金」であって、この「金輪」の上に「山・海・島」などが載っている。

㋺「九山」――「金輪」の上に、中央の「須弥山（meru）」を中心とて、同心方形の山が七重にある。「持双《じそう》（yugandhara）」「持軸《じじく》（iṣādhara）」「檐木《えんもく》（khadiraka）」「善見《ぜんけん》（sudarśana）」「馬耳《まに》（aśvakarṇa）」「象耳《ぞうに》（vinataka）」「尼民達羅《にみんだつら》（nimindhara）」の順である。その外側に「四洲（島大陸）」があり、「金輪」の外辺を囲むのが「鉄囲山《てっちせん》（cakravāḍa）」である。

「鉄囲山」と呼ばれるのは「鉄」でできているからで、他の七山は「金」、「須弥山」は「四宝（金・銀・瑠璃・玻璃《はり》）」でできている。

「金輪」の上に溜った海水は八万ヨージャナの深さがあるので、すべての山は八万ヨージャナだけ水中に没しており、水面に出ている部分は、「須弥山」が八万ヨージャナ、以下は順次高さが半減する。

㋩「八海」――「須弥山」から「尼民達羅」までの八つの山の間に、七つの「海」があり、「八功徳水《はっくどくすい》（八つの美点のある淡水）」で満たされている。海の幅は、最も内側のが八万ヨージャナで、順次半減する。その外側に「大洋」があって、「鹹水《かんすい》」である。

㋥「四大洲」――「尼民達羅山」の外の大海中に、四つの「島大陸」が浮んでいる。

ⓐ――「東勝身洲《とうしょうしんしゅう》（pūrva-videha）」は、〔原典の叙述が不正確であるが〕、「弦」の長さが二千ヨージャナの「半月形」をしている。

ⓑ――南瞻部洲《なんせんぶしゅう》（jambu-dvīpa）」は、「車の形（ほとんど逆三角形に近い台形）」をしていて、三辺が二千ヨージャナ、残る一辺が三・五ヨージャナある。

ⓒ――「西牛貨洲《さいごけしゅう》（godānīya）」は、直径が二千五百ヨージャナの「円形」である。

ⓓ――「北倶盧洲《ほっくるしゅう》（uttara-kuru）」は、一辺が二千ヨージャナの「正方形」である。

以上の「洲」の住人は、その「洲」の地形とそっくりな顔形をしていると云う。

また、「四洲」の間に、二つずつ計八箇の「中洲（antara-dvīpa）」が存在し、その一つには「羅刹《らせつ》（rākṣasa）」が住むとする。

「北倶盧洲」は、太古の「楽園」伝承のなごりを留めて最も勝れ、「南瞻部洲」は、インド亜大陸の現実的条件を反映して最も劣る。住民の「寿量」「身長」「衣食」などが、その優劣を表しているが、詳述する余裕がない。

㋭「瞻部洲」の山河――「瞻部洲」の中央に、菩薩がそこで「金剛喩定《こんごうゆじょう》（vajropama-samādhi）」を成ずる、「金剛座（vajrāsana）」がある。この「洲」の北部に、三つずつ三重に九つの「黒山（kīṭādri）」があり、それを過ぎると「雪山（himavat・ヒマーラヤ山脈）」がある。そのさらに向うに「香酔山《こうすいせん》（gandha-mādana）」があって、この二つの山の間に、縦横五〇ヨージャナの「無熱悩池（anavatapta）」があり、「八功徳水」で満たされている。この「湖」から、「恒河（gaṅgā・ガンガ河）」「信度河（sindhu・インダス河）」「徒多河（sītā・シーター河）」「縛芻河（vakṣu・オクサス河）」の四河が流出している。この「湖」のあたりには、「神変（ṛddhi・神通力）」をもたない人は、行くことができない。その近くに、甘美な果実を有する「贍部樹（jambū-vṛkṣa）」というものが生ずる。そのために、この「洲」は、「贍部洲」と云われるのである。

以上のごとく、「山脈・河川」の名称と配置に現実を想わせるところがあるため、「無熱悩池」も、近代の学者によって、ヒマーラヤ山脈の北、チベットに実在する「マナサロワル湖」に比定された。しかし、「須弥山〜四大洲〜贍部洲」の叙述は、実際の地勢の投影であると否とにかかわらず、はるかに古いメソポタミア起源の「世界像」のインド的変容であるという、基本的事実を見逃してはならない。

すなわち、㋑「楽園」を太陽の没する㋺「極西の山」の上に置き、そこに、㋩「生命の樹」と㋥「世界の水源」があり、（より後代の説では、㋭「四つの河」が発し）、世界の外周に㋬「鹹《しおから》い河」が流れるという構成は、シュメール人によって着想され、バビロニア第一王朝（前一二六九〜一八七〇）の「石刻・世界図（大英博物館蔵）」に継承され、その骨子は、エジプト・ユダヤ（「エノク書」「創世記」）・シナ（「淮南子《えなんじ》」「山海経」「穆《ぼく》天子《てんし》伝」）などに採用されている。

メソポタミアの西北に高く南東に低い地勢から案出された配置を、北高南低のインドに適するように修正すれば、㋑〜㋥に相当するⓐ「無熱悩池」周辺の「楽土」、ⓑ「須弥山」、ⓒ「贍部樹」、ⓓ「無熱悩池」が北に存在するのは当然である。「四つの河」の趣向は、砂漠的平野のオアシスを源とする「人工灌漑」を原型としてのみ考え付かれるもので、エジプトやインドで自然発生しえない。

ところが、インド人は、自らの「世界」が「より広い世界」の辺陬《へんすう》に位するという意識をもっており、「須弥山」は、「世界の臍（ギ語・オンパロス）」「世界枢軸（ラ語・アクシス　ムンディ）」としての役割も担っているから、「より広い世界（須弥世界）」の「中心」、「より狭い世界（贍部洲）」の域外の「北方」にあらねばならぬという二重性格をもつことになり、「人間」にとって切実な「無熱悩池（生命の水）」と「瞻部樹（生命の樹）」は、困難であっても手の届く、「雪山」と「香積山」の中間に切り離して据えられたのである。

㋬「地獄」の組織——原始仏教より格段と複雑になっているので、群に分けて説明したい。

ⓐ——「八熱地獄」。（i）「等活《とうかつ》（saṃjīva）」、（ii）「黒縄《こくじょう》（kāla-sūtra」、（iii）「衆合《しゅごう》（saṁghāta）」、（iv）「号叫《ごうきゅう》（raurava）」、（v）「大叫《だいきょう》（mahā-raurava）（vi）「炎熱《えんねつ》（tapana）」、（vii）「大熱《だいねつ》（pratāpana）」、（viii）「無間《むげん》（avīci）」なる八つの「地獄（naraka）」が、大地の下に重なって存在し、主要なものであるから「八大地獄（mahā-naraka）」とも呼ばれる。パーリ仏典の古層にも現れた「無間地獄」は、「瞻部洲」の下二万ヨージャナから四万ヨージャナまで、一辺二万ヨージャナの立方体をなし、苦痛に間断がないので「無間」と命名されたことは既述の通りである。他の七つでは苦痛に中断があり、大きさも狭く、「大毘婆沙《だいびばしゃ》論」によればそれらの構造に三種の異説があるが、最上階の「等活地獄」は地下一千ヨージャナから始まっている。これらの「地獄」の「苦痛」は、必ずしも「熱」を原因とするものではなく、個別的に成立したものが、後に一括されたのである。

ⓑ——「副地獄（増）」。八つの「地獄」の四方の門の一々に四つの「副地獄（十六増）」があり、計一二八である。

ⓒ——「八寒地獄」。「八熱地獄」の傍にある。（「名称」等は既述なので、省略に従う。）

ⓓ——「孤《こ》地獄」。ⓐ〜ⓒ一四四箇処以外に、「河・山・野・地下」を問わず散在する。体系的な地獄が、生類共通の「業」によって形成されるのに対し、「孤地獄」は個人的な「業」から生ずるとされる。

ⓔ——「その他」。「地獄」の数はますます増え、「正法念処《しょうぼうねんしょ》経」「観仏三昧海《かんぶつざんまいかい》経」には厖大・詳細な記述がある。「往生要集」は、これらの要を得た集大成として、必読である。

㋣「日・月」——「日」と「月」は、「須弥山」の高さの半分のところに、「風の輪」に支えられて浮ぶ。

「日」は五一ヨージャナ、「月」は五十ヨージャナの直径と、かなり小さく考えられている。「日」が「須弥山」の背後に回ると、「夜」になるのである。一つの「須弥世界」が一対の「日・月」をもつから、一つの「三千大千世界」だけでも、十億の「日・月」が存在することになる。

④――「天界」の構成。これも、複雑・細密となった。

ⓐ――「須弥山」の四階層と「四大王衆天」。「須弥山」の下半分に、一万ヨージャナの等距離で、四つの階層があり、下層から一万六千・八千・四千・二千ヨージャナと「須弥山」の麓に張り出している。その最上層に「四大王（四王天）」とその眷属が住み、下層には「薬叉《やくしゃ》（yakṣa・半神）」などが住む。

ⓑ――「三十三天」。「須弥山」の頂上に、「三十三天」がある〔既述〕。「四天王衆天」と「三十三天」は、地上にあるから、「地居天」と呼ばれる。

ⓒ――「六欲天」。この「二天」と、その上の「夜摩・覩史多《とした》（兜率）・楽変化《らくへんげ》（化楽）・他化自在」の「四天」は、みな「欲界」に属するので、「六欲天」と総称される〔既述〕。

ⓓ――「色界」の諸天。原始仏教より著しく増広されているので、図示する〔二七六ページ〕（＊印は、初出）。ただし、「十七天」とするのは「経量部《きょうりょうぶ》」系の説で、「十八天（上座部）」「十六天（説一切有部）」のほか「二十二天」とする異説がある。

これらの諸天の、「高さ」「広さ」「有情の身長」「有情の寿量」は、上方に昇るに従って総高級数的に増大し、「色究竟天」に至っては、「金輪」水面からの「高さ」が一六七、七七二、一六〇、〇〇〇ヨージャナ、「広さ」が「三千大千世界」と等しく、「身長」が一万六千ヨージャナ、「寿量」が一万六千大劫《だいこう》と、途方もないものになっている。

←空居天（夜摩天まで）

色界

初禅
①梵衆天
②梵輔天
③大梵天

二禅
④少光天*
⑤無量光天*
⑥極光浄天

三禅
⑦少浄天*
⑧無量浄天*
⑨遍浄天*

四禅
⑩無雲天*
⑪福生天*
⑫広果天*
⑬無煩天*
⑭無熱天*
⑮善現天*
⑯善見天*
⑰色究竟天*

## 二七 「三千大千世界」の構造

㋑――「小千世界～三千大千世界」。「一（須弥）世界」が千箇集ったのが、「小千世界」であり、「小千世界」が千箇集ったのが「中千世界」、「中千世界」が千箇集ったのが「三千大千世界（三千世界）」である。だから、俗に「三千世界」と云っても、その数は「三千」ではなく、「千の三乗＝十億」なのである。これを「百億須弥」とも云うが、その場合の「億」は、現代の「千万」を指す。

㋺――「三千大千世界」の上限。広く考えれば、「色究竟天」までを含むが、より厳密には「大梵天」までであろう。すなわち、「須弥山」の頂上は「三十三天」であって、ここまでは「角柱」状の「大地」であるが、さらに上方の「夜摩天～大梵天」は、「空中」に在っても「広さ」が「四洲（または三十三大）と等しいから、「鉄囲山」の直径をもつ「茶筒形」の中に収まるわけである。そして、「劫《こう》（kalpa・宇宙周期）」の終りに起る「大の三災」の中ほぼ「一劫」ごとに起る「火災」によって、この「大梵天」つまり「色界・初禅大の最上層」までが悉く燃え尽きるのであるから、ここまでを「須弥世界」と見ることができるのである。そして、「大梵天」を上限とする十億の「世界」が、同時に生成し消滅するのであって、インド教の「世界」が、一つずつ生成・消滅の時期を異にするのと対照的である。

㋩――「三千大千世界」の外の「天界」。同様に、「二禅天」の「極光浄天」までの「三天」は、「小千世界」と等しい「広さ」をもち、七度の「火災」の後に一度だけ起る「水災」によって、「八劫」ごとに滅びるのである。この「二禅天」の「世界」は、「須弥世界」の十億について、百万しか存在しないことになる。また、「三禅天」の「遍浄天」までの「三天」は、「中千世界」と等しい「広さ」をもち、七度の「水災」の後に一度だけ起る「風災」によって、「六十四劫」ごとに滅びるのである。「三禅天」の「世界」は、「須弥世界」の十億と「二禅天」の百万について、一千しか存在しないことになる。「無雲天《むうんてん》」から上の「四禅・八天」は、「内災」を離れているので「外災」もなく、「壊」は生じない。それなら、「四禅天」の「世界」は「恒存」するかというと、そうではない。そこに住む「有情」には、一二五劫から一万六千劫までの「寿量」があって、「天宮」は「有情」とともに生滅するとされている。

㋥――「無色界」の特性。「無色界」は「広さ」と「位置」をもたず、「空間性」を超越している。しかし、「無色界」の「有情」も「寿量」をもつので、「時間性」は具えているわけである。

㋭――「仏陀」の居所。「成道」後「涅槃」に至るまでの「仏陀」は、「人間」の「娑婆世界」すなわち「須弥世界」の一つにいられることも事実であるが、「成道」前に「色究竟天（有頂天）」に登りつめ、さらに「非想非非想処」の境地を越えておられたはずである。また、「涅槃」の後はどうなるのか。「無色界」より上位の境地にあることは確実であるが、「三界」の体系には組み込まれていない。筆者は、不学にして、この肝心の二状態における「仏陀」の「居所」を確認することができないが、生死を完全に超脱した存在がなおかつ「存在」と云えるとしても、そのような「存在」にとって、「三界」の体系そのものが「虚妄」となってしまうのであろう。個有の「仏国土」を説く経典も多いが、これらはすべて、「大乗」に属し、「三界」の組織を重要視しない立場をとっている。

㋬――「仏陀」と「世界」。「仏陀」が「世界」に出現するのは、「人間」の寿命が八万歳から百歳に減ずるまでの、「減劫《げんごう》（寿量減少期）」にきまっている。そして、二人の「如来」が同時に「世界」に出現することはありえないとされていた。それは、一人の能力で十分だからである。しかし、「世界」とは、「須弥世界」であるか「三千大千世界」であるか分明でない。おそらく、はじめは前者に一人と考えていたのが、やがて後者に一人とされるようになったのであろう。「三界説」から云うと、「三千大千世界」にただ一つしかない「最高処」に何人もの「如来」が集るようなことがあっては、ありがたみが薄れるからである。大乗時代には、多くの

「菩薩（仏陀候補者）」に「仏陀」となる機会を与える必要が生じ、「多世界・多仏」が常識となったが、「一切世界」にただ一人、あるいはむしろ、「一切世界」そのものである、「法身仏《ほっしんぶつ》」の観念も生じた。

㋣――「三千世界」の「数」。「三千大千世界」の「数」も、はじめは「一つ」だったかもしれないが、後には「無限」となった。しかし、「世界」「小千世界（小宇宙）」「中千世界（中宇宙）」「三千大千世界（大宇宙）」と、シャリェーの「階段宇宙」に似た発想をもった仏教も、「超大宇宙」の段階を考えることはなかった。その有力な理由は、「超大宇宙」を組織化すると、「無色界」と「色界」の間に、なんらかの「天界」を挿入しなければならないからであろう。もともと、「須弥世界」は、「此の三千大千世界は、地平なること掌の如し（『勝天王般若経』）」と云われるように、平面的に並べられ、中心と中心の距離が、一、二八三、四五〇ヨージャナとされるから、直径の一、二〇三、四五〇ヨージャナを差し引くと、互に八万ヨージャナだけ隔っているのであるが、その排列法については、三つの中心が「正三角形」をつくるようにするのか、四つの中心が「正方形」をつくるのか、明瞭でなかった。しかし、「三千大千世界」の集合が「円形」をなすとすれば、その「直径」に並ぶ「須弥世界」の数は三万数千個で、四百数十億ヨージャナの長さとなり、「色究竟天」の高さが千七百億ヨージャナであるから「三千大千世界」の全体は「茶筒形」になるはずである。これは、十方にうまく配置するに適した形態とは云えず、事実、ここに至って、「仏教的宇宙論」は頓挫してしまったのである。

以上をもって、粗漏《そろう》ながら、古典的「仏教的宇宙論」の成立までを概観したが、すでに紙数を超過したので、予定に反して、「蓮華蔵世界説」以下の解説は、他日にゆずることにする。この段階までは、すでに原始仏教初期において、現象世界は虚妄であると観ずる立場があったにもかかわらず、「実在論」的傾向が大であった。しかし、「大乗」以後の「宇宙論」は、全く日常的体験をデータとせず、もっぱら「悟りの目」で眺められた「理想世界」を想定し、われわれ俗人の考える「現実」との関係を断絶してしまった。そして、「唯識学派」に至っては、今日世人が公理のごとく考える「cogito ergo sum」を全く否定し、「cogito sed non sum, non mundus est.（考う、されど我なし、世界もなし）」ともいうべき見解を強調した。だから、本稿がここで中断することも、質的に最大の区切れに当っているので、辛うじて許されるであろう。

**【参考文献】**


W. Kirfel, *Die Kosmographie der Inder*, [Bonn and Leipzig] 1ed. 1920, 2ed. 1967

D. C. Sircar, *Cosmography and Geography in Early Indian Literature*, [Calcutta] 1967

Ed. Blacker & Loewe, *Ancient Cosmologies*, [London] 1975

B.C. Law, *Heaven and Hell in Buddhist Perspective*, [Calcutta] 1925

辻直四郎『ヴェーダとウパニシャッド』創元社［一九五三年］

同編『ヴェーダ、アヴェスター』世界古典文学全集［第三巻、筑摩書房、一九六七年］

中村元『原始仏教の思想』（上・下）［中村元選集第一三－一四巻、春秋社、一九七〇年］

同『仏教語大辞典』東京書籍［一九七五年］

小野玄妙『仏教神話』仏教思想大系・第一四巻、大東出版社［一九三三年］

定方晟『須弥山と極楽』講談社現代新書［一九七三年］

桜部建、上山春平『存在の分析〈アビダルマ〉』仏教の思想・第二巻、角川書店［一九六九年］

土居光知『古代伝説と文学』岩波書店［一九六〇年］


［「エピステーメー」一九七六年一一月号］

# インドの回帰的終末説

インド文化は、ヒンドゥー教・仏教・ジャイナ教のそれぞれに、ヘーシオドスの「四（五）時代説」とプラトーンの「大年（magnus annus）説」を組み合わせたような、「回帰的終末」を形成させた。本稿では、それらがバビロニアに淵源をもつことを考慮しつつ、三者の図式的な骨格を紹介してみたい。

### ユガ〜カルパ説（ヒンドゥー教）

発達した「ユガ〜カルパ説」は、①ユガ周期、②四時代（クリタ、トゥレーター、ドゥヴァーパラ、カリ）、③カルパ周期（劫《こう》）、④マンヴァンタラ（救済者マヌの周期）の四要素が絡み合った体系である。その完成はプラーナ（古譚）まで降るが、〈ユガ〉および〈時代名〉の「ユガ説」につながる用法は、ヴェーダ文献に溯りうる。

yuga（m）という語は、（ギ）ζυγόν・（ラ）jugum・（独）Joch・（英）yoke と対応し、印欧祖語 *iugom での原義は〈軛《くびき》〉である。しかし、インド最古の文献『リグ・ヴェーダ本集』中ですでに、〈一対聯獣《れんじゅう》〉〈種族〉〈世代・一生〉〈時代〉と派生義を増やし、『アタルヴァ・ヴェーダ本集』〔八・二・二一〕では、おそらく一万年より長い〈期間〉を指したが、『タイッティリーヤ・ブラーフマナ』〔三・一二・九・二〕では、〈十万年〉を意味した。

一方、ブラーフマナ（梵書）の段階で出そろう、kṛta-tretā-dvāpara-kali は、本来、ヴィビーダカの実を賽とする賭博における四種の〈目〉の呼称で、実の数が四で割り切れれば〈クリタ（完全）＝最善の目〉、三つ余れば〈トゥレーター〉、二つ余れば〈ドゥヴァーパラ〉、一つ余れば〈カリ＝最悪の目〉であったと推定される。

ところが、『アイタレーヤ梵書（七・一五・四）』ではじめて、これらの呼称が〈四時代〉に転用された疑いが生じ、『シャッドヴィンシャ梵書（四・六・五）』では、kali が puṣya、treta が khārvā と同義語に置き換えられてはいるが、はっきり〈四時代〉として現れ、『ゴーパタ梵書』〔一・一・二八〕でも、〈ドゥヴァーパラ〉が〈時代名〉として出てくる。

ただし、〈ユガ〉も〈時代〉も、㋑明確な〈長さ〉の記述を欠き、㋺〈周期性〉に関する言及が見られず、㋩両者を結びつけた用例が皆無である。だから、〈ユガ〉と〈四時代〉が不可分になってようやく成立する、「四ユガ説」は、ヴェーダ的伝統の中で実現していたかどうか決定できない。

そこで、いよいよ、『マハーバーラタ』と『マヌ法典』から『ハリ・ヴァンシャ』と諸プラーナにおよぶ、ヒンドゥー教文化の形成期をむかえるのであるが、紀元前後の千年以上にわたって増広・竄入のつづいた厖大な資料なので、検討の結果のみを報告する。

（a）〈ユガ〉が、〈一万二千年の周期〉とみとめられる。

（b）〈時代名〉が〈ユガ〉と結びつき、〈クリタ・ユガ＝四千年〉〈トゥレーター・ユガ＝三千年〉〈ドゥヴァーパラ・ユガ＝二千年〉〈カリ・ユガ＝一千年〉と数えられ、それぞれに、自らの十分の一ずつの長さの〈つなぎの時〉である、saṁdhyā（暁）saṁdhyāṁśa（夕）が付属して、総体で〈ユガ〉を構成する。

（c）これら四つの〈ユガ〉と区別するため、本来の〈ユガ〉は、〈四ユガ（catur-yuga)〉とも呼ばれるようになり、さらに後には、〈大ユガ（mahā-yuga)〉とも呼ばれる。

（d）この〈ユガ＝四ユガ〉の千倍が、ブラフマー神（brahmā）の〈昼〉または〈夜〉に相当するとみなされる。

（e）〈梵天の昼〉に、一四人の〈マヌ（manu・ノアに似た生類救出者)〉が出現し、〈マヌの周期(manvantara)〉は、ほぼ〈七一ユガ〉にひとしいとされる。

（f）〈カルパ周期（kalpa・劫)〉も採用され、〈梵天の昼〉と同一視される。

（g）これらの算定での〈年〉は、〈神の年〉であり、人界の〈三六〇年〉とみなされるようになる。〈人の一年〉が〈神の一日〉である。

（h）新しい計算法により、〈クリタ・ユガ＝一七二万八千年〉……〈カリ・ユガ＝四三万二千年〉〈大ユガ＝四三二万年〉〈カルパ＝四三億二千万年〉となる。

（i）〈梵天の寿命〉は、一〇〇年または一〇八年とされるから、一〇〇年ならば人間の〈三一一兆四〇〇億年〉に相当し、これを〈パラ（para・最高)〉と呼ぶ。他の神々の〈寿命〉は、これより短いが、ヴィシュヌ大神（およびシヴァ大神）の〈寿命〉は、〈無限〉とされる。

（j）四つの〈ユガ〉は、その〈期間〉に比例したダルマ（dharma・維持原理、法）に支えられ、その〈完全度〉は、四本から一本までの脚で立つ〈牝牛〉に譬《たと》えられる。

（k）〈ユガの終りの火（yugāntāgni)〉が万有を破壊するとしたが、やがて、〈カルパの終りの火(kalpāntāgni)〉が役割を奪う。

（l）その際、すべての〈現象的存在〉は、唯一の〈実在〉であるヴィシュヌの体内に帰滅し、最高神の〈夢〉の中で秩序を回復して、再創造をまつ。

（m）〈梵天の夜〉には、〈無〉の表象である〈闇黒《あんこく》の大洋〉の中に〈残存者・無終者〉と呼ばれる大蛇を臥《が》床《しょう》とするヴィシュヌがまどろむのみで、万有は発現しない。

（n）現在は、ヴィシュヌが猪に化身したのにちなんで〈猪の劫（varāha-kalpa）〉と呼ばれる〈われわれの梵天の五一年目の最初の一日〉であり、七人目のマヌであるマヌ・ヴァイヴァスヴァタの〈在世期（マンヴァンタラ）〉の最大事件である〈七回目の大洪水〉を経た〈正午直前〉、四五七番目の〈カリ・ユガ〉にあたる。この〈暗黒時代〉は、紀元前三一〇二年二月一八日金曜日に始まったばかりである。

以上の要約でも察せられるように、「ユガ〜カルパ説」は、インド文化に内在する要因から自然に生育したものではなく、数次にわたる外来の刺戟を歴史の横腹に受けて、ぎくしゃくと形成されたものである。文献に顕れない事情を臆測しながらその発達史の再建を試ると、つぎのごとくなる。

（i）最初に入ってきたのは、「万有回帰説」で、その〈周期〉は〈一万二千年〉であった。これが、古い〈円環的ユガ〉である。セネカの伝えるバビロニアの神官ベロッソスは、〈四三万二千年〉の〈周期〉を説くが、〈一二〇×六〇×六〇年〉と考えて、楔形文字の〈六〇〉がもと〈一〇〉であったことから、〈一二〇×一〇×一〇年〉へ縮小できる。ゼルヴァン教も〈一万二千年周期〉を採用しているから、インドもイランも、ベロッソスより早い段階のバビロニアの説に影響されたのであろう。〈円環的ユガ〉は、〈時の輪（kāla-cakra）〉とも呼ばれるようになった。

（ii）これにかなり遅れて、四つの時〈時代〉をもつ「頽落的時代説」が、やはりバビロニアから輸入された。〈円周の四分割〉から〈四時代〉の観念が生じ、これに〈人類・世界の頽落〉という実感が結びついたもので、インドに伝わったころには、〈円環性〉より〈直進性〉が強調されるようになっていたのであろう。そのため、〈四・三・二・一〉と等差級数をなす、〈クリタ〉以下の〈四つの目〉を利用する趣向が着想された。

(iii)「回帰説」と「頽落説」が別々にインド化したために、これを統一する際、〈一二〉を基本数とする体系に〈一〇〉を総計とする体系を適合させる必要から、〈つなぎの時間〉という姑息なものが付加され、〈ユガ的時間〉の形態は、歯のこぼれた鋸《のこぎり》のように不恰好になってしまった【図2】。天体の運行や季節の循環から抽出された〈回帰的時間〉なら、サイクロイド曲線【図3】に近くなるはずであるし、〈頽落性〉だけを考えれば、一次直線【図4】となり、〈四つの目〉の趣向を〈完全度〉と〈長さ〉の双方にかかわらせても、部分的な擬似サイクロイド【図5】になったであろう。

(iv)〈ユガ〉から〈梵天の昼・夜〉の観念が生じた経緯は、はっきりしない。おそらく、〈ユガ〉の〈円環性〉が失なわれた結果、より大きな〈円環〉が求められ、純アーリア的な〈満数＝一〇〇〇〉と、さらに、〈完全寿量＝一〇〇年〉が、この拡張に利用されたと思われる。

(v)〈梵天の昼〉は、やがて、〈カルパ〉という呼称を得るが、kalpa は √klp(分ける)に由来し、√yuj(結ぶ)に由来する yuga と対照的に、〈断絶〉を示す。ただし、〈カルパ(劫)〉を巨大な〈周期〉に宛てることは、まず仏陀と同時の〈邪命《じやみよう》外道《げどう》(ājīvika)〉マッカリ・ゴーサーラの教説に見られ、初期のパーリ仏典も自説に採り入れているから、大叙事詩やプラーナは、これらかもっと起源の古い、バビロニアの影響下に生じた俗信を受け容れたのであろう。

(vi)パーリ長部『沙門《しやもん》果経《がきよう》(sāmañña = phalasutta)』とジャイナ経典『バガヴァティー・スートラ』は、ゴーサーラの「無業報輪廻説」を伝えている。人間は〈八百四十万大劫(cullāsīti mahākappuno sata-sahassāni, caüräsīïṃ mahākappa-saya-sahassāïṃ ＝八四×一〇〇×一〇〇〇大劫)〉の輪廻を経て所業の善悪に関係なく涅槃《ねはん》に到達するとあるのは両経に共通であるが、後者はさらに、〈大劫（mahā-kappa）〉が三十万〈サラ（sara）〉からなるとして、夢魔的な体系を説く。すなわち、河床の長さ二五〇〈ヨージャナ（約一五キロ）〉、幅が半ヨージャナ、深さ五〇〇〈ダヌス（二メートル弱）〉のガンジス河を基準として、その七の七乗倍（一一七、六四九倍）の規模をもつパラマーヴァティー河があり、この河床から一〇〇年ごとに一粒の砂を除いて砂がなくなる期間が、〈サラ〉である。砂の厚みが述べられていないので、ガンジス河の砂粒を一〇の二〇乗として計算すると、〈八百四十万大劫〉は三×一〇の三九乗年になり、〈世界生滅の周期〉はこれよりさらに長大である。

（vii）だが、インド式表記で〈八四×一〇〇×一〇〇〇〉とされる〈八百四十万〉は、〈八四〇（＝一四×六〇）×一〇〇の二乗〉で構成されると考えれば、〈一四〉は〈月の盈虧《えいき》〉にかかわり〈六〇〉は〈六〇進法〉の基本であって、この数字がバビロニアの天文暦法における〈最小公倍数的完全数〉に由来することはほぼ明らかである。また、〈サラ〉は、梵語・パーリ語・アルダ＝マーガディー語では〈湖・池〉を意味し、〈海〉の一段下の数量単位とでも解するしかないが、バビロニアに語源を尋ねれば、諸種の伝説的年代表に頻用される、〈サル（sar＝三六〇〇）〉という単位が存在する。したがって、「カルパ説」の骨格にバビロニア的要素が潜む蓋然性は、きわめて高い。

（viii）〈マヌの周期（manvantara）〉も、当否はともかく〈考えるもの〉と意識された〈マヌ（manu・人間、八類のノア的先祖）〉が、〈測るもの〉である〈月（mā など）〉と語源的に同一視され、その数も〈一四〉であるから、バビロニアにおける〈月〉中心の〈周期〉の投影であろう。

（ix）プラーナでの〈年〉を〈神々の年〉とみなす〈ユガ〜カルパ周期〉の拡大は、〈祖霊の年〉を〈人間の三〇年〉と数えることに始まる、インド独自の体系的発達の結果とも考えうるが、むしろ、〈天上的運行〉を原型として〈地上的運行〉におよぶ数段階の〈大年〉をもつバビロニア的暦法の滲透と、その刺戟に敏捷に反

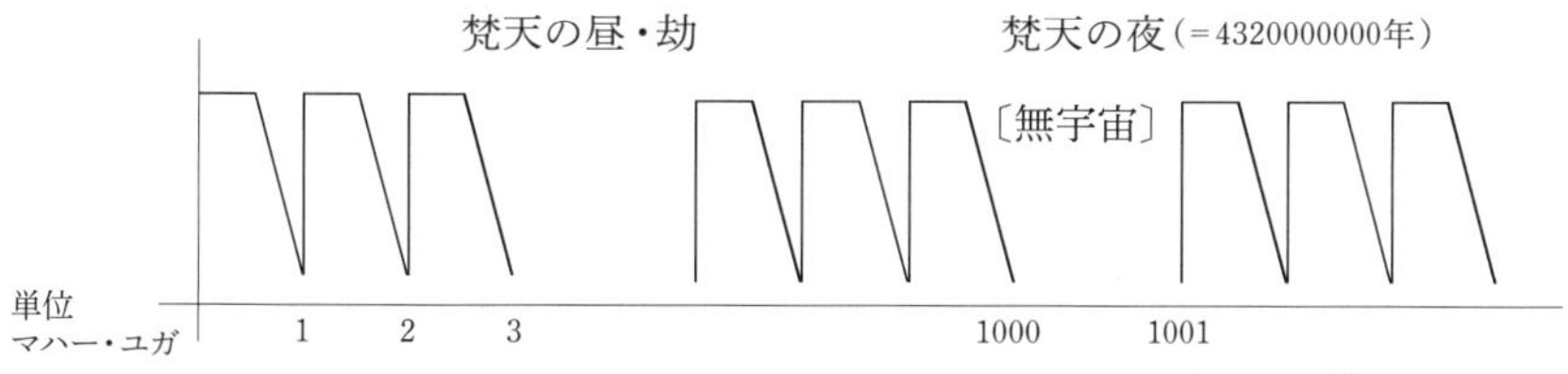


図1　ユガ〜カルパ説の質的時間

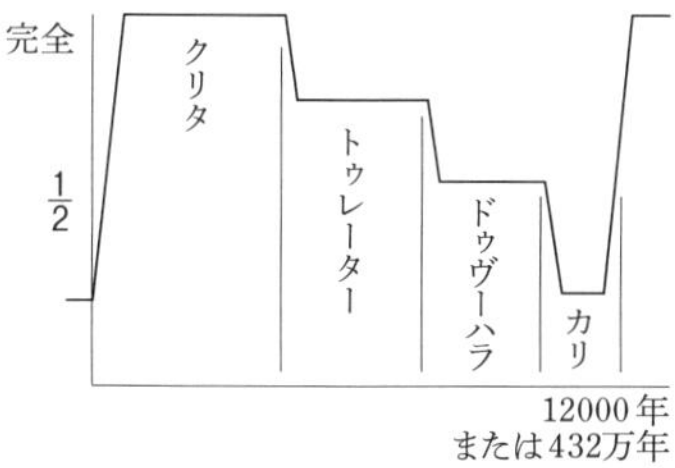


図2　四ユガ+つなぎの時間

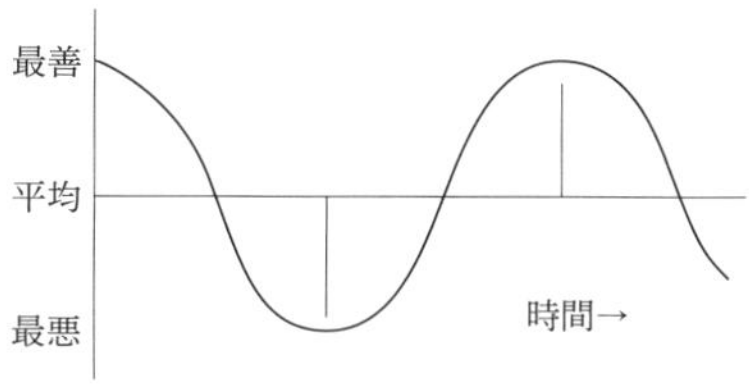


図3　理想的円環時間

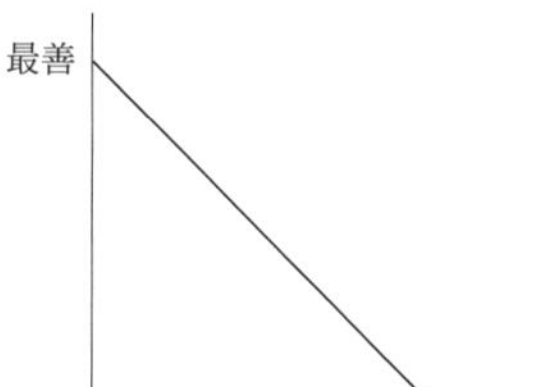


図4　単純性頽落時間

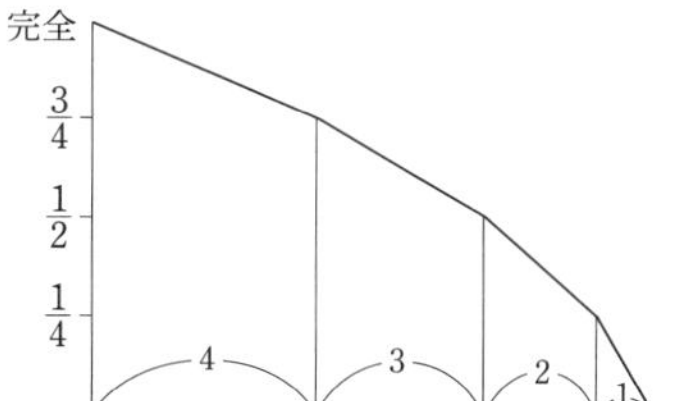


図5　擬似的ユガ時間

応した「非正統的カルパ説」の圧力が、改革の動機であると判断される。

（x）結局、バビロニア文化は、インド人に「回帰的終末説」を伝えただけでなく、〈重層反復的思考法〉そのものの訓練を授け、やがては、出藍《しゅつらん》の誉れあらしめたわけである。

### 複合カルパ説〔仏教〕

仏典の数え立てる〈劫（kappa, kalpa）〉には、異説が多い。初期には、①〈大劫（mahā-k°）〉、②この円環を四分割した〈成《じょう》・住《じゅう》・壊《え》・空《くう》〉の〈算定できない劫（asaṅkheyya, asaṅkheyya-kappa, asaṅkheyya-kalpa）〉、③〈中間劫（antara-k°）〉が考えられ、実質的には「二重カルパ説」であった。②の長さは、〈磐石劫《ばんじゃくこう》〉〈芥子《けし》劫《こう》〉など譬喩的にのみ説明され、これを構成する③の詳細にも言及しなかったから、①の規模も不明であった。

後世には、〈磐石〉〈芥子〉の譬えが〈大劫〉〈中間劫〉にも適用され、また、②が〈一〇の五九乗大劫〉を指すこともあり、さらに、②を〈中劫〉、③を〈小劫〉と訳すことも多いので、経典ごとに注意を要する。

そこで、標準的な「カルパ説」の最小限を述べるが、〈大劫〉を〈成劫《じょうごう》……空劫《くうこう》〉に分けるのは元のままでも、その各々が〈二〇中間劫〉に相当するとされ、〈中間劫〉が、人間の寿命が八万歳から十歳まで百年に一歳ずつ増減する期間、（八〇〇〇〇－一〇）×一〇〇×二＝一五九九八〇〇〇年と、算定の基礎ができたことが大きな違いである。

すなわち、新しい〈大劫〉は、〈一二億七九八四万年〉で、ヒンドゥー教の〈カルパ〉の四分の一強にすぎない。しかし、この〈劫〉と結びつく修飾的数値が超天文学的になるので、仏典の扱う時間の規模は際限がなく拡大してゆく。

さて、四つの〈劫〉の説明は、仏典では〈壊劫《えこう》〉からはじめる。すなわち、（i）地獄に住むものがいなく

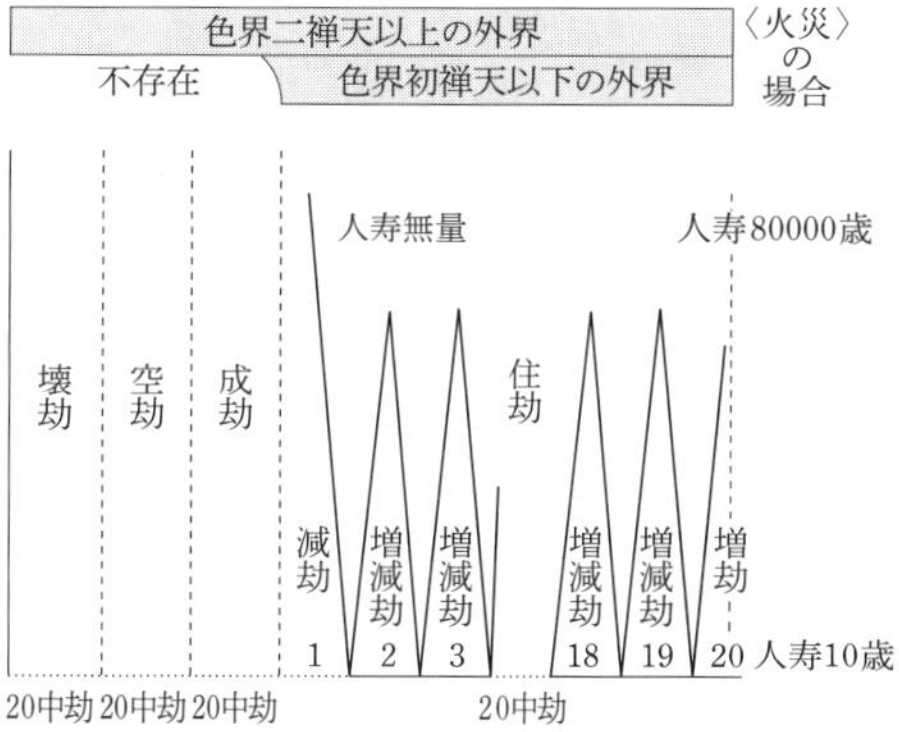


図6　仏教的カルパ説の時間と人寿・外界の関係

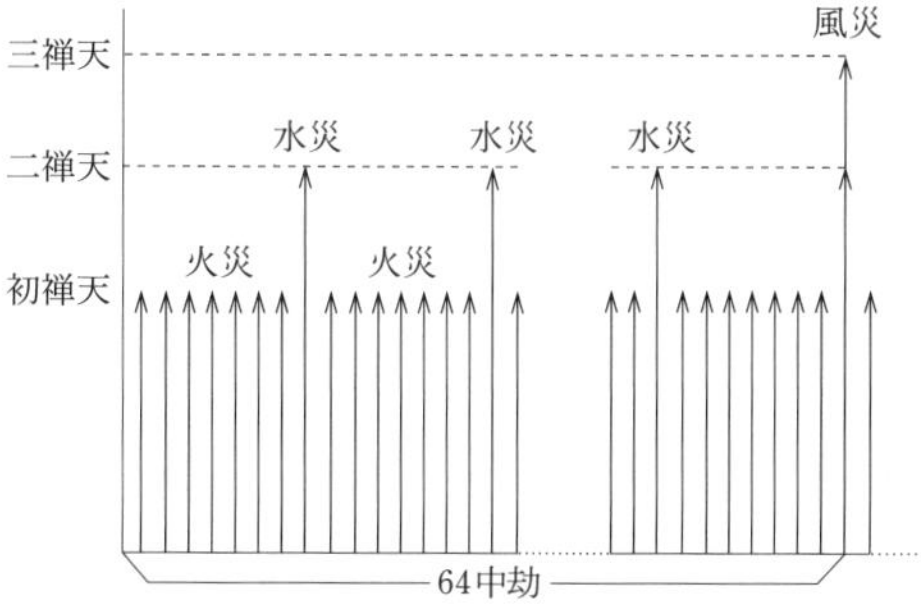


図7　大の三災で外界が壊れる範囲

なってから〈器世間《きせけん》(bhājana、生類を容れる外界、ここでは、初禅天以下の世界)〉が滅び尽きるまでが〈壊劫〉、(ii)(二禅天以上のほか)世界と生類が存在しないままの期間が〈空劫〉、(iii)器世間成立の予兆である微風が吹きはじめてから地獄に住むものが生ずるまでが〈成劫〉、(iv)〈無量(amita・計りきれないほど長いが有限)〉であった人間の寿命が一〇歳に減るまでが〈住劫《じゅうこう》〉の最初の〈中間劫〉である。(v)この〈中間劫〉を〈滅劫〉とも云い、(vi)つづく一八の〈中間劫〉は〈増減劫〉と呼ばれ、(vii)二〇番目は〈増劫《ぞうこう》〉である。

厳密には、〈住劫〉以外には〈中間劫〉がないのであるが、〈壊・空・成〉にも同量の時間が経過するとみなすので、【図6】のごとく示すことができる。われわれは、〈賢劫《げんごう》(bhadra-kalpa、めでたいカルパ)〉という名の〈大劫〉の〈住劫〉にあり、第九の〈中間劫=増減劫〉の〈寿命減少期〉の終り近くに生きるとされる。〈大劫〉での生成消滅は、〈空劫〉〈住劫〉の中央を結ぶ線で、巨視的には対称である。それぞれの〈大劫〉での事態の推移も、ほぼ重なり合う。しかし、〈輪廻〉を永遠に超脱する〈仏陀〉の出現の有無・多少が、〈大劫〉を決定的に変えてゆく。ヒンドゥー教と異り、仏教では、〈永劫回帰〉は理論的に起りえない。〈大の三災〉も、〈大劫〉の全同性をさまたげる。〈大劫〉ごとの〈初禅天〉に達する〈火災〉が七度重なると、つぎの〈大劫〉には〈水災〉が起こって〈二禅天〉に達し、〈水災〉が七度重なると、〈風災〉が〈三禅天〉までを潰滅させる。〈火災〉五六回・〈水災〉七回・〈風災〉一回を経て、〈六四大劫〉で〈大の三災〉が完結する。つまり、〈四禅天以上の世界〉と〈寿量六四大劫以上の生類〉は、いかなる〈空劫〉にも安泰なのである【図7】。

図8　半円環的時間の連続

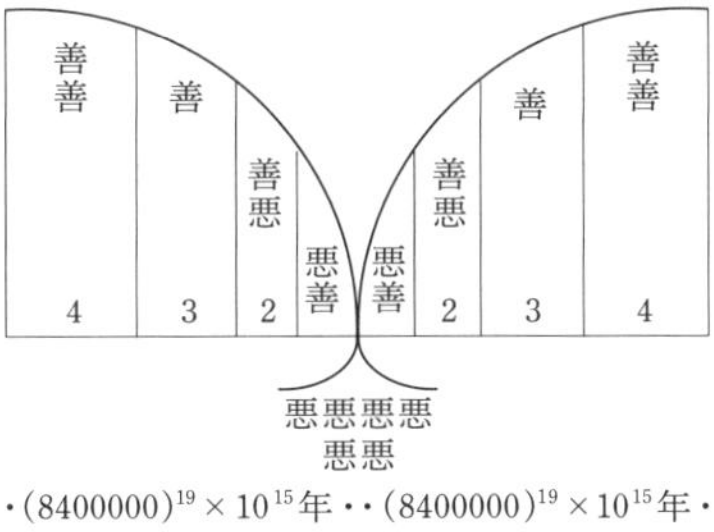


図9　ジャイナ教の半円環的時代説

## 半円環的時代説(ジャイナ教)

ジャイナ教は、一二の〈輻《や》（āra）〉をもつ〈時の輪〉を考え、〈下降時（avasarpiṇī）〉と〈上昇時（utsarpiṇī）〉に二分し、前者に、〈善善時代（suṣama-suṣamā）〉〈善時代（suṣamā）〉〈善悪時代（suṣama-duḥṣamā）〉〈悪善時代（duḥṣama-suṣamā）〉〈悪時代（duḥṣamā）〉〈悪悪時代（duḥṣama-duḥṣamā）〉の連続を定め、後者にも、これと逆の順序の〈六時代〉を配する。

各時代の長さ算定の基準となるのは、〈如海量《にょかい》（sāgaropama）〉という単位で、〈芥子劫〉に似た譬喩《ひゆ》により説明もされるが、〈八四〇万の一九乗年〉であるとも云う。これを〈一〇の一四乗（koṭi-koṭi）〉倍したものの四倍が〈善善時代〉で、三倍が〈善時代〉、二倍が〈善悪時代〉、四万二千年を引いたものが〈悪善時代〉、二万一千年ずつが〈悪時代〉と〈悪悪時代〉の長さとされる。つまり、〈八四〇万の一九乗×一〇の一五乗年〉が、〈下降時〉または〈上昇時〉の年数である。これらの〈一二時代〉は、真の〈円環的時間〉のごとくサイクロイド曲線【図3】を描かず〈擬似的ユガ時間〉【図5】を対称的に合わせたような、〈半円環的時間〉を形成することが特徴である［【図8】【図9】］。

外来文化を自家薬籠中のものとした、インド的思惟の途方もない放恣さは、以上のつたない紹介からも感得していただけると思う。

［「i s」第一七号　一九八二年六月］

# 華厳経の宇宙

バラモン教は、人間から最高神までの諸存在に割り振って、七層の独立的なローカ（世界）を想定したが、仏教はローカを転生の場の総体とみなし、ローカ・ダートゥ（ローカの部分領域）という観念で旧いローカを置き換えた。〈世界〉という漢語は、ローカ・ダートゥの逐語訳として合成された、中国仏教の造語である。

ローカは、〈世間《せけん》〉と訳され、有情《うじょう》世間（全生類）と器《き》世間（外境）に分けられる。後者は、前者の到達した精神状態に対応する、段階的構造を具えている。すなわち、下方から順次、〈情欲に動かされるもの〉のカーマ・ダートゥ（欲界）、〈精神集中に物質的対象（ルーパ）を要するもの〉のルーパ・ダートゥ（色界）、〈精神統一してルーパを要しないもの〉のアルーパ・ダートゥ（無色界）という、三界に大別される。

無色界とその居住者は、物質性と空間性を欠除し、時間性のみを保有する。初禅天から四禅天までに分かれる色界と、無色界は、禅定を修するものの領域で、バラモン教の最高神ブラフマーは、初禅天に住むとされる。ただ、ローカ・ダートゥという語は、かかる垂直的区分でなく、四洲（四つの島大陸）をもつ、〈四洲世界〉という地平的領域を指すものとして生まれたとも考えられる。

いずれにせよ、ローカ・ダートゥは、垂直・水平両要素の連繫のもとに発達の一途をたどり、アビダルマ論書において、〈三千大千世界〉の体系を完成させた。

インド人ないし人類は、〈四洲世界〉の南に位する逆三角形の島大陸〈ジャンブ・ドゥヴィーパ〉に住み、その一辺は二千ヨージャナ（由旬《ゆじゅん》）で、ヨージャナの長さに三種あるうち最短の約七キロを採れば、約一万四千キロとなるから、地球上の全陸地よりも広い。

最小の世界単位である、〈四洲世界（四天下）〉は、直径が一二〇万三四五〇ヨージャナ（約八四〇万キロ）、中央に高さ八万ヨージャナ（約五六万キロ）の須弥山《しゅみせん》（スメール）がそびえ、中腹を日月が周行し、これを下から支える風輪・水輪・金輪の厚みは、一六〇万・八〇万・三二万ヨージャナである。

一千箇の〈四洲世界〉の集団が、〈小千世界〉で、二禅天はこの広さをもち、その上限は海抜一〇二四万ヨージャナ（約七千万キロ）である。一千箇の〈小千世界〉……〈中千世界〉……三禅天……海抜六億五五三六万ヨージャナ（約四六億キロ）である。一千箇の〈中千世界〉……〈三千大千世界〉……四禅天……海抜一六七七億七二一六万ヨージャナ（約一兆二千億キロ）である。環状の山に囲まれた〈千世界〉の外は空隙であるから、〈中千世界〉以下の平面的分布は均等でない。

〈四洲世界〉と〈小千世界〉の直径比は、〈四洲世界〉の並び方が中心を正三角形にするか正方形にするかで少差ができ、外縁間の距離八万ヨージャナを加えなければならないが、概算で五〇倍である。この倍率を他にも適用すると、それぞれの直径は、〈小千世界〉が約四億五千万キロ、〈中千世界〉が約二三〇億キロ、〈大千世界〉が約一兆二千億キロとなり、偶然にも、〈大千世界〉の高さと直径がほぼ等しくなる。

このように一〇億箇の〈四洲世界〉を基盤とする円筒状の〈三千大千世界〉は、〈森の中の、光が差しこむ、空き地〉を原義とするローカから見れば鬼っ子であり、〈屋根におおわれた空間〉にすぎない〈宇宙〉の顔色をなからしめ、〈整ったもの〉というコスモスの条件を十分に満足させる。しかし、天文学的には、太陽系の一万倍以上の直径をもつとはいえ、銀河系宇宙とすら比較できないほど微小なので、とても〈宇宙〉とは呼べ

図1　蓮華蔵荘厳世界海の垂直的構造

| | 六十華厳（盧舎那仏品第二） | | | 八十華厳（華蔵世界品第五） | |
|---|---|---|---|---|---|
| | 名　称<br>（世界微塵数） | 世界性 | | 名　称 | |
| | …………… | | 世界 | ⑳妙宝焔 | |
| | 衆色普光⑲′ | 〃　〃 | 〃　〃 | ⑲清浄光明普照 | |
| | 仏護念⑱′ | 〃　〃 | 〃　〃 | ⑱離塵 | |
| I‴ | 清浄化⑰′ | 〃　〃 | 〃　〃 | ⑰宝荘厳蔵 | |
| | 宝枝荘厳⑯′ | 〃　〃 | 〃　〃 | ⑯清浄光遍照 | |
| | 出十方化身⑮′ | 〃　〃 | 〃　〃 | ⑮衆妙光明燈 | |
| | 法界等起⑭′ | 〃　〃 | 〃　〃 | ⑭寂静離塵光 | |
| | 善住⑬′ | 世界性 | 〃　〃 | ⑬娑婆 | |
| | 浄光勝電如来蔵⑫′ | 仏国 | 〃　〃 | ⑫光明照耀 | |
| | 華林赤蓮華⑪′ | 〃　〃 | 〃　〃 | ⑪恒出現帝青宝光明 | I |
| | 善住金剛不可破壊⑩′ | 〃　〃 | 〃　〃 | ⑩金剛幢 | |
| | 勝起⑨′ | 〃　〃 | 〃　〃 | ⑨出妙音声 | |
| | 解脱声⑧′ | 〃　〃 | 〃　〃 | ⑧出生威力地 | |
| I″ | 総持⑦′ | 〃　〃 | 〃　〃 | ⑦衆華焔荘厳 | |
| | 華開浄炎⑥′ | 〃　〃 | 〃　〃 | ⑥浄妙光明 | |
| | 無畏厳浄⑤′ | 〃　〃 | 〃　〃 | ⑤普放妙華光 | |
| | 雑光蓮華④′ | 〃　〃 | 〃　〃 | ④種種光明華荘厳 | |
| | 宝荘厳普光明③′ | 〃　〃 | 〃　〃 | ③一切宝荘厳普照光 | |
| | 雑香蓮華勝妙荘厳②′ | 仏国 | 世界 | ②種種光明華荘厳 | |
| I′ | 清浄宝網光明①′ | 世界 | | ①最勝光遍照 | |
| | | 世界種 | | 普照十方熾然宝光明 | H |
| G′ | 一切香摩尼宝王荘厳 | 大蓮華 | | 一切香摩尼宝王荘厳 | G |
| F′ | 楽光明 | 香水海 | | 無辺妙華光（中央所在） | F |
| E′ | 蓮華日宝王地 | 〈大蓮華〉 | | 日珠王蓮華 | E |
| D′ | 蓮華蔵荘厳 | 世界海 | | 華蔵荘厳 | D |
| C′ | 香幢光明荘厳 | 大蓮華 | | 種種光明蘂香幢 | C |
| B′ | （水輪に相当） | 香水海 | | （水輪に相当） | B |
| A′ | （須弥山微塵数） | 風輪 | | （〈須弥山〉微塵数） | A |

ない。

〈三千大千世界〉は、一人の仏陀の教化がおよぶ範囲とされたので、〈仏刹《ぶっさつ》（ブッダ・クシェートラ、仏国土）〉とも称され、大乗の多仏思想の展開にともない、十方に無限箇の〈三千大千世界〉が存在すると認められるようになった。そこで、〈四千超大千世界〉といったものを考えてゆけば、〈無限段階宇宙〉が体系化されたのであるが、〈三千大千世界〉の上層が位する四禅天より先は無色界という〈非物質的世界〉になるので、構築をはばまれてしまった。

この限界を突破したのが、『華厳経』の〈蓮華蔵世界説〉である。『華厳経』は、従来の〈世界説〉が〈世界〉の生成の原因を有情の業力に帰していたのを、如来の行願の所為とする、発想の逆転によって、苦もなく超越をはたしてしまった。これまでの世界は〈迷妄の世界〉であったが、新しい世界は、毘盧遮那仏《びるしゃなぶつ》の大慈悲が生起させ包摂する〈真如の世界（法界）〉なのである。

その構成要素の最大単位は、ローカダートゥ・サムドラ（世界海）と呼ばれ、〈蓮華蔵荘厳世界海（原名省略）〉が代表で、【図1】に示すごとく、ABに支えられるのは旧説を継承しているが、大蓮華Cを金輪の替りとするのは、『マハーバーラタ』などに見られる、〈最高神ヴィシュヌの臍から生ずる宇宙蓮〉を借用したものである。しかも、如来の大慈悲心と衆生の清浄心の象徴でもあるところに、絶妙な意義がある。

さて、〈世界海〉Dは、Cが支える〈世界〉の〈集合〉であると同時に、Cの台《うてな》の表面の大地であり、大蓮華EはDの外輪山《がいりんざん》を支える詳細が不分明なものなので、Cのつぎに重要なのは、〈香水海〉Fである。

Dの上のFは、中央の〈無辺妙華光香水海〉を中心として、【図2】のごとく、右旋して一〇箇の香水海が並び、それらの一々からまた一〇箇の香水海が渦巻く。この第三次の渦まで、一一一箇に名称が付されているが、さらに限りなく旋回を繰り返し、総計〈十・不可説《ふかせつ》・仏刹微塵数《ぶっさつみじんすう》〉の香水海が、インドラ網のごとく交叉して、Dの円環内に遍満する。

図2　蓮華荘厳世界海所属香水海（F）分布図

| 分布系統 | | | | | 小計 |
|---|---|---|---|---|---|
| | I | II | III | | |
| i ） | ① → | ② → | ⑫〜㉑ | …… | 不可説仏刹微塵数 |
| ii ） | | ↓ ③ → | ㉒〜㉛ | …… | 〃　〃 |
| iii ） | | ↓ ④ → | ㉜〜㊶ | …… | 〃　〃 |
| iv ） | | ↓ ⑤ → | ㊷〜51 | …… | 〃　〃 |
| v ） | | ↓ ⑥ → | 52〜61 | …… | 〃　〃 |
| vi ） | | ↓ ⑦ → | 62〜71 | …… | 〃　〃 |
| vii ） | | ↓ ⑧ → | 72〜81 | …… | 〃　〃 |
| viii ） | | ↓ ⑨ → | 82〜91 | …… | 〃　〃 |
| ix ） | | ↓ ⑩ → | 92〜101 | …… | 〃　〃 |
| x ） | | ↓ ⑪ → | 102〜111 | …… | 不可説仏刹微塵数 |

基本分布形

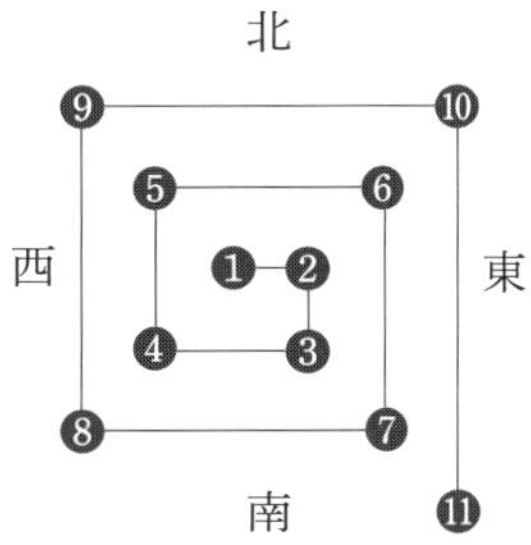


　この総計に含まれる、〈十〉は、一〇であると同時に、『華厳経』で完全を表わすのに頻用する〈満数〉でもある。〈仏刹微塵数〉は、仏国土の全体をパラマーヌ（原子）に分解した粒数である。当時みとめられたパラマーヌの大きさを一〇オングストロームと推定し、三千大千世界の円筒に千分の一の濃度で存在するとして計算すると、一〇の六五乗になる。だが、〈不可説〉は、こんな生やさしい数ではない。

　『華厳経』は、他の経典には通用しない〈自乗進法〉の数体系を、『六十華厳（旧訳）』『八十華厳（新訳）』『四十華厳（入法界品《にゅうほっかいぼん》のみの新々訳）』のそれぞれに作っており、『六十華厳』の基数が〈百千＝一〇の五乗〉なのに対して他の二つでは〈倶胝《くてい》＝一〇の七乗〉、『六十華厳』『八十華厳』で〈不可説〉が基数から一二〇番目の数名称なのに対して『四十華厳』では一四〇番目とされている。それらを今日の記数法で示せば、つぎのごとくなる。

a）$10^{5.2\ 119}$

b）$10^{7.2\ 119}$

c）$10^{7.2\ 139}$

簡単に見えるが、これを十進法で記そうとすれば、世界中の書物の文字をすべて数字に変えても、とうてい収めきれない。

この〈十不可説仏刹微塵数〉の香水海の一々に、一本ずつ大蓮華Gが出現して、その上に一つの〈世界種〉が住する。つまり、〈世界種〉の総数も〈十不可説仏刹微塵数〉である。この〈世界種〉は、二十重の〈世界〉で成り立つとされるが、実は、そう単純ではなく、記述も明晰ではない。

二十重の〈世界〉は、それぞれ、〈仏刹微塵数〉の〈世界〉の層を距てているから、正確には、〈二十仏刹微塵数重〉である。また、この二十段階の〈世界〉は、最下層では〈仏刹微塵数〉の〈世界〉に囲まれ、順次〈仏刹微塵数〉を加えて、最上層では〈二十仏刹微塵数〉の〈世界〉に囲まれているから、合わせて〈二百十仏刹微塵数〉の〈世界〉が考えられるが、介在する層の〈世界〉を掛けると、〈二百十×仏刹微塵数の二乗〉になるはずである。

しかるに、『八十華厳』は、一〈香水海〉中の〈世界〉の総数は、〈不可説仏刹微塵数〉であると再度にわたって明記し、しかも、その一々の〈世界〉が〈十仏刹微塵数〉の〈広大世界〉に囲まれると述べている。総数の方は、記述に省略があるのだとも解されるが、どうもすっきりしない。ただ、〈広大世界〉に対する言及は、〈世界〉が、『六十華厳』では〈三千大千世界〉とみなされ〈十億〉の〈四洲世界〉を伴うと考えていたのを、『八十華厳』では〈三千大千世界〉をはるかに超えるものに変ってしまい、そのために、含まれるべき〈四洲

図3 蓮華蔵世界海中心世界海　分布一

| 六十華厳 名称 | 方位 | 八十華厳 名称 | 方位 |
|---|---|---|---|
| ①′蓮華蔵荘厳 | （中心） | ①華蔵荘厳 | （中心） |
| ②′浄蓮華勝光荘厳 | 東 | ②清浄光蓮華荘厳 | 東 |
| ③′衆宝月光荘厳蔵 | 南 | ③一切宝日光明荘厳蔵 | 南 |
| ④′宝光楽 | 西 | ④可愛楽宝光明 | 西 |
| ⑤′瑠璃宝光 | 北 | ⑤毘瑠璃蓮華光円満蔵 | 北 |
| ⑥′閻浮檀玻瓈色幢 | 東南 | ⑥閻浮檀玻瓈色幢 | 東北 |
| ⑦′普照荘厳 | 西南 | ⑦金荘厳瑠璃光普照 | 東南 |
| ⑧′善光照 | 西北 | ⑧日光遍照 | 西南 |
| ⑨′宝照光明蔵 | 東北 | ⑨宝光照耀 | 西北 |
| ⑩′蓮華妙香勝蔵 | 下 | ⑩蓮光妙徳蔵 | 下 |
| ⑪′雑宝光海荘厳 | 上 | ⑪摩尼宝照耀荘厳 | 上 |
| 総　数<br>十億仏刹微塵数 | | 総　数<br>十億仏刹微塵数 | |

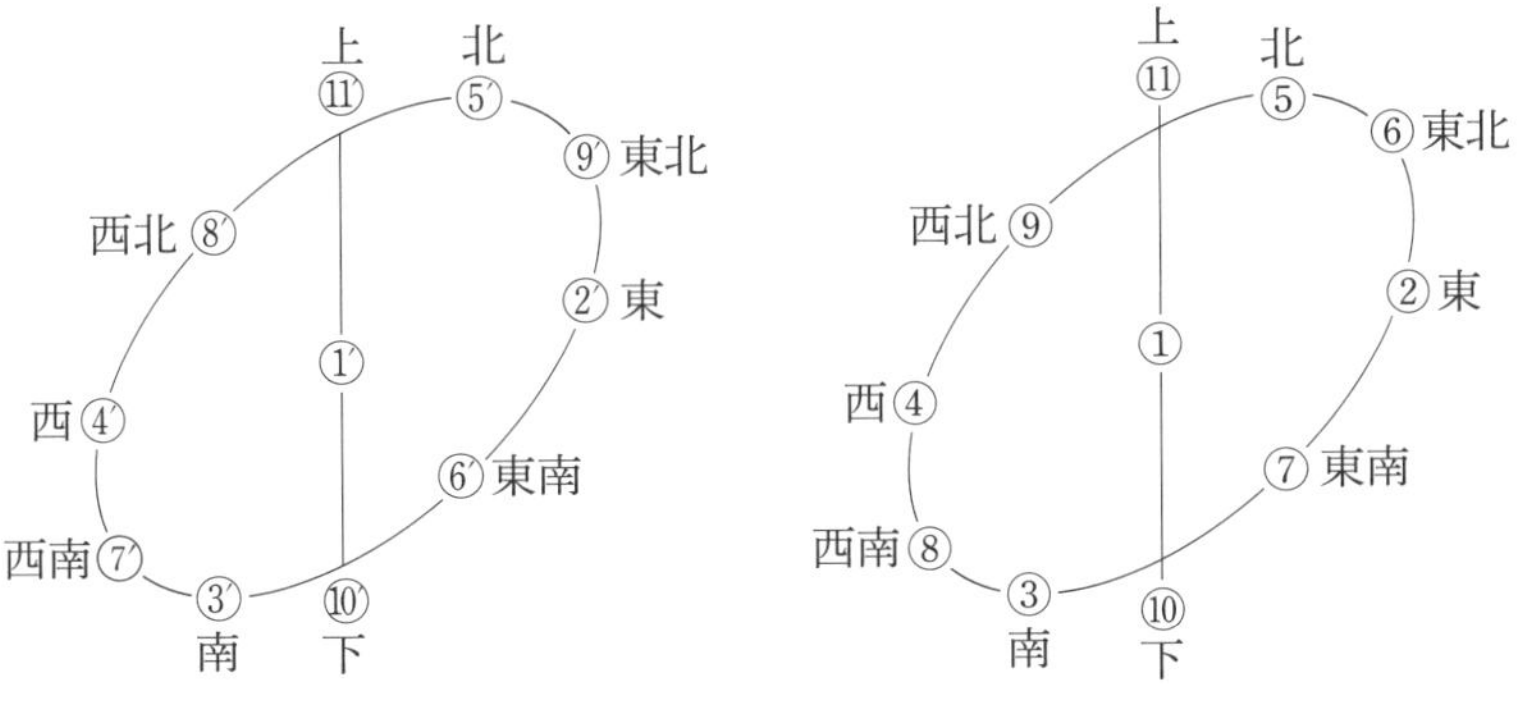


〔備考〕周辺「世界海」の名称は記述の順序通り新旧が対応し、配列も四方・四維・下上となっているが、⑥′〜⑨′・⑥〜⑨の四維の位置づけが相違する。四方のおわる「北」から「東北」につながる『八十華厳』の方が自然であろう。

世界〉も〈広大世界〉に格上げされ数も増大したと解釈すれば、つじつまが合う。

これはゆゆしいことで、〈蓮華蔵荘厳世界海〉の平面的な広さ、つまり、〈宇宙蓮〉の大きさを、〈四洲世界〉の直径を基準として一〇の一〇〇乗くらいの誤差範囲で算定しようという野望を、根抵から覆しかねない。

だが、『華厳経』にいたって、仏教が超特製の〈宇宙〉をもちえた事実だけは紹介できたので、捲《けん》土重来《どちょうらい》を期して擱筆することにし、〈世界海〉そのものが十方に無限に拡がって存在することは、【図3】で示すことにする。


［「GRAPHICATION」第一九一号　一九八二年八月］

# 一闡提《いっせんだい》のマンダラ

密教では、曼荼羅（maṇḍala）の根本義を、「maṇḍa-（本質・精髄・醍醐）＋-la（具有するもの）」、と解しているが、言語学的な根拠は薄弱である。マンダラの原義は、おそらく、「まるい（もの）」であり、やがて、環状・球状という限定を超えた、任意の「完結的空間」すなわち「圏《かこみ》」をも意味しうるようになったと思われる。そして、真理あるいは実在の全体的体系を象徴的に表現するために、それらの代表物を図形として過不足なく採り込んだ「圏」が、密教の曼荼羅の起源なのであろう。

さて、人間には全体性・統一性への強い帰属願望があるから、有限の「圏」の中に無限の「究極存在」を端的に開示してくれる曼荼羅の魅力に抗しうるものは、少ないであろう。かくして、ひとたび曼荼羅体験を経たものにとっては、山も、海も、夜空も、星雲も、花も、女人も、詩歌も、音楽も、書物も、絵画も、建築も、庭園も、地球も、宇宙も、実にあらゆるものごとが、自分だけのほしいままな曼荼羅と化するのである。

しかし、語源的な「圏」としてのマンダラを自己のまわりに形成して、その「領域」の中で生命と生活の安寧を保とうとする本能は、仏教と無縁な幼少年でも、犬猫などの動物でも、ちゃんと備えているのではなかろうか。

わたくしが、このようなマンダラを最初に感得したのは、小学校に入学する直前である。家の最上階に当る三階の、二間続きの部屋の奥の方で目覚めると、枕もとに、積木を主材として、直径一米《メートル》半ほどの「軍港」が完成しており、港内には、潜航艇と巡洋艦をはじめとして、ゴム引き絹風船の地球儀、縫いぐるみのジラフと犬、陶製の熊と象と狸、鉛の兵隊、ブロンズの婦人裸像、貝殻細工の鷲など数十点が、人知れぬ法則によって細心に配置されているのだった。前の晩おそくまでかかって並べたのを一瞬忘れていたので、至福と云えるほどの満足をおぼえた。

右の構図は、三重の「母胎」、「母」、動物としての「自分」と「家来ども」を主要メンバーとして成り立っていて、「父」や「男」を含まぬことを特徴とする。つまり、わたくし自身を「幼い主宰神」とする、「胎蔵界マンダラ」なのであった。これは既存の図形の中では、タントラ教の「カーリー・ヤントラ（女神の図形）」にもっとも似ている。

中心に大日如来のおわさぬ胎蔵界曼荼羅などあるわけがないと憤慨される向きもあるであろうが、卑見によれば、胎蔵界の核心はもともと「子宮」の象徴としての「紅蓮華《パドマ》」で、密教のものは、これを強引に「心臓」の象徴とみなして、その上にさらに大日如来を乗せてしまったもので、インドの伝統的シンボリズムから云えば、この方が混淆もはなはだしいものなのである。

さて、一度だけであったが、自ら創造してしっかり観定した、わが「胎蔵界マンダラ」は、それ以後、「見えない鎧」の役を果してくれ、わたくしは、かの「理想的世界」を想起するだけで、何人を敵に廻しても恐れを知らぬ勇気が湧き上るのだった。

つぎに、わが「金剛界マンダラ」はいかがかと云うに、どうも、そのようなものは形成されたことがなかったのである。「金剛」は武器で、「男根」の象徴であるから、私見によれば、本来、マンダラの観念とは結びつきにくいものである。だから、わたくしにとって、「金剛」は、わたくしを囲むマンダラではありえず、わたくし「自身」がそうなるしかないものであろう。

それにつけても忘れられないのは、わが「胎蔵界」の成立した少し後、「無」というものがあると聞かされてからの、「無」がどうしても見られなかった焦燥である。その直後に生じた、爆発現象に対する異常なほどの嗜好である。当時のわたくしは、青空の青さをほんの一部ただの一瞬でもよそへ除けて、「無」を直視したいと切望したのだが、それは爆発嗜好症と表裏一体をなすものだったのかもしれない。つまり、わたくしの深層心理には、青空のために「外界」までが「胎蔵界」化してしまったことへの、怨恨が蓄積されていったのであろう。

しかし、所詮、本質的に、世界も宇宙も「胎蔵界」のみでありうるにすぎないのである。だとすれば、「金剛」でありかつその所有者インドラ神でもあるわたくしは、悪竜のごとき宇宙を、木っ葉微塵に粉砕すべきではなかろうか。わたくし自身が中心の爆発力として作用し、女々しい「胎蔵界」を炸裂させた、その何億分の一秒の「万有の滅びにいたる姿」が、わたくしにとって唯一絶対の「金剛界マンダラ」であるにちがいない。

〔「アサヒグラフ」増刊　一九八三年三月二日号〕

# 第三章　幻のインド——講演・インタビュー・対談・座談

# 公開講演　芸術として見た仏典

只今、御紹介に与りました、松山でございます。実は、私は罰当りな人間で、昔は謗法《ほうぼう》一闡提《いっせんだい》という言葉が有りましたが、〈一闡提〉というのは〈イッチャンティカ（icchantika）〉という言葉で。まあ、思いの儘にするという事で、フランス語で言いますと、〈リベルタン（libertin）〉、まあ、自由な人間という。語源的には両方そうなんですけども、使っている内に間も無く、真理とか仏様を謗ったり、世の倫理道徳なんてのを無視する悪い奴なんていう意味に成りまして。まあ私自身は、そういうものだという自覚の下に、ずっと生きているもので、その内に段々、自分を人間と考えるより、野良犬じゃないかと、そういう心境で、生き方も、野良犬的な生き方をしておりますので、そういう者がこれから申し上げる罰当りな話ですから、その積りでお聞取り願いとうございます。

で、仏教の教典というのは、仏様の真理を伝える為に有る訳ですが、先ず信仰の書でありまして、時代が経ってきますと、その意味を正しく理解する為に、学問的な研究というのが必要になって参りますが、そういう信仰とか仏教学とかいう立場を離れても、お経の集りの仏典というものは、とんでもない文化的な価値が有る訳です。

そういう事で、仏典を読まなかったり軽視したりすると、文化の総体ってものが分からなくなってしまうという事が幾つも起こってまいります。例えば、〈恋愛〉という言葉が有りまして、この言葉は、明治二〇年よりも少し前に、北村透谷の一派の人が発明した言葉だろうという推定が、日本の国語学では常識的な意見になっておりますけれども、この言葉は、仏教のお経の中に最初に出てくるんですね。すくなくとも、『大宝積《だいほうしゃく》経《きょう》』という百二十巻にまとめられたものの百巻目に有るのと、『法集要頌経《ほうじゅうようじゅきょう》』の「華喩品」第五偈に有るのと二例は確認いたしました。

ただしこの二例は、〈男と女の愛〉っていうんじゃ全くないんですね。ところで、中国語としての〈愛〉というのは、特に〈母親の慈しむ心〉が基本になっている字です。また、〈恋〉という字は、〈心がこんがらがる〉っていう〈痙攣《けいれん》〉の〈攣〉っていう字が古くから有りまして、それから〈攣々〉〈恋々〉という用語を経て独立した、紀元前二世紀よりも前には溯れないという、非常に新しい字なんですね。

中国の歴史から言いますと、最古の文献から約千年ぐらい経って出来たという、非常に新しい、意外な字なんです。恐らくこれらの仏典を読まないで、明治の日本人が、その〈恋〉という字と〈愛〉っていう字が甚だ引っ付き難い語感をもっていたという事を知らないで結び付けちゃったんで、まあまあ別の発明でしょう。しかし、前に用例が有るって事を知らないのは、当然探るべき努力を怠っているわけで、これでは比較文化史的な視点からの吟味に移れないわけです。

それから、〈世界〉なんて言葉も、仏教語ですね。〈宇宙〉と〈世界〉というと、〈宇宙〉っていうのは中国固有の考え方なんですけど、〈世界〉っていうのは、明らかに仏典の〈ローカ・ダートゥ（loka-dhātu）〉っていう、〈ローカ（loka）〉っていうのは、〈世間〉とか〈世〉って言いますけど、それの〈区分領域〉とか〈構成要素〉っていう意味で、仏教徒が訳して〈世界〉という言葉が出来たものです。

それで、仏典の中で〈宇宙〉ってのを使った例は一つしか無くって、〈世界〉っていう言葉を、仏教徒以外が使い出すのは六朝以後ですね。だからもう、仏教で使っている言葉と、仏教じゃない人達の使っている言葉とは、交流しない言葉が一杯有るんで、中国人の固有の事を考える場合でも、仏典を読まないと、もう全然話にならないわけです。

それからインドで"AN ENCYCLOPAEDIC DICTIONARY OF SANSKRIT"という辞典が今出つつありまして、これがもう、準備し始めてから五十年ぐらい経っているのに、未だ言葉の始まりの、母音の内で一番最初の〈A〉というところにとどまっています。それでも、二千三百ページぐらいになっていて、これは、一冊で読める一番大きい、モニエル＝ウィリアムスの梵英辞典の二七ページ分と対応します。つまり、完成すれば十万ページを超えそうな、膨大なものです。

ですから、完結迄には二百年は掛かるだろうと思いますけれど、その頃にはもう、最初の部分の紙は、粗悪だからダメになっているはずです。そういう字引なんですけど、単語の扱い方っていうのはですね、担当をした人が仏典を調べてあれば非常にいいんですけど、たいがいは、仏典を調べてないんですね。

だから、一語を見ると一冊本が書けるぐらいに、出典を丁寧に述べてある項目も有りますけど、それはまあ主として、仏教が関らない言葉であって、仏教と関りが深い言葉についてはまことに残念ながらちゃんと書いていないんですね。

だから、インドでもそうですし、中国や日本でも、信仰の対象として読むのでなくても、一番大きな文化財としての仏典を読まないっていう事は、由々しき事実誤認を招く訳です。

ですけれども、これから申し上げようとするのは、そういうことではなくて、今度は、信仰の対象としてではないけれども、芸術作品として仏典を見たらどういう風に見られるかということです。

でまあ、そこのところで我が田に水を引く訳ですが、『法華経』というものが、芸術作品として考えていくと、どのように、今迄の人と違う読み方が出来るかという話を、させて頂こうと思います。

どのお経でもそうですけれども、或る宗派の一番重要な教典っていう事になりますと、それを理解する為の教学ってものが作られてきますから、素人には、その教学に通暁しないと本当にそのお経が読めないって事が有りますね。

それからまあ、私なんかの場合は元々罰当りで信仰心が無いにしても、信仰心が有ってこう読んでいかないと、お経なんてのは、本当のとこは分からないという感じはしてきます。

私には教学っていう学問も無けりゃ信仰心も無いんですから、そういう読み方では、到底、普通の信者並にも読めないということになります。

しかし、非常に大きなお経であると、それには構造が有りまして、構造の中には、芸術的効果ってもので成り立ってる部分も有るだろうと——。

そこでまあ、幸か不幸か「大正新脩大蔵経」が復刊された頃、『法華経』は第九巻ですけども、それが、配本が早かった訳ですね。

そのころ、梵文学の原文が入手しにくかったこともあって、漢訳仏典でもしかたがないから、〈蓮〉のところをチェックしてみようと思いまして、『法華経』を読みますと、非常に驚いた事には、初めは、「ケルン・南条本」で梵語と漢文を比較していった訳ですけども、羅什三蔵《らじゅうさんぞう》の訳と梵本とは、対応しないところが一杯有ります。しかも、『法華経』つまり、『サッダルマ・プンダリーカ・スートラ』という経題に含まれる〈プンダリーカ（puṇḍarīka）〉というものが〈白い蓮〉かそうでないかっていうのは、大きな問題が有るんですけれど、とにかく〈蓮〉である事は確かです。

それにも拘らず、『法華経』の中では、〈蓮〉の事を言うことが非常に少ないという事が、非常に、奇妙な事に思われました。

勿論、本文の中で『法華経』という題名を連呼するという形は有りますから、その中には〈プンダリーカ〉

が含まれているんですけれども、それ以外の〈プンダリーカ〉は非常に少ない。また、〈プンダリーカ〉以外の〈パドマ（紅蓮）〉、〈ウトパラ（昼咲青睡蓮）〉、〈クムダ（夜咲白蓮睡、黄蓮と誤訳される）〉などを考慮に入れても、少なさに於いては、密教系じゃない般若経類というのは〈蓮〉が殆ど出てこない訳ですけども、その次位に少ないんですね。

経題以外のものに〈プンダリーカ〉が出てくるのは、「法師功徳品《ほっしくどくほん》（dharmabhāṇakānuśaṃsā-parivartam）」という章で、修行をした人は色んな超能力が具わって、天人の体臭も嗅ぎ分けられる・何も嗅ぎ分けられると鼻が物凄く敏感になるところで、〈ウトパラ〉〈パドマ〉〈クムダ〉〈プンダリーカ〉の香も嗅ぎ分けられるというのが、一例だけなんですね。

そういう風に、お経の題名を連呼するってことと、本当の地の文の中に〈蓮華〉の事、特に〈プンダリーカ〉という一番中心になる筈のものが一度しか、それもつまらないところでしか言っていません。

それからもう一つ不思議だと思ったのは、〈釈迦如来〉の他に〈多宝如来〉という仏様が出てきまして、それ迄の仏教の常識では、仏様は一つの〈世界〉に一方いればいい訳で、その〈世界〉が始めは小さかったんでしょうが、大乗仏教になってくると、一つの〈世界〉っていうのは〈三千大千世界〉ですね。で、〈三千世界〉っていうのはスリー・サウザンドではなくて、スリー・タイムズ・サウザンドだから、千×千×千で、まあ、我々の数え方で言うと十億ですけども、中国では十万の事を億と言ったり、千万の事を億と言ったりしますから、まあ、百億という風に数えられます。

その百億須弥山《しゅみせん》が有る〈世界〉の中に、一体・仏様が居られればいいんですね。それ以上いるって事は、教室で授業をしている時に、先生が一人居るのにもう一人いるみたいで、それでは〈如来〉の能力が足りないって事になりますから、〈三千世界〉がどんなに膨大なものであっても必要が有れば孫悟空が髪の毛で分身を作るみたいに、分身を作れば間に合ってしまうはずです。それなのに、〈多宝如来〉というもう一人の如来が何で出てこなければならないのか。

その、〈蓮〉とくに〈プンダリーカ〉の出て来方が少ないという事と、〈多宝如来〉と〈釈迦如来〉という二人の仏様が、〈二仏並坐《びょうざ》〉という、二人の仏が並んで座るという、そういう形が出現したのは何故かという――そこがまあ、こだわりの元で、他の仏教学者の方は、あんまり関心を持っていないところですから、非信仰的な・罰当り的な立場から『法華経』に新たに何かアプローチをするのは、まあ、ここからだろうと。

そういう風に思っておりましたら、丁度母親が亡くなりまして、その前からブラブラしてたんですけど、どうせ母親がいなくなったんだから家にいなくてもいいんじゃないかっていうんで、本郷の「山喜房《さんきぼう》仏書林」という本屋のオヤジさんが、たまたま、岡山県の「妙教寺」というお寺と「最上稲荷《さいじょういなり》」というお稲荷さんが一緒になったところが有るんだが、そこの管長が何か〈蓮〉の事を研究していて、博士論文を書こうとしているから、あんた手伝いに行ってみないかって言うんで、そこへ行って、二年半程、住み込むことになりました。

で、管長が、最初に私に「こういう方針で調べてくれ」って言ったのは――『妙法蓮華経』という題名の〈妙法蓮華〉とは〈蓮華〉、特に〈プンダリーカ〉というのが――まあ、〈白い蓮〉かどうかは、ちょっと未だ疑問が残っているんですけど――。まあ所謂〈白蓮華〉ってものは、あらゆる花の中で一番勝れていると。だからその、〈妙法〉は一杯有るんだけど、〈妙法〉の中で一番勝れたものが〈妙法蓮華〉だっていう、そういう考えがまあ、日本では流布してるんですね。

しかし、管長は、そうではなくて、〈妙法蓮華〉というのは、実は〈お釈迦様〉の事を言っているのだと。それで、その根拠を探してくれって言う訳です。

それで、私も探しはじめましたけれど、管長は、私に何かの予断を与えるのを恐れたのか、自分の種をそう簡単に打ち開けられないと思ったのか、実は自分の独創的な考えじゃないんですね、その〈妙法蓮華〉は〈お釈迦様〉だっていうのは。

まあしかし、朝から晩迄お経その他を読んだり、タイプライターを打ったりしてる訳ですから、読んでみた本の中に、本田義英って方の『法華経本質論』や『仏典の内相と外相』という本が有りまして、その中に、〈妙法蓮華〉っていうのは、お経の題名だけじゃなくって、〈お釈迦様〉そのものを言っているのだと主張されています。

その根拠として、『カルナー・プンダリーカ（karuṇā-puṇḍarīka）』すなわち『悲華経《ひけ》』というそのお経の中の〈カルナー・プンダリーカ〉っていうのは、実はお経そのものを指すっていうよりは、一番本質的には、慈悲を体現する存在としての〈お釈迦様〉だっていう、そういう用例が有るから、『法華経』のもそうだろうという。まあ、そういう論拠なんですね。

それで『カルナー・プンダリーカ』の方が新しいお経ですけれども、後世のインドとか中国では滅びてしまっても、恐らく、〈サッダルマ・プンダリーカ〉っていうのは〈お釈迦様〉だと思う、何か伝承が有りまして、それを受け継いだ人が作ったんだろうと私にも思えるんですね。

この経典はおそらく浄土教系で、『法華経』の系統とは違うんですけど、経題とか一部の文章には、どうもそういうところから取った形跡があるわけです。

只、本田先生は、それからあと又、説が少し後退して、結局、〈妙法蓮華〉ってのは〈お釈迦様〉だけじゃなくて、〈菩薩行にはげむ信者〉を表しているんだろうという風に解してしまう訳です。

で、それは何故後退したかっていうと、やっぱり〈蓮〉は泥の中から生じても、泥に付着されなくて、汚れることが無いと、そういう譬《たと》えが、仏典全体を見ますと千回以上使われておりますから、それの影響でそういう考え方が『法華経』の中にも働いているという判断を、どうしても、お経を普段から読んでいる人はしてしまう訳ですね。

で、その為にまあ、本田先生は、〈妙法蓮華〉というのは、お経の中の〈一番勝れた法〉という意味ではなくて、〈お釈迦様〉を指しているのだというところまではいい線を行ったんですが、〈菩薩行〉というものは、世間の中で・穢土《えど》の中で活動してても、汚れに染まないっていうとこを、〈蓮華不染〉に譬えるのが仏教の常識であった為に、それと〈サッダルマ・プンダリーカ〉を結び付けた為におかしくなってしまったわけです。

そこで、私が考えますと、〈妙法蓮華〉が、〈お釈迦様〉を指すって事は、恐らく本当だろう、そうだとすればどういう根拠が有るか、という事から、これは〈多宝如来〉との関係だということは、管長に言われたその日に直観的に分かったんですけども。只、〈多宝如来〉と〈釈迦如来〉がどういう繋がり方をしているのかということが、はっきりしないんですね。

で、大体〈多宝如来〉っていうのは、本来は男ではなくて女の、つまり、仏典の背後にありうるバラモン教的な考えで言うと、〈ラクシュミー〉に当たるんだろう。〈ラクシュミー（Lakṣmī）〉とか〈シュリー（Śrī）〉とか言いまして、仏教では〈吉祥天〉と呼ばれるこの女神に当たるんだろうという事は分かるんですけれども、どういう意味でそうなるかというのは分かりませんでした。

只、そういう変な事を考えた御蔭で、普通のお経の読み方では見えてこない、一つのヴィジョンが出掛かる元ができたんです。

暫く経って、今度は、ポーランド系のフランス人で、ジャン・プシルスキーという人がいまして、これは柳田国男さんが、フランスの折口信夫だと評した人で、非常に天才的だけれど、まあ、根拠が有るのかどうか分かんないことを言ったりする人の、『グランド・デース（大女神）』という本を読んでみましたら、偶然そこに、凄く耳寄りの事というか、図も有るから目を引く記事にぶつかりました。

で、そこに〈アショーカ王の柱〉の事が出てるんですね。〈アショーカ王の柱〉というのは、柱の天辺に動物がおりますけれども、動物の種類は、象と馬と瘤牛《こぶうし》とライオンの四種類いるんですが、大概の柱には、その内の一つしかいない訳ですね。

しかし、〈サールナート〉とほか一箇所のものには、一等上にライオンが四頭いまして、その上に、本来は〈法輪〉ってものが載っかってた。それが、欠けて落っこっちゃったんですね。で、落っこったけども、その柱を描いた浮彫には、その〈法輪〉が見られるというものが有ります。

この〈法輪〉には、三二、スポーク（輻《や》）が有ります。さらに、四頭の獅子の下に、〈飾り〉の部分があって、これは、普通の一頭しか獣がいない柱には、省略されてるんですけど、ここには、二四のスポークをもつ〈輪〉が合計四個と四種の獣が交互に彫られています。で、〈アショーカ王の一番立派な柱〉の意味については、まあ色々解釈した人もいるけども、プシルスキーが一番明快に説明しております。

これは〈宇宙の中心に有る湖〉から正午に、凄い〈蓮〉が伸びて、それが〈太陽〉と接するという、そういう形の図柄なんだと。

普通に〈法輪〉と解せられているのは、バビロニアの伝承で、三二輻のものが太陽、二四輻のものが〈四惑星〉を象徴するものであるのを、採用したのだとみなしています。

で、このモチーフは、インドの文献や芸術作品を通じて稀有の孤立したものなんですが、それが又、不思議なことに、『獅子座三十二物語』と訳すべき、『シンハーサナ・ドゥヴァートゥリンシカー（simhāsana-dvātrimśikā）』の異本の一つに、〈ウダヤ山（udaya）〉という、〈ウダヤ（udaya）〉というのは、日が昇る時にも使いますから、〈日が昇る山〉という意味の山の、頂上に〈湖〉が有って、その〈湖〉の中央から〈金の蓮〉が伸びて、正午に〈太陽〉を受けるという記事が有るんですね。

で、それとこれを、プシルスキーは結び付けているんです。〈アショーカ王の柱〉が出来てから千年以上経って、また一例だけポッと出て、他に同じ様なものが無いっていうのは、実に不思議なんですけれども——。

この〈湖〉はインドの何処に有るかっていうと、仏教と結び付ければ、〈アナヴァタプタ（Anavatapta）〉という名前で、〈熱の悩みが無い〉っていうか〈熱に照らされない〉という意味の〈無熱悩池〉と訳したり、

〈阿那婆達多《あなばだつだ》〉などと音訳したり、色々と表記の仕方が有るんですけど、この〈池〉になってくるんです。

ところが、この〈池〉がまた変なものでして、これは、〈ヒマラヤ山〉よりも北に有るんですね。しかし、〈ヒマラヤ山〉より北に有っても、インドの世界というものは、盥《たらい》の中に水を張った中に、四つ、パンの欠片が浮いている様な、四つの島大陸で出来ていまして。〈ヒマラヤ〉もですね、南の方の〈ジャンブ・ドゥヴィーパ（Jambu-dvīpa）〉、〈閻浮洲《えんぶしゅう》〉とか〈贍部洲《せんぶしゅう》〉とかいうとこですからね。幾ら北へ行ったって、中心じゃない訳ですね。

この〈湖〉は本来ならば、人間の住む世界の中心かつ太陽の真下になければならないのに、〈須弥山〉に邪魔されて、その条件を満たしえないわけです。

実は、この〈湖〉の原型は、〈バビロニア〉の世界地図の中心にあって、今、その図の実物は大英博物館に有りますけども、その周りに河みたいなものがめぐっているのが、ギリシアの〈オケアノス（okeanos）〉つまり〈オウシャン ocean〉に対応するもので、その真ん真ん中に山が有って、山の上に恐らく〈湖〉が有るという考え方が有って、これが世界の中心なんですね。

その、世界の中心に有る筈のものがインドへ伝わってきて、インドは北が上がって南が下がってますから、真ん真ん中の平らなとこに置く訳にもいかないし、〈須弥山〉っていうのは、もう、そういう伝承が有る前から、世界の中心とされていますが、その頂上には、大昔から、インドラ神という神様の宮殿が有るので、そこに〈湖〉を持っていけない訳です。

そのため、〈ヒマラヤ〉よりも北だけれど、〈スメール〉よりは南という、中途半端なところに仏教では置かざるを得なかったのです。

それから、又ちょっと間違った異説も有って、北の方の〈ウッタラ・クル（uttara-kuru）〉っていう大陸に有るという説が、大分後になって出来てしまうんですけれど。

まあ、本来なら宇宙の中心に有る筈で、その湖畔の東西南北に、ライオンとか象とか瘤牛とか馬の像が付いていまして、その口から、インドの四つの大河の水が流れ出るんですね。それらが現実には全部南へ下るのに、東西南北に向かったまま流れると非常に都合が悪いんで、飛行機が羽田とか成田から発つと、初め上空を回ってからどこかへ方向を決めるみたいに、湖の周りを二回り半、河が周って、みんな北へ流れる様にごまかしちゃうわけです。

そういう仕組みだけれど、これはどうも、バビロニアのものから来てるんだろうと。で、そういう事からすると、これは本来、世界の中心に有りますからね。世界の中心で、これは恐らく、メソポタミアなんてのはかなり暑いですから、そこの都なんかは、もう、正午になると殆ど影が無い様なふうに思える訳ですよ。そんなところで大きな〈蓮〉か〈睡蓮〉が伸びてくれれば、〈太陽〉と同じ軸を結びます。

こういう考え方っていうのは、段々話がインチキっぽくなってきた様にお聞きになるでしょうけど、実は、メソポタミアよりはもうちょっと西まで繋がりが有るんで、それは恐らく、エジプトの〈ホルス（Horus）〉という太陽の神様は、昇る時には必ず或る池の〈睡蓮〉の上から昇りまして、夕方になると別の池の〈睡蓮〉に降りるとされています。

そういう事実が有る為に、さっきの〈アショーカ王の柱〉のデザインというものは、ずっとエジプトからペルセポリスを通じて、まず〈バビロニア〉が崩壊し、アレキサンダーによって、〈アケネメス朝〉が滅びた後に、西の方の〈石工〉っていうか〈メエスン（mason）〉が入ってきて作ったデザインだろうと。で、このような〈アショーカ王の柱〉への洞察を転用することから、私にも、〈釈迦・多宝〉の二仏並坐の意義解明への路が開けて来たわけです。

そこで、ようやく『法華経』に戻って来ますと、〈多宝如来〉というのは――〈大地〉を表す〈大地の女神〉っていうものが、〈シュリー〉という呼び名と〈ラクシュミー〉という呼び名が有って、〈シュリー＝ラクシュミー〉とも言ったりしますが、それが、〈大地母神〉の他に、〈蓮の女神〉であるという性格が有りますんで。〈蓮〉一般やとくに〈紅い蓮〉を指す代表的名前に、〈パドマ（padoma）〉というのと〈カマラ（kamala）〉というのが有りまして、両方とも中性名詞ですけれど、女性名詞にすると、〈シュリー〉または〈ラクシュミー〉の別名にもなる訳ですね。それで、この、〈カマラー（Kamalā）〉とか〈パドマー（Padmā）〉と呼ばれる女神が地面の中から出てくるんだと。

つぎに、〈プンダリーカ〉というのは何かと言いますと、インドの一番古い文献は『リグ・ヴェーダ（Ṛg-veda）』ですが、この中に出てくる〈蓮～睡蓮〉は、〈プンダリーカ〉が一回出てくるほかは〈プシュカラ（puṣkara）〉なんですが、その〈プシュカラ〉っていうのが大体、〈蓮〉なんだか〈睡蓮〉なんだか分からないんですよ。それで、二つしか無いのを一つ分かれば、それじゃないものっていうんですけど、両方分からないから、〈プンダリーカ〉ってのは、本当は何なんだか分からない。

ただ、原ムンダ語に源を求めると、もともと〈白い蓮〉である可能が強くなります。

それで、仏教になってきますと、まあ大体、〈白い蓮〉だという考えは、最初から濃厚になっているんですけども、『法華経』の解釈に関して、〈プンダリーカ〉というのは、〈蓮〉が開ききって一番勢いが有る時を〈プンダリーカ〉と言うとする説が、かなり有力なものとして有るんですね。そうすると、それは〈紅い蓮〉か〈白い蓮〉かという問題ではなくなってしまう。

それから、中国では、どうも相当遅く迄、北の方には〈白い蓮〉は無かった様なんです。だからまあ、お経を訳す人も、〈プンダリーカ〉っていうのは〈紅い蓮〉か〈白い蓮〉かなんて事を、あんまり考えなかったのかもしれません。

それから〈睡蓮〉という言葉は『南方草木状』という六朝時代の本の中に初めて出てきて、それも、南シナだけに有るってことは、〈睡蓮〉って考えも無ければ、〈白蓮〉ってものも殆ど見たことが無い人が翻訳するから、あまり当てにならないわけです。

それから、インドでも、一番古い例としては、〈心臓〉を〈蓮〉の中でも特に〈プンダリーカ〉に譬えています。そうすると、〈心臓〉が〈白蓮〉であるよりは〈紅蓮〉である方が、何と無くピンと来ますしね。

色々、〈白い蓮〉だって事を、一等古いとこでは言えないんですけど、まあ『法華経』は、歴史的に見ると紀元前後に出来たんで、その頃にはかなり、〈白蓮〉を意味したんだって事が確かだったようです。

それから仏教が出てくるちょっと前、紀元前五・六世紀の『ブリハッド・アーラニヤカ・ウパニシャッド(Bṛhad-ār-āraṇyaka Upaniṣad)』に、〈太陽〉に向かって修行者が言うんですが、「汝は天界に於ける〈只一つのプンダリーカ〉だ」と。で、「願わくは、我をして地上に於ける〈唯一のプンダリーカ〉たらしめん事を」と。

それはまあ、〈エーカ・プンダリーカム〉と、こう言っていて、〈エーカ (eka)〉っていうのは〈一〉ですね。で、まあ、〈お釈迦様〉が〈白蓮〉だっていう事は、〈多宝如来〉が〈紅蓮〉だっていう事に比べては、そう簡単にはいかなかった訳ですけれど、〈白蓮〉は〈釈迦如来〉だという考えを成り立たせる背後には、インドのバラモン教やヒンドゥー教の伝承が有りまして、で、その一つが、〈白蓮〉を〈太陽〉と同一視することです。

そうすると、さっきの〈アナヴァタプタ池〉という湖から〈紅蓮〉が出てきて、正午に〈太陽〉と接するという、あのテーマになってきますね。

で、それが、〈アショーカ王の碑文〉にも有るみたいに、〈令法《りょうほう》久住《くじゅう》〉、〈法〉をして久しく留まらしめる、有らしめるという、そういう願いが有って、そのテーマと一致する訳です。

そこのところで、〈アショーカ王の柱〉には〈太陽〉じゃなくて〈法輪〉が有る訳ですけど、さきにも述べたように、これはメソポタミアではですね、三二のスポークが有るのが〈太陽〉であって、ライオンの下に、四頭の獣と互い違いに有った二四のスポークが有る〈輪〉は、当時の〈バビロニア人〉に知られてた〈四つの惑星〉を指すわけです。だからこれは、インド人が見れば〈法輪〉ですけれど、バビロニア的考えに立てば、依然として〈太陽〉です。

それからもう一つ、『法華経』に於ける〈お釈迦様〉を解釈する為の突っ支い棒になってるのは、バラモン教からヒンドゥー教にかけての〈ヴィシュヌ神（Viṣṇu）〉ですね。〈ヴィシュヌ神〉というのは、インドでは、〈太陽神〉にも色んな種類のが有りますが、特に〈太陽の照らす作用〉を象徴したっていう神様です。この〈ヴィシュヌ神〉の〈仏陀〉への投影が背後にあることも、〈お釈迦様〉が〈白蓮〉だという考えを補強する訳ですね。そうすると、〈アショーカ王の柱〉のモチーフとピッタリして面白いと。

こうして『法華経』を説くと、〈紅い蓮〉が出現して、それが〈白蓮〉を受けるという光景が、まあ少なくとも私には見えてきた訳ですね。

ですから、『法華経』の有難い部分は分からないけども、どうも他の人はあんまり未だ抱いた事が無いんじゃないかという〈ヴィジョン〉ができたので、ホイホイ喜んだ訳です。

で、そうすると、今度はその仮説を使って『法華経』の中の他の解釈が出来るんじゃないかという野心が生じます。「提婆達多品《だいばだったぼん》」という、日本ではあまり評価されないんですけれども、本来、羅什三蔵が訳した『法華経』の中にはこの品が無かったという説と、それから、中に、〈龍女《りゅうにょ》の成仏〉ということを述べていますから、それで有難がって、宮中の女がそれを秘めてしまったから、一般に流布しなかったという説が有るんです。

これは、大体デタラメだろうと思うんですね。というのは、『法華経』の「見宝塔品《けんほうとうほん》」「提婆達多品」で出現する、その〈多宝塔〉という〈塔〉が、私の考えだと〈茎〉を伸ばした〈巨大な紅い蓮〉になる訳ですから。

それと、提婆達多が前世ではお釈迦様に『法華経』を教えるという非常な功徳をおこなったから、将来仏に成るっていう。まあ、普通の仏教から言やあ、異端的な考えなんですけど、そこの部分だけが独立の経典として残っているが、〈サッドンフンダリ経〉というのが有りまして。〈薩摩〉の〈薩〉という字に、〈曇る〉という字に、草冠に分けるという、香がいいという意味の――

まあ、『薩曇芬陀利経』というのは、〈サッダルマ・プンダリーカ〉の訳である事は決まっているんですけれど、その中に、色んな梵語をそのまま、意味に訳さないで音訳している言葉の後に、「漢の言に曰く」という注釈が付いています。で、その〈漢〉というのは、我々が〈漢文〉とか〈漢詩〉とか言う、シナを全体として言うんじゃなくて、時代が遅くなれば、「隋の言に曰く」とか、みんな王朝によって違うんですから、これは、誰かが改竄《かいざん》したんでない限り、『薩曇芥陀利経』は、後漢の末、つまり、西暦二〇〇年ぐらい迄には、どんなに遅くったって出来てるんで。それが、羅什の訳に無かったとか何とかって言うのは、日本の学者には未だにそういう事を言う人がいるけども、全然理由にならないんですね。

それで、〈多宝如来〉と〈龍女〉が、意外に関連があるという考えが出てきまして、何故、〈龍女〉が「提婆達多品」に出てくるのかという事になりますと、その前の「見宝塔品」の、〈紅い蓮〉が出てきて〈太陽〉を受けるというテーマは、仏教で見る限り、本来なら〈アナヴァタプタ池〉が舞台である筈です。〈アナヴァタプタ〉に関しては、また色んな事が有るんですけれど、その前に、一つ、重大な事を言わなければなりません。実は、『法華経』の最古層は、本来『法華経』っていう名前ではなかったっていう私の仮説が有りまして。これは、〈アグラ・ダルマ（Agra-dharma）〉。つまり〈最高の法〉という名前のお経だったのが、後で「見宝塔品」が作られてから、〈サッダルマ・プンダリーカ〉という名前が出来て、それらが引っ付くと、後のものの方の名前を全体に適用したんだろうと思うんです。とにかく、「見宝塔品」作成の前に、『法華経』の元になる〈アグラ・ダルマ・スートラ〉とは付けないで、ただ〈アグラ・ダルマ〉と言ったんだろうと思いますが、それが出来ていたと考えられます。

それの説法の舞台が、〈グリドラクータ（Gṛdhra-kūṭa）〉という、〈霊鷲山《りょうじゅせん》〉とか訳される――。〈鷲〉と言ってもあれは〈禿鷲〉なんじゃないかと思いますけど――そういう峰の上で説法するわけです。今でも有るそんなに高くない峰なんですが、そこに「見宝塔品」で〈紅い蓮〉がバーンと出現するにしても、〈湖〉を設定できない訳ですね。だからその、本来の、〈多宝如来〉と〈釈迦如来〉が、〈紅い蓮〉と〈白い蓮〉として湖上で会合するという あの形が、〈霊鷲山〉で説く限り不可能になります。「見宝塔品」の作者は、『法華経』の古層すなわち〈アグラ・ダルマ〉との接続を予定していたので、この不本意を堪え忍ばなければならなかったのです。しかし、その頭の中には、〈アナヴァタプタ池〉のイメージがあり、その池の名高い〈龍〉が出てくる話も本当はしたかったのに、「見宝塔品」の部分では出来なかった。ですから未だ使ってない材料を使いたいっていう気持が有りまして、この〈アナヴァタプタ池〉には、〈アナヴァタプタ龍王〉という〈龍王〉が棲んでいまして、この池は漢訳にもちょっと有るんですが、パーリ仏教の〈アパダーナ〉(Apadāna)〉という、まあ、〈お釈迦様〉自身の過去の事も少し言っているけれど、〈仏弟子〉の方の前世の話を詩偈《しげ》で語る経典に、詳しく述べられています。

その経典の、舞台が〈アナヴァタプタ〉で、その周りに〈五百人の弟子〉が居て、真ん中に〈パドゥムッタラ（Padumuttara）〉という仏様が居て、これは〈蓮華上仏〉って訳すんですけれど、非常に重要な事は、〈パドゥムッタラ仏〉には、別名が有るんですね。それが〈ジャラジュッタマ（Jalajuttama）〉で、これが、〈ウッタラ（uttara）〉というのは、〈上の〉を意味する言葉の比較級で、英語の〈アッパー（upper）〉に当たるわけです。とはいえ、これも意味が正確には分からないんですけれども。〈蓮〉の位置的に上に居るのか、〈蓮〉の中で上等なものを指すのか、分からないんです。

これは余談になるかもしれませんが、パーリ語のＰＴＳ［Pali Text Society］版テキストは、殆ど全部が復刊されているんですけれど、この〈アパダーナ〉だけが復刊されていないんで、恐らく、改訂版を出さなきゃいけないのに、改訂をおこなう人がいないんだと思われます。

まあ、そこで、〈ジャラジュッタマ〉というのは、〈ジャラジャ（jalaja）〉という語と〈ウッタマ（uttama）〉という語が引っ付いて、〈ジャラジュッタマ〉となるんですが、その〈ジャラジャ〉は、〈水から生じた〉という意味で、これは、〈蓮〉の事をいう極く一般的な名詞ですね。仏教でなくても、〈ジャラジャ〉と言う事が多い。

それから、〈ウッタマ（uttama）〉というのは、最上級なんです。最上級だと、〈蓮の上〉という感じじゃなくて、「蓮の中で一番いいもの」つまり、白蓮華（プンダリーカ）ということになります。

このように、〈白蓮華〉〈プンダリーカ〉である〈一番いい仏様〉が、〈アナヴァタプタ〉という〈龍王〉の棲む池に集まった弟子たちに説法をするというお経が幾つか有る訳ですね。

それで、〈龍〉との結び付きですが、〈アナヴァタプタ池の龍〉は――〈ガルダ（Garuḍa）〉、〈金翅鳥《こんじちょう》〉と訳しますが、〈太陽の光〉というか、〈ヴィシュヌ（Viṣṇu）〉の天的な要素を分担している、天に関する事の、お使いみたいな鳥が〈ガルダ〉で、それから、地面に居て、〈水〉とか〈大地〉に関係有ることを分担する家来が、〈ナーガ（Nāga）〉、つまり〈龍〉なんですね。

それで、この池には――一般の〈龍〉は〈金翅鳥〉に子供を食べられてしまうという悩みが有るんですが――〈ここの龍〉だけはそれを免かれているという非常に有難い〈池〉なんです。それで、これが、〈鷲の峰の天辺〉の話に変わってしまいましたから、その〈池〉の話が使えないという訳です。

で、そこでこの〈池〉の話を持ってこようということで、「提婆達多品」で〈龍女成仏〉が説かれたのだと考えたのです。しかし、〈アナヴァタプタの池〉は、〈ヒマラヤ山〉より北の方に有ると決まっているから、『法華経』の舞台の〈霊鷲山〉へ出せない訳ですね。そこで、〈八大龍王〉の中でも、何処に住んでいるか余りはっきりしない〈サーガラ龍王〉という――〈サーガラ（sāgara）〉は〈大海〉ですから――海でありゃあ何処でも好いみたいな、そこの、〈龍王の娘〉が出てきて、身に付けていた宝〈珠〉を〈お釈迦様〉に手渡したので、まあ漢訳で見ると直ぐに成仏したように書いてありますが、実は、将来成仏することが約束されたわけです。

で、〈龍〉であって、――まあ〈龍〉ってのは、人間より超能力はあるけど、人間より下なんですね。畜生で、――人間よりも身分が下の者でも成仏できると。それから、〈女〉だと――それ迄の経典では女性はそのままでは成仏できないので、いっぺん男子に転生して、それからまた修行を積まなければならないんですが、――〈女〉のままで成仏出来ると。

それから〈八歳〉ですよね。その前の、『法華経』の初めの十章ぐらいでは、「御前は将来、天文学的な時間の後で、何という世界に生まれて、何という名前の仏様になるよ」という〈ヴィヤーカラナ（vyākaraṇa）〉が綿々と続きました。これは、〈日記〉の〈記〉とか、〈授ける〉という字を付けて〈授記《じゅき》〉とか訳されますが、その〈授記〉に際しても、〈舎利弗《しゃりぶつ》（Śāriputra）〉をはじめとする〈声聞《しょうもん》〉の長老たちは、やっぱり考え方が古いですから、なかなか成仏できないことになっていたのですが、この「提婆達多品」の中では、〈八歳〉の〈童女〉ですけれど、その〈宝珠〉を捧げるのは、〈真心〉を捧げることのシンボルでして、『法華経』は、なかなか信じられない・難行難解ということを自分で言っている訳ですけれど――それでも、〈真心〉で信ずると、即座にではないにしても、速やかに、成仏するっていう〈予言〉を受けています。

ですから、「提婆達多品」に〈サーガラ龍王の娘〉が出てくるのは、地理的な関係で〈アナヴァタプタ〉が使えず、それにも拘らず〈龍〉と〈水〉の事を出したいための、代用だった訳です。

で、つぎに、又『法華経』の話の筋には不合理なところが有って、龍の世界で説教していた〈文殊菩薩〉が、〈童女〉と一緒に出てくるんですね。ところが、〈文殊菩薩〉は、『法華経』を読む限り、〈お釈迦様〉の〈霊鷲山〉での説法の場にずっと居たのですから、〈文殊菩薩〉が分身でも作ったのでないと、不都合になってきます。これは、『法華経』を整文した人の考えが、ちょっと足りなかったんだろうと思います。

さて、〈アナヴァタプタ池〉の伝承を利用したので先ず、〈龍女成仏〉が出てきた訳ですが、それならもう一つ意外な事柄を加えようと欲が出てきて、〈提婆達多〉が、前世で『法華経』を教えてくれたから、将来、〈天王如来〉に成るという、話が成立したのでしょう。

それで、衝撃の具合から言うと、〈龍女成仏〉よりも、〈提婆達多〉という仏敵が、実は、嘗《かつ》て釈尊に偉大な貢献をしているのだということの効果が大きいというので、本来なら「童女成仏品」とあるべき、章題が、変わったんだろうと思うんですが、〈デーヴァダッタ・パリヴァルタ（Devadatta-Parivarta）〉、「提婆達多品」という名前がはじめからあったかどうかが疑問です。「見宝塔品」と一緒だったかも知れない訳ですから。

以上のように解すると、なんとなく、「提婆達多品」の事も、スッキリいくんじゃないかと思います。

それから、もう一つ。私は、初めは気が付かなかったんですけれども、東大の教授だった平川彰《あきら》博士の文章の中に、『法華経』の中には「法華経・法華経」と出てくるが、第二章の「方便品《ほうべんぼん》」には「法華経」と言ってないから、その言ってない部分が本当の『法華経』ではないか。だから、『法華経』は「方便品」が大本で、つまり、どんな人でも兎に角、仏様に成れるって事を言っている箇所が基本だと言うような説が有るんですが、これは、現在の形にまとめられた『法華経』の中の一つ一つの章の成立を考えれば、その「方便品」という第二章が最も古いに決まっているんです。しかも、その思想が、『法華経』の中の非常に重要な要素であるって事も本当なんですけれど、それが一番古いという事が、『法華経』として一番古い事になるかというと、違うんじゃないかと思ったんです。つまり、「法華経・法華経」って言ってない章が古いという主張は、そう簡単には成立しないんじゃないかと。これは、どうもやっぱり、子供の時から仏典に親しんでいると、漢文で読んでましょう。で、漢文で読んでますと、漢文の『法華経』の中には梵文のものよりはるかに多く、「法華経・法華経」って書いてあるんですよ。ところが梵本で見ると、「法華経」って言わない章が、「見宝塔品」以前だけでも、第四・五・六・八・九・十章と、幾らも有る訳ですね。だから平川博士の、「法華経」と言わないからという論拠は無くなってしまいます。それから、『般若経』以前は、〈お釈迦様〉だけは成仏できて一番偉い〈如来〉に成れるけども、他の声聞とか縁覚《えんがく》とかはだれも成れないと説かれていたのが、誰だって、正しい信仰を持って正しい修行をすれば、いつかは〈仏様〉に成れると言い始めたのが「方便品」ですから、ある意味では革命的だった訳ですね。少なくとも画期的です。しかし、そんな事は〈蓮華〉と結び付かない訳です。で、それをまあ、平川先生は、無理をして、〈蓮華〉が泥の中にいても汚れないとか、〈諸法本性浄〉とか、最後には〈如来蔵思想〉という、「誰でも、心の中には〈如来〉になる種が有る。」といった考え方と結び付け、それから又、『般若経』とも結び付けて解釈しようとされた。

ですから、やっぱりそこの所を考えると、たしかに、「方便品」には、〈サッダルマ・プンダリーカ〉という言葉も無ければ、〈法華経〉って言葉も無いんですね。しかし、これが一番基本のものであっても、この部分は、本来、〈サッダルマ・プンダリーカ〉ではなかったのであろう。もしかすると、「方便品」自体の中に、その古いお経の題名が見つかるんじゃないかと思いました。

そうすると、「方便品」の中に確か六回ほど、〈アグラ・ダルマ〉という言葉が出てきました。さらに、『法華経』に関しては、『法華経』なら〈経〉だから、〈サッダルマ・プンダリーカ・スートラ〉と、〈スートラ(sūtra)〉という〈経〉を意味する単語が必ず付いている様に思いますけれど、実は、梵本で見ると、〈サッダルマ・プンダリーカム・ダルマ＝パリヤーヤム (saddharma-puṇḍarīkam dharma-paryāyam)〉という具合に〈スートラ〉とは引っ付かないんですね。だから、昔のインド人が『法華経』の事を呼ぶとすれば、ただ〈サッダルマ・プンダリーカム〉って言うだけであったと推定されます。すると、〈アグラ・ダルマ〉というのも、〈アグラ・ダルマム〉と、こう呼べば良かった経題だったんじゃないかと考えたくなります。

そこで、「方便品」の中で、何で〈アグラ・ダルマ〉と言うかというと、〈アグラ・ボーディ (agra-bodhi)〉と言葉が沢山使われていて、その〈アグラ・ボーディ〉を、法華経の信者は、男でも女でも誰でも得られるという事を説いてあるから、〈アグラ・ダルマ〉だというわけですね。

それで、その〈アグラ〉っていうのは何かというと、〈頂上〉とか〈最高〉を意味するインドの言葉は色々有るんですけども、その中の一つで、〈最高〉も意味します。

そうすると、〈最高の覚り〉である〈アグラ・ボーディ〉というものを、どんな人でも、心掛けと修行しだいで得られるという、「方便品」が説く〈一乗思想〉を表わすには、〈アグラ・ダルマ〉という呼び名が正にぴったりだと感じられます。

ところで、〈最高の覚り〉を指すには、それ迄は、〈アヌッタラ・サムヤク・サムボーディ（anuttara-samyak-sambodhi）〉という、ちょっと舌を嚙みそうな、漢訳でも難しい字に訳されるものを用いていました。それを、簡単に〈アグラ・ボーディ（agra-bodhi）〉と言い換えて、両者は全く同じだと言い出したわけです。つまり、〈無上等正覚〉というものがどんな人でも得られると言っている、非常に有難いお経だから、〈アグラ・ダルマ（最高の法）〉と自称するのだという事になります。

まあ、恐らく、〈アグラ・ダルマ〉という名前が、〈法華経〉という名前が出来る前の、現在の『法華経』で言うと、始めの二章から十章ぐらい迄の、――その中にも色々挿入が有るんですけども――古い章の総称、少なくとも一番基本の「方便品」が出来た時の名前は〈アグラ・ダルマ〉だったんだろうということで検討してみますと、今度は、「序品《じょほん》」の梵文には〈アグラ・ダルマ〉と〈サッダルマ・プンダリーカ〉が両方とも出てきまして、それを漢訳する時、〈アグラ・ダルマ〉の方も〈法華経〉と訳しているんですね、羅什は。それで、どうも〈アグラ・ダルマ〉の方が先で、後になって〈サッダルマ・プンダリーカ〉が出来たと主張したくなりました。

すると今度は、私が本来の『サッダルマ・プンダリーカ』の最初の章だと認めたい、「見宝塔品」には、〈女性的な力〉、〈コントロールされていない力〉、或いは〈非理性的な力〉などを代表する、〈紅い蓮〉が〈多宝塔

〜多宝如来〉として出てきましょう。その原名〈プラブータ・ラトナ〉は、〈夥しい宝（蓮の実）をもったもの〉とも、〈出現した宝〉とも解釈されます。そこの〈紅い蓮〉と対照的であるべき〈白い蓮〉を想定すると、〈大地の力〉に対して〈天的な力〉を持つものであるし、〈理性的な力〉を持つものであって、それを、人格的に体現すると、〈お釈迦様〉になるはずです。

　すると、今度は又、『法華経』にはもっと凄い章が有るという人がいて、それが「如来寿量品《にょらいじゅりょうほん》」です。〈お釈迦様〉は八〇で歴史的には亡くなるけども、実は、過去久遠《くおん》から生き続ける〈仏様〉だと言うんですね。で、釈尊には〈不滅の生命〉が有るとされますが、〈白蓮華〉はその根拠にもなっている訳です。〈白蓮華〉すなわち〈太陽〉であるとみなせば、誰でも〈一乗〉により〈最高の覚り〉が得られるという、〈アグラ・ダルマ〉の主張は、「方便品」などの説明では根拠が薄弱だったのですが、インドでは昔から、〈太陽〉が昇ると〈蓮〉が花開くという考えが有りますから、〈白蓮＝日輪〉としての〈釈尊〉が法の光を与えてくれれば、あらゆる衆生は全部――〈buddha〉という過去分詞には〈花が開いた〉という意味もありますから――みんな成仏できるという考えは、きわめて分かり易くなるです。

　もう一つの、〈お釈迦様〉が歴史上の生命を超えて永遠であるのは、〈白蓮〉は〈日輪〉であって、〈太陽〉は一遍沈んでも、又昇ってくる訳で。それで、いつから〈太陽〉が存在するかという事は、仏教は宇宙の始まりを考えませんから、無始以来ですよね。で、そこのとこで、過去久遠かつ未来永劫の生命をもつ仏様という、非常に〈エターナル（eternal）〉な性格を持った、〈法身仏《ほっしんぶつ》〉に近い〈仏陀〉が考えられます。

　それからもう一つは、「従地《じゅうじ》涌出品《ゆじゅっほん》」で、地面の中から出てくる無数の菩薩を、水に付著されない〈蓮華〉に譬えていますが、その〈蓮〉は〈プンダリーカ〉ではなくて、〈パドマ（padma）〉という〈紅い蓮〉なんです。この叙述は、非常に特殊な教義を持っていたために抑圧されていた信仰集団に属する人々が、みんな将来の悟りを約束された者となるという事を示すものです。しかし、今は進化論に災いされて駄目ですけど、昔のインド人なら現在〈白蓮〉が有れば、過去にも同じような〈白蓮〉が有って、将来も有って、その〈白蓮〉は動物と違って植物ですから個体差が少なく、区別できない訳です。それから、〈蓮〉は実からも出来ますけれど、地下の根からも出来る訳ですね。これらの事を重く視れば、やがて〈如来〜白蓮〜日輪〉となることを保証された、法華集団の人々は、ただ〈紅い蓮〉という〈菩薩〉の程度のもんじゃなくて、やっぱり、〈仏様〉に匹敵する〈白い蓮〉に成れるという様な、そういう考え方も出てくるんじゃないでしょうか。こう考えれば、〈地涌《じゅ》の菩薩〉の譬えに〈紅蓮（パドマ）〉を使ったのは不用意だったのかもしれません。

以上が、〈サッダルマ・プンダリーカ〉は第一義として釈尊を指すとする立場から進めた、私の『法華経』解釈ですが、私も実は、こういう仮説が本当じゃない方がいいという思いも有るんです。この仮説が謬《あやま》りであれば、私は、推理小説を書きたいという気持も有るので、推理小説の主人公の気の狂った奴がこういう『法華経』についての説を唱えていて殺されたという設定にすると、甚だ、書き易いんですがね。だから、どなたか、この説に根本的な欠陥があることを立証して下されば、私はかえって嬉しいんです。

でまあ、『法華経』の話は、雑駁ながら終えさせていただきますが、もう一つ、『華厳経』というお経が、物凄いお経で、これは『法華経』よりも、〈構想力〉という――〈構想力〉というのは、〈イマジネーション〉っていうより、何か積極的に具体的な像を組み立てる、ドイツ語の〈アインビルドゥングスクラフト（Einbildungskraft）〉と考えていただいた方がいいんですけれども、――〈構想力〉のスケールから言えば雄大なお経ですね。

『華厳経』の「華蔵世界品」は、〈華蔵荘厳世界海〉というものが如何に作られるか、ということを述べているんですが、これがとんでもないものなんです。まず、最初は、一番下に〈風輪〉というものが有る訳ですが、これが〈須弥山微塵数〉という超天文学的な箇数で重なっています。その一番上の〈風輪〉に支えられて、〈香水海〉つまり〈香りの好い水の海〉があり、その中に、〈種種光明蘂香幢大蓮華〉という名の大きい〈蓮〉

が有りまして、計算が出来ないほど大きなその〈蓮〉の中に〈日珠王蓮華〉に支えられた〈華蔵荘厳世界海〉があるとされています。さらに、この〈華蔵荘厳世界海〉の中に、〈不可説仏刹微塵数《ふかせつぶっさつみじんすう》〉の〈香水海〉が分布し、その真中のつまり〈香水海〉の中に、〈一切香摩尼王荘厳〉という名の〈大蓮華〉があります。

この〈大蓮華〉の中に、〈普照十方熾然宝光明〉という名の〈世界種〉があります。〈世界種〉は、普通の〈蓮〉でいえば〈種子（実）〉に当たるものです。ところが、この〈実〉の中に、〈不可説仏刹厳塵数〉の〈世界〉が並んでいます。これらは水平にも上下にも配列されているのでしょうが、最も下方の〈世界〉の一つに〈最勝光遍照〉という名のものがあって、その上にも〈世界〉が重なり、合計で大きく分けて二十層になっています。ところが、各段階は上下〈仏刹微塵数〉を隔てているというのですから、〈世界種〉の中には、垂直には〈二十仏刹微塵数〉の〈世界〉が重なっていることになります。

そして、最下層の〈世界〉を〈一仏刹微塵数〉の〈世界〉が取り囲み、最上層では〈二十仏刹微塵数〉の〈世界〉に取り囲まれるので、全体ではギザギザのある〈逆円錐形〉になるはずです。このような階層の下から数えて十三番目にわれわれの住む〈娑婆世界〉がある訳です。

で、その〈娑婆世界〉というものが、大乗仏教では、〈三千大千世界〉を指すのですから、それを構成する一番小さい世界、すなわち〈須弥世界〉の直径が、大体五千万キロぐらいですね。だから、一万四千キロ足らずの直径を持っている地球なんかとはちがって、一番小さい単位の世界が、三千倍ぐらいの直径をもっている訳です。

で、この〈三千大千世界〉の三千とは、スリー・サウザンドでなくてスリー・タイムズ・サウザンドで〈千の三乗〉だから、十億個集まったものを考えている訳ですけども、それだけがまあ、小乗仏教以来の倶舎《くしゃ》学の御蔭で大きさが量れるんです。で、それが、何ていうか、『華厳経』の世界を考える、原子なのか、素粒子なのか、クオークなのか、一番小さい単位ですね。

で、それから段々逆に計算すると、一等外側の〈蓮〉も、どうにか大きさが分かる筈です。ところが、これらの構成に関わる、特別の数の名前が色々有りますが、最も大きくて重要なものとして、〈不可説(anabhilāpya)〉という数を考えているんですね。で、〈不可説〉って数は、〈アサンクエーヤ(asaṁkhyeya)〉つまり〈阿僧祇《あそうぎ》〉という、数をヒントにして創られたんです。〈阿僧祇〉って数は、〈数えられない〉という意味でありながら、『倶舎論』なんかでは数えられる様になっていて、一から数えて〈六〇桁〉で、〈〇〉が五十九ついておりまして、〈一〇の五十九乗〉とされています。

そこで、『華厳経』は、自分用の、他のところでは通じない数の名前と数の数え方を作ったんです。インドでも普通の場合は十進法ですよね。ところが『華厳経』は、〈一〇の五乗〉とか〈一〇の七乗〉迄はまあ、世間で使う数ですから、普通のやり方に従いますが、その次の数の名前はですね、〈一〇の五乗〉を中心にすりゃあ、次は〈一〇の十乗〉ですね。その次は、それの自乗だから〈一〇の二十乗〉〈一〇の四〇乗〉っていう風に次の名前を作ってく。まあ、敢えて言えば、〈自乗進法〉って数体系なんです。

しかも、『華厳経』というのは、どうも作り始めてから完成する迄に、各品が色々ばらばらに出来てもいて、また、纏められてからもまた次の形に増広されたお経です。最初のが所謂『六十華厳』で、六十巻に漢訳したので、その次が『八十巻』になって、それから、最後の一章の「入法界品《にゅうほっかいぼん》」だけを、『四十巻』に訳しました。

そういう三段階の発展が有ると、先ず最初はそれまでの最大の数とされた、〈阿僧祇〉というのが〈六〇桁〉ですから、その倍でいこうというんで、〈一二〇〉迄やると、自己の数名称を作ると、その最後の〈不可計〉は、口では説明しにくいので、書かせていただきますと――

〔六十華厳〕　$10^{5.2\ 119}$

〔八十華厳〕　$10^{7.2\ 119}$

〔四十華厳〕　$10^{7.2\ 114}$

こういう数で表されるんですね。これは、口でちょっと言えないですね。色んな、括弧を付けることができませんから。

で、『華厳経』が出来る迄は、さすがのイマジネーションを誇る仏教の世界説というものも、最新の科学的天文学と比べるとスケールの点で、負けていたんです。しかし、現代の天文学で扱う一番大きい数でも、例えば、宇宙に充満している〈ニュートリノ〉の数が〈一〇の八十乗〉といった程度です。ですから、〈ビッグバン〉で起った宇宙の中に存在している、アトムよりももっと小さい、一番小さい粒子を考えたって、その総計は、〈一〇の百乗〉まで行かないでしょうね。

ところが、〈不可説〉という数は、黒板には簡単に書けますけれど、その実体は、とんでもないものですね。人類の、歴史が始まってから、今迄に出版された、本とか、ノートブックとか、雑誌まで全部入れて、恐らく一兆冊は出ていない訳です。で、それに、一冊に三十万、活字とか字が載るとしまして、その全部を、アラビア数字の〈十進法〉の連続に置き換えても、〈不可説〉はその中にとっても入りきらない訳です。

その中の一字分に又、その世界中の書物・雑誌・帖面の字を全部マイクロフィルムで押し込んで、又その中の一字分にマイクロフィルムを押し込むということを、四回か五回か六回か、まあ、兎に角、これは、十進法で書き表わそうと思わないで下さい。世界中の紙が無くなってしまうだけじゃなくて、寿命も、いくら生まれ替わっても足りませんから。

このような恐しい〈数〉を何十回も組み合わせて作ったものが、『華厳経』の宇宙なんですね。それで、まだ他にも――仏説の有難いところではない、まあ、でたらめというか、〈構想力〉の旺盛なところに興味を持って読みますと――『華厳経』ってのはとんでもないもんで、宇宙というか〈世界海〉の構造が、蚊取線香の角が有るみたいな、四角い渦巻形になっているんですね。

しかも、その渦になっている色んなところから又、渦が出ており、その二番目の渦の要所要所から、三番目の渦が始まるようになっています。

といっても、あんまりその事にこだわっていると、『華厳経』自体がまた破綻するので、五段階ぐらいで止めていたと思いますが、こういう渦が有るのを、違った色の線を使ったコンピュータグラフィックスで描くと、『華厳経』の〈世界海〉というものの分布が、如何にとんでもない模様になるかということが分る訳ですね。

こうして、大きい方は極限迄やった訳なんですけれど、『華厳経』の面白いところは、まだ他に二つ有ります。

その一つは、一九世紀の終り頃、カントールという数学者が〈無限集合〉というものを考えて、〈無限〉というものにも、濃さが違うものがある——つまり、自然数の総和というものを考えると、一から百万でも何兆でも、数え続けるだけ有りますから、これは一つの無限だけれど、今度は、全部の小数を含めた数の総和というものを考えると、一から二迄にさえ、無限の小数が出来ますから、これは、同じ無限でも、濃さが違うんだと。で、それを提唱したために気違い扱いされ、事実、カントールも気が狂って死んでしまい、まあ数十年、認められなかった訳です。

ところが、『華厳経』の数の考え方というのは、そういう集合論みたいなものを、少なくとも千五百年くらい前に考えているんですね。

『華厳経』では、〈十〉というのは、普通の〈一・二・三・四……〉と数えた〈十〉であると同時に、あの、「有らゆる存在の総和」とみなす考えが非常に強く有ります。そうすると、それは、カントール的な〈無限集合〉、すなわち、〈アレフ〉と同じものになります。〈アレフ1・2・3・4……〉って、無限段階の〈アレフ〉まで考えているのではないか。

それからもう一つですね。あの、『華厳経』というものは、一人の人が考えたんじゃありませんし、部分によって作られた時代も違うから、色々違う立場が有ってもいいんですけれど、さっきの〈蓮〉の場合のように、膨大な数の組み合わせを試みておき乍《なが》ら、一方では、「小さいものの方が大きい」という事を言っている訳ですね。「大きいものの方が小さい」とか「小さいものの方が大きい」と。

さて、「小さいものの方が大きい」ということは、これは、時間に関しては言いやすい訳ですね。時間というものは、主観的な密度を持ちうるから、高いところから落っこちる瞬間に、自分の人生を全部見るとかいった話は、珍しくありません。呆然としている時間は、何時間有ってもまったく中味が無いけど、一瞬間に一生の事を想起できるとすれば、小さいものと大きいものの逆転とは、時間については簡単に言える訳です。

これと反対に、空間については、なかなか言えない訳です。ところが、空間についても言えるという、『華厳経』の考えが、何処から成立したかというと、どうもインド人というのは、〈構造〉の出来方を見抜かないと、非常に複雑な事を言っているようですけれど、実は、何か単純な事の繰り返しが好きで、その精神的特質を一口で評すれば、〈深遠かつ幼稚〉です。どんなに高等な理窟を述べても、基本のところはまあ、よく言えば無邪気ですが、寧ろ〈チャイルディッシュ（childish）〉と言いたくなります。『華厳経』というものを本気で研究しようとすれば、どうも一生をかけただけでは駄目で、私などは輪廻を信じてませんから、挫折のままに終ってしまいます。ですから、本格的な研究は、どなたかやって下さるといいのですが、この「小さいもののほうが大きい」とか、〈濃度〉に無限に幾らでも段階が有るといった考えは、実は意外に幼稚なものからヒントを得たのではないかと思っています。

つまり、〈インドラ・ジャーラ（Indra-jāla）〉というものと〈ブラフマ・ジャーラ（Brahma-jāla）〉というものが有るんですが、これから来てると思うんですね。で、私はまだ『華厳経』を本当によく読んでいませんから、どなたか調べて下さると有難いんですが、〈インドラ網《ジャーラ》〉というのは、〈須弥山〉の上の、インドラ神の宮殿とか、庭の上に懸かっている、網状の飾りでして。これは、網の結び目ごとに、〈宝石の玉〉が一杯ぶら下っている訳です。〈宝石の玉〉というのは、簡単に言えば〈ミラーボール〉というもので、キャバレーとか、ディスコとか、何かそういうところの天井に、完全に円くはないけれど、〈多面鏡〉みたいなもので、ぶら下っていて、反射するのが有るでしょ。それに似たものが、〈インドラ・ジャーラ〉の〈宝珠〉なんですね。

それで、その〈インドラ神〉というのは未だ、地面の上にいる〈地居天《じごてん》〉の神様ですが、後から出てきた〈ブラフマー（Brahmā）〉というのはもっと偉い訳で、この神様の宮殿の飾りは、〈インドラ・ジャーラ〉じゃなくて、〈ブラフマ・ジャーラ〉と呼ばれるんですね。〈インドラ・ジャーラ〉は、人を幻惑するので、〈マジック〉を指す普通名詞にもなっているぐらいの言葉ですけど、〈ブラフマ・ジャーラ〉の方は、それほど一般的な言葉ではありません。

しかし、『ブラフマ・ジャーラ＝スッタ（またはスートラ）』、すなわち、『梵網経《ぼんもうきょう》』というのが有ります。パーリ仏典に属する方は、短かくてあまりおもしろくなく、漢文経典の方は、インド人が作ったのではなくて、恐らく中国人が作った偽経であろうと言われています。この後者に、〈蓮華蔵世界〉ではなくて〈蓮華台蔵世界〉という、〈台〉っていう字が一字余分に付いている違いの、『華厳経』の〈蓮状世界〉から見れば、もう物凄く単純化した〈蓮状世界〉の記述が有ります。東大寺の大仏は、思想的には『華厳経』に依っているんですが、造形的には、『華厳経』に依ると絶対に造形できない訳ですから、この『梵網経』に依っているんですね。

しかし、『華厳経』の華厳思想の影響を受けたお経の中に〈梵網〉という題が有るのは非常に面白いんで、その〈梵網〉の〈ミラーボール〉を考えてみると、天空に、一つの風鈴みたいな〈宝珠〉ですけれど、〈鏡〉として作用するものが有りますとね、これは、宇宙の森羅万象を映すこと出来る訳ですね。それで、さらにもう一つ〈ミラーボール〉が有る訳ですが、今度はそのもう一つのところに、さきの森羅万象を映したものが映る時は、極限でいけば点になってしまう訳です。それから、さらにもう一つの〈宝珠〉に映ると、その、森羅万象の自乗みたいなものを映してるものが、次のでは、また点になるわけです。で、こうして映してゆくと、重なりは無限で、ものの濃度が無限に高まる訳ですね。

そこのところで、もう一つ、今度は、「小が、何で大よりも大きくなり得るか」という問題を解く鍵がみつかります。

この問題を、二つの〈ミラーボール〉の大小によって考えますと、それらの直径よりも直径の小さい同じ大きさの輪をそれぞれに接触させると、それによって区切られた凸レンズ状の球面ができますが、小さい球の方が、その中心と作る角度が大きくなりますから、曲率が高いことになり、直径が同じ凸レンズでも、より広く外界を映し出せるわけです。つまり、同一面積に映る外的存在の濃度は、小さい場合の方が高いので、〈濃度〉を〈大きさ〉にすり替えれば、〈小さいものの方が大きいものよりも大きい〉というパラドックスが成り立つのです。ちょっとインチキのようですが、〈小さい球〉の方が、〈より大きいもの〉を映し出し・包含しやすいのですから、まんざらデタラメはないでしょう。

そういう意味で、空間的にも、そういう濃い要素を中に持っているものの方が大きいという考えをいたしますと、「小さいものの方が大きいものよりも大きい」という主張が成り立ちます。

さらに、これに関連しまして、『華厳経』の、〈法界〉つまり〈真理・真実の世界〉の特質に関する、重大な主張も納得しやすくなります。『華厳経』では、先ず理々無礙《りりむげ》〉——。〈理窟〉乃至〈原則〉同士は、お互いに礙《さまた》げにならないという事があり、それから〈理事無礙〉ってのが有って、最後に〈事々無礙《じじむげ》〉ということを説きます。

で、〈事々無礙〉というものの考えは、〈物質的な存在〉と〈物質的な存在〉がお互いに邪魔をしないということなんですけれど、これは、普通、たとえばコップの中に、水を一杯に入れれば、さらに、ウイスキーを、また一杯は入れられない訳ですけれど、〈事々無礙〉の世界ではそれが出来る訳です。或いはまた、新幹線ですが、もし単線でも、博多から来る列車と東京から出る列車が、同じレールの上で擦れ違っても、列車も、乗客も無傷でありうるという、そういう世界ですね。一番簡単なことを言えば。

で、それは何だというと、〈ミラーボール〉が〈ミラーボール〉を映す時に、本当は困ったことが有ったのは、〈ミラーボール〉そのものが邪魔になって、〈ミラーボール〉の背後のとこが映らないってことが起ることです。〈鏡〉というものは、ものを映す為に反射しなければならないが、反射すると、〈鏡〉自体の後ろとか〈鏡面〉自体は見えなくなるということが起りますが、それでもまあ、時刻によると、バスのガラス窓から外を見ていたりすると、向うの方も少しは見えるけども、同時に、反射して〈鏡〉のように自分の姿も見えるなんていうことが、たまには有りますね。

それで、〈ミラーボール〉ってものがですね、映すことも出来るけど、自分が妨げにもならないということが有り得るという発想さえすれば、それをちょっと転ずると、〈事々無礙〉の世界になるという訳です。

しかし、単に物理的な〈事々無礙〉なんていうものはあまり有難くないんで、それはまた〈心〉の問題に転化されて、その〈心〉が本当にこだわるところが無ければ、本当はぶつからなければならないものまで、ぶつからなくなる、という様なことを説いているんじゃないかと思われます。本当に、これは——インド人というのは色々と大袈裟なことを言うんで、ジャイナ教だってまあ、凄いことを言いますけど——やはり、世界中のいろんな人間の考え方で、仏教の中の或る種のもの程、人間の〈想像力〉っていうか、さっき申し上げた〈構想力〉というものの、何処まで行き得るかという極限を、追求し、記録している例は無いんですよね。

で、そういう貴重な成果が、世界文学全集なんかの中に——まあ筑摩の〈世界古典文学全集〉に少しはお経が入っていますけれども——、まあ、重要なお経を、普通の人が分かる様な形で載せるとすれば、やはり、ただの書き下しでも、ただの現代語訳でも駄目で、膨大な語釈・解説が要るんだと思います。だから、オリジナルの十倍ぐらいの紙数は費さなければならないけれども、それだけの値打は十分有るんだと思います。

でまあ、私は、有難いことには無感覚で、もし地獄が有れば地獄に落ちるに決まっていると、そこはまあ、腹を括っていますけれども。どうもやはりお経というものは、読むと、他の文学に絶対無い、文学的価値が有ると常に感じさせられます。さっきの〈集合論〉なんかは、普通の文学じゃ扱えないものが、今から千五百年前に文学になって、比類のない大芸術として残っていると思うんですね。まあ、そういう面白さが有るってことを人に吹聴すると、少しは、地獄に滞在する年数が短くなるという期待も持っておりまして。まあ、変梃《へんてこ》で、雑駁な話を長々といたしまして、申し訳ありませんでした。

【質問】大変独創的なお話で有難いんですけれども、そういう先生の独自の着想は、どういうところから出てきたんですか？　仏典を一生懸命読んでおって、そういう風にアイデアがっていうか、お考えが？

【回答】いや、そうじゃないんですね。本当は仏典は読みたくなかったんですよ。只、私は、最初は、インドに於ける宇宙論の中の、段々時代が悪くなるっていう説とか、他の〈時間論一般〉もやろうと思ってまして、それで文献を集めましたら、終に、本当に馬鹿さを絵に画いた様なことになって、〈時間〉の文献を集める〈時間〉が無くなっちゃったんですね。やたら増えてしまって。

しかも、仏典でも、他の典籍でもそうなんですが、〈時間〉っていうのは、文書を読めば何処にだって出てきますから、データを採り切れないんで、それで、〈蓮〉ならば、まあ三十年ぐらいで出来るかなと思って、〈時間〉は放棄した訳ではなくて、〈時間〉の研究をする前に、〈蓮〉のことをちょっとやってみようと思ったら、やっている内に、二百何十年とか、今はまあ、大体、一人でやれば、十万年は掛かるだろうっていう見通しになって来ました。〈蓮〉だけでですね。

まあ、世間の中には、ブラックホールだとか、ホワイトホールだとかに似た、何だか分からないものが充満していますから、その中に入れば、うっかりすると出られなくなってしまうということが一杯有る訳で、でまあ、〈蓮〉をやり始めてしまいましたら、仏教〈お経〉ってものはやっぱり、非常に体系的に保存されておりますから。インドの梵文学の原典なんかは、一番最近に出たのは百年前に出た本とか何とかって有って、幸に入手できても、ページを捲ると、パラパラッと、粉になってしまうとか、そういうものに比べれば、仏典ののは非常に読み易い訳ですね。

そういう意味でまあ、どうしても、網羅的に読まないと、誰かの何かを研究するっていうんならいいんですが――〈蓮〉ってなると、こう、ノッペラボウにやんなければならない。それが、全体として出来るというのは、一番有難いのはお経だというんでね、そういう縁で、まず『法華経』を読む様になりました。

それから、もう一つは、私は、ものを〈見る〉ということが嫌なんですね。〈見る〉ということは何だっていうと、向うに有るものを見せられてしまうから嫌だってことです。で、本当は、私は寝てたい訳ですよ。ま、微睡《まどろ》むか。

ですけれど、目を開けた時はまあ、〈見せられてしまう〉んじゃなくて、こっちが〈見る〉っていう積極的な働きも少しは持ちたいっていう心理が、かなり臍曲りに働いているのかもしれないんです。また、前人の色んな説というものを、有っても全然気にしないで〈見る〉と、案外、こう素直にものごとの真相が見えてくるだろうという期待も抱くんです。

だから、非常に捻くれたところと素直なところが結び付いて、別に変なことを考えようと思っているんじゃないんですけれど、私が考えるとまあ大体、横紙破りの意見が出てきてしまうのは、生まれついての因果ですね。

【質問】それで、先生も御存知だと思いますけど、インド人が〈0〉を発見したんですよね。

【応答】はい。

【質問】数学的にですよね。

【応答】はい。

【質問】だからその、大変論理的な頭を持っておりましてね、

【応答】はい。
【質問】だから、仏典も多分、大変論理的に出来ていると思いますけど、
【応答】はい。
【質問】ただインド人のそういう特質がね、まあ、基本級の物凄い構想力といいますか、そういうものと裏腹にあるんじゃないかと、
【応答】そりゃそうですよ。
【質問】まあ、常識的に考えられますけど。
【回答】ただインド人ってのもね、色々不思議なとこが有って、〈0〉を発見したのは偉いんですけどね、どうも〈円周率〉ってのは嫌だったんじゃないかって思うんですよね。あんまりはっきりした事は言えないけども、〈3.141592……〉なんていうのがバーッと並んで尽きないのは、どうも、インド人の考え方からすると、もっと本当はキチッとした数であるべきだというんで、どうも〈円周率〉は〈3〉だと思いこんでいた時期が、かなり長いんじゃないかと思います。で、そういうんだと、インド人的な考えで、海苔のカンなんか作れば、直ぐ湿っちゃう訳なんで。

それから、インド人は、大きいところは、ま、無限に大きくやりましたけれど、小さいところの考えは、今の、西洋文明が発達させた考えよりは、遥かに大きいとこで、中途で止まってるんですね。

だからまあ、兎に角、人間の考え方っていうのは、まあ少し気違い染みたとこを含めて、ここ迄考えられるんだっていう事をやってくれたっていう点では、どの民族もなかなかのものですが、インド人というのは、特に掛替えのないものだと思います。

［「駒沢大学仏教学部論集」第二五号　一九九四年一〇月］

# インタビュー　蓮を究める

聞き手＝田村治芳、目時美穂／構成＝皆川秀

## 一人でやりゃあ十万年

蓮ね。嫌いじゃないけど、それほど好きでもない。わたしは、やらなきゃならないことはやらないわけだ。やらなくてもいいことしかやらないと、かなり若いときに決めているから。だからこの世から蓮がなくなったって、わたし自身はそんなに悲しくないだろうと思う（笑）。興味をもったのは昭和三五年ぐらいから……いま、昭和でいうと何年なんだ？　昭和八四年？　だからね、五十年ぐらいですかね。

大学のころには、まだ「時間」のことをやろうと思っていたんです。それに必要な文献を三百冊に、論文を三百ぐらい集めて、それを読んだ上でこっちの考えを立てていこうと思ったんだけど、本を集める時間がないという、バカなことに気がついた。それに時間は生きてさえいれば存在するわけだから、牢屋へ入っても研究できるということが一つあったし、それで「時間」はやるにしても将来、たまたまインドの詩をやることになっちゃったから、蓮ならわりに簡単に、まぁ、簡単といっても二、三十年はかかると思ったけれど、三十年ぐ

らいかけて蓮を扱いながらなにかを組織的にまとめる稽古をすればいいと思ったわけです。

　梵文学を選んだのは、成績が悪くても進学できるということと、志望するやつが少ないからです。ただ偶然ながら、そこで辻直四郎《なおしろう》先生にお目にかかれたのは非常な幸いだった。ふつうの先生なら、学生が少ないから授業は喫茶店ででもやろうというところ、辻先生はたいへん厳密でした。先生の出身の言語学というのは、人文科学のなかでは一番自然科学に近い、自然科学的な法則が立つ学問だから。先生のような何十年に一人の秀才が、ものすごく勤勉に勉強されるのを見て、逆に学問の恐ろしさというものが、かなり早い時期にわかりました。

　インドの詩には蓮と睡蓮がやたらめったら出てきます。蓮の場合は基本的に赤い蓮と白い蓮なんだけど、睡蓮の場合は、昼間咲く蓮と、夜咲く蓮があって、夜咲く蓮は「お月様の恋人」だったりと特別なニュアンスもある。それがわからないと、詩というものがわからないのに、ヨーロッパのほうでは蓮と睡蓮の差も気にしないヘンなやつが翻訳したり研究したりしているんです。蓮に関する根本的な事実、基礎的な研究をしている人が驚くほどいない。それでまぁ、自分のやっているインドの叙情詩とのつながりの上でね、蓮のことを調べてみようと。

　ところが、その蓮が終わらない。やってくと、蓮に関連するものが無限に拡がるんですよね。砂浜に、ちょっとした池を掘るつもりだったのに、周りが崩れて泥沼になって境目がわからなくなる。あるいは、望遠鏡を大きくすれば見えるものが増えるけど、増えたぶんだけ関連がますます複雑になってくる。

　一人でやりゃあ十万年、という感じです。終わらないわけよ。だからその前に、めでたいことに人類が滅びる。一人じゃ、あらゆるところに目を向けることはできないでしょ。だからまず、人間が労働から解放されないと蓮の研究はたいして進まない（笑）。

　ま、数えかたによっては、べらぼうに違ってくるんだけど、梵語の字引きには三百五十ぐらい蓮を表す言葉が出てくるんですよ。単語じゃなくて「水から生じたもの」とか「池から生じたもの」「泥から生じたもの」というように、「水」に当たる言葉とか、「生じた」という動詞もいろんな形があるでしょ。それだけを組み合わせても二十や三十になる。実際には五百以上もあってね。さらに、後世の人が「蓮」を表す新語を勝手に作ろうとも意味がわかれば通用するわけだ。現在でも梵語の詩を作る人はラテン語の詩作者よりも多いんです。つまり、それだけの数の詩のなかで、字引きや文学史に載っていない「蓮」が作られている可能性があるわけで、これはきりがない。

もちろん、日本語でいう蓮に当たる言葉もある。インドの言葉というのは、方言まで分ければ九百種にもなりますけど、大きく分ければ、侵入してきたアーリア人のアーリア語と、ドラヴィダ人を含むタミル語、ムンダ語の三つでしょ。で、そのうち、もとアーリア人がいた所には、蓮はなかったようなんだ。だからおそらく、梵語における蓮という言葉は、タミル人とムンダ人に接触してからのもので、それでも単語だけで数十じゃきかないね。

蓮は泥のなかから生じたけれども穢れない、というのは、もともとインド人がいいだしたことなんだけど、ほとんど仏教でいわれることです。仏教以外では大叙事詩『マハーバーラタ』の一部分『バガヴァット・ギーター』と、ジャイナ教のお経のなかに一回ずつ出てくるけど、これは仏教から採りいれたものかもしれないね。というのは、濁世《じょくせ》というぐらいで、世のなかは穢れている、そのなかで穢れないのは立派なことだという認識は、おそらく仏教徒特有の考えかただからなんだ。それから「悪人同士の友情なんてものは、蓮の葉の上に載った水滴のようにすぐにどこかへ転がっていってしまう」といった喩えが『マハーバーラタ』にあるように、「蓮の花が水に汚れない」というのと「蓮の葉の上に載っている水滴が汚れない」というのは、似ているけれどもちょっと違います。

逆に、仏教と蓮はそれほど深い結びつきではない、とも考えられる。古い時代の経典や、それこそお釈迦さまが在世されていた時代に作られたかもしれない詩のなかにも、超越的で汚れない蓮を讃えた言葉が何十かはあります。大乗仏教になってから、浄土三部経とか法華経、華厳経といった、蓮がなければ成り立たないところは出てくるけど、それが教義の中枢に結びつくという状態は、長いあいだなかったのね。

## 千百億の世界

日本人は、シナ人の空想は大げさだというけれど、それよりまた比較にならないくらい大げさなのがインド人の空想です。そしてインド人のなかでも仏教徒の空想、いわゆる原始仏教はそんなに大げさではないけど、特に大乗になると、バラモン教、ヒンドゥー教、ジャイナ教の空想よりも大げさになるんです。お釈迦さまは人間でしょ。人間出身の仏さまが他の神様に負けないようにするには、超能力を付加したくなるわけですよ。

たとえば、蓮の大きさでいえば、唐の文人・韓愈《かんゆ》が「蓮花十丈藕如船」、つまり蓮の花は直径三十メートル、蓮根は舟のようだ、というのがシナ流だとすると、インドでは、はじめは車輪の大きさ、直径一メートルぐらいだったのが、大乗仏教になると三千世界より大きいなんてことになる。インド人は、現在の自然科学でいっているアトムとかクォークに至るような、細かいことは考えられないのね。「極微」、パラマーヌというんだけど、そういう物質のほうは、電子顕微鏡を使わなくても見えちゃうような大きさしか考えられない。ところが、大きいほうは限りなく伸びる。しかし、数学的な無限という考えは持てなかったんですね。変なもんだけど。

さらに華厳経になると、ふつうのノートに書くくらいの大きさの算用数字を、宇宙の端から端まで書くとして、その一つ一つにマイクロフィルムが入っていて、そのなかにまたマイクロフィルムが入っているというのを何回か繰り返さないと表せない巨大数が出てきて、それを組み合わせたものが蓮の大きさとなる。蓮のなかに蓮が咲いていて、そのなかに海があって、そのなかにまた蓮が咲いている。そういう蓮を組み合わせたものが、華厳経の「華蔵世界海」。それまで、最大の数名称とされていた「数えられない」という意味の「阿僧《あそう》祇《ぎ》」なんて、十の五十九乗で、華厳経がつくり出した、「アナビラーピヤ（不可説《ふかせつ》）」に比べたらクォークにもあたらないんです。その「不可説」を組み合わせて、やっと華厳経の巨大蓮の大きさになるんですよ。

だから現実的な造形はできません。ただ、そういう考えではあまりにもわかりにくいというので、たぶん、シナ人が作ったのが梵網経《ぼんもうきょう》なんだ。毘盧遮那仏《びるしゃなぶつ》が乗っている蓮台、その蓮の花びらは千枚しかないけど、その一枚一枚に一人ずつお釈迦さまがいて三千世界があって、その一人一人が三千世界に教えを広めているというのね。これを千百億の世界といいます。シナでは最初、完全十進法だったから、一、十、百、千、万ときて、次の億というのが十万だった。しかし実用的に最大の数が十万じゃ足りないと、百万、千万と大きくされて、やがて億はわれわれのいう億を指すようになった。梵網羅での億は千万ですから、だからその数えかたで千百億です。

百億といっても、千の三乗、われわれの十億なんですよ。仏教ではいちばん小さい世界でも何千万キロの直径があるといっていますけど、その世界が、アイスクリームのコーンのように上のほうへ行くと、千箇集まっていて、一小千世界と呼ばれている。で、小千世界がまた千個集まったのが二千中千世界。その上に三千大千世界というものがあるというんで、千かける千が百万、その十倍だから十億、つまり、それが東大寺の大仏の蓮台の花びら一枚一枚にあるわけだ。だから蓮の花びら一枚に十億のお釈迦さまがいて、それが千枚あるからシナの千百億。

と、これは口で説明すればわかるでしょう。だけど華厳経の世界はわからないから、わかるようにと作った縮小版が、梵網経のなかに出てくる仏さま蓮台なんです。華厳経では、大きいものより小さいもののほうが大きい、小さいものより大きいもののほうが小さい、というような逆理もいわれていますが、これは数ではなく密度でいっているわけでね。

＊

インドは「幻《げん》」、中国は「文《ぶん》」、日本は「絞《こう》」の文化であるとしたのは、江戸時代、大阪の町人学者だった富《とみ》永仲基《ながなかもと》の『出定後語《しゅつじょうごご》』に出てくる有名な言葉。それぞれの文化的背景、文化を生み出す背後の力、というか状況を一語で表した言葉です。富永さんは、たしか三一ぐらいで若死にしたんだけど、一字に要約したのは相当に偉いと思う。

「幻」の偏は「糸がしら」でしょ。細くて見えにくい糸の先が、機織り機からちょっとしか見えていないから、薄暗くてますます正体がわからない、というのが「幻」。「文」はもともと入れ墨のことですね。人間の身体を入れ墨で飾る、それで飾るという意味になった。「絞」は、糸を二本、くの字とその反対の形にしたものをまんなかで引っかけて、はさんでしぼる。この表現と、それぞれの国での蓮の捉えかたの違いか。まぁ、無理に当てはめようと思えばね。これがまたいろいろ、複雑なことがあって。

お釈迦さまの時代のインドの人口が一億人ぐらいだったという統計があります。わたしはあまり信用していないんだけど、数千万はいたと思うのね。それでもインドとシナの人口で、当時の世界人口の半分。で、両方とも歴史が長いでしょ。産業革命以前は、おおかた農業と勤勉な労働に依存しているわけで、インドもシナも文化的生産性が高かったといえる。

ただ、インドの場合、紙に書き写すより口伝えが多く、逆にシナはなんでも記録するという主義だから、人口も同じくらいでどちらも歴史ある国なのに、残る文献の量は十倍じゃきかないんじゃないですかね。シナのほうが多いわけ。文献の数からいうと、シナ、インド、日本と十分の一ずつ少なくなっている。

シナ、インドという国土も大きく、想像力も発達している両国の影響がある上に、日本人の根性が小さいから、おそらく俳句というものが生じなければ、日本の蓮の文芸というものは、シナ、インドに比べて二流になったでしょうね。

そして、ここで忘れちゃいけないのは、蓮に関して非常に優れたものを作っている朝鮮です。朝鮮ではシナや日本に比べて絵を描く人を高くみないのね。だから、文人はいても絵画は発達しなかったけど、陶器、磁器が発達した。シナの陶磁器も美術的に悪くないいんだけど、後世あまりにも巧緻になるから、どうしても工芸と感じるものが多いのよね。朝鮮のものはヘタウマ、というか心にしみてくるところがあって、いまさら物なんか持ちたくないけど、何か一点というなら、わたしは朝鮮の陶器がいい。蓮ならたぶん、磁器より陶器のほうがいいもの、ありそうだね。

## 三千五百年の文化史

日本では、蓮は暖かいところにありそうなイメージだけど、あんまり暑くないほうがいいんじゃないの。ヒマラヤのふもとにいっぱい蓮が咲いているという仏典が大変多いですね。インドは広いから、北に咲くのと南に咲く品種は違っているんじゃないかという気がしてね、そういうことはわりにつまんないことだから、特に興味を惹かれるでしょ(笑)。

法華経の「妙法蓮華経」の蓮華は、本来は白蓮華で「プンダリーカ」といいます。プンダリーカ地獄というのがあって、プンダリーカを赤いとする経典もありますが、漢訳ではだいたい白いということになっています。それでね、赤い蓮を指す名前は百ぐらいあるんだけど、白い蓮を指すのは、ムンダ語から発生したらしいこのプンダリーカの他にはないわけね。シュヴェータ・パドマという語に代表されるように、白いという形容詞をつけた形はあるけど、一字で白蓮を指すのはプンダリーカしかない。

パドマというのは、広い概念では蓮、睡蓮の全部を指します。さらに白いという概念までパドマに含ませることもできる。もっと絞りこむと、最後に赤い蓮が残るわけ。ところがプンダリーカには、色の修飾語がついている例は、ものすごく後にならないと出てこないんですよ。だから、プンダリーカといえば白い蓮に決まっていたんじゃないか。ある仏典の偈《げ》に「雪のように白いプンダリーカ」とあるように、北のほうではプンダリーカは白いと思っていたのか。あるいは、蓮を指す言葉が五百もあるのに、一つしかないというのは、白蓮華自体もともと少ないんじゃないか、などと思うわけですよ。

紀元五世紀ぐらいから、セイロン島へ渡った坊さんが、セイロンの文献にメチャクチャな注釈をつけはじめるんです。花びらが百枚以上あるのがパドマで、百枚以下のものがプンダリーカだとか、白いのがパドマで、赤いのがプンダリーカだとかいうのが一番権威のある人の文章のなかに出てくる。だから当時は、インドでも、どこらへんかから南では、白い蓮はなかったんじゃないか、プンダリーカの実物を見ることがなかったんじゃないか、とも思えるんです。日本では、キリギリスとコオロギが逆さまになった例があるように、土地が広くて人間もたくさんいて、千年以上も経つと、仏教徒にとって重要なものでもひっくりかえるということがあるんじゃないか。

蓮は、日本には仏教を通じて伝わったわけです。仏教というのは漢訳されたものが多くて、そこでデタラメなことになっているんです。シナ人が誤訳したり、そもそもシナに仏教を伝えた中央アジアの訳経僧が、ごく初期の時点から見てきたようなウソをついている。それが、たとえば法華経の解釈にも災いしているわけです。法華経は、外部の人間には簡単には理解できないように防衛装置がついた秘密経なのね。だから鳩摩羅什《くまらじゅう》にしても世親《せしん》にしても、法華経の真理はわかっていない。

羅什の訳した法華経は、名文だけど原文に忠実ではないだろうといわれます。シナ語として通りがいいように書いたんだとか、勝手に足したんだとか、たしかに羅什の都合で変えたところもあるんだけど、基本的な事情はそうじゃないんですよ。つまり当時は、法華経の前にシナに入っていた何百というお経のすべてが、お釈迦さまの口から出たありがたいものだとされていたわけ。だけど法華経は、元来、法華経だけが真実だというものでしょ。ただ、法華経以外のお経は、聞く人が成熟していないから仮に説いたものだなんていったら、他の人が収まらなくなる。羅什は、その両方を成り立たせるために、法華経は大乗の一つだということにせざるを得なかったんです。そして直訳すれば「正法《しょうぼう》蓮華経」となるところを「妙法」としたのは……。

いや、やめようや。蓮の話にしよう。日本人には白い蓮が特別に清らかなものに思えるだろうけど、インド人はそんなことを言ってはいない。インド人にとっては、別の意味で白蓮華でなければならなかった。地上の行者が太陽に向かって「あなたは天の領域のプンダリーカだ。願わくは、わたしをして地の領域における唯一のプンダリーカたらしめたまえ」というのが「ブリハッドアーラニヤカ・ウパニシャッド」という、古さでは一、二を争う代表的なウパニシャッドのなかにあるんですよ。

つまり、法華経における白蓮華は、蓮華であると同時に太陽であったということ。仏さまを蓮華にたとえることや、太陽にたとえる例はいくつもあるんですが、一つの言葉で蓮華であり太陽であるとするのに、シンボリズムとしてプンダリーカを使うというのは非常に都合がいい。法華経という、ただ唯一真実の教えと、ただ一つの白蓮華、太陽。一と一の結びつきになっているわけね。そして、プンダリーカとは、唯一の法の開示者である日輪のごとき仏さま、と、こういう意味にならないとだめなんだね。

もとをたどれば、エジプトの睡蓮のシンボリズムが東に渡って来て、インドで睡蓮から蓮に変わったんです。それから、メソポタミアの理想的なオアシスにおける「生命の樹」と、やがて一体化することになる。つまり、文明の極西から極東へ渡って行くなかで、宗教文学としての使命をだんだんに拡大したわけだけれども、やっぱりインド人の総合力がなければ法華経も、その土台すらなかったと、そういう気がします。

こういうことをもれなく調べないと、こうだ、とはいえないわけね。それにこれまで生まれた何百億という人たちがやってきたことを、たかが百年も生きられない人間が一人でやろうと思ったって無理に決まってんだよね。ものを正確に究めるということはものすごく困難。そのうえ、火山のてっぺんがすっとんじゃったように、遡及してかなりのところまで調べがつくけど、最後のところが残っていない例があるでしょ。代表的なのが、お釈迦さまがなにをいわれて、どういうことをしたかということ。現存する一番古いお経を調べればわかるだろうという、その努力は尊いけれど楽観的なんだ。わかりっこないこと、だけど、やらなきゃならないことでわからないことが残っているのは、いやな感じだね。

睡蓮を入れればもっと長いけど、蓮だけでも三千五百年ぐらいの文化史がある。彫刻や絵画にも残っているけど、主体である文献を読もうとすると、日本人の場合、漢文やサンスクリットができないといけない。梵語の文法だけなら一年やそこらだけど、文法なんてあってないような漢文は、できるやつでも十年はかかるし、その上で蓮が好きだから調べようってやつはいない（笑）。仮にいるとしても、親の代からよっぽどの金持ちか、よっぽど泥棒のうまいやつじゃないと続かないし、やれば必ず貧乏になるから結果的にやるやつがいない、と、そういう状況です。

ま、だから、蓮がなくてもいいけど、あったほうが心豊かにはなる。蓮のこと調べていれば退屈しのぎになるし、借金のこともしばらく忘れていられるから（笑）。

［「彷書月刊」二〇〇八年二月］

# 対談　輪廻転生――死の思想の源流をさぐる

出席者＝鈴木清順、松山俊太郎／聞き手＝長部日出雄、佐藤重臣

**佐藤**　きょうは鈴木清順さんとインド研究家の松山さんというへんな組み合わせで、今月号のテーマである〝死と暗闇のエロス〟について語っていただきたいと思います。ちょうど三島由紀夫さんの切腹で、死というものがぼくたちの前に大きくクローズアップされてきた。三島さんはきっと、転生、蘇りみたいなものを信じたんじゃないかという意見もあり、そのへんからこの対談を企画したわけです。清順さんはこんど『木乃伊《ミイラ》の恋』をつくり、これは、出羽三山の生きたまま棺桶にはいったやつが鈴を鳴らしながらまた出てくるというような、ミイラの蘇りの話で、究極的にはインドに興味がおありのようだし、松山さんにはインドの話をしていただこうと思う。おそらく噛み合わないでしょうが、それはそれでいい。長部くんと一緒にお話を聞くという形で進めていきたいと思います。

**鈴木**　きょうは松山さんに色々うかがうのを楽しみにしてきた。

まず、インドの仏教がいまどうなっているのか全然わからない。ミイラの根本を考えれば輪廻転生で、湯殿山のミイラも輪廻転生を信じたのだろうが、実際はそうじゃなかったのだという説もある。そうじゃないというい伝えもあるので、いよいよわからなくなるんですが、仏教的にいえば、輪廻転生というのは弥勒信仰か

らきているわけで、現在のインドにはそういう信仰はないでしょう。

**松山**　ぼくもインドのことはよくわからないんですが、要するに、輪廻転生という信仰がおこる前からあるもの。仏教の前は正統派ではバラモン教で、それではいっぺん死んでまた死ぬ――〝再死〟ということが非常な恐怖になっている。それは非常に困ることなんで、むしろ輪廻をとめたいということがインド人の眼目だった。だから、ほんとうに悟りを得ない間は、お釈迦さまですら四アソーギ十万劫《こう》……十万劫の劫は仏教だと数学的に出てこないが、インド教で一劫は四三億二千万年。仏教でいえば一ユウジュンといって、何十キロもある立方体の岩を百年に一度天人の裳裾《もすそ》がふれ、岩が全部すれてなくなるのが一劫。おそらく十の百乗ぐらいの年月の間、生き返り死に返って修行しないと仏陀になれない。なれないうちは、いいことをしたなら天へ行くし、悪いことをしたら地獄へ行く。それをめちゃくちゃに繰り返さなければいけない。繰り返している状態が菩薩というわけで、これはお釈迦さまになれる素質があるという意味で、仏陀候補生みたいなものです。十の百乗というような天文学的な年月を経てやっと涅槃《ねはん》に達する。悟りを開いて涅槃を得れば、ローソクの火をフッと吹き消すみたいになくなっちゃって、もう輪廻しない。だから、お釈迦さまはいっぺんこの世に生まれてきたが、二度とこの世に再臨しない。キリストみたいに再臨しない。そういう意味で、インド人には輪廻、生きているというのは苦だという考えがある。

　生きているのがうれしいという日本人には生きているのが一番いやだというインド人の考えは、どうも実感としてピッタリこない。なぜインド人は生きているのがいやかと考えると、気候が酷烈だし、人口が多く、いつもすごい飢饉におそわれているからです。それだから、輪廻は打ち切らなければいけないと考えるわけ。だから反輪廻だと思う。

　だが、せっかく生まれてきたのだから、いい世界がなければ困るというのが、浄土の考え方で、阿弥陀如来、阿弥陀菩薩を信仰する宗教がでてきた。

また、その一方で、お釈迦さまはそれ以前の神さまを全部否定した。お釈迦さま以前で一番偉い神さまはインドラという神さま。この神さまがお釈迦さまに教えて下さいと頭を下げてくる。お釈迦さまのほうが偉いわけだ。だが、死ねばふっとなくなっちゃうというのでは、ほかの宗派に対抗できない。そこで考えたのが阿弥陀如来の浄土とか、法華経の世界。こんど生まれるときはハスの上に生まれ、成仏する。

**鈴木**　結局、バラモン、ヴェーダに反抗し、くつがえそうとしたのが釈迦。バラモンというのは貴族文化ですね。それに対し、釈迦は土俗的な信仰。その前にジャイナ教なんかがあるが……。要するに、貴族文化にかわる民衆の文化、土俗信仰だと思う。

**佐藤**　バラモンの貴族的な信仰と結びついた感じがあるのですか。

## 仏教は一つの球である

**松山**　土俗信仰といっても、広いから、非常に低級なものから高級なものまでいっぱいあったでしょう。そもそもジャイナ教と仏教はヒマラヤの山麓近いところで発生したかなり高級な宗教で、釈迦は、アフガニスタンを通じてはいってきたアーリアン人種の正統じゃなく、ネパールなんかの土着の王様でしょう。正統アリアンじゃない。だが、小さくとも王様だから、土着信仰もあったかもしれないが、立場からいうと、原始的というより、もう一段高い。つまりバラモン教の否定なんです。一つは階級の否定、もう一つは超越的なものを全部否定してしまう。非常に徹底的だったわけです。

ジャイナ教の場合は死んでしまうと、天のほうが丸い天井みたいになっていて、人間は物質的なもの、それに魂的なものがあるという二元論で、その魂のほうが天のほうに浮き上がっていって風船みたいにみんなつかえてしまう。ジャイナ教というのは非常におかしな宗教で、物質と非物質の二元論がきちっとしているから、像なんかをみても独特です。ヒンドゥー教はすべてまぼろしみたいな形で現象が出てくる。ある意味では空で、ヒンドゥー教はもやもやしている。ところが、ジャイナ教はものすごくカチッとしている。

お釈迦様は輪廻についても、その当時の人にとって、神さまや輪廻はそう簡単に否定できないから認めているけれども、形而上学的な思弁について、そうだ、そうじゃないという判断をくださない。生きていくうえで必要な、実践的なことしか考えないという立場があったわけ。それも後世の仏教とも全然違う。

だから、へんな話だが、仏教は一つの球じゃないかと思う。その玉の中だったら、どこにいても仏教といえる。もちろん相反したものもある。理想といっても、自分が実際に実践できるという意味での理想もあれば、無限大のかなたに投影した理想もある。仏教というのは、まったくなにがなんだかわからないところがある。いまもわからないし、ぼくなんか、これからもわかる可能性がないように思う。ただ、まじめになれば、そのうちだれかの手で徹底することができるとは思う。たとえば、弘法大師なんかの真言密教は即身成仏で弘法大師は死んだんじゃなく生きて休息しているみたいな形でいると考えている。

**鈴木**　たしかに仏教のことはモヤモヤしているけれど、いわゆる輪廻転生というのは、弥勒菩薩が五六億七千万年のあとに生まれ変わって、そのとき肉体がなければ困る。そのために自分の肉体を残す。それがミイラであるというのが一つの定説。三世紀ぐらいにシナにはじまって、日本にきたのはだいぶおそい。たぶん一一世紀ぐらいで、それは風土的なものもあるでしょうが、最初のミイラは鶴岡にあります。コウチ仏というお坊さんが最初のミイラで、それ以後、いわゆる出羽三山湯殿山にミイラがたくさんある。

ミイラには宗教的なミイラと信仰的なミイラがある。藤原三代のミイラはそのどっちかよくわからない。弘前や米沢にもある。米沢のほうは六十何歳の殿様のお母さんかなんか偉い人なんですよ。これは宗教的なものじゃなく、たまたまミイラになっちゃったもの。湯殿山のほうは完全にミイラになろうと思ってやった。

おもしろいのはコウチを除いてあまり偉い人はやっていない。湯殿山のミイラは坊主のうちでも一番位が低い一世行人《いっせいぎょうにん》がミイラになっている。真言密教だから、空海の海をとってナニナニ海となっている。ミイラになった人はなにを信じたのかよくわからないが、伝説的には、ベトナムの焼身自殺と同じで、民衆の苦の代弁という傾向が強いようです。自分の輪廻転生じゃなく、他のためですね。

　それから、湯殿山のミイラについて伝わっている話には、エロというかワイザツというか、一物を切る話なんかある。階級の低い坊主だから、一種の遊び人ですよ。女郎屋ばっかり出入りしているような破戒僧です。女郎遊びをしたり、酒をくらったりしていた連中が、あるとき翻然として民衆の代弁者となってミイラになる。鉄門海というミイラがいて、女郎遊びしていたんだが、ミイラになるとき一物を切った。実際はフグリのほうを切ったらしいが、女郎がたずねてきたので「おまえがきたのはオレのあれがほしいからだろう」といって一物を切って渡したという話が伝わっている。いわゆる民衆の側からの願望なので、非常に民衆の側にひきつけて考えているわけ。もらった女郎はそれで繁盛したというんだ。それで、あの女郎はあれを持っているから繁盛するといううわさがたって、みんな私に下さいと、その一物をタライ回しにしたが、持った連中はみな繁盛した（笑）。

　ミイラになる人は、民衆の代弁者になることが主なのか、輪廻転生を信じたのか、そこらはよくわからない。だが、最下層の僧ばかりで上の人がならないというところには、なにかあるんでしょうね。

**松山**　輪廻転生を待っているということは弥勒菩薩が五六億七千万年たって出てくるとき、自分も生まれて悟りを得たいということですかね。ふつう、五六億七千万年たたなくても四十九日なんかで、あとはイヌかなんかに生まれることになるんだが……。

**鈴木**　魂が浮遊しているのは四十九日。イヌでもなんでも四十九日の法要がすめば五十日目からは魂が安息する。

**松山**　それが宙に迷っている。

**鈴木**　輪廻転生を三島さんが信じたとしても間に合わないですよ。さっきの死をふたたび死ぬというのはおもしろいですね。

**松山**　ふたたび死ぬとまた生まれてくるんじゃないかと思うんですね。ぼくは牢屋にはいっている夢を見たことがある。牢屋にはかなり自由があるので、中で犯罪をやってまた牢屋の中の牢屋にはいるという夢だった。また死ぬということは、ふつうの世界に出てこなくなっちゃうということじゃなく、死んでまた死ぬということは生まれかわるということじゃないかな。インド教で一番偉い神さまはインドラで、インドラは従来からあった神さまだが、それはいいことを重ねていればだれでもなれる。ただ、いくらいいことを重ねていても、時間がくるとストンと落ちて、人間に生まれたり、地獄におちたりする。非常に不安定。横綱が絶対おちないというんじゃない。

**鈴木**　だから、死ぬというのは、死の世界というようなものがあるような気もしますね。

**松山**　インド人というのはいろいろな地獄をたくさんつくって……。

**鈴木**　キリスト教では、この世の人が思い出せばふたたび死者は蘇るという話がずっと伝わっている。だから、やはり死の死という思想があるんでしょうね。

## 死を怖れぬ支那人

**松山**　そこへ行くと、シナ人というのは実にふしぎだと思う。地獄の構造がはっきりしない。死者がどうのこうのいうことはあるが、仏教や道教などが土着の宗教とからみ合ったものでなければ死者への信仰はない。とくに、下層だけが信ずるというとおかしいがインテリは絶対そういうものを信じない。シナ人固有の考え方で天というものは認めている。だから天子という。だが、天上とか地下の世界とかの構造というものは全然はっきりしない。シナ人は具体的なものにはものすごく関心があるけれど、そういう宇宙天体論というようなものについては非常にぼけている。

それでいて、死ということについては日本人よりおそれないところがある。昔のシナ人には日本人より死をおそれない人がいっぱいいたんじゃないかと思う。

たとえば、王様から総理大臣を暗殺してこいと刺客が命令される。刺客が行くと、総理は朝飯を食っている。オカズが魚だ。当時のシナ人は宰相になるような人は朝から肉を食っているはずで、魚ではごちそうではない。そういう質素な人が悪い奴であるはずがない。そこで、その刺客は――あなたみたいな立派な人を殺すわけにはいかない。だが、王様から命令を受けてきた以上このまま帰るわけにもいかない。私はここで自分で死ぬから、あなたは逃げてください。そこで、ふつうだったら、総理があなたもいっしょに逃げてください、いっしょに逃げようというところだが、そうはいわない。自分だけ逃げる。刺客は自害する。自分の命を軽々と捨てるのは中国人独特の思想じゃないですか。

**鈴木**　日本でも昔の刺客は簡単に家族まで殺してしまう。親兄弟、妻など全部殺して出ていきますね。

**松山**　シナはちょっとニュアンスが違う。死をおそれない点ではものすごいものがある。明の時代にキキンで人間の肉を売った。肉屋にまだ肉にならない生きた女が肉の候補生として並んでいた。そこへ通りかかった男が、美人なものだから金を払って生きたまま買ってくる。それで女を思うようにしようとすると、女はあなたが私の命を助けてくれたのだと思ってここまでついてきたが、操を許す気はない、そんなことをさせるんなら肉屋へ帰るといって肉屋へ帰ってしまった。肉屋へ帰って、よく帰ってきたと助かるのならわかるが、逆に逃げやがってと結局肉にされた。殺されるのがわかっていながら帰る。

**佐藤**　キリスト教にはそういう思想はないですか。

**鈴木**　キリスト教には死ぬという思想はない。眠る、永眠ですから。最後の審判があるまで眠っているのがキリスト教の思想。死というものを考えない。

**佐藤**　『木乃伊の恋』で八日八晩セックスして突然こどもが生まれる、無数のちっちゃい菩薩が出る。あのイメージはなんですか。

## 桃色の雲がたなびく

**鈴木**　上田秋成の『春雨物語』が原本。結局、昔から死んで死体からハスの花が咲いてくる、そのハスの花が仏さまにかわったという仏教の輪廻転生からきているものでしょうね。

**佐藤**　円谷プロの怪奇シリーズでつくったんですね。ミイラが生まれかわって出てくるが、この世でセックスが足りなかったので、けんめいに八日八晩やるわけですよ。白痴の女がいて、ぶっ続けにやる。それで、こどもが生まれたというと、村人が半鐘をならす。みんなかけつけてくる。雲が桃色にたなびいていて、この色がいいんだな。

**松山**　菩薩が生まれたから雲がたなびいているわけですか。

**鈴木**　まあそう。ぼくたち最後は死ぬんだが、死のイメージについてはそれだけよく考える。自分が死ぬときはどういう形で、どんな景色で死んでいくのが望ましいかということで……。結局、桃色の雲が浮いて、その色の中で死ぬ、死ぬときはつねに桃色の雲があるということで。

**佐藤**　盲目の人が世界が何色にみえるかというと、座頭市なんか黄色だそうです。これは鈴木説なんです。

**鈴木**　盲人に色はなんだときくと、だいたい黄色と紫という。盲人だから最初から色なんか知らない。途中から盲人になった人ならわかるけど。それなのに、だいたい紫と黄色という人が多い。

**松山**　どうして紫と黄色とわかるのかな。

**鈴木**　それがふしぎ。途中から盲人になった人はすべての色を知っているからいいが、最初からの人はどういうんだろう。いわゆる暖かい色という考え方かな。

＊

**松山**　三島さんが輪廻を信じられたんじゃないかという話はどこから出てたのかな。『豊饒の海』が転生の物語だからそうだというのかな。

**佐藤**　三島さんにはそういう仏教とか、死の思想の作品はなかったんじゃないですか。

**鈴木**　生まれかわるというのは、霊でいえば一番低い。人間に生まれかわりたいというのは、霊の中で一番下劣なもの。高尚な霊は神さまか仏さまに生まれかわる。道端にあるいろいろな道祖神なんかを信仰するのはあまり高くない霊。だから、いわゆる土俗信仰は考えもの。だいたい、土俗信仰というのは、霊の世界からいえば、最下級の霊をまつるわけでしょう。だから、それを信仰すれば自分も低い霊ということになる。あまりそんなものを信じないほうがいい。そうでないと、われわれは死ぬとき、高級な霊になろうと思ってもなれなくなる。

**佐藤**　高級な霊というのはどういうものだろう（笑）。

**鈴木**　それはよくわからないけれど。

## 三島由紀夫は転生を信じたか

**松山**　ぼくは三島さんの四部作の最後の『天人五衰』を読んでいないからよくわからないが、あれが輪廻転生を一つの軸にしたものであっても、三島さんが自分についてそう思っていたかどうかということと切り離して考えなければいけないと思うわけよ。近代の日本人で転生すると思う人はいるかな。

**鈴木**　若い者がきいたら笑っちゃいますよ。

**松山**　三島さん自身がどう思われていたかということと結びつけて考えると、さしさわりがあるが、三島さんがなぜ自決されたかということは、ぼく自身はあと十年ぐらいたってもわからないだろう。少なくとも、十年ぐらい時間をおかないと、考えても出てこない。そういうことと三島さんのことを全然別にして考えてみたい。それでは仮に転生があるとする。あったとしても、それでは自決と転生はどういう関係か、自決は転生にどういう効果があるのか。転生すればいいことがあるのかな。もう一度生まれかわると、いいことがあるかな。もっとあとに生まれかわれば、いまより世の中を動かせるとか、そういう目的がなければ、輪廻を信じているということと、いま死ななければならないことが関係なくなっちゃうんじゃないかな。

これは三島さんと結びつけて考えちゃいけない。輪廻を信じることはどういう意味なのか、これは数学的に考えても、ちょっと解決が出てこない。たとえば、日本の文化がなくなってから生まれかわってきてどうなるという……。天孫《てんそん》降臨みたいに日本人がみんないなくなったところにきてもどうにもならない。ありうることを片端から考えても、ずいぶんわからない考え方じゃないかな。

**鈴木**　結局、輪廻転生というのは、欲界と色界と無色界、そういうところを経めぐるということで、お釈迦さま流にいえば、人間界とはいえませんよ。

**松山**　一番低いところは地獄で、餓鬼、畜生があって人非人となって下級の神さまになって、だんだん上の神さまになる。一等最後の無色界とかなんとかというところに行っても、まだまだあって、ほんとうの仏陀になれば、仏陀の世界というのは、高いところにある世界で、一等上のところは一番根源的な世界。そこにきてしまうと輪廻しない。それには仏陀にならないとだめ。それより下だと、輪廻のサイクルが非常に長くなってもまた戻ってくる。

**鈴木**　結局、人間の欲望を戒める。大多数の人間は、死んだら地獄へ行って苦しめられるより、もう一回人間に帰ってきたいという欲望がある。それを戒めた思想で、だからといって、もう一回生まれかわるからほっておいてもいいということに通じてくるかどうかは知らない。

**松山**　そこのところ、インドの場合だとなにになるかわからないわけです。シナ人や日本人、とくにシナ人は人間が人間に生まれかわるという率が多いみたい。

**鈴木**　イヌでもネコでも生まれかわるんでしょうね。

**松山**　理論的にはそうだが、人間が人間になる率が圧倒的に多い。シナ人は仏教がはいってきたとき、輪廻というのがあって、いっぺんでも生まれかわれるということで歓迎して仏教を受け入れる一つの要素になっている、インド人はそんなに輪廻をうれしがらなかった。仏さまになれない人にとって、どっちみち生まれかわれないならば、できるだけ長く天上界に暮らしたほうがいいということになる。

**鈴木**　仏教がシナに渡ってさらに日本にきた。シナに渡るときは土俗信仰、アニミズムがシナ人に受け入れられる宗教にかわり、日本にくれば日本に受け入れられる宗教にかわる。民衆に受け入れられるというのはどういうことかというと、それはアミニズムとどこかで結びつかないと受け入れられない。だから日本にきたとき、いろいろの仏典があるが、その中の弥勒、結局、役《えん》の行者にそれが広まった。弥勒の思想というのは、役の行者によって広まったということは、民衆に滲透していったということで、そこからまた、土俗信仰と弥勒信仰がまじりあい、相当土俗的なものを取り入れながら広がった。それが日本の輪廻転生思想に結びついていったんじゃないですか。

**松山**　弥勒というのは一番古い仏教じゃ無いんじゃないですか。インドにあったマイトレーアというのがシナにきてから弥勒信仰になる。その弾圧があったりして、それが日本にきて徹底的に土俗と結びついたんじゃないかな。

**鈴木**　そう考えられますね。

**松山**　インドに行くと、ホテイさまの像みたいなのがある。それが弥勒菩薩だといわれている。

**鈴木**　ホテイさまに大黒もくっついているんじゃないですか。

## キリストの復活は転生か

**長部**　転生とキリスト教の復活は関係ないわけですか。

**松山**　復活はそんなに長くたたないで復活する。輪廻転生は植物にある生命の循環発生あたりを観察して、人間にあてはめて考えたもの。そうだとすれば、その観念をどれほど発達させられるかということは、それぞれの文明によって違う。

ぼくなんか、死ぬということがそんなにこわいともなんとも思わない。日本人だからだろうとも思う。人間、生まれる前も生まれたあとも死ぬわけでしょう。その二つの死の短い間に生がある。その短い間はちょうど生をまどろんでいる感じで、ほんとうになにかするということはごく少ない。だから、ぼくの場合、死ぬ生きるという対立じゃない。死ぬと眠る、まどろんでいると生きている、またまどろんでいると死ぬの対立。しかも、死んでいるほうが基本的態度で、死の大海にぽかっと油の玉が浮いているみたいな感じで、死こそ本来的なものなんだ。全然宗教は信じていなくとも、親が死に、友だちが死に、知っている人が死ぬと、いままで生きているのと死ぬということの間にはちゃんとけじめがあったのに、四十近くになると、そういうわけで死ぬのもわりにいいんじゃないかという気がしてくる。

**鈴木**　自動車事故かなんか、一番幸福ですよ。飛行機にしても、おっこちるまで時間があるし、自動車事故が一番恐怖もなにもない。

ひと思いに殺してもらえれば一番いい。人間の死には時間的な死がありますからね。ヤクザ映画を撮っていて斬り込みに行く場面がありますね。死を考えなければ斬り込みにはいけない。死の瞬間というのはどこからはじまるかが問題。それは斬り込みに行くというところから死がはじまると考えていいだろう。日本のヤクザ映画は主人公は死なないけれども、ほんとうに死ぬとしたらどうか。斬り込んで、向こうの親分をやっつけ、自分も殺される。それが形のうえの死で、その次にまた死がつづく。

そこで、日本で一番悪いと思うのは、すぐ死体を焼いちゃう。そうしないで、ほっぽりだしておいたらどうか。カラスに目を突かれるかどうか知らないが、骨が水になるまでおけば、それが人間の死。死を覚悟していったときから、骨が水になるまでのところが形のうえの死。それが火葬なんかにするものだから、人間は死というものをみつめられなくなった。水になるまで死んだまま死を考えているんじゃないか。

ほかの人はどう撮るか知らないが、ぼくはヤクザ映画のおもしろさというのは、死のはじまる瞬間にあると思っている。

もう一つ、どうせ死体を残すなら、ヤクザの格好のままで残しておきたい。骨になるまで、水になるまで。ヤクザの死は義理人情の死だろうが、死んだままでなにを考えるか、これはおもしろいところじゃないか。

**松山**　とにかく、ぼくの考えている死は、ぼくの立場は根本的に非宗教なんです。そういう意味では唯物論です。そこで死というのはなにかと考えると、一番物理的には絶対的なものです。動物やなんかは死というものがあるということを知らないわけですよ。人間が死ということばをつくった。すり減るとか、消えてしまうとか、そういう現象的なところからだんだん死の観念が発達して、はじめてのところは、死というものは非常に明確な取り返しのつかないものだということがないわけですよ。徐々になくなっちゃったとか、すり減ってなくなったという形からだんだん死の絶対性が出てきた。そうすると、死は人間の完全な発明品です。つまり、現実には死んでからのことはいくら考えたってはじまらない。死は人間の観念の中だけであって、生きているものと死んでいるものをつなげるための橋みたいなもので、世界を広くする観念だ。つまり、死があるということはありがたいということになってくる。死がおそろしいなどということよりも、死というものの世界があるから死んじゃったヤツと対話することができるわけだ。

**鈴木**　動物では、イヌでもネコでも死を知っていると思う。というのは、ネコというのは行動範囲が狭く、だいたい五十メートルが関の山。百メートルとは行かない。それが死ぬときいなくなって、自分の家では死にません。動物は死を知覚するんじゃないかと思いますよ。

**松山**　いまわのきわで、もう助からないというとき、非常に独特の感覚を動物は持っている。だが、そうでないときは、動物には観念がないから、死という観念にわずらわされることもないんじゃないかと思う。人間だけが死の観念とたわむれることができるんじゃないか。どっちみち観念上の問題なら、死んでしまったら死の観念もへったくれもない。それだったら、生きているうちに死の観念を存分に、合理的に活用すべきじゃないか。

**鈴木**　死というもので大きな文化ができる。小説文化もできる。非常に便利なものですよ。

## 男は昆虫の亡霊である

**松山**　もう一つ。ぼくは男というものは昆虫の亡霊だという考えを持っている。むしあつい夏の夕方に羽蟻がパッと飛んで、一匹だけ運のいいやつがいて、ほかがパタッと死ぬのに、死なないで生き永らえるところから高等動物の生がはじまる。人間というのは、まさにオスでもメスでもない。人間の男は昆虫の死からあとの段階で男になるんだと思う。だから、ぼくは人間というものは生物学的実体じゃなく、人間的観念で、しかも男しかなれない。生物としてみることもできるけれど、実際は幽霊じゃないか。一度死んでいるのだからもう一度死を与えることはないんじゃないか。そういう意味で人間は昆虫の亡霊だと相当まじめに信じている。

三島さんについては、あまりいいたくないと思っていたんだが……。人間においては、男性的ということは動物についてオス的ということとは全然違うという考えを持っている。男性的というのは、もしかすると、オス、メスの中性的なもの、中性的というと、すぐインポとくるが、そうじゃなく、中性に近いところから超越したところが人間の男らしさというものじゃないかと思う。

だから、三島さんが男らしくなったということは、もともと三島さんは人間らしく、男らしかったのに、肉体的にオスらしくないというところである種のインフェリオリティ・コンプレックスを持って、動物学的にオスらしいところに進みすぎたんじゃないか。これはかなりまじめな話ですよ。ボディビルとか剣道とかをすることが男らしいというが、実際はそんなことをするのは男らしくないヤツが多いということを、ぼくは体験上知っている。三島さんが自分にないものを補強する意味でやられているうちはよかったが、そっちの筋が強くなりすぎた。人間はもともと弱いものでしょう。弱い袋みたいなものだ。その中で男らしさがあまり強くなると、袋が破けちゃって、そこからオスらしさがパッと出てくるようにそういう意味で人間的に男らしいというんじゃなく、生物学的なオスらしさが三島さんの場合、暴走したんじゃないか。もう一つ、三島さんは情死とか憂国の死とかいっているが、どっちかに割り切ってしまうことは非常にいけないというわけで、情死だとすれば、あといっていることは全部ウソでもなんでもかまわないかというのはだめだ。

## 生き神様とアニミズム

**佐藤**　弘前に生き神さまがいるというけど、鈴木さんはお会いになったんですか。

**鈴木**　生き神さまというのはアニミズムですよ。仏教の因果説に対する古代の感応説。おもしろいのは、旦那が浮気したり、家がつぶれたり、苦労しなければ神さまになれない。たらふく食って、飲んでは絶対なれない。あるとき、苦労している人に神がつく。その神が予言かなんかする。

**佐藤**　すぐ隣の家にも神さまがいたりするそうですが、種類が違うんですか。

**鈴木**　神社によって違う。

**長部**　たとえば重い病気をするでしょう。貧しいから、病気になれば一家中みんな不幸になる。それでどこかの神様にお願いに行くと、そこで突然、取憑かれて、本人がカミサマになっちゃう。そこが高山稲荷ならその人は高山系統のカミサマになる。

**佐藤**　どういうふうにとりつくの。

**長部**　精神病理学で説明のつくことでしょうけどね。要するに、自分がカミサマだと、あるいは神様のお使いだと信じこんじゃう。

**鈴木**　イタコと似たりよったりだが、イタコは経文を習わなければならない。節も習わなければならない。イタコのほうがむずかしい。

**長部**　イタコは盲目の女性が、ちっちゃいころから修行してなるんだけど、カミサマのほうはゴミソというんですが、大人が苦労や病気で、突然なっちゃう。

**鈴木**　なぜミイラが東北地方にしかいないかはよくわからないが、一つはミイラは暖かいところじゃできにくいということでしょう。もう一つ大事なことは、未来信仰ができるというのは、日本の北のほうに住んでいるからということもいえるんじゃないか。また、なんか人種的に違うんじゃないかとも思う。

**長部**　最近考えていることは、さっき土俗信仰の霊は低いという話が出ましたが、私小説の出る風土と土俗信仰の土壌がわりあい共通しているような気がする。イタコにしてもゴミソにしても非常にフィクションの要素が少ない。実生活に密着している。自分から、私生活からなかなか離れられないところがある。イタコのくどきも、実は自分のつらい思いを語っているので、あのクドキは太宰とか葛西善蔵が自分のことばかりくどいているのと同じで、世界のなかに他人というものがない。したがってフィクションにならない。そこが共通しているような気がする。

**鈴木**　人種的といったのは、生まれかわりをいうときに、ある人はスペインの海賊の生まれかわりだといったり……、

**松山**　日本の人がスペインの人の生まれかわりだというわけですか。

**鈴木**　山伏修行をしている人が悩みを抱いていくでしょう。そうすると、あなたはスペインの海賊の生まれかわりだから海賊の霊がたたっている。それを祓わない限りあなたの悩みは治りません。そこまでいっちゃうと、洋の東西を問わず、非常におもしろい。

**長部**　土俗信仰は非常にナショナルのようで、ナショナルじゃないところもあるような気がする。

**松山**　ぼくは西洋文明というのは分裂病の一面だと思う。簡単にいえば。南のほうのヨーロッパはあまり分裂病じゃないが、地中海を渡ってセム族になると分裂病が再発してくる。インドの文明はそういうところからきているから、分裂病であるが、テンカン質のところが出てきている。シナになると正反対で、むしろ循環質というか、ソウウツ病的なものになっていて、日本とか朝鮮はソウウツ病の文化圏にある。

**長部**　東北地方もソウウツ質だと思う。長い冬が続いて、五月にウメ、モモ、サクラがいっぺんに咲く。あれと関係があるんじゃないかな。

### イエス・キリストは分裂症だ

**松山**　精神分裂病がいなかったら文明は起こらなかったということをまじめにいっている学者もいる。イエス・キリストは分裂病だからね。
**長部**　日本の土俗信仰はオルギアー狂躁神信仰みたいで、キリスト教はオルギアーの否定から始まっている。日本の神さまはストリップをやったり、ワイザツで、生殖ということを非常に賛美していますね。
**鈴木**　田の神さまはたいていそう。ワラを男根と女陰の形にして、それととり入れをくっつけて考えたり。ああいうのをまともに見て恥かしくないというのはどういうことですかね。

### 羞恥は文化の根源である

**長部**　田中小実昌先生の説ですが、恥かしいということが文化だという。
**鈴木**　差恥があるからセックスもいいので、それを取り除いたらセックスはなんだということになりかねない。
**長部**　ものを食うのが恥かしかったら、もっとどんなにうまくなるだろうね。間違いなく失神すると思う(笑)。
**佐藤**　松山さん、二年間岡山の寺にこもってなにをしていたんですか。
**松山**　夜は毎日酒で、宗教的なことはなにもしません。蓮の研究をやっているお寺で。

**佐藤**　ただ、もんもんと本堂にフトンしいて寝ているだけ。

**松山**　本堂じゃない。別棟。朝八時かち夜八時まではタイプライターの打ちつづけ。いろいろな資料を買ってくれるというから、こんないいことないと思って行った。ぼくはやりたいことやるには何年かかるか計算したら、二七四年かかる。それだって本気でやったら二七四年でも終わりっこないと思うが、とにかく一生のうちになにかを終えるということは絶対ない。そういう気持ちは全然ないわけですよ。なぜなくなったかというと、物質的に食えない人がいなくなったということで、非常に気がらくになったということですよ。ぼくら学生のころは共産党がどうのこうのということがあった、もう一昔前は東北農民が食えなくて娘を女郎屋に売るとかいうことがあった。あれからたかが十年しかたっていない。その間にグッとかわった。だから、ぼくは本来、労働はよくないという考えで……。

**佐藤**　ヒッピーの思想につながる。

**鈴木**　全学連なんか、あまりギャーギャー騒ぐからいけないので、なんにもしなければ支配者はいちばん困る。

**松山**　ハスの上でフワッとしているためには人口がもっと減らなければ、生きているヤツを殺す必要がないが。いろいろ友人にたずねてみると五十パーセント位の人間は人間を減らさなければという意見なんで。あまり生まないようにすればいい。シナなんかすごいことをいうが、ジャンケン三回して負けた者が死ねば人々が一億に減る。それがシナの伝統を守るのに丁度いい……。

**長部**　ということは、人間が少ないほうがいいというのは物質的な理由じゃなく、精神的な理由からなの。

**松山**　ぼくなんか無益なヤツはふえないほうがいいという主義。

**長部**　オレたちはどうなんだ。

**松山**　こどもつくらず、ふえないようにしているじゃないの。

**長部**　きょうの話はおもしろかったけど、死ぬ話をしておもしろいというのは、どういうことなのかな（笑）。

**佐藤**　どうもありがとうございました。

［「映画評論」一九七一年三月号］

# 共同討議　なぜボードレールか

出席者＝出口裕弘、渋沢孝輔、松山俊太郎　司会＝阿部良雄

## なぜボードレールか

**阿部**　今日は「なぜボードレールか」という題で話していただくためにお集まりいただきました。出口さんが四年前にお出しになった『ボードレール』（紀伊國屋新書）の最初の章の題が「なぜボードレールか」です。考えてみると、おそらく、ボードレールくらいなぜ好きなのかということが難しい詩人はないのではないかと思われます。そこで、なぜボードレールが好きになったのか、あるいは、なぜいま好きなのか、また、どういうところが好きなのか、そういうところから話を始めたいと思います。松山君に出席してもらったわけですが、私たち学生の時分——というとふた昔の前になりますが——その頃『悪の華』の初版と再版が出まして、近頃は日本でも割に外国のマーケットとの流通がありますからそれほど珍らしくなくなったようですけど、その頃としては非常に珍しかった。それを松山君が蔵書を売ったり、いろいろとお金を工面して買い取ったというのは、知る人ぞ知る逸話です。それだけのことをしたからには、ボードレールが非常に好きだったんだと思う。

それで、まず、なぜそんなに好きだったのかということとあたりから口火を切ってもらいたいと思います。

**松山**　なぜボードレールか、という問題は、自分にとっての問題でもまずあるけれど、他人にとってなぜボードレールかという問題も、いつでもそれと並行してあるわけです。他の作家、たとえば、なぜポーかという場合には割合に他人のなぜと自分のなぜが重なるところがある。ところが、ボードレールの場合は、自分にとって大変好きな作家であるということが、他人が好きだというボードレールとは必ずしも重ならないんじゃないか。ボードレールは非常に複雑な作家だから、一人一人が違う形でボードレールを好きになってもいいんじゃないか、ということですね。本当はそれを伺うために、今日出席したようなものです。ぼくの場合は、ポーが好きだったから、ポーの単なる翻訳者としてだけではなく、ポーの先へとボードレールが延びてきているというとがあって、それでまず好きになったわけです。もうひとつ、松井好夫という、群馬県に住んでいる精神科のお医者さんの『ボードレールの病理』という本を終戦直後に買ったら、なかに出ているボードレールの詩が非常にいい。それで入っていったわけです。だから、ぼくが好きなボードレールは、最初は、『悪の華』の、それも限られた、〈mundus muliebris〉(「女の世界」)などにつながる詩篇が中核をなしている。もともとこっちは一冊の詩集のなかに十か十五好きなものがあればすぐれた詩集に違いないと決める。あとの『パリの憂鬱』とか『赤裸の心』はもうボードレールが好きになっているから良く読めるわけで、批判的に読んでいるわけじゃない。以前、「無限」で「ボードレールの新しさ」という座談会があったけれど、文学史的に新しいボードレールと古いボードレールという分け方もあるんだろうけど、しかし、そういうことと違って、なんか基本的なテーマが古いというボードレールがあると思うんです。〈L'invitation au voyage〉[「旅へのいざない」]にしても、それから髪の詩篇にしても、人間が人間としてある限り、非常に古い頃から持っているテーマで、そういうテーマを扱っているから好きですね。いつでもそこへ戻っていけば、そういうものに触れられるという安心感がひとつあるわけです。そういう意味での古さに惹かれますね。たとえば、シナの詩を文学史的な立場から離れて読むとき、現代の、西洋の詩とか、とくに日本の詩なんかを読むときの危っかしさが全然なくて、そこへ戻ればとにかく実に動かない世界があるわけです。そうすると、西洋の詩人では、あまり類がないくらい、ボードレールは戻ってみたときに揺るがない感じがある。こっちの退嬰的な心と対応するものとしてのボードレールが、非常に懐しいし安心できる。ある意味で、ボードレールは西洋の詩の古さを代表した、なんというか、フランス文学じゃなくて、むしろラテン文学といいたいような系譜の、いっとう終りの頽廃する寸前の一番輝かしくて、同時にいっとう最後だから、ぼくらにも身近な詩人なんじゃないか、と思う。ボードレールの書いているテーマは昔からのものだから、先にも後にも同じことを願う詩人がいるはずだと思うけれど、ボードレール以後あまり見当らない。そういう古さをもっと新しい時点で提出する詩人は少いんじゃないか。で、どうしてもボードレールが掛替えがなくなっちゃう。だから、ボードレールは、古典的な格式をちゃんと守る文学者としてのいっとう古いところと、そういうものでは駄目だという、新しい、ロートレアモンとかランボーとかに続いていくところと、最初のときから両方あるわけで、そうするとぼくは、ボードレール以前の、ボードレールが詩を書く基礎になった文学の方へ戻りたい。ボードレール以後の方は、翻訳やなんかで読ましていただくことはあっても、一緒についていく気はないし、ついていけない。しかしボードレール以前の方については、自分でも、インドのことだけれど、古い文学をやっているわけです。ぼくの時間の未来は、西洋文学でいえば過去の方へ向いている形で、ボードレールが、ひとつの大きな道標になっているわけです。

### ランボーからボードレールへ

**阿部**　大変な問題提出というか、なにか突きつけられたような気もしますが、ボードレールに帰っていくと、いつでもそこにひとつの揺るがない堅固なものがある、安心してそこへ帰っていけるものがあるという、その点について、出口さん、いかがですか。

**出口**　ぼくは、大体、その本を書いちゃったものですから、大変しゃべりにくいんですけどね。まあ、ぼくはボードレールに熱中するよりずっと前に、まず小林秀雄のランボーってのを読んじゃったわけです。読んだだけじゃなくて、自分も一つ、壮大なランボー論を書かなくちゃ、と勇み立ったというわけです。ところがランボー論というのは実は意外に書きにくいものなんですね。ランボーのことを書いているうちに、その自分の文章が浮いてくるといいますか、ことばの方が、ぼくの正体よりもオクターヴが高くなるというか、立派すぎるというか、そういうことばが並んじゃうんですね。ランボーに熱中すればするほど、ますます内容空疎な美文が出来上っちゃう。何べんもぼくは二、三十枚ぐらいのランボー論を書いちゃ駄目になって、百枚と続いたことないんですよ。なにも長いものを書くことはないんだけども……。

**阿部**　それはそのときの年齢にかかわらずですか。

**出口**　たしかに年齢ということもあるかもしれませんね。考えてみると、ボードレールについてなにか書こうと、若いとき思ったことないんですよ。二十代のうちにせめてランボー論の百枚ぐらい書きたいみたいな気持がいつもあったんですけどね、それをいくらやっても助走しちゃしくじってね、もう少し助走距離を延ばしてみたり、いろいろやってみちゃあしくじりばかりやって、結着がつかないみたいな感じがだんだんしてきたんですよ。ところがそうしているうちに、少しずつ、それまではむしろいやな野郎というか、当分つき合うのはやめとこうと思っていたボードレールが、だんだん頭を出してきてね。まあ、年といえばそれはそうだと思うんですけどね。

**阿部**　でも出口さんの場合、パリでひと冬すごされた体験が、御本のなかに随分強烈に印象づけられているんですけどね。それがたまたまそのときの年齢とその体験の時期とが一致していたという……。

**出口**　そういうことはあるかもしれませんね。それで、このボードレールという人をもう一回徹底的に読んでみて、顔をじっくり眺めてみようかと思ったわけですよ。そして三十過ぎてから本気になって読みはじめたみたいなところが実はありましてね。そうしたら、手紙だけ読んでいると、大体自分と似たような人間なんですね。こういう人間が相手なら、さっき松山さん、正直というようなことをおっしゃったけど、割合に正直なことを言えるんじゃないかという気がしてきたんです。（付記。このあたりの事情を明確にするためには、私は少なくとももう一冊ボードレール論を書かねばなるまい。さしあたって一つだけ追加しておくと、これもエッセイに書いたことだが、サルトルの『ボードレール』に対する憤怒が私を駆り立てていた。サルトル流のボードレール像を顛倒《てんとう》したいというのが、私の切望でもあり、意地でもあったようだ。）

**阿部**　ランボーに対するつき合い方とボードレールに対するつき合い方ということをおっしゃったわけですけど、渋沢さんの場合なんかどうだったですか。

**渋沢**　なんかだんだん喋りにくくなっちゃったね。一方で自分の背丈に必ずしも合わないランボーをやっていて、しかもボードレールについては、自分がなぜ好きかということを、それほど意識的に考えたこともないんです。ただ来歴からいうと、ぼくの場合は非常に出口さんとよく似ていて、大体ランボーのほうに先にのめり込み始めて、その過程で小林秀雄のランボーを読む。で、そのなかにボードレールが出てくるというふうなことがあったりして、これは当時の平均的な文学青年の在りかたなんだけど、だから、そういうミーハー的になんとなく読み始めたということなんです。ところがどういうわけか、大学の卒業論文ではボードレールを書いたんですよ。その理由ははっきり憶えてないけども、小林秀雄のほかに、当時の日本の現代詩のほうでは「荒地」がそろそろ出始めた頃で、「荒地」の鮎川信夫氏がボードレール論を書いたりしてね。これは非常にエリオット的なものだったけれども、「荒地」に対する興味もどこかでやはり重なってたのかもしれないという気がする。ぼくの書いた卒業論文のボードレールは、鮎川信夫のボードレール論をさらに引き写したようなね、つまり現代的意義というのをそのときも書いたわけです。いまからみれば、おそらく目も当てられないようなものだったんじゃないかと思う。大学院でも、はじめはボードレールをやるつもりでいた。それがどうも考えてみると、いろんな立派な研究者がいるらしい、阿部君みたいな国際的なボードレール学者が間もなく出てくるだろうってことを予知したのかもしれないんだけども、ボードレールはまあちょっと大変らしいと、ランボーの方が読む分量が少なくてすみますからね（笑）。いったんボードレールってことで論文のテーマを出しておいたんだけども、あとで訂正しにいった。

**阿部**　そりゃ知らなかったですね。ぼくは渋沢さんははじめっからランバルディヤンとばっかり思ってた。

**渋沢**　しかし卒論のボードレールは、非常に偶然で、もともとランボーのほうをやりたかったには違いないし、そっちのほうをよく読んでたんだ。やはりどこか自分の身に合わないという一種の恥ずかしさがあったのかもしれない。

## 未完了性の魅惑

**渋沢**　まあそんな経過があって、ボードレールにはあまり身を入れていなかったというか、なんか古いという感じの方が先に立っていたわけですよ。その古さは、実は松山さん流にいえば、安心して帰れるところであるということにもなるわけだけど、こちらはおく手だから、それがわかってきたのはむしろ最近のことで、非常に単純に、これは古いと頭から思っていた。ただ、いまから考えてなぜボードレールかということになると、やはりぼくは、「ボードレールの不充足」（「無限」ボードレール特集号）という題で書いたことがあるけど、不充足ということですね。未完了という言い方で言ってもいいかもしれないけど、ただ、未完了と言えないのは、ボードレールの作品が途中で未完成のまま終っちゃったというようなことじゃないわけです。ボードレールの世界が本質的に未完了性というか、不充足性というか、そういうものを孕んでいるんじゃないかと思う。

それは、ボードレールの核心からボードレール文学の本質のようにして出ていて、それが未だにボードレールが、現在の詩人としてぼくのなかに生きている理由じゃないかという気がするわけです。その不充足とはどういうことだろうかというと、これは出口さんのボードレール論は、ほとんど始めから終りまでその点をいろんな形で実は言ってるんじゃないかという気がする。一種のやはりアンビヴァレンツというか、——これは出口さんはアンビヴァレンツなんてことばは二〇世紀の発明した、しかもすでに手垢のついたことばだと言っておられて（笑）、それはその通りだと思うけど、まあ便利だから仮に使ってみれば——アンビヴァレンツというか、言い換えればいろんな反対の志向性が同時にそこにあるということ、これが非常に親しい共犯者になってしまうひとつの原因じゃないかと思うわけなんです。ぼくも基本的には、古いものというか安定したものを持っているということよりは、出口さんと同じように『悪の華』のボードレールよりは『パリの憂鬱』のボードレールの方により惹かれた。これは当時はボードレール即『悪の華』という固定観念ができすぎていたことに対する反撥もあったと思うんだけども定型を破って散文詩のほうにいったというそういう方に惹かれていた。その辺、出口さんのことばで大変うまい表現だと思ったのは、旧世界をちょうどダムのように堰止めたうえで、それを一遍に放流したというような表現です。それはさっき松山さんがおっしゃったこととちょっと通じるところがあるんじゃないかという気がしますけどね。

**松山**　どういうところですか。

**渋沢**　つまりラテン文学から続くところがあるとおっしゃったけど、それと同時に散文詩を書いたボードレールという面からみるとね、ダムを一所懸命堰止めたうえで、やはり放流もしていると、それを過去の方に向ってみれば松山さん的な態度になる。

**松山**　一人で両方やってるわけですね。

**阿部**　ぼくはあまり文学青年的な人間ではなくて、それこそフランス文学に対して非常にミーハー的な入り方をしていますから、ランボーにかぶれた時期というのも全然なかったし、ボードレールのどういうものが好きだったかというと、たとえば「港」なんていう散文詩ありますね。これは三好達治の翻訳で読んだと思いますけど、港へ行ってマストとか船とか、揺れてるのを見ている、まだ出発するだけの意欲を持っている人を羨みながら、もう自分はそんな気持もなくて、ぽかんと波止場で見ているという、そういうものとか、あるいは散文詩のなかの「異人さん」というようなもの、あるいは「スープと雲」ですか、馬鹿な女房だかなんだか、「スープができたのに、早く食べなさい、雲屋のおバカさん」というと、食わないでポカンと雲を見てるとか、そういうところに、青空みたいなものが見えてたわけですね。不思議と言えば不思議な話なんですけども、ボードレールを読んで、そこに青空を感じるというのは、ちょうどその頃、印象派の絵なんかが好きになって、非常に青空があるという感じです。ですからいまの画家でいうとカルズーというような人の……まあ大した偉い画家ではないと思うけど、マストがあって、女の人の横顔があって、その向うに青空があるというような、彼もボードレールにインスピレーションを受けてると思う。そういうボードレールが初めにあって、だからボードレールの精神的弁証法というか、キリスト教には全く関心がなかったし、ボードレールの持っている苛烈な面とか、そういうのは後からわかったことです。〈Mœsta et errabunda〉［「悲しみ彷徨う女」］ですか、あいう抒情的なものから入っているわけですから、「憂鬱と理想」といいますか、青い空の彼方に何か求めているような、そういうボードレール像が最初にできた。まさにこれはミーハー的な入り方だと思うんですけど……。渋沢さんも「ボードレールの不充足」のなかで「コレスポンダンス」なんかには、全く初め興味なかったと書いておられますが、こっちは違った意味でそういうものには全く興味なかった。それから多少、「秋の歌」……われら冷たき闇に沈み入らん、とか、そういう感じの詩などがだんだんわかるようになった。それからいろいろと、それこそ勉強しているうちに、もっとたくさんいろんな面があるということがわかってきたわけですけれど、やはり最初に持ったそういうイメージはいつまでも残っていて、たとえばいま「旅へのいざない」を読むと、若い頃に得たボードレールのそういう印象が、いつまでも持続しているわけですね。それがひとつの古いものであって、そこへ安心して帰っていけるというわけですが、それがなんだかぼくには古いという感じが全然しなくて、むしろそういうボードレールは――もちろん万古不易《ばんこふえき》ということは古さとか新しさを超越したという意味で、逆に古いということもいえるだろうと思いますが――、そういう部分は古くも新しくもないボードレールという感じがするわけです。……逆に古いけれども魅力を感じる部分がありまして、たとえば『悪の華』の最初に出ている「読者に」ですね。あれなんか読むと、古色蒼然という感じがして、ということは、まあいまのフランスの詩人では絶対ああいうこと書けないし、またああいう感じ方もしないし、ああいうレトリックも使わない。最後の「アンニュイ」なんてのは、まさにアレゴリーです。ことさらに擬古的なレトリックを使って、ことさらに古臭く書いている、そういうものが、読めば読むほど魅力が出てくるというのは、一体どういうことなんだろうかと、それがまあ一番わからない点であるわけです。

## 求心力と遠心力

**松山**　ボードレールの魅力のひとつは、ユゴーなんかに比べてみると、どうもことばを詩にするとき、詩想が奔逸《ほんいつ》して、いくらでも出てくるというのでなくてね、ほどほどに出てくるか、あるいはなかなか出てこないというところがあってね（笑）。だから、ことばが出てくるときには、推敲じゃないけど、非常に厳密になる。つまりあまり過剰なことばの才能がないために、厳密になって、それがレトリックの過不足なさとか、格の正しさを結果的に招来するところがある。そういう、内容より形の問題としての、素性のよさの魅力がないですか。たとえば、阿部君が読んで興味を感ずるというところに。

**阿部**　実に読んでいて嬉しくなるところがあるわけですね。非常に古臭いと思うんだけど。

**松山**　それはだから、ボードレールが頭がいいということがまず根本だよね。馬鹿な詩人くらい駄目なのはないんだから。それとやはり、ことばを使うときに流れない。どうしてもぼくは、詩人は第一にレトリシァンであるという感じがするんだ。レトリックが過剰すぎもしないし少なすぎもしないということ。なんか構築で読ましているんじゃないか。内容的にいえば、あんなものほとんど読む気しないね。はじめっからそれは魅力がないんで……。

**渋沢**　それは想像力の質としていえば、求心的だというふうにいってもいいことですか。つまりユゴーに比べてあまり語彙は豊富でないということはあると思うけども。

**松山**　渋沢さんは「無限」のボードレール論で、「ことばを信じられただけ幸いだった」とおっしゃってるわけですが、ボードレールは、ことばは煉瓦か石みたいなもので、それをうまく組立てることが詩人の事業だということは、少なくとも韻文の詩をつくるときには、一生、疑わなかったんじゃないか。それを疑わないからこそ、韻文じゃないものも書くというように流れていったんじゃないか。

**渋沢**　ことばに対する態度の問題ですね。それはまあ、あるかもしれない。

**阿部**　いま求心的とか遠心的という形容が出てきたけど、出口さん、ボードレールという人は遠心力がかなり人生においては働いている人ですよね。しかも、散文で詩を書く作業は韻律法という歯止めがないわけですから、遠心的になって、まとまりがつかなくなりうるわけです。また、彼は小説もずいぶん書こうとしたけれども書かなかった。それでも結構「ファンファルロ」なんかうまくまとまってるわけです。その辺の遠心的なボードレールというのはどうでしょうか。

**出口**　求心的というのは窮極的にはマラルメのようになっちゃうということですか、『来るべき書物』みたいな……そういうことじゃないの。

**渋沢**　ぼくが言ったのは、ユゴーに比べて語彙の数が少ないというのは、たしかに少ないかもしれないけれども、しかし大詩人には違いないということですね。

**出口** 語彙が少ないですか。

**渋沢** それは本質的にはことばの使い方の問題になると思う。だから、論の導入部としていうにすぎないんで、本質論じゃないわけだけど。

**出口** バタイユなんてのは語彙が少ない人ですよ、ごくわかりやすい例でいえばね。そういう意味では語彙が少ない詩人というようには、ぼくはあまり思わない。ユゴーに比べて少ないですか。

**阿部** 少ないみたいな感じがしますね。ただそこを補うために、意識的に古語みたいなものを掘り出してきたり、韻文詩の場合だと、なかなかことばが出てこないから、無理して韻律辞典みたいなものを使ったりした。このことばと韻を踏むものはこれしかないなんてことになると、却って珍しいことばが出てくることがあるから、結構それで補ってる面もありますね。

**渋沢** だから、ことばというのはどういう次元で切るかということによって、それはずいぶん違ってくるわけです。

**松山** ボードレールとユゴーのボキャブラリーの多寡の問題でいえば、ユゴーの任意の百篇なら百篇をとって、そこにつかわれているボキャブラリーが、ボードレールの百篇のボキャブラリーより多いか少ないかというのをやらないといけない。ユゴーの方が絶対生産量が多いから、ボキャブラリーの比較はちょっと難しい、しかし任意の百篇でも、ぼくはユゴーの方が多いと思いますね。

**渋沢** ひょっとするとね。

**阿部** でも、それはわからないなあ。任意の百篇だと意外にボードレールの方が多いかもわからないよ。

**出口** ぼくもそんな気がする。

**松山** まあボードレールは、自分の好きなことばを、百篇のなかへ全部つかっちゃったかもしれないからね。

やはり使いたいことばは、どうしても使わなきゃ死に切れないからね。

## マラルメの位置

**阿部**　いまマラルメのことが出たけれども、マラルメの場合は初期にはボードレールの影響なんかもあって、それがだんだん詩句を彫琢していく方に向って、後期の詩では扱う題材も非常に限られてくるし、ますます――レトリックとはいわないけども――韻律法とかことばの組合せとか、そういうことに頼る面が強くなってくるわけです。ボードレールの場合は初めはソネットなんかを書くとか、いかにも詩人らしい詩人……あの頃の概念でいう詩人らしい詩人として出発して、それがどこかで自分をそういうものから解放して、それこそ小説にでも取り込めるような豊富な世界を詩の世界に取り込もうとするという、マラルメとは全く逆の方向にいったような気がするんですけどね。

**松山**　すでにボードレールはさっきいったようなラテン以後のフランスの定型詩の――終末を予感していたかどうかわからないけども――まあ終末に位するわけでしょう、マラルメは、そのあとの徹底的な落穂拾いであり、末期なんだと思う。つまり純粋詩とは何かなんていったときは、その詩の伝統が終るところであってボードレールはそんなところまでいかなかった、しかし定型詩をつづけていればそこまでいったかも知れない、それで頭があんまりよくなければいってしまうというところへマラルメがいって（笑）、ボードレールは頭がいいし、いろいろあるから、そこまではいかない。ぎりぎりのとこまでいったけど、最後の頂点はやらないで、『パリの憂鬱』の方へいった。つまり、『悪の華』を書く時点においてもうすでに、書く人としてのボードレールじゃなくて、生きる人としてのボードレールは、『パリの憂鬱』に対応する心がもうできていただろうと思う。だから『悪の華』が終ったから『パリの憂鬱』なんていうものじゃなくてね、もともとふたつの星雲がボードレールのなかにあった。だから、マラルメはボードレールの継承者であるにしても、それはつまり、古い時代を完結するために必要だったんで、決してボードレールより新しいわけじゃない。相当馬鹿にならないと、マラルメのようにはなれないだろうと思うんだ。

**阿部** どうですか、その辺のところ。ちょっと異論を立ててください。

**渋沢** まあ、ぼくも基本的には賛成ですよ。しかしそういう価値判断でまとまってるわけにはいかない事情がありましてね（笑）、こっちも生きてる人間としてまずいるから、それでいろいろやっているだけの話で、非常にその価値判断は明快で賛成ですね。蒲原有明《かんばらありあけ》なんてのも同じようなことをいっているけど、あれも大変頭がよかったのかもしれませんね。

**阿部** ボードレールは絵に興味があって、美術批評家でもあったわけで、十歳ぐらい若いマネのことを非常に可愛がったわけですね。失語症になってからも「マネ、マネ」なんていったり。マネに書いた手紙のなかで、「君は君の芸術の衰退のなかでの第一人者にすぎない」なんてことをいってるわけですよ。マラルメなんかもそういうところはかなり意識していたんだと思うから、馬鹿でなきゃこういうことはやれないというか、詩というう芸術も一種の衰退期を迎えているかもしれないけど、そのなかでなおやらなきゃいけないことがあるという、むしろ終末以後という意識があったんじゃないかと思う。マネはその手紙を大事に持っていて、有名な話がある。ボードレールが死んで数年しても依然として芽が出ない、というか、官展なんかに入選しないでがっかりしていると、マラルメが慰めにくるわけですね。それでマネがボードレールの手紙を取り出してきて、二人でそれを見て、泣いたとは書いてないけど、ボードレールがこれをくれたんだといってマネが嬉しそうに見せたという、ぼくはそこんとこ読むと、いつも、それこそ涙が出そうになる（笑）。

**松山** そりゃそうだよ。

**阿部** そんなことを正直に手紙に書いたりするのは、非常にいい人だったんじゃないか。でも同時に、ずいぶんいろんなことを見透していた人だという気がする。

**松山**　大批評家だからね、ボードレールは。精神が透明になっちゃって、自分がぶつかる透明じゃないことについては、ぜんぜん批評も判断もできないという不思議な人だったと思う。だからなぜボードレールかという場合、やっぱり人間としてのボードレールが好きだということはありますよね。

**出口**　人文書院版全集の第一巻に年譜があるでしょう。あれはなかなか優秀な年譜だと思うんです、ぼくは愛読するんですけどね。ずうっと読んでいくと千八百何年ですか、ジャンヌ・デュヴァルを最後に見た人がいるという……。

**阿部**　一八七〇年か八〇年ですね、写真家のナダールが書いた。

**出口**　ナダールが見て「このとき以降ジャンヌの行方は杳《よう》として知れない」という、あれがぼくは年譜のピークだと思ってね、すごく好きなんですよ。

## 未来志向か過去志向か

**阿部**　人柄に惚れちまうようなところがボードレールにはありますけれど、ところで、そういう面を抜きにして、ただ作品としてわれわれの前にあった場合、一体どうでしょうか。

松山　大詩人は、必ず原型《アルケテイーブ》を提出すると思うわけですよ。原型というのは、さっきも古さについて言ったけれど、大昔からあり得べきものなんだけれど、たとえばボードレールによって初めて提出された原型があるでしょう。それが本当の原型であれば、読む人全部にとっても原型だから、自分の代りにボードレールが言ってくれたというように、それを通じて作者と読者が融合せざるを得ない。そういう原型を、数は多くないにせよ、掻撫《かいな》での詩人を五、六人合わせたくらいは一人で提出してくれていると思う。日本では萩原朔太郎が原型を非常に提出しているんじゃないか。批評性とか精神の峻厳さとかで朔太郎はボードレールと比肩はできないけれども、原型の提出者としてみると、やはりボードレールよりも朔太郎の方が詩人的じゃないかとも思うんですけどね。日本では、朔太郎はとにかくずば抜けているし、西洋では、ボードレールはそういう点で卓越しているんじゃないか。

**渋沢**　さっきから出てる問題でちょっとひっかかったのは、ボードレールもマラルメも、現代が衰微の時代であることを見透している、だけどボードレールとマラルメを比べた場合、ボードレールの方がより原型を保ち、マラルメの方がもっと衰微してるということだったよね。だけど、そうすると、見透すということとそのものとしてあるということと、どっちが一体上かという問題になってくる。これは簡単には解決がつかない。

**松山**　マラルメはだから、大いくさで敗けて軍勢が退いていくときの、ぎりぎりの殿《しんが》りになって死ぬ覚悟をしたということ。それは表の意識としては未来志向であっても、文学史としてみると、マラルメは、ヨーロッパのひとつの文学の終末のときに、残った仕事を完成しようとしたんだとぼくは思う。

**阿部**　最近のフランスの非常に前衛的な文学者なんかの意識でいうと、そうじゃなくて、マラルメの未来志向というものを、いまこそ正しく継承できるというような意識があるようです。ぼくはそれに対して判断を下せずにいるから、全く参考として言うわけだけども。

**松山**　それは、マラルメやランボー以後、もう一度やろうと思った文学は全部挫折しちゃって、シッポの跡にもうひとつのカサブタみたいについてた文学ってのが成立しなかったから、またマラルメの役を誰かがやらなければならなくなっちゃったということじゃないかな。

**阿部**　そうじゃないと思うんだ。つまり君の言っているような意味で非常に殿り的に見られるようなマラルメ、そういう過去志向的というか、終末観的なボードレール、マラルメが非常にもてはやされた時代があって、その間、マラルメの非常に未来志向的な部分が、読んでも難しくてわからないから読まれずにいた。それが最近読まれるようになったということです。ところが、そういう観点でみると、ボードレールには、いまそういうふうに未来志向的なものとして取りあげられることがないわけですよ。

**渋沢**　結局最終的には、現代を積極的に評価できるかどうかということにもなるだろうと思う。もう少し具体的な問題としては、マラルメにしても韻文詩ではそれほど破格なことはやっていない、ほとんど伝統墨守なんです。そういう面で革新的なことというと、やっぱり散文詩、あるいは批評ですね。

**阿部**　批評ですね、とくに。

**渋沢**　ボードレールは、現代の普通の読者にとっては、一番素直にみていくとやっぱり定型詩よりは散文詩である。それからとにかく二〇世紀から振返ってみて、非常に現代的であるのは、大体ボードレール、マラルメ、とりわけランボー、ロートレアモンと、いずれも散文詩の作者なんですね。これは一体どういうことだろうか。実はゆうべ「リズムの問題」ってのを書かされていて改めて気がついたんだけど、二〇世紀で評価されている詩人は、多かれ少なかれ散文詩ないし批評を書いてるわけです。で、ボードレールとかマラルメよりも、たとえばヴェルレーヌのほうがもっと韻文の面では革新的なことをやっている。

**阿部**　それは全くそうですね。

**渋沢**　ところが二〇世紀からみると、ヴェルレーヌはむしろ後に退いちゃって、ボードレールのほうがもっと前面に出ている。それこそ現代の衰弱の一面であるわけだけども、ただ定型という問題、あるいは原型という問題と、もっと時代に即したアクチュアルな、要するにそうでないものとの問題というのは、いつもあるんじゃないかと思います。なるほど二〇世紀は非常に衰弱した時代ではあるけど、ボードレールが持ってたり提出した原型というのは、われわれのなかにだって思考のタイプとしてはあるし、逆にボードレールにも定型からはみ出すものがあった。

**松山**　原型というのは、だって常に新しいものとして提出されるわけだから。

**渋沢**　だから、新しい原型ってなんだろうということなんだけれど、やはり書くという、非常に具体的な現象にかかずらっていると、割とこうジグザグとしてきて、そこで出口さん的なボードレール像ってのが、非常にアクチュアルな意味をもって迫ってくるということもあるわけです。

**松山**　ただね、マラルメはやはりポエムよりポエジーでしょう。ボードレールの場合はポエジーということはあまりわめかなかったんじゃないか。

**渋沢**　それだけが自立しちゃっているというか、離れちゃってるっていうことは、あすこではなかったですね。

**松山**　ボードレールはポエジーという生なことばは使わないで死んじゃった。ポエジーってことになると、それは散文詩にもちろんなっちゃうんだ。だから、マラルメは、滅びるときに三種の神器だけは持っていきたいというわけで、もう詩の外側のものなんかは持っていけないんで、それでポエジーだけを生き延びさせようとした。それはだけど過去志向的じゃなくて、過去に属するんだけど、ボードレールのいくつかの詩が過去志向的であるのとは全然違う意味で、もちろん未来志向ですよ。滅びんとするもののぎりぎりの未来志向をマラルメがやったんだという、だからぼくはマラルメの詩が過去志向とは思わないんです。

**渋沢**　それはほんとに正論というか、そうだと思います。

**阿部**　ボードレールのほうがかえって終末的な感じがしますね。

## 破壊の衝動

**阿部**　渋沢さんがおっしゃったように、二〇世紀になって評価されている一九世紀の詩人は、誰をとっても散文詩を書いた詩人である。ボードレールにしても『パリの憂鬱』を書いてるし、ランボーも『地獄の季節』はある意味で散文詩と言えるし、『イリュミナシヨン』はもちろん散文詩である。ロートレアモンも散文詩である。それからマラルメも散文詩を書いているし、とくに最近はマラルメのある意味で不思議なことばで書かれた批評が見直されつつあるということがあるわけです。そこで、「読者に」というような詩を読んで、これに不思議な魅力を感ずるのは、さっき松山が言ったような語彙の問題もありますけど、やはり非常に古臭いものだけれども、定型詩の持っている魅力が、どうも非常に出るのではないか。ロジェ・カイヨワが、定型詩というのは元来印刷技術の無かった時代に憶える必要のための記憶術として発明されたものだと言っています。古い人間の尾骶骨《びていこつ》みたいなもんで、文学や、それから特に印刷術ができたら必要なくなったものみたいなところがあるわけですね。それをなおかつ印刷術ができてからも長い間つかいつづけてきたし、散文詩で書いた詩人の方が未だにアクチュアリティを持っているようないまにおいても、なおかつ定型で書かれた詩に魅力を覚える。それからまたレトリックの方でいえばアレゴリーのような古い形、たとえば「信天翁《あほうどり》」なんて詩がありますね。フランスでもそうらしいですが日本でもアテネフランセなんかへいきますと、まずこういうものを暗記させられるわけです。そういうものの持ってる古臭さの魅力ということをちょっと論じたいと思うんですけど。

**松山**　また素人からいうとね、まずカイヨワがどのくらいの深さで言っているのかわかんないけれども、詩の最初が韻律で書かれているとか、憶えるのに都合がいいなんてことは、それは当り前のことだ。しかしそういうものが発展したときの韻律とか、非常に細かい規定なんてものは、耳で聞いただけでは扱い切れないところまで、忽ち発展してしまうと思うよ。レトリックで対偶ってのがあるでしょう。たとえば白砂っていえば青松とやるとか、耳で聞いている時代にはそんなに効かない部分が、耳で聞いていた時代の遺産を継承しつつ、ぎりぎりまで発展しちゃう宿命があると思う。だから定型詩は、半ばは耳だけど、それからあとはやはり目に移る。それから、読者が目で見るようになったときの反芻は速度が早いし容易だから、そういう緊密さに耐えるための修練が高度に発達して、ボードレールの時代には、やはり耳で聞いていた時代のものとは全然違うように定型詩の性質はなっていると思う。

**出口**　ぼくはこれ渋沢さんに訊きたいんですけど、三十一文字でも五七五でもいいですよ、せっかく千年もかけて書き上げてきたのに、形そのものが楽しいし、憶えやすいし、夢にまで出てくるようなものがあるのに、それを壊そうというベクトルがどうして働いたのかという、その根本のところがまだよくわからないんですよ。それともうひとつ、飛躍してね、別の極限からいうと、まあぼくは自分のエッセイにも書いたんだけども、たとえばロートレアモンがソネを書くことは、これは考えられないわけですよ。その、どうしてそんなせっかくの立派な美味しいものをぶっ壊したか、なぜ壊さなきゃならなかったかってことと、それからロートレアモンがソネを書くわけがない、ソネを書くロートレアモンなんてのはナンセンスだという、このふたつのあいだのところを渋沢さんに埋めてもらいたい（笑）。

**渋沢**　それはもう一言でいうと、そこにあるから壊すというだけですけどね。多分、創ろうと思ったら壊れちゃったということもあるんだろうけども、たとえば出口さんの本に書かれているボードレールは、非常に戦闘的で……。

**阿部**　男性的。

**渋沢**　男性的なわけだな。確かにボードレールは読みようによってはそういう面が非常にあって出口さんはそれを強力に意識化してくださったわけだけども、その半面ボードレールには、人を非常に気持よく眠らせてしまう要素もあるわけだ。つまりボードレールがこちらを共犯者にするんじゃなくて、ボードレールを自分の身の丈に合ったような共犯者にして安心して眠れるようなところがあるわけです。つまり、ボードレールは非常に文学なんですよ。

**出口**　文学ですね。うんざりするぐらい文学なんだ。

**渋沢**　それをつまり、サルトル的な意味での選択を拒否する選択をしたというように出口さんはおっしゃってる。これはまた見事な表現だと思うんだけど、そうするとそれをなんかこう拠りどころにして、こちらはなんにもしないで寝ていてもいいじゃないかというようにも言えるわけです。それと同じようなことですよ。にもかかわらず出口さんはボードレールのそういう戦闘的で雄々しい像をやっぱり思い描くし、書かれたわけでしょう。

**出口**　そんなに戦闘的で雄々しいですか。

**渋沢**　なぜせっかく続いている短歌なり俳句なりという定型を、現代詩人が、いま生きているわれわれが壊さなきゃならないか、この問題も同じことです。結局これはわからない、というか、理由付けをしてもたいてい後でつけた理由にしかすぎないような気がする。大きくいえば文化のリズムなんでしょうけどね。

**出口**　いやそうじゃなくてね、つまりヨーロッパだともっと早いわけですよ。一九世紀のどのあたりですかね、ひとりのベルトランがどうしたということじゃなくて、一種の雪崩現象みたいにしてね。

**阿部**　マラルメが詩句の危機、ヴァースの危機をいう前に、一八五〇年代に一度そういうことがあったんですね。あの頃に写実主義の運動がありまして、詩においても、豚だとか羊だとか、それから百姓だとか、都会の細民だとか、そういうものを歌うのに、ソネットか、そういう定型詩ではどうもおさまりが悪い。それならいっそのこと散文で書いたらどうだと、それをボードレールの親友でレアリスム小説家のシャンフルーリが言ったわけですね。ボードレールが最初の散文詩を発表してる『フォンテヌブロー』という本のなかにはシャンフルーリも散文詩みたいのを書いてるわけですよ。だからボードレールにしても、その頃はレアリスムのグループと非常に関係があった。「夕べの薄明」とか、「孤独」とかいうような、最初の散文詩を書いた頃には、民衆的な非常にレアリスティックな内容のものを書くについては、古来からの、王侯貴族に歌って聞かせるような、そういう定型じゃない、散文でもって表現したほうがいいんじゃないかと思ったところがあると思う。ベルトランの場合は、散文詩というよりはあれはむしろ詩的散文というもので、だから詩的散文はベルトランもあったし、モーリス・ド・ゲランもあった。しかし、ポエムを散文で書くという意識はやはりボードレールが元祖だろうと思う。

**出口**　それはいいんですけどね、じゃあ小説ってものがあるわけですよ。近頃は、まあ詩人が小説を書くというのが、これも一種の雪崩現象みたいにあるわけですね。

**阿部**　渋沢さんは……。

**渋沢**　ぼくはガンとして書かない（笑）。

**出口**　渋沢孝輔さんはガンとして書かないけれども、ぼくの言うのは一人二人じゃなくて、まあ雪崩現象として言ってるんですけどね。それでいて相変らず定型回帰みたいな、定家へ帰ろうみたいな風潮がありますね。そこが、ぼくはわからない。

## 散文詩と定型詩

**松山**　ぼくはそこで二つ言いたいんです。ひとつは、詩について定型と散文というでしょう。これは両方とも中核になる内容はポエジーだってことですよね。しかし、古代文学をみれば小説的な内容が全部定型になっている作品があって、小説的な内容を散文で書くってことは大変な変革だったわけです。その問題をみんな、近代まで到達する文学は乗り越えてるわけですよ。それから、こんどはポエジーを持ったものだけが定型を保つという次の時代があって、結局、それすらなくなってゆくという、この二段階を考えなきゃいけないんじゃないか。これがひとつで、もうひとつは、出口さんと渋沢さんのお話では日本のことも入るでしょ。そうすると、やはり、日本人の思想には一声ワンと鳴きゃいいというように収斂しちゃうところがあって、日本人がほんとのことを言うときは、常に短くあるべきだというところがある。長歌から反歌へ、三十一文字から十七音へとなってきた。日本人には、内容が何百シラブルもあることを唱わなきゃならないってことは、伝統的な立場にとどまるかぎりまず無いと思うんですよ。たとえば渋沢さんが何か長い内容を表現するときには、伝統的な日本人としてでなく、近代的な日本人として表現しているんじゃないか。同じ渋沢さんでも、ちょっと伝統的な日本人になればもっと短く言える。短く言うときには、やはりなんといってもことばに調べがあった方がいい。それで、調べに帰りたい欲求が出てくるんじゃないか。だから、ボードレールの定型という問題とは別に、日本人はなぜ思想を拒否して調べに戻ってしまうか、という問題がある。日本のは西洋の韻律と比べると七五調で、八六調なんてのはゼロですからね、ほとんど。だから詩としても決まりきってくる。

**阿部**　近頃たまたま知合いの女流歌人の歌集を読む機会があったんですが、やはり、日本人にとって定型によって表現することの強さを感ずるわけです。しかし、定型に戻ろうと思えば戻れるし、そこには安心できる世界があるかもしれないけれど、敢えて戻らずに、日本人としてワンと一声鳴かずに、ワンと一声鳴くことの内容を解析ないし分析して詩を書いていかなければならない、という問題があるんじゃないか。

**渋沢**　それは、一口にはなんとも理由づけられないことですけども、ただ分析しながらやっていても、じっと定型に帰りたい誘惑を、まあ正直にいうと、こらえてるわけですよ。そうやってるけれどもね、しかしそれは最後に一声ワンと鳴きたいために、単にこらえてるかもしれないということだってあるわけですよ。(笑)その辺が非常に曖昧ですね。

**松山**　でも、内容が短歌の分量より多くなれば、やはりどうしても定型では言えないという方が、自然な要求だと思う。

**出口**　それは面白いね。

**渋沢**　ぼくの場合は定型といっても、たとえば短歌に帰るという発想は全くなくて、いわゆる現代詩に即して定型的な志向を持つというだけだけども、さっき松山さんの言ったことで、なるほどと思ったのは、やはりそれは歩いてたのが自動車に乗り、汽車に乗り、飛行機に乗り、ということになってくりゃね、もうその面では完全にますますスピードがついてこざるをえないところが、これはやはりあると思うんだな。定型というのはひとつのリズムの問題だし、習慣の問題なんだけども、習慣やリズムというのはある加速度がつき始めると、だんだん速くなっていっちゃう本性を持っているんだと思うんだ。それを脱却なり踏みこえるなり、ということができるかどうかという問題もあって、そこのところで時にはわざと古い詩を書いたり、小説を書いたりということも出るんじゃないかと思う。

### パリの憂鬱

**阿部**　そこでね、ひょっとするとボードレールは散文詩を書いたときは、残らなくてもいいと思って書いたんじゃなかろうか。

**出口**　残るって、どういうことかな。

**松山**　『悪の華』を書いたときだってね、不滅とは思わなかったんでしょう。

**阿部**　もちろん終末観があるからそうですけど、でも一応『悪の華』を書いたときは、二十年間ぐらいあっためてた詩集を出すという意識もあったし、またスタンダールが五十年後には読まれるだろうといってたぐらいの意識はあったと思います。ところが散文詩の場合は、尾もなく尻尾もないというんですからね。場合によっちゃ新聞なんかに発表してジャーナリズムのなかで闇から闇へと葬り去られてもいいというぐらいで書いてたんじゃないかって気もするんですけど。

**松山**　ぼくは、ボードレールが作品を書くことによって、パリの風景とか、その当時のパリの現実が全部ボードレールの作品と同じ水準で生きてくる。パリそのもののほうが生きてくるというわけだから、つまり輪郭が表象できない世界ですよ。ちょっと誘い水を入れると全部が文学的な対象として生きちゃうという、そういう世界についての意味はないだろうか。作品と実際のパリのいろんなアネクドートが、質的な差がなく繋がっちゃうとすると、そこで、頭もなく尾もない世界が出てくるわけだ。だから、ボードレールが書いたものだけが『パリの憂鬱』じゃなくて、『パリの憂鬱』というのは他にもあるんだという感じがする。

**出口**　それはそうだな。その、まあ軽薄なことばをつかえば、フィーリングを摑んだってのは、やはりボードレールは偉いとぼくに思う。つまりボードレールが書かなくても、スプリーン・ド・パリがあるわけよね。それを摑んだってのは偉いと思うのと、もうひとつ言えば、あの硝子屋の話があるでしょう。ものすごくぼくは好きなわけ。無人島へ一冊本を持っていくとしたら何を持っていくかって、よくいうじゃないですか。ぼくは、硝子屋の話を持っていきたいっていうくらいね、偏執的に硝子屋の話が好きなんですよ。大体ほかのもの要らなくなっちゃうぐらい好きなんです。あれはつまり韻を踏んで書けるものじゃない。絶対、韻を踏んで一万行書いたって書けないっていうのかな。またそれをフランス人なりに一声ワンにしたいとやったってね、やはりワンにならないものが、あの硝子屋の話だっていう、ぼくはそこのところはもう譲れないんですよ。〈L'invitation au Voyage〉も、うっとりしてレコード聴くこともあるし、自分で下手ながらときどきフランス語でやることもあるけれども、じゃあほんとにこいつだけは手放せないというのは何かというと、あの硝子屋の話ってことになっちゃうんです。あれは小説じゃ書けないし、定型詩でも書けないし、あるいはフリーヴァースでも書けないと思うんです。

**阿部**　これは書けないと思いますね。

**出口**　そういうものとしてやはり燦然と輝いている、もうほかに言いようがないんだな。それでぼくは、いつもボードレールが嫌になったり飽きたりしても、やはりあれが出てくるともう、はっきりいうとバタイユも何も要らなくなっちゃうぐらい、ぼくは好きなんですね。そうとしか言いようがない。

**松山**　ちょっと、そこでおヘソ曲げてね、ぜんぜん話は違うんだけど、もしボードレールが『悪の華』とか美術批評とかがなくて、『パリの憂欝』だけ書いたら、誰が認めて、どうやって残るか。つまり『パリの憂欝』だけ書いたとして、いろんな後継者がありえたもんでしょうか。なんと言ったって、ボードレールが残っているからであって、ボードレールが残ったことについては、どうもやはり『悪の華』のおかげが多い。

**出口** それは情勢論としちゃまさにそうなんですけどね。

**松山** 情勢論としては、もし『パリの憂欝』だけ書いていたら、完全に無視されちゃったのかどうか。

**出口** それはだけど松山さんとも思えない発言ですね。『パリの憂欝』だけをボードレールが書くということは、ありえないわけですよ。詩人としてね。

**松山** まあ、そりゃそうですね。ありえないけども、もし散文詩だけ書いたことを強引に想像すると、やはりベルトランみたいなことになるわけかしら。

**阿部** それはやはりならなかったでしょう。

**松山** ならないでしょうね。そこで『悪の華』を当然書いた詩人が書くもんだってことが出てくるね。

### 文語と口語

**渋沢** 定型と散文の問題でいうと、『悪の華』は定型だけども、たとえば、「旅へのさそい」が非常に充足した見事な定型詩と言っても、これも読みようによっては、それほど完璧な充足した世界なんだろうかということも出てくるだろうと思う。

**阿部** 全くそうです。そこで、定型と散文の問題に戻りますと、散文に対するものというと必ずしも定型だけではないわけですね。というのは、朔太郎の場合を思い出すわけですけど、朔太郎の『氷島』を考えると、これは必ずしも厳密な意味での、つまり和歌とか俳諧がそうであるような意味での定型詩とはいえないわけですよね。だけどなおかつ、朔太郎が初期に書いてた散文、自由詩みたいなものとの間に、はっきりした一線を画するものがあるというようにみるわけですね。そういうことを考えていくと、ボードレールの場合にも、散文と対立するものは必ずしも定型だけじゃなくって、レトリックというものもある。たとえば、吉増剛造さんのことを考えてみても、彼の場合、確かに定型で書いてはいないし、また必ずしも文語的なものがあるとは言えないかもしれないけど、たとえば彼の好んで用いる繰返しなどに、一種定型的なものを感じるというか、少なくとも修辞的なものを非常に感じるわけですね。朔太郎の『氷島』についても、文語の言廻しが、散文的な散文に対立するものとしての修辞的効果を生んでいると言えるわけです。そこでボードレールの「旅へのいざない」なんかみますと、これは定型詩で書いていることは書いているけども、必ずしも古臭い感じがしないのは、定型ではあるけども、つかっていることばは、それこそオペラのアリアに出てくるような、平易なことばをつかって書いているということがあると思います。だから散文と定型の対立ということも、一筋縄ではいかないような気がするんですけどね。

**渋沢**　たとえばいまぼくは「旅へのさそい」と、ちょっとくずれた言い方をして、阿部君は「いざない」と直してくれたわけだけどもね。これはつまり両方ありうるわけですよ。どっちが正しいかということは、ぼくもよくわからないわけだ。だけど「さそい」といった場合に、同時に「いざない」という読みかたがあるということを、当然考えているわけだ。

**出口**　もちろんそれで言ってるなって、ぼくは聞いていた。

**阿部**　こっちは単なる習慣で「いざない」と言っているんで、そういわれてみりゃ確かに、ぼくの言っている説からすると、「さそい」と訳すべきかも知れない、そうしたほうが一貫するわけだから。

**出口**　そこをもう少し教えてください。どうしてですか。

**渋沢**　それは何によって決まるか。これは重大ですよね。

**松山** 「いざない」という以上は、やはり定型文語という感じもあるからね。

**阿部** つまり、あれは定型ではあるけれども、すでに五とか七とかという奇数脚をつかうということは、これは堂々たる格調を持った古典詩の伝統ではなくて、オペラのアリアとか民謡の非常にくだけた調子をつかうんだということがあるわけです。それからもうひとつあのなかのことばを引いてみても、わが子よわが妹よ、思ってもみよ、なんとかって、その言い方がぜんぜん同じボードレールの定型詩でも、たとえばさっきから出てる「読者に」のような非常に古怪《こかい》というような感じじゃなくて、非常に平明な感じなわけですね。というのは、ゲーテの「君よ知るや南の国」というミニヨンの歌にヒントを得たらしい。それは実際に、散文詩の「旅へのさそい」のほうではミニヨンの歌が出てくるわけですから確かです。オペラの作詞家はあまり学のない、それこそ松山式にいえば頭の悪い人が書くわけで、しかも歌ってもわからなきゃいけないから、難しいことは書けない。かなり日常語に近いことばで、もちろん韻文だけど、書くわけです。韻文だけど非常に日常語に近い形で書かれている、そういう意味で、「旅へのさそい」と訳すべきであったという自己批判を……。

**松山** でも、やはり内容が平明であっても、ことばが古いってのはいくらでもあるよ。

**阿部** あるけどね。この場合はことばはあんまり古くないいんじゃないかって気がする。

**渋沢** それをまた総括して言うと、われわれの意識のなかにも文語も口語も、いま現に両方あるわけですよ。その「いざない」ということばは必ずしも文語として古くなったもんじゃなくて、現にぼくの口語のなかにさえ非常に紛れ込んでくるものとしてあるわけです。そんな形で、すべて、定型も散文も同時にあるということがまさに現実そのものなんだ。そこで、ボードレールと同時に自分も歩いているわけだ。文語と口語とか定型と散文詩とか分けて終るもんじゃなくて、分けながらも常に自分のなかに同時にあるんですよ。そこからしか、詩も、生活も、始まらないんじゃないかと思うんです。

**松山** ことばの問題ですが、「旅へのさそい」は難しいことばがなくて有難いけど、しかしルフランで、〈Là,

tout n'est qu'ordre et beauté, luxe, calme et volupté.〉とあるわけでしょう。抽象名詞が並んでいるわけです。非常にわかりいいことばだけども、ああいう抽象名詞がぞろぞろあるってことは、どういうことなのかしら。民謡とかオペラとかで受け入れられる程度にその当時熟していたことばですか。

**阿部**　オルドゥルを「秩序」というような意味でそういうふうにつかうことは、熟してない面もあるかもしれないけど、まさにあのリフレインこそ、非常にオペラ的であって、しかも日本語に訳すと奢侈とか静穏とか逸楽とかって訳すから熟してないけども、フランス語でたとえばリュクスということばは、同時に庶民が日常気軽に、ほんとに贅沢だなあ、とかいうように使えることばですね。

**松山**　とにかく日常生活に……。

**阿部**　入っているわけですね。そういう意味で結構オペラの中でこれが歌われても、ぜんぜん不思議はなくて、みんながワーッと拍手するような面があると思うんですよ。

**松山**　ぼくはボードレールの、自分が好きな部分の半分ぐらいを区切っちゃうと、あのことばで端的に表現されちゃうような感じがあるんですよ。まあ、それをはみ出ているボードレールも好きなんだけれど……だから、あれがどのくらい、普通のブルジョアかなんかが、ひょっとオペラかなんか見にいって、通ずるのかということね。

**阿部**　それはブルジョアなんかにしてみれば、たとえばオルドゥル――秩序ってことは、自分の家がきちんと片づいてるという意味にもとれるわけです。だからあの詩のなかにも、家具が非常に光っているとかというと、やはりそれはちゃんと女中がいて、毎日磨いているからというような、そういう感じにも読める。

なぜ言語か

**阿部**　渋沢さんが「無限」のボードレール特集のときに「ボードレールの不充足」を論じた最後のところで、「彼がことばそのものを疑った気配が一度もないのは、まだしも幸いだったといえるのではなかろうか」と、ひとこと書いておられるわけですね。それが昭和四一年の話で、それから四二年には「なぜ言語なのか」という文章を書いておられて、そこで一九世紀の文学の特徴として、人間と語と世界の一体が崩れてしまった、しかもその内部でもうひとつ分裂というものがあって、それは言語の分裂だ。その言語の分裂というのは、単純にいえば科学と文学との間の分裂ということで、科学のほうは理解可能性の方向にひとつの救いを見出すということであり、文学のほうはむしろ逆に意味作用以前の言語の存在自体のうちにおのれの根拠を置いたということである、といっておられるわけです。そこで、渋沢さんがボードレールについてお書きになったことと一般論としておっしゃったこととを強引に結びつけますと、いまフランスでランボーとかマラルメとかロートレアモンが非常に未来志向を持ったもの、あるいは現在的なものとして取上げられているのは、もちろんフランシス・ポンジュでもいいんですけども、そうした詩人たちが、それこそ言語の存在自体のうちにおのれの根拠を置くと、まあそういう意味での言語というものを志向しているところがある。そういうことでこれらの十九世紀の詩人たちは取上げられる、ということなのだろうと思います。これに反してボードレールの方は、ことばそのものを疑った気配がないとすれば、ある意味で人間と語と世界の一体性が、必ずしもまだ崩れていないという意識があったんじゃないか。もう一つ別の観点からは、ボードレールの科学性、ということもいえると思うんですけど、ボードレール自身、科学を否定してる人じゃ全然ありませんから、理解可能性とか意味の可能性というものを、まだ信じていた人ではないか。そういう意味では、ボードレールは非常に古い詩人であったということになるわけですけども、ところが渋沢さんが第二の文章のなかで言っておられるように、そういうことばの存在自体のうちにおのれの根拠を置くというようなことを行為していれば、やりようによっては真直ぐに狂気へと繋がる可能性があるわけですね。ところがボードレールの場合、ブランショ的な見方でいえば、ボードレールは芸術作品というものの非常に幸福な充足の可能性を、少なくとも意識的には信じていたにもかかわらず、最後に梅毒ってことは捨象しても、「畜生々々」としかいえなくなった、失語症的な状態になった。狂気とはいわないまでも狂気と同じく伝達不可能な状態に陥った。その辺にボードレールがある意味で、理解可能性、意味の可能性を信じていた、つまりことばそのものを疑ったことのない詩人であるにもかかわらず、ことばそのものを疑った、あるいは言語の存在それ自体のうちにおのれの根拠を置いた詩人たちの多くが狂わなかったにもかかわらず、そこまでいかなかったボードレールがかえって、狂ったとはいわないけども、破局までいったということに、ボードレールの大変なパラドックスというか偉大さがあるんじゃないかと、ブランショ的に言えばこうなんですが……

**渋沢**　ぼくも全然異存はないし、そういう意味で依然としてボードレールは現代をも覆ってるだろうと思うんだけど、ただそれにもかかわらずたとえばランボーが、ボードレールはあまりにも芸術家的な境地に生きたと言うそれがまずぼくにとってはひとつの出発点でもあったわけだ。そういうことと、それからたとえばブランショでもいいし、あるいはカフカでもいいし、ジョイスでもいいわけだけど、ボードレールは不充足といってても、たとえばマラルメに比べればかなり充実した作品の世界を持っているという感じは端的にあるわけですね。だからそれと比べるとマラルメもブランショもカフカも、非常に貧血症的にみえるわけですよ。これは否定できないことだろうと思う。そこでつまり、ボードレールは非常に現代的であるにもかかわらず、ボードレールとマラルメあるいはブランショとを分かつものはなんだろうか、ということを非常に作為的に考えてね、その上で出てくる問題にすぎないわけです。言語をまだ疑っていなかったのは幸いだというような文句は、ね。それはボードレールだって当然文学というものを非常に根源的に疑っていたというか、そういう意識は当然あったと思うし、その意識がまたブランショにはブランショ、マラルメにはマラルメなりにあるわけで、そういう意味では全く、ボードレールがことばに対して疑いを持っていなかったなんてことは言えないわけだ。にもかかわらず、強いて現代と一九世紀、あるいはマラルメ、ブランショとボードレールを分けるとすればどこに線があるかということですね。これはあくまでも非常に作為的な問題だと、改めて釈明しておきます。

［「ユリイカ」一九七三年六月号］

# 対談　読みかけの一ページ——「少年倶楽部」の余白への夢

松山俊太郎、寺山修司

## 大人になっても読み直さないこと

**寺山**　「少年倶楽部」と言えば、僕は江戸川乱歩の一連のシリーズ『怪人二十面相』『少年探偵団』『妖怪博士』が一番心にひっかかっているんです。なにしろ、少年探偵団が非常に嫌いでね。どうして嫌いかというと、後だてになっている明智小五郎という男が気にくわなかった。明智小五郎というのは江戸川乱歩の青年時代の夢というか、御稚児さんの少年をまわりにいっぱい集めて一諸に謎を解く集団です。少年探偵団は、二十面相の不在によって充たされたコミューンというか、乱歩の一種の少年愛の現われというか——なにしろグロテスクな集まりだった。だいたい少年探偵団は夕方の六時ぐらいまでしか活動できないという規約がある。ところが、怪人二十面相は主に夜に動き回る。それでどうするかっていうと、チンピラ別動隊というもう一つの少年たちのグループが夜七時すぎの仕事を引きうける。チンピラ別働隊っていうのは何かというと、江戸川乱歩の『少年探偵団』のなかの規定では親のない子とか片親のない子を中心としている。彼らは門限がないから夜の活動も平気だ、という考えかたなんです。それで小林芳雄以下少年探偵団は夜六時になったらキチッと家へ帰ってしまう。ぼくはここで子供の差別だとかなんだとかやかましいこと言う気はないけども、自分に親がいなかったからね、六時すぎのほうに仕分けされることになるわけですね。それでどうも明智小五郎ってのは夕方六時に帰る連中しか相手にしない男だという反感が一つあった。だから心情的にはチンピラ別動隊なんだが、怪人二十面相に対する共鳴というか、捕まらないでくれればいいという願望もあって——もちろん、早く捕まっちゃうと小説の次が読めなくなるということもあるけれども——怪人二十面相に対して自身のファザー・コンプレックスみたいたものかなとも思ったりしたんですよね。同じようなことは大佛次郎の『角兵衛獅子』『鞍馬天狗』の一連、杉作少年シリーズにもあってね。鞍馬天狗という得体の知れない覆面をした男に寄せる、憧れみたいなものと不信感も一種のファザー・コンプレックスかもしれないですね。ああいう悪人かもしれないし、善人かもしれない、なんかいつも覆面してる男というものが出てくるのが戦争中の「少年倶楽部」からうけるぼくの大きな印象だったですね。

**松山**　戦争中の少年物ですか、それは?

**寺山**　そうですね。

**松山**　『怪人二十面相』ってのは戦争中でもあったんですか。

**寺山**　戦争中です。あれは昭和十一年です。

**松山**　つまり、日支事変が激化した以後は大人のものだと探偵小説は下火になったでしょ。だから、子供の探偵小説だって犯罪が主体だから、悪いのは外人てことにでもしないと、時局に向かないということがあったんじゃないですか。

**寺山**　そのへんの配慮で、日本人である怪人二十面相はかならずしも悪人じゃないかもしれないというエクスキューズはあった。

**松山**　わたしは、出版されると同時に読んだ雑誌は、「少年倶楽部」よりむしろ「幼年倶楽部」でしたね。「少年倶楽部」を読む年頃になったらそういうものは読まなくなっちゃったから、少年文学のたぐいは、結局単行本で読んだのと、人のところへ行くと「少年倶楽部」のバックナンバーがあって読んだのが多くて、あとは奇妙なことに「少女倶楽部」ってのに出ていた冒険小説にもあんがいいいのがあって、たしか南洋一郎の『緑の無人島』は「少女倶楽部」だったと思うんです。同じく『日東の冒険王』というのも、これは単行本で読んだんだけど「少女倶楽部」に出ていて、夏の夕の散歩で買ってもらって蚊帳のなかで読んだ。それは、少女・瑠璃子というのと立花学士というのがいて、瑠璃子のお母さんは怪外人ダブラという、すごい名前だけど——ダブラはシャムの人間ではじめは悪者ということになっているのが、あとでだんだんいいってことがわかって和解するんだけれども——それにかどわかされて行方不明になっている。それを、少女と青年がシャムの奥地まで尋ねて行って冒険が続発するんです。そういうのはどうも「少女倶楽部」でまず一部を読んだ覚えはあるけれど、「少年倶楽部」に初出の少年文学を雑誌そのもので読んだのはそんなにないんですね。『怪人二十面相』でBDバッジというのを撒いていくでしょ。ボーイズ・ディテクティブとかいう。あれは自分がそういうバッジを集めてるときだから、そんなバッジを道の要所要所に撒いていけるなんてのはずいぶん贅沢だなと思って羨ましかった憶えは雑誌と結びついているけれども。

**寺山**　戦後、「怪人二十面相」の変相数はなぜ〝二十〟でしかなかったのかってことを考えるようになり、たまたま二十進法というか、昭和二十年に日本が戦争に敗けて、とたんにNHKに謎が二十の質問で解けないと終わりになる「二十の扉」という番組ができた。なんか二十という数が日本の大東亜共栄圏の終焉に絡まるアナグラムというか、不思議なものだなあと思った記憶があるんです。まあ二十面相が実際にすごく当たったので、「怪人四十面相」なんていうのもあとからでてくるんですね。だけど、ぼくには「怪人二十面相」は二十面相じゃなきゃいけないという気がしていた。いま、ここに当時の「少年倶楽部」が二、三冊ありますが、松山さんはこんなの覚えてますか？　ぼくは最近これを見てビックリしたんだけど、昭和六年の新年号は、少年が日の丸をもって地球をまたいでいる。「学ぶに本気、遊ぶに元気、少年倶楽部」とか、「右手に教科書、左手に少年倶楽部」とかいうコマーシャルがついている。しかし、この数年、「少年倶楽部」ブームですけど、当時のをそのまま読み返してみると国策記事と国策小説が氾濫してるんです。むかしの吉屋信子とか横山美智子の少女小説というのはだいたい継母のまま子いじめの悲話が多く、「家」中心のストーリーでね。一種の家族合わせ遊びみたいなものだったけど、少年物のほうは「家」がそのまま「国家」に換喩されている。山中峯太郎なんかはその最たるもので、『亜細亜の曙』では、本郷義昭がインド人の友人と交す言葉が、「アメリカもロシアも中華民国も、ましてヨーロッパの国々も、アジアにもし危機が起きた時に日本の味方になってくれるやいなや、否！　絶対誰もなってくれない。味方は君だけだ」なんて言ってる。インドというのはその頃すでにイギリスとの関係に非常に苦しんでたわけだから、個人の友情さえも国策の反映として描かれていた。戦後の野球マンガなんかに出てきた根性物の精神はその頃に生まれたものです。だから、佐藤紅緑《こうろく》の『ああ玉杯に花うけて』とか『一直線』とか『少年讃歌』『紅顔美談』なんていう感激小説は子供の頃愛読したわりに、いま読み返すとひどいところがある。学校に行けなかった友人を励まし、貧しいからといって馬鹿にするなという、この程度の連帯感や、社会認識は、いまの「代々木」の若者観と同じでね。いささか皮相的すぎて鼻が白むものがある。

**松山**　ぼくは佐藤紅緑では『黒将軍快々譚』という、日露戦争のときのスパイ工作の話なんですけれど、紅緑としちゃ特別な作品だと思うんですよ。実に痛快だったけれども、あとで読み直したら、子供のときってのはむこうの文章がラフでもこちらの想像力が隙間を全部埋めてすごいリアリティが出てくるでしょ。そういうのがなくなっちゃってるから、やっぱり読み直さないほうがよかったっていう感じがありましたけどね。

**寺山**　だから、少年文学に対する取り組みかたとしては絶対に大人になっても読み直さないことかもしれない。

過去はあらかじめ編集されちゃってるわけだからね。『長靴三銃士』なんてぼくはすごく好きだったけど、いま読み返すとやっぱりひどい話なのね。親の言いつけを守らないために長靴を頭に乗っけられちゃって、なんとかひとなみに孝行ないい子になって長靴を頭からはずしてもらうために努力するという話なんだ。あんなに喜んで読んだものがそんな話だったかと思うとがっかりするけれど。

**松山**　それは枠組であって、内容《なか》はそれにこだわってなかったでしょ。タイトルとかサブタイトルの扱いかたが実にしゃれてたものね。

**寺山**　動かない活動写真なんですね。無声映画の〝話変わって〟というような、活弁調……、あれがよかったんだな。

**松山**　ぼくと寺山さんが違うのは、戦争に敗ける前に読んだのとあとに読んだのとの違いがあると思うんですよね。ぼくは戦争の終わる一週間前に日本が敗けた夢を見たときはこれでよかったと思ってすごくホッとしたんですけど、実際に敗けたらやっぱり一週間ぐらい苦しかった。それは、日本の国というのは自分の自尊心の体現であって日本のいろんな活動そのものがこっちの個人と全部つながっている感じがあったわけで、だから日本の国威と自分の自尊心が同じだったんだけど、それがこれからさきなくなっちゃうというんでいやだったんです。だから、戦争前は少年文学を書いてる人には、国策に便乗してるとか命令に従うとかっていう意識のほかに、帝国主義の昂揚期に育って自然にもった帝国主義的な人生観・世界観があるわけで、そういうもので書かれた作品を、ぼくなんかの場合はじめっからどっぷりつかって読んでた気楽さと景気のよさがあって、それが少年文学の印象と分かち難くなっている。

**寺山**　結局少年時代というのは自分が世界にとって非常に部分的な存在だっていうふうな感じかたをもっていない。そのくせに、何一つ世界と可変的には相互関係をもっていないから、「全体」からも疎外されている。松山さんが言ったように「いわゆる大枠のようなもの」に対しては常に無関心でいられるんですよ。たとえば本郷義昭が苦心して鍵穴にはまる鍵を作り出し爆薬庫を開けるというとき、それがロシアの爆薬庫であろうと日本陸軍の爆薬庫であろうと構わないんで、そのディテールとサスペンスだけが、少年の心を動かす。少年には、歴史は「経験」ではなくて、ただの「物語」でしかない。だから、少年は細部のリアリティを偏愛するようになる。野村胡堂に『地底の都』という小説があったんですけど、これは『神州纐纈城《しんしゅうこうけつじょう》』なんかと同じで、地球の内部、地底にもう一つ帝国が存在するという考えかたで、いま考えると面白いものだけど、なぜかぼくはその頃はあんまり好きな小説じゃなかった。どうしてかというと、部分を支えるためにはリアリティが必要だけども、それはあまりにもそういうリアリティがなくて、全体的にも変な枠組が課せられてなくて自由なはずなんだけど、細部の部分部分にリアリティがない。地下の世界というとお日様はどう当たるのか、階段はどう昇っていくのかといった細部のリアリティがない、ピンとこない。まあ、部分としてしか世界を見れなかったのは想像力の欠如なのかもしれないけど。だから、山中峯太郎の主人公が愛国少年だったということもそんなに覚えてないけれど、とにかく血の気の多い若者であったというところだけは忘れ難いというところはある。

**松山**　ぼくなんかはもっと漠然としていますね。たとえば『世界無敵弾』という作品で、軽井沢に星の世界から電犬チロルという犬が到着して、鬼押出《おにおしだし》を舞台に活動すると、鬼押出なんてその時はまだ行ったことがないわけですけど、実際の鬼押出よりむしろ月の世界に近いみたいなヴィジョンをかってに描いちゃって、そこで胸を躍らせるなんていうようなもので、全体の筋なんて全然覚えてなくて、ただ『世界無敵弾』を読んだ鬼押出の感じというのが気分としていまでも懐しいわけなんですけどね。

**寺山**　登場人物のあるしぐさが少年期の生活を異化するというか、それによって鼓舞されるというか、それを引用して大人になっていくということがあるんですね。だからぼくなんかでも小説のある一部分だけを鮮明に記憶してるなんてことといっぱいある。たとえば、法月弦之丞《のりづきげんのじょう》という人物は『鳴門秘帖』だとか、咲耶子《さくやこ》は『神州天馬侠』だとかいった登場人物の名からその小説を思い出すことはできるけれども、咲耶子が武田家のなかのどういう係累で当時何をしていたのかっていうと全然思い出せない。斎藤五百枝《いおえ》や山口将吉郎の描いた眼の吊り上がった少女が、理想の少女になって、それによく似た女の子を同級生に捜したとかということは覚えてるけどもね。歴史っていうのはやっぱり少年にとっては物語以上のものではありえなかった。松山さんなんかはどうですか。幼少の頃に歴史に対する関心はあったですか。

**松山**　歴史というのはやっぱり、なんか連続してなかったですね。

**寺山**　そうそう。

**松山**　神代のこととか、源平時代、幕末とかってとびとびにいろんな人物が濃く出てくることはあっても、たとえば室町時代ってのはほんとに縁がなかったような気がするわけですよ。

**寺山**　ぼくはいまでもそうです。歴史は偶然的で、不連続なもので、その記述は結局は全体性の過去を再現するためにかわるがわるつごうのいいように書き直しくらべをしてるという感じしかないんです。

**松山**　ぼくは過去ってのは、要するに何十四もヒドラみたいのが絡まってまだ動いてるものだという感じがするのね。いまつながってるものはちょっと経つとまた切れて、いま切れてるのがまた別のやつとつながるという格恰で、ほんとに自分にとって必要な過去というのはそのなかでごく少ない筋なんだけど、しらたきみたいのがいっぱい絡まってバーッとあるという感じですね。ぼくらの子供の頃っていうのは、まだ世界に三か所わからないところがあるなんて言って、地図に白紙のところがあるわけですよ。ぼくは昭和一三、四年に平凡社の『大百科事典』の普及版を買ってもらったんですよ。普及版てのは元版の一冊が二冊ずつにわかれてて、それで最初に引いたのは一巻の二っていうので、「アフ――イカ」が範囲なんだけど、「アフリカ蛮族」というのが出てきたわけね。見ると、アフリカに人喰い人種がいると、いっぱい種族の名前をあげて書いてある。それにニャムニャム族なんていうのがあるのね。ニャムニャム族っていうのは歯を全部尖らしてあって、ガッと噛みついて肉を引き裂くのにつごうよくなっているなんていうふうに書いてあったのか、あるいはそれはニャムニャム族という言葉の連想でこっちが考えたのかもわからないけども、テラ・インコグニタがあることと、人喰い人種がちょっと辺境に行きゃかならずいるっていうことが、恐くもあるけどものすごい張り合いなわけですよ。日本ではそういうのとお化けが年がら年じゅう出てくるわけだから、また日本は帝国主義だから戦争したらどうだということがあったわけですよ。戦後は人喰い人種なんて言っちゃ人種差別だからいけないことになったろうし、戦争もいけないことになってくると、寺山さんなんかは戦争はいけないほうで、人喰い人種もいない、未知のところもないというスレスレのあたりから少年文学を読まれただろうから、非常に違うだろうという感じがするんですね。だから、直接帝国主義を鼓吹するものじゃなくても、『ソロモン王の洞窟』にしても、『宝島』にしても、みんなほかの国の船からか、未開の土地の人からか収奪することが骨子だし、もっと平和的なものだって、――この前ちょっと必要があってハドソンの『緑の館』を読んだら、ハドソンというのは『ラ・プラタの博物学者』とか博物学のほうのものを書いてるときは偏見なんて感じないんだけれど、――それを読んだら現住民に対する偏見があまりに強いんで、さすがの帝国主義肯定のわたしも、ちょっと鼻白んじゃってね（笑）。『ドリトル先生』なんてもやっぱり差別感があるでしょ。いまのところ世界で第一級の古典と書かれている児童文学というのは、やっぱりなんか帝国主義で、ほかの人々から搾取した国の人間の余裕からしか生まれていないというところがあるんじゃないかと思うんですよ。そこで、人間てのはどんなに体制が変わっても、労せずして人の物をかっぱらう夢を見るし、そういう潜在的な人間の不道徳性を充たしたい欲求があって、それは子供のときのほうが強いんですけど、これからの子供は教育ママなんかが出てきて、ますますその欲求を充たされなくなるんじゃないか。そのへんはよくわからないんだけど、児童文学ではかなり根本的な問題なんじゃないかと思うんです。

## 潜在的な不道徳性を充たしたい

**寺山**　戦争下の極限状況では人の肉を喰うことも、それほど異常なことではなかった。そういう時代に松山さんは少年期を過ごされた。ただ人肉食などがまったく「ありえないこと」になってしまっている現在の子供たちにとっての現在の少年文学の問題と、そういうものが「ありうること」として失なわれた過去の子供たちにとっての現在の少年文学に対する考えかたと二通りあったわけで、最初のほうに関して言えば、人の肉っていうのは調理法は多少変わってきたけど、やっぱり依然として「喰われている」のが現実だと思う。もちろん、ぼくなんかも喰ってみたいなと思ってる人間なわけです。

**松山**　それは比喩的な意味なんでしょう。

**寺山**　いや、たとえば、ギリシャの哲学者が生後二週間以内の赤ん坊を丸茹でにして干して塩と胡椒で喰うのが一番うまいなんてことを面白おかしく論文に引用するような意味じゃなくもっと即物的に言ってるのです。ぼくは競馬が好きですが、昨日レースを走ってた馬を今日鍋で煮て喰ったりすることに、哀惜の念とともに舌鼓を打つ感覚も持ちあわせている。そういう複合性のなかに人間の快楽が罪悪感みたいなものと裏腹に存在しているものだという感じは免れない。人間が人間を喰うことを禁じてるものはキリスト教的な道徳のなかにはあるけれども、しかしたとえばオレが死んだときに遺言で、どうかオレの仲間の松山俊太郎とその家族の五人の人にオレの肉を喰ってもらいたいと言い残したら、松山さんたちはまずいまずいと言いながらも多少は寺山のことも思い出しながら喰ってみようかということになるかもしれない。そういうときに何がそれを罰し、なにがそれは不倫であると非難するだろうかということが、あまり吟味されていないんじゃないかという気がするのね。実際に人の肉を喰ったっていう人はたくさんいて、ぼくの知ってる競馬の調教師も戦争中にサイパンかなんかで食糧がまったくなくなって、戦死した兵隊の死体を毎日岩の上に干して食べた。彼はたまたま一番下っぱの兵卒だったためにそれを運搬し、調理する役目だったという。いまは調教師になり、「先生」といわれてキチンと背広着てるわけだけど、酔うとそのときの味の話なんかする。彼だけじゃなく、人肉を喰った人はたくさんいるだろうし、これからも喰うことはあるだろう、ただそれが背徳的な感じがなくなって、多少味は変わってくるかもわからないけど、「人肉レストラン」が出てくるのが荒唐無稽な話じゃなくなってくることはあるだろうと思うんですね。もう一つの松山さんの言ってた戦争についても、ぼくは戦争がいけないという論理はもっていない。平和という言葉は、いわば無敵の言葉で平和に反対する論理はどこにもなくなってるけれども、「平和の形而上学」というか、「平和の考古学」と言うか、あるいは「平和の科学」でもいいが、そういうものはまったくなくてね。こんなに曖昧な言葉はどこにもないのです。で、戦争はいまさしあたって国家という大前提なしでは語れないのですが、国家が戦争をその国の言葉で捉えるときはいっぽうにおいては正義で、いっぽうにおいては侵略だったり不正だったりするわけで、そういう価値の相対的なところで論じられてるかぎりにおいては戦争は国家が存続する限りこれからもどんどんありうるだろうし、手段としての戦争を合法化するのが国家イデオロギーの正義というものだというのもよくわかる。もちろん、ぼくも戦争を絶滅すべきだという論理を理解できないわけじゃないけど、賛成かどうかはまたべつの問題ですね。たとえばむかしは腕力で倒せるのは哺乳動物だけだった。暴力では権力は倒せない、暴力は暴力でしか倒せない、とすると権力は権力でしか倒せないということになっていった。そういう考えかたで戦争を考えていった場合、戦争以外のもので戦争を否定することができない世界があるあいだは戦争の合法性ってのはなくならないだろうと思うんですね。だから戦争も依然としてあるだろうし、戦争が非常に政治的なものだとすると人の肉を喰うことはある意味で非常にエロチックなことで、多少形態が変わっていってもやはりなくならないだろう。いま、子供文化のなかで「人喰い土人」は取り上げられちゃって、大人が「人喰い」を独占してるわけです。つまりむかしは子供にも人の肉を喰う楽しみとか戦争の楽しみを半分ぐらいあげてたけど、いまは子供の手と女の手から取り上げちゃって、大人がその快楽を独占しちゃってる状態じゃないかという気がする。

**松山**　ぼくは人の肉を喰いたいとは思わないわけですよ。だけど、行けばヘタすると喰われるかもわかんないってスリルが……。

**寺山**　それで面白いことを発見したけども、松山さんは「人喰い土人」という言葉はロマンだけど、東京都文京区駒込のだれだれさんの尻の肉を喰うっていったとたんにロマンじゃなくなると思っている。

**松山**　人喰い土人なんかを喰いたくはないですよ。向こうに喰われる恐怖が面白いんで。それから、世界が空地のない文化になっちゃったということが根本的に困ることなんですね。大むかし、たとえばお釈迦さまの時代っていうのは、まあヒッピー的かもわからないけど、森のなかへちょっと行けば王権の及ばないところがあるわけでしょ。そこでまた独立の集団を作れるわけです。それが完全にだめになっちゃったから、いまのヒッピーがネパールなんかへ行ったって、結局は錯覚にもとづく空間の二重利用になっているわけですよ。そういう意味ではぼくらの子供の頃はまだ世界のどこかに空地があるんだという考えが残ってたということと、そういう辺境の非常に未開なところと文明国とは同じ時代というもので律することができないという意味で、地球は非常に多様なものだったわけです。それがなくなって人喰い人種の代わりにマジンガーだかなんだか、宇宙の外側から来た昆虫みたいなものばっかりいると、現代の子供は子供でそれで面白いんだろうけれど、こっちはもう頭が硬化してるから生きてる土人ほうがリアリティがあっていいんじゃないかと……。

**寺山**　ええ、それはよくわかるけど、やっぱり松山さんはロマンチックに考えてらっしゃると思いますね。それは新幹線は困る、むかしのノロノロした汽車のほうが窓の風景がよく見えたという反進歩主義者の論理と似ているところがあるんだけど、情報は日毎にどんどん拡大していくでしょう。そうすると人が一日に記憶することの量は年々増えていく。そうなると情報が遮断されたかたちでのみ少年の夢が培養されたと考えられたのは非常に幸せな時代だったと思うんですね。しかし、情報が充分あって、子供はおやつの栄養価から地球の成分まで何もかも知ってて、なおかつロマンが培養できるようであったほうがいいわけですよ。だって、「アフリカに人喰い土人が住んでるよ」と言うと、子供のほうがアフリカにはガーナとケニアとどこどこがあって、そこにはどういうテレビが置いてあるということを逆に教えてくれたりするわけだからね。情報を遮断して子供に夢を与えた時代から、情報をまったく防ぐことのできないなかで子供にどういう夢を与えうるかへ変わっていったのが、少年文化の戦後史ですよ。つまり少年という言葉がなくなっていわゆる児童という言葉に替わった瞬間に出てきた文化的な課題になっているんだと思う。ぼくはやっぱり、少年の頃の人喰い土人とか魔人とか怪人二十面相とかが大人の恣意によって与えられたものだったということは非常に気にくわないけども、それも子供側から見れば本質的にはいまの宇宙マンガを与えられている状況と同じじゃないかという気もするんです。

**松山**　でも、大人の恣意によって与えられたと言われたけど、やっぱり大人っていっても子供の頃が懐しい大人が作ってるわけでしょ。そういう意味では、人類っていうか、人間が一等最初にもった欲求が児童文学に現われてるんだと思うわけですよ。地底の都っていうものだって、いろんな細部のプランは大人の頭で考えるかもわかんないけど、地底の都そのものは大人に教えられなくても子供は自然にそういうものがあるんじゃないかと考える性質のものじゃないかと思うわけです。だいたい高級な文学っていっても、子供のときに読んだ少年文学の雑なもののなかの、わりに自分に気に入ったところを寄せ集めて再構成したのが、少なくともロマン主義の文学では傑作になるというのがずいぶんあるわけでしょ。だからやっぱり大人といえども、自分が満足できなかった、あるいは見せてもらえなかった、夢というのを子供たちに与えてやろうという一種の善意はあると思うんです。

**寺山**　少年時代に読みかけにしておいた「少年倶楽部」の次の頁を大人になってから読み続けようとしてもムリだということです。むしろ戦争中の少年文学の、ぼくらが読んだ部分と大人が書いた部分とのあいだの落差みたいなことを楽しめばいいんだとおっしゃったと思うんですけど、それはそのとおりだと思いますね。だけど、戦争を境にして「少年」自体がどこかへいってしまった。「〽ぼくたち男の子」という歌とか、「児童文学」とかが出てきてね。ぼくは男の子とか児童とかっていう言葉は非常にいやなんです。どうして少年とか少女とかがなくなっちゃったのかというようなことを含めて、少年という言葉の内実とその実態がなんだったのかということを考えてみたい。ごく一般には、少年は年が少ない、青年は年が青いという不完全なかたちで扱っていたと考えるべきなのか、そのへんはどうなんでしょう。

**松山**　青いっていうのは、一年の季節を夏が赤くて、秋が白くて、冬が黒くて、春は青いというふうに割りふって、人生の春の季節だというんで青年と言うんじゃないかな。日本語で「アイツはまだ青い」っていうのはまだ蒙古斑が残っているという意味かもしれないが。それとはちょっと違うと思うけど、なんか妙なふうに齢というのが規定されてたことはありますよね。いまはだいたいノッペラボウで、イニシエーションと言うか、一つ越えたら次のものになるという通過儀礼みたいなものが、元服というものがなくなったからなくなりかけたわけですからね。成人式なんて屁の突っぱりにもならないし……。

南方への憧れと時代物

**寺山**　ぼくが今日松山さんに一番お聞きしたいと思ったのは、少年物のなかの一つの系列としての南方物の位置づけだね。南洋一郎の『吼える密林』に代表される南、文明に疲弊したときに、ここ数年ヒッピーたちのなかにあった南方憧憬とか、ターザン、キングコングの再評価のブームが出てきた。現代人は、みんななんとなく南に行きたがっている。ランボーが突然詩を書かなくなって南に行ってしまった。その南というものの実態は非常に曖昧なわけだけど、最近大人たちがフッと疲れて南を憶い出すものと戦争中少年たちに与えられていた南洋一郎なんかの南と同じものだとお考えですか。

**松山**　それは違うでしょうね。さっきおっしゃったけど、情報を充分に受けとらざるをえない社会と情報が少なかった社会との違いもあって、それはかなり大きなもので、日本人の大人や子供が読める本というのはやっぱり日本の南進主義の影響のなかでいいことばっかり書いたってとこがありますよね。たとえばシンガポールの湿度が年がら年じゅう八十%だ、九十%だなんてことは書いてないわけだから。だけど、ぼくの子供の頃、同じ南でも南米と南洋とアフリカとは違うんですよね。違うっていう感じは全体的に目に見えないアトモスフィアみたいなものでしたが、たしかに実感はあったですよね。

**寺山**　それはやっぱり松山さんが聡明だったからでしょう。ぼくらは『マライのハリマオ』なんか読むといつのまにか日本陸軍の南進思想と、南洋一郎のライオンだとかトラだとかがたくみに二重写しになっていた。兵隊になって早くライオンに会いたいと思ったですからね。まあそれは多少ぼくが松山さんより年齢が少ないからその分情報が不充分だったということなのかもわかんないけど、南に憧れた。ただ、その頃の軍艦マーチに送られて行く南と、最近サラリーマンが疲れてタジ・マハールの画集なんか買ってきて開いて見てる南方逃避とのつながりに興味があるのです。ぼくはレヴィ＝ストロースなんか読んでも、もちろん彼の文化人類学者としての探求心が前提にあるにもかかわらず、なんとなくパリから逃げていく一人の学者っていうふうな、うしろ姿ばっかり気になってしようがない。そういう意味では現代人が口にする南は逃げていく南だけども、戦争中少年時代のぼくらに与えられた南というのは攻めてゆく南だった感じがあるんですけどね。

**松山**　南っていうとやっぱりサザン・クロスが光っててね。少年文学には、ほんとの文学を書きたい人が金稼ぎに書いたなかに実にしゃれたのがあって、たとえば軍艦の名前が全部「アマリリス」とか「シクラメン」とかの花の名前になってて、南方にギニヤスという架空の国があって、そこで西郷隆盛みたいな人が反乱するんだけど、その名前がサンタ・クルーズ老人で、その悪玉の老人が死んだときに正義の味方の日本人が参加してるほうがサンタ・クルーズ老人も立派な人だったなんて言ってるのがあるけど、そういうときの南ってのは湿度とか、ジャングルのいやな生物は全然ないわけでしょ、ただ南の海は真っ青だという感じで。スコールなんてのも夕立のでっかいみたいなものと思ってるから、むしろ男性的で気がスカッとするものじゃないかと……。

**寺山**　ライオンのことは書いてるけど蚊のことは書いてないからね。だけど、ぼくらが実際に南へ――ぼくもアフリカに行ったりしたけど、行ったときはライオンより蚊のほうがむしろ問題なんでね。そういう細部を省略するかたちでできていくのが南の形面上学の実態であったというところが面白かったな。

　ところで話は変りますが、時代物はどうですか。ぼくは吉川英治や高垣眸《ひとみ》がものすごく好きだったけど。

**松山**　高垣眸は非常に好きなんですけど、『まぼろし城』などはこのあいだ読み返してみたけどこんなつまんないものかとあきれかえったけど、『豹《ジャガー》の眼』なんてのは大傑作でしょう。

**寺山**　あのへんはぼくは戦後読んだですね。偕成社とかポプラ社の版でね。

**松山**　そういうのにぼくら関係ないですけどね。それともう一つ縁がないのは、「笛吹童子」のシリーズなんてのはテレビになる前にラジオでひとりでに聞こえたけど、福田蘭童《らんどう》の音楽がものすごくよかった。日本が敗けてまだ十年目ぐらいでしょ。日本人の気持がまだ閉塞してるときに、現実のどこというのもだめになっちゃったし、歴史上のいつというのもだめになって、応仁の乱前後の足利時代というのは一番暗黒で、婆娑羅で魔道にこったやつなんかがいて、ああいう変なものが出るのに残されたところでの舞台だと思うんだけど。そういうものはこっちも大人になっているからあまり真面目に聴かないけれど、それでも夕暮に「笛吹童子」の音楽が流れてくるといい気持がしたから、子供が聴いたらあれはそうとういいものじゃなかったかと思うんで、寺山さんなんかもその頃は真面目に聴くには大人すぎたわけでしょ。

**寺山**　ぼくには一連の「白鳥の騎士」とか「笛吹童子」とかの記憶はほとんどないですね。

**松山**　唐十郎なんかはあそこからなんですね。

**寺山**　むしろぼくは「鐘の鳴る丘」ですよ。親のない非行少年にとって、あのドラマは切実な問題を提起しましたからね。それに地方に住んでいて、ラジオは四球スーパーの中古品ですよ。ラジオを買うっていうことはとにかくぼくみたいに親もいない人間にとっては大変なことだったんですよ。それでラジオは神棚に置きましたね。他人にいじらせないように。その頃はNHKしかないけども、第一放送から第二放送に変えようと思ったら踏台に上がらないと変えられない高さだった。何を聴いてたかっていうと、主に志村正順《まさより》なんかの野球中継だったですね。その頃はまだ、「笛吹童子」は始まってなかったようです。ただぼくはどっちかっていうと本好きの少年でラジオ少年じゃなかったですね。せっせと本を読んでいた。だから「笛吹童子」が応仁の乱の話だとおっしゃったけど、ぼくはまったくわからなかったです。

**松山**　ぼくも感じでそうなんだろうと思うだけでね。

**寺山**　だから、『神州天馬侠』が武田信玄の孫娘の一統が、徳川勢を相手にして戦ってたお家再興譚だってのはよく憶えてるんです、本で読んだから。だけど、「オテナの塔」や「紅孔雀」はほとんど憶えてない。まあ、どうもあれは挿絵ならば山口将吉郎という感じのラジオドラマだったんだろうなというのはありますがね。松山さんは、挿絵のほうはどうですか。「少年倶楽部」には椛島勝一《かばしまかついち》とか山口将吉郎、斎藤五百枝とかいっぱいいたでしょう。

**松山**　そういうのはいまになってときどき画集なんか見るからフッと思い出した気になるけど、その時期はなんかぼくは記憶が陥没してますね。ぼくが憶えてるのはむしろずっと古い、「コドモノクニ」という、小学校へあがって一、二年ぐらいでやめちゃった月刊の絵本なんですね。それは学齢前の子供も読むのに、哲学者が失恋して夜の海にバラを投げたなんて変な詩があったりして、妙ちきりんなものだったけど、それの挿絵が武井武雄とか初山滋で、そういう人の絵は……。

**寺山**　やっぱり松山さんはインテリだったんだ。

**松山**　いや、インテリじゃないですよ。あと「キンダーブック」というのがあったけど、それはポエジーがないから嫌いだったですね。知的なことは嫌いだったですよ。「キンダーブック」は子供を知的に訓育しようという功利性が強くて、そういうのはいやだったな。

## エロスと覆面・仮面

**寺山**　「少年倶楽部」が終戦直前になって薄くなって、その頃「小国民之友」というのも出て、先生が「小国民之友」を読め、「少年倶楽郎」は読むなと言うようになっていくわけです。「小国民之友」のほうが「少年倶楽部」よりももっと国策に近いわけですね、〃小国民〃と言うくらいだから。だけどどっちも最後の頃は折りたたみ式十六ページの新聞という感じになっちゃって、消えちゃったわけです。しかし、戦後復刊したときにはもう「少年倶楽部」というのはなんでもなくて、むしろ「ロマンス」とか「リベラル」とかのカストリ雑誌のほうが問題だった。あと、「夫婦生活」ね。そういうもので戦後が始まったっていう感じ。だから、自分の少年時代を文字通り〝少年〟という言葉で規定するんだったら、奉安殿が取り壊しになった敗戦から一週間後ぐらいのあいだに日本中から少年というのは消えてしまった感じがしますね。その後出てきた少年向けのものってのはもう「その手には乗らない」という感じでこっちが乗っていかなかった。〝少年〟という言葉がついたものでずっと購読したのは、せいぜい「野球少年」「漫画少年」ぐらいかな。井上一雄の「バット君」とか山川惣治の「ノックアウトQ」とかね。でも、戦争中に「少年倶楽部」を読みかけ、戦後、次の頁をめくったら、そこには廃墟のグラビアしかなかった、というにがい感じはずっとあります。

ぼくなんかは「少年倶楽部」の愛読者という意味ではそうとうな愛読者のほうだったんですけどね。だいたい自分の生まれる前からのバックナンバーを揃えてもってたんですから。たまたま復刻版で、昭和五、六年の分を最近入手したんですけど、でもこうして見てもその頃の記憶はないですね。ただ小説の回数を読むとこれは読んだなというのがあるからこの号もたしかに持ってたんだろうなとは思うんだけど。佐藤紅緑の『少年連盟』とか、佐々木邦《くに》の『村の少年団』とか『亜細亜の曙』。このへんは全部知ってるわけです。『密林の王者』とか鈴木御水《ぎょすい》の挿絵。しかし、表紙が日の丸の旗をもって地球にまたがっている少年だというのはまったく覚えていなかった。これが地球だったとはね（笑）。それと松山さんがどうお考えかなと思うのは、「少年倶楽部」のなかにはエロチシズムというか、異性に対する関心というのはまったく排除されてるわけですね。最近の「少女コミック」とか「少年マガジン」というのは、そういう意味じゃ異性に対する関心がきわめて大きなテーマになっている。

**松山**　それはなんか相対的な問題で、全体的におさえればほんのちょっとしたことだって子供ってのはエロスを感ずると思うんです。いくらアケスケにしたってきりがなくなって、たちまち感受性は鈍磨するでしょ。その分はどの程度でおさえてもあまり変わらないんじゃないかって気がしますけどね。ぼくなんか子供のときに一番エロチックに感じたのは鎮西八郎為朝《ちんぜいはちろうためとも》が九州かどこかへ行って、白縫姫《しらぬいひめ》というのが出てくるんだけど、そのお姫さまは一種のアマゾーヌのわけですよ。そういう美人で強い女が出てくると、エロチックな感じをうけましたね。それは大人が読めばなんでもないことだったかもわかんないけど、子供も自然にエロチックな欲求が起こってくると柄のないところに柄をすえて感じるわけです。だから、いっそ意図的にエロチックなものが提出されるよりも、こっちがかってにどこかにそういうものを見つけたほうがまだいいみたいな気がしますけどね。

**寺山**　このあいだ松永伍一と話してたら、彼は弁慶ホモ説なんですよ。弁慶は笛を吹くでしょう。そもそも笛を吹くということはホモの喩であるという解釈ね。それで、京の五条の橋の上でわざと牛若丸に負けてうしろから羽掻い締めにされたかったんだっていう解釈です（笑）。そういえば夜の橋の上で男が二人。歴史もずいぶんエロチックな挿絵を残しておいたもんだと思いながら話を聞いてたけど、ぼくなんかはセーラー服と眼がキリッとした女学生が出てこないとエロチスムを感じなかった。巴御前とか、いまおっしゃった白縫姫なんていうんだとおっかなかったおふくろにしかつながらなくてね。「少年倶楽部」を読み返してみるとほんとに色気がないなあという感じがする。

**松山**　そのときもそうですか。

**寺山**　いやあ、その頃はそんなことなかったでしょうね。ぼくはだいたい硬派だったしね、高校時代でも女の子とお茶飲みに行ったことなんかなかったしね。

**松山**　ぼくなんかも当然ないけどね。

**寺山**　当然というのは……（笑）。

**松山**　年代からいってね。酒飲むようになって、一週間に二度ぐらい家へ送ってやっている女の人が好きだったけど、日曜日に映画見ようとかなんとかと誘うことは全然思いつかなかったですね、大学生だったのに。いまから考えると実に馬鹿みたいなことだけど、どうして思いつかなかったかわかんないくらい思いつかなかったな。

**寺山**　ところで「少年倶楽部」には覆面物がずいぶんある。覆面してるのはだいたい男ですよね。戦前は『まぼろし城』にしてもそうだし、『怪人二十面相』なんかにしてもそうだけど、正体を明かしてるのは悪玉で、戦後は「月光仮面」みたいに正義のほうが覆面するようになった。覆面が正義に変わったのは戦後社会との関係でむりやりに解釈すれば大衆文化論的な解釈がいろいろつけられるんだろうけど、覆面する人間に対する憧憬が少年時代のぼくにはあったわけですよ。ところが、女はあんまり覆面しないんでね。たまに御高祖頭巾《おこそずきん》でなんていうのもあるけどね。あれも顔は出てますからね。でも、御高祖頭巾の女も好きだったですね。それから、『まぼろし城』なんていう映画を見ても、主人公の置かれてる状況よりも覆面集団が実在しているということのほうにずっと心が動いた。「鞍馬天狗」は善玉で覆面してるということで、これはもう非常にこたえられなかったですね。ぼくは子供の頃同級生に「鞍馬天狗になる方法」というのをいろいろ考えてやったですよ。あれは割箸で作ると易しいんですよね。割箸と風呂敷二枚で……。ところで、覆面というのはいったい何だったのかというと、覆面と仮面が違うということはあると思うんです。仮面はときどき自分を現わすために使ったりするわけだけど、覆面は絶対に隠すためにしか機能しない。もともと面を覆うって書くわけだし。だから仮りの顔でもなく、もう一つの顔でもなく、まさに顔を隠す。ぼくみたいに親父のいない人間は男が顔を隠してると多少期待性はあったわけだけど、そういうことを別にして考えても、なぜむかしは悪人が覆面してて、戦後善玉が覆面するようになったか。むかし覆面してる悪人が好きで、戦後は覆面が善玉になったとたんに覆面が嫌いになってしまったと言ってきたが戦後のは「仮面」であって覆面じゃないということがあるんですね。ぼくは「月光仮面」とか「七色仮面」とか、ああいうのはものすごく嫌いでね。それは覆面を偽装した仮面の偽善性かな、なんてときどき考えるんですけどね。

**松山**　善玉が覆面するのは、民主主義社会のなかで誰かが優越した能力をもっていることは、やっぱり大多数のものの反感を唆るから、たとえ能力があってもそれを隠さなきゃならないっていう、そういう理由じゃないんですか。

**寺山**　それは面白いな。多少そういうものはあるかもしれない。ふだんはまったく取り柄のない、安月給取りの三十すぎの興信所員だったりするのが、正義をするときは、仮面をしなければいけない社会だということにすればね。

**松山**　どうもそういうところはあるな。

**寺山**　そうなると民主主義が悪いということですね。覆面の価値を低下させたのは民主主義である。

## 自分のための夢を紡ぎ出す

**寺山**　「少年倶楽部」の功罪を考えるとき、現代人の眼から見た当時の少年文学はほとんど国策的なものだったということはある。山中峯太郎なんかその最たるものだけど、江戸川乱歩の家庭中心主義というものにしても、実際は同じものですよ。ただそうだとしても、「少年倶楽部」はそれでよかった、というのがぼくの意見です。どうしてかというと、そういう大枠というのは読者としての少年にとってはほとんど問題じゃなかった。少年というのは部分でさえ、歴史と関われないし、実際に少年じゃなくたって世界の部分にしか関わってなくて、たとえばニューヨークの四十二番街で壜《びん》の殺人が起こったっていうことを新聞読みながらアパートの隣りの部屋で一人暮しの女が何をしてるかがわからなかったりする。そういう不連続・部分的な存在なのに、常に全体とか大枠で世界と関わることによって自尊心をかろうじて支えている、非常にアヤフヤな存在だと思うんですよね。そのとき少年というのは敏感に細部のリアリティに反応して細部だけで自分の経験との緊張関係を作っていった。だから「少年倶楽部」の少年物というのは、編集者や書いた人たちが与えられた使命とは全然違ったところでぼくらを作ってきた。実際にぼくは「少年倶楽部」の愛読者だったけど、愛国主義者にはならなかったわけですからね。そういうことがあるんで、モラルの問題として「少年倶楽部」の少年文学を考える必要はないという気がする。むしろ、細部について議論したり、細部の面白さの話をすることは意味があるだろうと思うんですね。

**松山**　ぼくもそういう点では寺山さんがおっしゃったことと近い感じがあるけど、「少年倶楽部」に書いてあるもののモラルに引きずられないで、それをきっかけにして寺山さんが自分のほうに世界を引きつけて作っていったことには、作品が一般的に与える影響と、常に少数者がかならずいて、それはどんな場合にでもどんな材料からでも、自分のための夢というのを紡ぎ出すという能力があって、寺山さんがおっしゃったのは一般的なことを言われてるようだけど、かなり特殊であって、特殊人の「少年倶楽部」に対する意見じゃないかという感じも……。

**寺山**　いや、松山さん、こういうことはないですか。ぼくはどんな偉大な作家も半分しか書くことはできないという考えかたなんです。あとの半分は読者が作るのでね。読者に想像力がなかった場合つまらない小説にしかならない。だけども作家が全部書くという幻想が文芸評論家の中にある。世界の閉じかたを論じるのですね。ぼくは、作者の作った半分の世界と読者の補完行為との関係がどういうふうに成り立つかというところに批評の生成があるべきだと思う。ところが、いまの批評はそういう方法を採らない。松山さんのさっきの「電犬チロル」の話だって、作品のなかでその電犬チロルがどういう位置を占めてたかわかんないけど、おそらく作者が書いた半分を松山さんが埋める作業のなかで電犬チロルががぜんクローズアップされたのだと思うのですね。まして空想力の強い少年相手の少年文学というのは……。

**松山**　作者の部分は半分までゆかない。ま二割だね。

**寺山**　そう考えていいと思うんだね。

**松山**　ぼくなんかも、むかしの結局は忠義というものになっちゃう物語をいっぱい読んで育ったんだけど、小学校の二年ぐらいのときかな、突然自分が天皇になるっていうことを考えついたわけですよ。女中やなんかの言ってることを聞いてると女中の情報が不正確なんだけど、秀れたものにはかならず「天《あめ》の叢雲《むらくも》の剣」とか「天《あめ》の香具山」とか、「天《あめ》の」だか「天《あま》の」がついてる。だけど、字は知らないわけでしょ。「天皇」は一番偉いということは聞いてわかってたから、ぼくは「天《あま》の天皇」になろうと思ったわけよ。つまり「ウルトラ天皇」に。それで「アマノテンノウ」の物語りを自分の家の女中は聞いてくれないから隣の屋敷へ行って、そこへ行けば、むかしは一種の身分観念があるから隣の家のガキでも迷惑でもおとなしく聞いてくれるわけですよ。で、毎日「天の天皇が……」という話をしてるうちに天皇業もあきてきて、それから権力意志が全部なくなったのね。

**寺山**　ぼくは少年時代に神精一という人の家に間借りしてたのね。それで親からときどき電報がくると片仮名で配達されて、「カミサマ方」になってくるのね。「神様方」だからね。同級生に「お前カミサマのところに下宿してるのか」ってうらやましがられたことがあったけど（笑）。天皇の偉さとか、神様の絶対性は当然だけど実感として全然わかんなかった、少年時代は。「死ぬ」っていうのも、一番わからなかった。「死む」なんて言ってたからね。「死ぬ」ということはいなくなることで、アフリカに旅行に行って向こうに住みついて一生帰ってこない人と、昨日死んだ人とどう違うのかということの区別は、子供にはつけられない。自分と関係がある人間だけが存在している。もっとつきつめて言うと、座るから椅子で、開けるからドアで、話すから友達だという原理です。大部分の子供は実存主義者なんだね。だから、「離れて思う」というようなことは子供時代にはなかった。そういう意味で目に見えるものだけを信じたいという年頃のときに、覆面した人間が主要な登場人物として現われてくることが大きな謎だったというわけです。彼は、存在していながら「見えない人間」だからね。

少年探偵団員というのは人のあとをつけて歩く職業ですよね、尾行するわけです。もちろん昼日中、誰でも歩けるような時間に子供にあとをつけられてシッポを出すようなのは泥棒としては五流以下だと思うんで、そういうことで何かが出てくるわけないんだけども、小林芳雄たちはいつもあとをつけて歩いている。考えてみるとあれは旅行記なんです。尾行していく途中で誰に会ったとか、電信柱が何本あったかとか、そうするとぼくら「少年探偵団」のなかで何を学んだかっていうと、要するに町の見かたです。それが大人になってぼくなんか市街演劇なんてやるようになって観客に地図を売りつけて、観客がみんな地図をもってあちこち登場人物を捜して尾行して歩いたりするわけだけど、そういうふうなことはむかし読んだ『少年探偵団』がいまもぼくに影響を与えていることになる。つまり、そういうことが「少年倶楽部」の後遺症なのかと思う。松山さんは「幼年倶楽部」から、どっちかというと「少女倶楽部」のほうへいったと言ったけど。

**松山**　いや、「コドモノクニ」から「幼年倶楽部」で、「少女倶楽部」ってのは近所にとってる女の手がいましたからときどき読みました。それから「子供の科学」「科学画報」になっちゃって、中学に入ってからはそういうものも読まなかったみたいですね。「少年倶楽部」に載った作品は昭和の四年ぐらいから単行本で出ているわけでしょ。ぼくは雑誌で読むのがまだるっこしくて、四年ぐらいに出たものだって版を重ねてたわけだから、そういうのを単行本で読んだほうが多いですね。

## 呪術的連帯・のらくろ・軍歌

**寺山**　前に佐藤忠男が「少年倶楽部の理想主義」という論文で、一人の地方出の少年が風呂敷包みをもって立身出世を夢みながら線路を歩いてくる感じを、「少年倶楽部」のイメージとしてとらえていたけど「少年倶楽部」と出世が結びついたという感じはぼくらの頃には、もうなかったな。むしろ「少年倶楽部」のなかには、東京に対する憧れをかき立てるものは何もなかったと言ってもいいかもしれない。ぼくらが東京というのを突然意識し始めたのはむしろ戦後創刊した「平凡」とか「東京」とか「明星」ですね。そういう意味では、「少年倶楽部」は中央集権的な感じはかきたてなくて、青森の片田舎から一気に南方に向ったり、支那大陸やインドに向ったりした。国家全体を一つの家として捉えていたから、そのなかで地域差をつけるという感じはできるだけ出さないようにしたんだろうと思うけど、そこには当然情報のアンバランスをゴマカすために海外に目を向けようとしたという意図もみられる。

戦争中の少年にとっては、明智小五郎とか本郷義昭というのは戦後の芸能人と同じような役割を果たしていた。一種のスタンド・イン、身代わりの英雄、ハリボテの呪術媒体ですね。ぼくらが戦後片岡千恵蔵にファンレター書いたりしたように、戦争中明智小五郎にファンレターを書いて結局住所がわからなくて出さないでしまうというような効用をもってた。そういうものの背後にある倫理は、最初にちょっと言ったけど、『怪人二十面相』とか『少年探偵団』というのはよく読んでいくと、親のいいつけをよく守れというふうな話でしかなくて、そこでは低俗な家族制度のヒエラルキーをむりやりに称揚するようなものなんだけど、そういうものから逸脱してこっちが怪人二十面相のほうに思い入れをしていくようなところがあって、『まぼろし城』なんかでもつまんない小説だけど覆面に憧れたり、『豹の眼』だって少林寺拳法でいかにして手の上に乗せた豆で相手のオデコを狙うかとか、そういう技術だけを覚えていく。つまり、読者にとっては「少年倶楽部」のフォークロアというか、呪術的な連帯の中での細部との関わり合いがアイデンティティだった。松山さん、「のらくろ」はどんなふうにお考えですか？

**松山**　どんなふうにも考えないですけど、まあ楽しく読みましたね。

**寺山**　つまり、戦後「犬殺し」という言葉がなくなって「野犬捕獲人」になった。犬の地位は戦後のほうが上がった。戦争中は犬の地位が低かったのに、なぜのらくろが犬だったのかと考えてみると面白いですね。不思議だなあ、と思った。

**松山**　ぼくはしなかったですね、現在は自分が犬だと思ってるんだから（笑）。

**寺山**　「のらくろ」のなかでブルドッグが一番偉くて、半ブルっていうブルドッグが半分になったのが二番目ぐらいに偉くって、黒い犬が一番下だっていうのは、ぼくらにとってはブルドッグは非常に醜いものだったし、それが好きな子供はいないから、そういう意味では無意識のうちに田河水泡は上官とか軍隊の階級制に対する反感みたいなものをもったのかもしれない。

それはそれとして、ぼくが最初に覚えた軍歌というのは「腰の軍刀にすがりつき」――例の「〽いやじゃありませんか軍隊は……」という歌だった。ま、深いイミはなく、ただあの節まわしがなんとなくよかったんだけどね。

**松山**　軍国歌謡では、「〽今ぞ世紀の朝ぼらけ」なんていうのは昭和十五、六年頃、現実の情勢が暗くなっても、子供にはお菓子が配給制になったくらいの不自由しかなくて、あとは気分的に爽快な「燃ゆる大空、気流だ雲だ」とかいう式の……。

**寺山**　それで思い出した。「少年倶楽部の歌」というのがあるんだよ。これは松山俊太郎好みなんですよ。「ああ神州の桜花　春風に散る朝ぼらけ　古き兜を手に取れば　小筒の響き高鳴りて　いと勇しき戦国の昔ぞ胸に蘇れ」という、これがどうして「少年倶楽部」だか全然わからないんだけど。それと読者の訓《おし》えみたいなのがあって、それが「皇室を尊び、御国を愛します」が一番最初なんだ。その次が「父母を大切に、兄弟仲良くします。先生を敬い、目上の教えに従います」。要するにこれはマゾヒズムの訓ですね。

**松山**　いや、それは違うんだな。ぼくが日本のことを思うのは個人的な動機で、つまりたまたま自我の肥大したものと日本が合致してるからであって、日本が尊いから日本が好きっていうんじゃないわけですよ。先生なんて敬わないし、親のことも小学校の一年か二年のとき綴り方に、親父は猿蟹合戦の猿よりもずるい、おふくろはぼくがもらったシャツを間違えて着ちゃったまぬけだって書いたこともあるし。

**寺山**　しかし、松山さんなんかはいい少年だったでしょ。両親は揃ってたし。

**松山**　両親は揃っててもいい少年じゃなかったですね。

**寺山**　学校の成績は？

**松山**　小学校のときは、まあよかったけど、中学校のときは悪いですよ、五十人中四十番ぐらいで。ペテン帽なんかかぶって、実際は不良少年とも関係ないのにドスのんで公園歩いて、それだけで嬉しい気分になってるというかんじですからね。終戦後も学校が焼けたから今日は学校の引っ越しだとか言いながら、山手線二回廻って立川へ行ってワサビ買ったりして帰ってきたりしてたら、保証人がぼくの学校の教頭だったもんだから捕って強制的に勉強させられているときに、火薬が破裂して手を吹っとばしたんですよね。

## 事件としての「少年倶楽部」

**寺山**　世界中の少年雑誌、児童雑誌のなかに、いわゆる「少年倶楽部」のようなものっていうのはない。つまり、根底に一種の愛国心みたいなものを据えながら、同時に猟奇的なものから伝奇的なもの、好戦的なものまで全部網羅しているというのは異色です。戦後出版が自由になってなんでも出るような時代になっても、こういうものはないですからね。だから「少年倶楽部」は戦争中の日本の天皇を中心とした特殊な新興宗教形態の国家家族主義のなかでしか生まれないものだったんですね。実際、タイのバンコクあたりの雑誌なんかの少年小説というのはちょっと似てる。もちろん「少年倶楽部」のようなものはないけど。少年が眼がキリッとして、ヨーロッパ人の悪玉と闘うというところが同じだ。

**松山**　結局、「少年倶楽部」ってのも貧しさの現われでしょ。むかし、「大全科」という本があって、一冊で全部の科目の参考書になっていたけど、そういう意味で「少年倶楽部」は勉強じゃないほうの「大全科」みたいなものだったわけで、コンパクトなデパート的な……。

**寺山** そうね。ただ、「大全科」の場合には情報の比重がわりに均等だったけど、「少年倶楽部」は一冊の雑誌のうち読むものは三分の一ぐらいしかない。いまこうして開いて見ても全然思い出せない記事がいっぱいあるわけだから。目次で一番力を入れてる「堂堂六大附録」なんてのはきた瞬間に捨てちゃうわけですね。「北極探検大附録少年美談読本」とか「軍艦三笠の大模型」なんて関係なかった。だから考えてみると「少年倶楽部」は何分の一しか読んでなかったことをマザマザと感じて、不思議に思いますね。「十万人当選大懸賞募集」なんてあるけど出したことなかった。

**松山** そう言えばぼくは「小学一年生」とか「小学二年生」とか、ああいうのを読んでたな。つまんない雑誌だったっていう印象以外なんにもないけどね。

**寺山** 〝大日本雄弁会講談社派〟と〝小学館派〟とあって、どちらかと言うと、松山さんは〝小学館派〟だったんじゃないですか。

**松山** いや、それは親がとっただけで、ぼくはそのどっちでもなかったね。やっぱり〝単行本派〟っていう感じだったですね。

**寺山** 「少年倶楽部」は戦争中に読んだけど、「ひまわり」とか「それいゆ」「新女苑」とかの少女物は戦後読んだ。

**松山** 戦後しかないんじゃない。

**寺山** 「少女倶楽部」はあったね。

**松山** 「少女倶楽部」をたまに読むと実に面白かった。

**寺山** どうして「少女倶楽部」が「少年倶楽部」と同じようにリバイバルされないのか不思議だな。西條八十《やそ》や横山美智子、吉屋信子の継母ものはなかなかよかったのに。

**松山**　女ってのは、むかしを偲ぶこころがないんじゃないか。静御前だけじゃないのかな（笑）。

**寺山**　現在の児童文学に一番欠落してる部分というのは、山中峯太郎からアンドレ・マルローにつながっていった、『人間の條件』や『王道』から山中峯太郎へ続くロマンですね。国境を越えた冒険譚というようなものが全然なくなっちゃったですね。国境を越えて真剣に物の売り買いをしたり、一国の興亡をドラマツルギーとして考えた男っていうのは、最近じゃ田中角栄ぐらいになってしまった。そういう意味では、田中角栄はたぶん「少年倶楽部」の愛読者だったんだろうと思うんだな（笑）。

**松山**　佐藤紅緑の愛読者かもしれないな。

**寺山**　そのへんが欠落してる。

**松山**　それと、日本てのは戦争前は計算は不確かかもわかんなかったけど、国家的幻想というのがあったわけでしょ、国家目的も。いまはそういう幻想ももてないし、国家目的もないっていうんで少年物を作る人はそうとう難しいわけなんでしょうね。政治的な条件をまったく越えて、地理的な条件だけでも、満州・支那・蒙古・中央アジアが自由に活躍できるところであるというのが、生理的な欲求なわけですよね、この齢になっても。また子供に生まれたらやっぱりそのへんのところを駆けめぐりたいと思うし、それが全部できないのはちょっと……。

**寺山**　僕が劇団員三十人ぐらい連れて、東南アジアから中近東、ヨーロッパへ劇をやりにいってるのは「少年倶楽部」の熱血小説の影響があるのかもしれないな。

**松山**　唐十郎だってそうだからね。でも、「少年倶楽部」の影響っていうより、やっぱり人間てのは自分の好むところの影響しか受けないところもあるからね。だからぼくなんかが無責任な発言をするのは仏教の影響で、仏教のお経っていうのは、「華厳経」でもなんでも全部特別なありもしない世界を描いてるわけですよ。〝浄土〟とか覚《さと》った者だけが見る〝法界〟とか、そうするといまある世界ってのはこっちがそういうふうに在ってくれって頼んで作った世界じゃないから、こっちは世界に対して根本的に責任がない存在だって思うこともできるわけで、だからそういうところですべてに対して無責任な考えをして、無責任な発言もできる。それで生きてると結構気楽に生きれるわけね。

**寺山**　「少年俱楽部」がポケットサイズでリバイバルされたっていうのは便利だけど、ほんとはなんにもならないと思うね。こういうことされると、ちょっとシラけるね。こっちも半分の作者なんだから。勝手に編集しておいた過去をこういうかたちで再現されちゃったら、ぼくらが行間を埋めてたのが無用になってしまう。

それに、もともと当時の少年文学はそれ自体としては秀れたものじゃないですからね。だから、こっちのイマジネーションで補って作ってきた一つの世界が、半裸でおどり出てきたことになる。

**松山**　しかし、寺山さんが行間を埋めたいのは、かつてこれを読んだ人が、イマジネーションが薄れてきているのに、もう一度行間を埋めて読みたいという感じでしょ。だからまだ読んでいない子供というのは、これでスタートしてもいいっていうところはないんですか。

**寺山**　どうなんでしょうか。固パンが配給になって、空襲警報発令があって、父親を写真でしか見たことがないという状況のなかで読んだ『豹の眼』と、いま団地アパートでテレビのオリンピックも終わったから、『豹の眼』でも読もうかっていうんじゃ、まるでちがう。何かが手おくれだって気がする。かたちになってないことが一つの快楽だったのにこの「少年俱楽部」文庫はたかが形だってところが問題だという気がする。「少年俱楽部」は、事件だったのであって、雑誌だったのじゃないんです。

［「現代詩手帖」一九七六年一〇月号］

# 対談　蓮華宇宙を語る

松山俊太郎、松岡正剛

**松岡**　今日は聞き役に徹することにしますよ。どんなところから伺いましょうか。

**松山**　法華経というのは「妙法白蓮華経」でしょう。白蓮つまり、プンダリーカをうたっているはずなのに、お経の中には題目以外には白蓮がちっとも出てこない。くだらないところで一ヶ所出てきてるだけなんで、僕は困ってるんですよ。

それは法華経の信者はいろいろの花のにおいを嗅ぎわけられるという話の箇所で、プンダリーカのにおいがわかるというふうになっているだけなんです。これだけじゃ、法華経の経題にもなった「白蓮華」ということがなぜそんなに強調されたのかがわからない。ぜんぜん理由が成り立たない。困っている。

**松岡**　松山さんがそうだとしたら、われわれはもっとお手あげですよ。

**松山**　天上にいるもののにおいが嗅ぎわけられるなんて、犬よりすごいよね（笑）。でも、天上の人も困るでしょうね。

**松岡**　はあ。

**松山**　法華経の話をしても仕方ないんだけれど、どうにもケリがつかなくってね。

**松岡**　プンダリーカが白蓮で、パドマが紅蓮ですね。

**松山**　そう。他にも青スイレンをさすプシュカラとかウトパラとかいろいろある。だいたい古代インド語で五百くらいハスの同義語がある。

**松岡**　以前、法華経にはひとつの対応軸があって、それは釈迦如来である白蓮と多宝如来である紅蓮の関係の昇華になっているというふうに書かれていましたね。あれはおもしろかった。

**松山**　それはだいぶん前に言い出したことだけれど、法華経の原題の「サッダルマ・プンダリーカ」を「正しい教えの白蓮」とか「白蓮のごとく正しい教え」とか訳してもぴったりこないんですよ。そこで「正しい教えの体現者としての白蓮である釈尊」というふうに訳してみると、そこに白蓮＝釈迦という関係が出てくるんです。

**松岡**　ええ。

**松山**　一方、多宝如来というのはプラブータというんだけれど、これは大地母神をあらわすラクシュミーという言葉と語根的に重なるところがあるんだよね。ラクシュミーは蓮女神だし、「たくさん」とか「十方の」をあらわすラクシャと同根だという意識も通俗語源としてはある。そうすると、多宝塔というのは地から湧いて出てくる蓮茎とか蓮台のことなんじゃないか――そうおもった。それなら白蓮と紅蓮がうまく対応して釈迦と多宝になる。

**松岡**　紅いハスはインダス文明以来ずっと、インドでは大地母神ですね。髪にハスをさしている像がマウリア朝なんかの彫刻にある。これはシヴァ神の奥さんのカーリーになって日本に来て鬼子母神になるものですね。そうすると、白いハスの方は何だったんですか。白光？

**松山**　太陽です。日輪。白光といってもいいかもしれない。

**松岡**　心臓にも見立てられてヨーガ・チャクラの蓮輪や密教の心蓮にもなっていますが、じゃあ太陽と心臓は同じ白蓮なんですね。

**松山**　もともとはバビロニアあたりで生まれた考え方じゃないかとおもう。バビロニアでは太陽にあたるものが三二の輻《や》、つまりスポークが三二本出ている輪になっていて、これがシンボルとされるんです。二四のスポークは当時の四つの惑星をさすらしい。これが例のアショーカ王の建立とされるアショーカ王柱というものの柱頭についた。

**松岡**　エジプト王朝のロータス・キャピタルやペルシャのペルセポリス石柱のパターンが、アレキサンダー大王によって運ばれてインドに来た——まあ、そういうルートでしょうね。

**松山**　ところがそのアショーカ王柱の一番上の太陽にあたるところがとれちゃっていたりしてね、この柱の肝心の意義がわからなかった。それを柳田國男が「フランスの折口信夫だ」って言ったプシルスキーという学者が、「あれは蓮と太陽のシンボリズムだ」と言いだしたわけです。

アショーカ王柱の上には四種類の動物がいるでしょう。馬と牛と獅子と象。それが本来は世界の中心にある湖から東西南北に水の流れ出る口になっていて、つまりバビロニア的世界観における世界の中心の泉になっている。そして水はインドの場合は湖のまわりを二回まわってから北へ流れるようにしてある。

**松岡**　なるほど。あれは世界の中心の泉のトーテム・ポールですか。

**松山**　なぜそれがわかったかというとね、柱頭のハスの返り花のところにハンサ鳥という西洋のスワンにあたる鳥が描いてあるんですよ。だからこれが世界湖の真ン中の柱であることがわかるんです。そして、それらの上に本来は太陽の輪があった。

太陽がプンダリーカ（白蓮）に見立てられたというのは、ウパニシャッドのひとつにもあってね。ブリハッド・アラニアカ・ウパニシャッドっていうんだけれどその中に太陽のことを「汝は天における唯一のプンダリーカである。願わくは自分をして地上における唯一のプンダリーカたらしめたまえ……云々」という文句があるんです。

**松岡**　以前、柱頭のロータス・キャピタルが、だんだん下になって仏像を支える蓮台になったのはおもしろい成行だな、とおもっていたんですが、実はそうじゃないんですね。つまり、上の方のハスは白蓮のプンダリーカで、下の蓮台の方は紅蓮のパドマだった。法華経は結局それを統一していたんですね。これはひとつ謎がとけた。

**松山**　バビロニアでは柱頭のものはスイレンだったんですよ。それがインドでハスになった。しかも上のハスと下の返り花のハスが天神と地神に分かれるわけです。

*

**松岡**　もうひとつ、天の白蓮、地の紅蓮の間に、いわばヘソの緒にあたるハスがありますね。

**松山**　それも結局はハスを大地の母としているということです。蓮母神の胎から出る宇宙蓮の茎というイメージでね。

**松岡**　『マハーバーラタ』にヴィシュヌ神のヘソからハスの茎が出る話がありますね。

**松山**　ヴィシュヌはパドマ・ナーバ「蓮華《パドマ》をヘソとする者」と言われていて、宇宙周期のはじめにヴィシュヌのヘソの蓮華からブラフマーが生まれたということになっている。いわゆる梵天《ブラフマー》誕生譚ですね。

**松岡**　あれは蛇類《ナーガ》神話とも関係があるようですが、そうですか。

**松山**　ナーガとハスは関係します。蛇は地下にもぐって、大木の下の水分がある根のところにいる。だから、あらゆる生類に不可欠な活液としての「水」の与え手である蓮女神の眷属として、蓮とかかわりが深いとされています。また、後には、宇宙がなくなっている時期のヴィシュヌ神を支えるベッドの役をはたすものもいて、ヴィシュヌの蓮ともつながります。ヴィシュヌの臍から生ずる蓮は、ナービ・パドマっていうんですが、ナービはネーブルと同じ語源で、おヘソが世界の中心になるという古代文明に共通の観念をつくっている。

**松岡**　はあ、はあ。

**松山**　ヴィシュヌもリグ・ヴェーダの頃はたいした地位じゃないんだけれど、その後ぐんぐん地位向上して、それが最高神になるとラクシュミーを奥さんにしてしまうんです。これがまたハスに関係していて、話がややこしくなる。

ラクシュミーは、神々と魔族たちが甘露《アムリタ》を求めてお乳の海をかきまぜた時に、蓮華に乗って現われてくるんです。その時に手に蓮華をもっている。

**松岡**　そうか、なるほど。つまりはハスは再生のシンボルである。それにしてもハスはあらゆるメタファー（隠喩）として使われていて、そのメタファーの頂点に法華経がある——こういうわけですね。

**松山**　その法華経のメタファーの構造がみんなわからなくなっちゃったんだ。もう龍樹《ナーガルジュナ》のところですでにわからなくなっている。法華経の信徒は初期の成立の頃から迫害されているから、いろいろのことを隠しこんだんだとおもう。世親《ヴァスバンドゥ》になって「法華経論」というのが梵語でやっとひとつあるけれど、これも蓮のシンボリズムの秘密はわかっていない。どこかで法華経の秘教的性格がつかめなくなったんでしょうね。それで中国に入って鳩摩羅什《クマーラジーヴァ》がこれを訳した時には、ほとんどハスのことは注意されなかった。

**松岡**　再生すべきもうひとつの宇宙蓮を隠しこんだということでしょう。

**松山**　そうなんだ。如来寿量品《にょらいじゅりょうぼん》というのは、ハスの現実的な生命力を謳うとともに、進化論成立以前の永遠に今と同じイデア的なハスというものを想定しているようなもんでね。現在ハスがあるということは無限の過去にも同じハスがあったことになる。そうだとすれば絶対の永遠の生命というものの保証になるわけです。また、池の水が乾いてしまっても、また何百年たって、大水か何かで水があふれれば、そこから再びハスの大輪が咲くということに感じて、従地涌出品《じゅうじゆじゅっぽん》が作られたんでしょうね。そういう例はインドでは必ずしも珍しくないかもしれなくて、地面から出てくる地涌《じゆ》菩薩とみなされる。

まあ、こういうふうに考えてくると、ひとつの法華経成立に関する仮説ができあがってくるんです。法華経には、正しい真理を体現する白蓮のごとき存在としての釈尊が隠れていて、それが法華経以前にあったアグラ・ダルマ（最高の法）というお経を包摂して完成したんじゃないか——というようなことね。

**松岡**　ほお！　法華経の中にもうひとつのスートラが隠れていた。

**松山**　法華経というふうに対等合併された時に、弟会社の名前をつけちゃったということですね。でも法華経の話はキリがないし、今日はハスの話だから……。それにあなたの話も聞きたいしね。

＊

**松岡**　そこでちょっと気になるのは「雑華厳浄《ざっけごんじょう》」と言われている華厳経の方なんですが、これまたハスの世界像ですね。ふつうには蓮華蔵世界といって、やはり太陽の化身であるビルシャナ（ヴァイローチャナ）を中心に無数のハスに囲まれている。まあ日本で一番ポピュラーになっているのは東大寺の大仏ですが、いまも天平時代のままに残っている蓮弁には、その一枚一枚に想像を絶するほどスケールの大きな世界——蓮華蔵世界が毛彫りされていますよね。

**松山**　僕もこれから華厳をやろうとおもっていましてね、いま一番関心があるんだけれど、なかなかむずかしくてね。まず、「雑華厳浄」という時の雑華はクスマというんです。これはいろいろの花をいう意味ではあるけれど、やはりハスを中心に見ている。それから蓮華蔵世界というのは、つぶさに訳せば「蓮華蔵荘厳世界海」となって、原語はクスマ・タラ・ガルバ・ヴューハ・アランカーラ・ローカ・ダートゥ・サムドラというふうになる。ここではクスマが花で、タラが地表、ガルバがハスの果托にあたっているんですよ。翻訳するとややこしいんだけれど、ようするに地上にいろいろの花、すなわちわれわれの一人一人が咲いていて、それを巨大なハスが支えているというイメージになる。つまりイメージの中核はハスです。

**松岡**　華厳世界が説くハスは、須弥山《しゅみせん》をくらいこむほどのおそらく銀河よりもデカいハスなんですが、そこに三千大世界というものの構造が実にうまく組みこまれている。よく池のハスを見るたびに、下で無数につながっているだろう世界を想像して、華厳世界を想うんです。

**松山**　三千世界なんて、素粒子にしか当たらない大変なスケールですよ。バカでかいハスがあって、そのハスの中にまた超天文学的な数の香水海があって、その海のひとつひとつにまたでかいハスがそれぞれ入るんだからね。そのハスの上に二十層の世界があって、その中の十三番目が沙婆世界。ところが、その世界と世界の間に間隔があってね、実は仏刹微塵数《ぶっさつみじんすう》という十の数十乗にあたる数の世界がはさまれている。また水平的にも、はじめは一仏刹微塵数の世界が並んでいるんだけど、二段階目は二仏刹微塵数というふうにふえる。で、これを上まで全部数えた数にあたるものがひとつのハスに含まれている。そこで僕は、もとのハスの大きさを算定してやろうという妄執をもっていてね。

**松岡**　おそろしい人だ（笑）。

**松山**　いや、これが泣きたくなるような作業でね（笑）。計算する唯一の根拠というのが、十三番目の沙婆世界、つまり三千大世界になるんです。ところが、それは六十華厳のことであって、八十華厳になると基本になるべき沙婆世界が華厳的インフレになってくる。これで僕は泣いているわけね（笑）。だいたい小乗仏教では数の名前が六十ちょっとしかなかったのが、六十華厳で百二十いくつかにして、八十華厳では百四十以上になった上に、基本の数が$10^5$だったのを$10^7$にしている。そして十進法でなく自乗進法です。むなしくなってくるよね（笑）。

**松岡**　華厳教学の最大哲理が、「融通無礙《ゆうずうむげ》」なんですから……。澄観《ちょうかん》が五台山で漢訳した四十華厳は入手困難らしい。

**松山**　というより、一番問題にしたい毘盧遮那仏品《びるしゃなぶっぽん》ていうのが梵本がないんですよ。チベット訳から読むなんていうのもあれだし、まして西夏文字の方は気が狂うよね。なんだか気が狂う話ばかりになって、全然ハスが出てこなくなってきた。

**松岡**　じゃあちょっと簡単にまとめますと、エジプトの柱頭模様にもあったハスがバビロニア・ペルシャ文化圏を経て、インドの仏教と合体した。そこでひとつは法華経の中に生きて、如来でありながら菩薩であるようなハスのイコン化が発達する。一方で華厳経がつくられて、これは中央アジアを経て中国へ入ってくるんですが、この時、バカでかい須弥山思想をかかえた大蓮華蔵宇宙像が仕上っていた。そして、その中心におわしますビルシャナ仏は巨大なハスに囲まれたまま、さらに密教の大日如来にまで進む——そういうことですね。

**松山**　そうです。

**松岡**　つまり密教になってもハスは生きている。マンダラは、いってみれば蓮華世界観の延長化であって二次元化ですからね。

**松山**　そう、そう。

**松岡**　そうすると東洋文化のエッセンスは、ほとんどハスのシンボリズムの裡にある。

**松山**　ある意味ではそうなんです。ジャイナ教にも、蓮華光とか蓮華州あるいは蓮華海という考え方があるし、東洋全体はどうかとしても、少なくともインドや中国はハスだらけだね。でも文献的には、中国で文献ができてから隋までに限っていうと、詩では、三五〇回くらいしかハスのことが出てこない。

**松岡**　唐詩は多いでしょう。

**松山**　唐詩がざっと五万首くらいで、その中で一五〇〇回くらいです。でも宋になると俄然作品数がふえて、一人で九五〇〇首くらいつくるから、ちょっと手に負えない。モノは適当に少ないとうれしいけれど、ありすぎると怒りですよ。（笑）

**松岡**　中国水墨画には「蓮池水禽《れんちすいきん》」という伝統的画題がありますね。

**松山**　あれもインドにも似たものがありましてね、一番有名なのはネーランジャラー川――漢字で書くと尼連禅河になるけれど――のほとりで釈迦がスジャーターに乳粥をもらった話があるでしょう。あの川のところにハスが咲き乱れていて、白鳥のように扱われるハンサ鳥がいる。また、チャクラヴァーカという鳥がでてきて、これは支那ふうに言えば鴛鴦《おしどり》ですよ。オスとメスの仲がすごくいい。このへんが蓮池水禽のバリエーションを生むことになりますね。

**松岡**　日本の場合も、有名な雄略記の赤猪子《あかいこ》の話にはじまって、いろいろハスが出てくるようですが、僕は西行の「夕立の晴るれば月ぞ宿りける玉ゆり据うる蓮の浮葉に」とか、其角《きかく》の「傘に蝶蓮の立葉に蛙かな」なんかが好きです。日本ではハスを女神に見立てるより、ハスの葉の露玉とか、チリレンゲみたいな見立てに関心をもったようでしょう。

**松山**　いわゆるレンゲはハスの花に似ているからそう言うんで、宮沢賢治がそのレンゲ草と似た「つめくさ」の青蓮に転生する話を書いている。それから子供時代によく唱った「開いた、開いた、レンゲの花が開いた」という歌詞があるでしょう。あれはレンゲ草のことかとおもっていたんだけれど、実はハスなんだね。

**松岡**　そうですか、知らなかった。今日は知らない話ばかりですよ。

**松山**　日本にはその他、日本書紀に双頭蓮が出てくるし、風土記にもずいぶんある。常陸国風土記には、ハスの沼が天から降ってきたなんていうおかしな話まで出ている。

**松岡**　ハスを表現したという点では、誰がベストワンですか。

**松山**　いやあ、それはいちがいに決められないけれど、中国では陸游《りくゆう》が夢の中で蓮華博士になってよろこんでいるし、白楽天や蘇東坡なんてのもかなりハス好きだった。日本では契沖などハスについて百首ぐらい書いている。曙覧《あけみ》も多い。鏡花も多いね。全著作の中でだいたい三五〇回くらいハスが出てくる。これは別に言及しているってことじゃなくて、言葉として出てくる数です。ハスについての読みの深さというと、やっぱり幸田露伴でしょう。

**松岡**　ハスとしては読んでこなかったですが、露伴は明治以降の最大の思想家ですよ。あの漢学的タオ感覚がたまらなくゴージャスだ。

**松山**　意外に書いていないのが折口先生ですね、それから蜀山人《しょくさんじん》が漢詩の中で百回ほど出している。蜀山人の詩は日記みたいなもので、毎日描いている。俳句では蕪村がいい句をつくっていますね。それに川柳の柳多留《やなぎだる》に二八〇回くらい出てくる。

＊

**松岡**　驚いたなあ、全部おぼえているんですか。

**松山**　気分がのるとそういうことをやるんですよ。あとは犬のおまわりさんですね（笑）。

**松岡**　とうてい対談になりっこない（笑）。今日は完全にミス・キャストだね。

**松山**　いや、それはハスの話だからであって、他の話だったらちがってくる。

**松岡**　でも、今日は僕はハスの話としては聞いていない。むしろ思想として聞いていますよ。とてもハスの話とはおもえない。

**松山**　一項目だけをやるというのはそれなりに数が読めるんですよ。一人が一生かかって書いたものでも、一週間あれば読めるわけでしょう。だいたい僕は正二十面体幻想派だから、そういうまわりにキラキラしたクリスタル・グラスのある多面体の中で、膨大な一点というものにおもいだしたように取り組んでいるのが好きなだけね。
**松岡**　それは松山さんが……
**松山**　正常な犬だからですよ（笑）。実は、本来のハスというもの、つまりイデア的なハスというものは、僕は六十面体であるべきだともおもっている。
**松岡**　それはきれいだなあ。「プラトン博士の立体ヤントラ」といったところだな。ヤントラってハスめいていますからね。
**松山**　でも、三角形のパターンの方はハスじゃないですよ。
**松岡**　えっ、そうですか。
**松山**　三角形、とくに逆三角形は女陰《ヨーニ》のシンボルです。ただ大地の女陰《ヨーニ》は、結局はハスですからね。
**松岡**　はあ、はあ。僕は華厳経を立体化して巻いたボロブドゥールまでハスにみていたくらいです。蓮台の結構。
**松山**　それはそういうふうに見たいんだけど、ちょっと無理があるね。ハスの台の中っていう感じが強い。
**松岡**　それから「万葉」という考え方もハスを感じる。だいたい「万葉」は華厳経の「万華化仏」からきているんだとおもいますが、そうだとすれば微塵のひとつひとつの中のミクロコスミックな（小宇宙的な）ハスを感じますね。
**松山**　それはそのとおりでしょうね。マンダラの中台八葉の「葉」もハスですから。ただ「葉」という字は支那ではジェネレーションという意味で使われることもある。
**松岡**　一八世紀半というところを一八世紀中葉とか。
**松山**　まあ、それにしてもヨーロッパにハスが根づかなかったというのは、いいことか悪いことかはわからないけれど、ハスが東洋と西洋の両方にあった日にゃ、いまのところ一万年生きてればなんとかなりそうだというのに、また二万年とか三万年ほど生きるのを延ばさなきゃなんないんだから、これはしんどいですよ。

**松岡**　いいセリフだなあ。

**松山**　いやね、宇宙ということをコスモスというでしょう。それで僕はコスモスというのはギリシャ人あたりが「整ったもの」ということでつけたんだろうとおもっていたら、ちがうんですよ。これはリンネウスが分類法を発見したちょっとあとくらいの命名らしい。スペインの神父さんがつけた。おまけにメキシコ原産の花で、がっかりした。

**松岡**　ところで、松山さんはいつ頃からハス研究をはじめたんですか。

**松山**　大学を出てからです。もっとも大学ってたって、はじめから入らなかったも同然なんだけれど、インドの詩を翻訳する時に、ハスがやたらに出てきた。作品によっては百バースのうちの三〇くらい入っている。それがどういうハスであるかを、いちいち決めないと訳せない。翻訳する時に全部「ハス」としたんじゃしょうがないからね。それでハスをやりはじめたら、今だにかかっていることになった。その前は、インドの終末論をやろうとしていたんですよ。その時に、終末の回帰性をあらわすものを全部カードにしようとおもってね、その調査にいったいどれくらいかかるかなとおもって計算してみたんですよ。そうしたら二七〇年くらいかかる。(笑) それで、そんなにかかるんなら、カードをつくっていくうちにカードの作成法を変えたくなるのは嫌だなという形式主義に陥って (笑)、そこでハスなら三〇年くらいで何とかなるだろうから小手調べにちょうどいい、とタカをくくったわけです。そうしたらハスのことを調べるには一億バースくらい読む必要があるということがわかった。これを、どれくらいで読めるかというと、さっきも言ったけれど、約一万年……。(笑) でも、これが僕みたいなあきっぽい人間がなんとかやっていくための、唯一のエネルギー源なんですよ。

**松岡**　それは負のエントロピーを食べすぎだ。

**松山**　考えてみれば、生きていることに退屈しないで生きるには、何かに執着するしかないわけですよ。

**松岡**　あるいは生きていること以上に散漫になるためには、脇見ばかりする……。

**松山**　とくに僕のような自律神経失調症は、執着しないとダメなんだね。小学校の頃も小学校から家まで帰れなくてね、石っころを蹴っとばして、その蹴っとばすという一途の執念のためにのみ、ようやく家にたどり着くという方法をとるわけですよ（笑）。

**松岡**　いやあ、それはやった、やった。

**松山**　それは自律神経失調症ですよ（笑）。

**松岡**　で、石っころが溝に落ちると困って、足でそっとあげたりする（笑）。それでもダメだと似た石を懸命にさがしてまた再スタートしたりして（笑）。

**松山**　歩きゃ五、六分くらいのところを、石っころに執着して一時間くらいかけるんだけれど、それでもそうしなきゃ家にまで行けないんだから（笑）、帰れないよりはましなんだ（笑）。だから、よくよく考えてみると、生きているからハスもやるんであって、それをやるためにどのくらい生きるかというのを計算するのも妙な話でね（笑）。

**松岡**　その計算をするために、またその計算器をつくる年月を指折数えたりとかね（笑）。まあ、何の話かわからなくなったというか、わからなくするためにわざとこんな話をしているというか（笑）、ようするにハスは偉大であるということです。

**松山**　変な話だけど、世の中にとってハスがどれくらい有用かというと、人生にとって十万分の一くらいは重要でしょう。まずヨーロッパ人は関心がなくて、中国は多いけれど文化的貢献度はいまなくなりつつあるから、一万分の一くらい重要だとして、日本人にとっては三万分の一くらい、インド人にとってはひょっとすると千分の一くらいかは重要かもしれない。

百科事典で見るハスの個所は半頁にもならない。しかし、そういうたいして重要でないものの全体を集めていくと、その少ないものがものすごくでかいものになるということだってあるわけで、そこで十万倍すれば、人間の文化のトータルな量になるんです。

**松岡**　このカントールのアレフ（無限集合）のような計算の話を聞いたところで、ではチョンということで……。

［「小原流挿花」第三八〇号　一九八二年七月］

# 解説

安藤礼二

演劇や舞踏などにおける身体芸術の革新、詩や小説などにおける言語芸術の革新が、社会的かつ政治的な革新とともに推し進められていくことが希求された一九六〇年代、松山俊太郎は、土方巽や唐十郎、澁澤龍彦や種村季弘、さらには三島由紀夫などとの神話的な交遊を通して、その活発な運動の渦の一つの中心にいた。想像力の変革が現実の変革に通じ、既成の表現の秩序を覆していくことと既成の制度の秩序を覆していくことは等しかった。

一六歳の時、自宅の部屋で手製の手榴弾を分解中に暴発、左手の手首から先、右手は親指を失い、人差し指と中指が変形してしまった松山は、その存在自体がすでに過激でアナーキーだった。ある種の過剰な暴力性と、それと表裏一体をなす限りのない優しさを矛盾することなく同居させる稀有な存在でもあった。松山と一度でも親しく触れ合う機会をもった者であれば誰もが、その出会いの僥倖を懐かしく回想する、そのような人物であった。その松山は、生涯、「梵文学者」を名乗った。

インドの「文学」は古代から現代まで連続し、そこにさまざまな要素を外部から取り込み、一つに融け合わせ、複雑かつ重層的に発展してきた。インドの表現において、文学と思想、文学と宗教を分けることはできなかった。さまざまな感覚を一つに総合する詩的表現が、華麗で壮大な宇宙論と直結していた。インドは「豊饒」である。しかしその真の姿は誰にとっても摑みがたく、インドはまた「幻」でもある。松山は繰り返し、そう記していた(富永仲基の所見にもとづく)。豊饒であるが「幻」としてしか存在し得ないもの、それは松山のインド研究そのものでもあった。

松山俊太郎は、生前、自らの名を冠した四冊の書物を公にした(編著、共著、翻訳を除く)。『インドを語る』(白順社、一九八八年)、『インドのエロス 詩の語る愛欲の世界』(同、一九九二年)、『蓮と法華経 その精神と形成史を語る』(第三文明社、二〇〇〇年)、そして『綺想礼讃』(国書刊行会、二〇一〇年)である。前三書は「インド」を論じ、後一書は松山が偏愛する日本の作家たちの「文学」を論じている。

その他にも、優に書物一冊分を超える三つの連載が、現在でもそれぞれの雑誌に掲載されたまま打ち捨てられている。順に、雑誌「第三文明」の一九七五年一月号から一九七六年一〇月号にかけて連載された「法華経と蓮」、雑誌「化粧文化」第三号から第二七号にかけて一三年間にわたって連載された「古代インド人のよそおい」、そして雑誌「第三文明」の一九八八年四月号から一九九〇年一二月号にかけて連載された「東洋人の愛」である。

松山俊太郎の「文学」論は、生前、『綺想礼讃』という一冊の書物に奇蹟的にまとめられたが、「インド」論は、松山による語りを活字化した三冊の書物と、書物化されていない三つの連載、そしてその他無数の雑誌掲載論文に分散され、その豊饒さを示しながらいまだ「幻」のままあり続けている。しかしながら、松山の「インド」論は、明らかに、その全体を貫徹する二つの大きな柱をもち、首尾一貫したものだった。柱の一つは、単行本『インドのエロス』の主題であった「詩と性愛」という問題であり、柱のもう一つは、単行本『蓮と法華経』の主題であった法華経に体現された「蓮の神話学」という問題である。単行本『インドを語る』は、一方ではインドにおける「詩と性愛」を成り立たせる基盤である多様性と複合性をもったインド文化の本質が論じられ、もう一方では「蓮の神話学」を法華経とともに成り立たせている華厳経の核心である「華厳荘厳世界海」が論じられていた。

三つの連載も、松山インド論を成り立たせている二つの柱のいずれかに関わる。インドにおける「詩と性愛」を論じる際には、詩に描き出された「装い」(体臭までをも含む広義の化粧)を全体的に検討する必要があり、さらにはアジアにおける「愛」という概念の比較を行う必要がある。前者が連載「古代インドのよそおい」となり、後者が連載「東洋人の愛」となった。インドにおける「蓮の神話学」を最も壮麗なかたちで描き出したのが法華経である。連載「法華経と蓮」は、法華経に秘められた「蓮の神話学」をはじめて全面的に論じた試みであり、その成果を踏まえた上で、松山による法華経研究の最新の展望が語られたのが単行本『蓮と法華経』であった。

インドにおける「蓮の神話学」の構造を真に理解するためには、法華経と華厳経に代表される大乗仏教の経典を読み込むだけでは充分ではない。なぜなら――「インド文化は、まず仏教という形で日本にきているわけですが、仏教というのは、ヒンドゥー教徒がヒンドゥー教の一派だと言うくらい、ヒンドゥーイズムの中から出てきたもので、その基礎にある根本のものは、仏教固有のものではなく、インド全体に根を下ろして吸い上げているものです。だから、このあたりをほんとうに理解するためには、〈インド学〉はやっぱり重要なんですね」(『インドを語る』より)。法華経と華厳経を二つの頂点とする「蓮の神話学」のもつ真の射程を知るためには、大乗仏教以前から大乗仏教以降までをも見通す「古代インド人の宇宙像」の全体を理解することが必要不可欠なのである。それが松山俊太郎の〈インド学〉を形づくっている。

もちろん、松山が生涯の研究課題とした、インドにおける「詩と性愛」と「蓮の神話学」という二つのテーマは、まったく無関係ではない。否、むしろ相互に密接な関係をもっている。松山がまず取り組んだのが「詩と性愛」の問題である。松山の学士論文は「バルトリハリ作、シュリンガーラ・シャタカ〈恋愛百頌〉について」であった。それが、「古代インド人の宇宙像」が一つの焦点を結ぶ終末論を主題とした修士論文「古代インドの回帰的終末観」を経ることで、「蓮」をめぐる神話学的な探究としてより深まっていった。インド人たちは「性愛」を謳うためにも、「宇宙」を謳うためにも、「蓮」を重要な象徴として用いていた。「蓮」を媒介として、古代インド人の性愛をめぐる詩と、古代インド人の世界の消滅と再生をめぐる宇宙論が一つに結び合わされていたのだ。

松山俊太郎が構想していた〈インド学〉の全貌を知るためには、「詩と性愛」と「蓮の神話学」という二つの観点のどちらをも必要とする。単行本としてまとめられた三冊の書物はいずれも語りを活字として起こしたものであるが故、平易ではあるがやや焦点がぼやけ、三つの雑誌連載はいずれも長期にわたったが故、典拠の提示と論旨の展開が錯綜をきわめてしまっている。さまざまな機会に、さまざまな媒体に発表された諸論考を、松山インド学を成り立たせている二つの柱に集約するような形で、松山文学論の決定版である『綺想礼讃』と双璧をなすような松山インド論の決定版を一冊の書物としてまとめること。それが、本書『松山俊太郎　蓮の宇宙』を編集するにあたって、最もはじめに意図されたものである。

本書『松山俊太郎　蓮の宇宙』は、まず「松山俊太郎」という特権的な固有名を冠し、第一章を「インドの詩と性愛」としてその主題に関連する諸論考をまとめ、第二章を「蓮の神話学」としてその主題に関連する諸論考をまとめた。第三章には、これまで初出誌でしか読めなかった、「詩と性愛」と「蓮の神話学」をめぐる貴重な講演、インタビュー、対談、座談を収録し「幻のインド」と題した。インドの詩と神話を「蓮」が一つに結び合わせ、そこに未聞の表現宇宙が拓かれているという意味で、本書全体をあらわすタイトルとして『蓮の宇宙』を採用した。松山文学論の集大成である『綺想礼讃』と対になる、松山インド論の集大成の実現を目指した。

本書が一つの核となって、松山インド学の全体——既刊の三冊の単行本と未完の三つの雑誌連載、さらには本書には収録できなかった諸論考――に有機的な関係性が生起することを願っている。

以下、本書に収録した諸論考に沿いながら、松山インド論の全貌を、より詳しく、より深く、明らかにしていきたい。

＊

まず第一章「インドの詩と性愛」の冒頭に据えたのが「愛蓮餘滴」と「インドの香り」である。いずれもインドの「詩と性愛」を論じながら、松山が残した最も美しいエッセイになっていると思う。松山は、「愛蓮餘滴」を、おそらくは長年愛唱してきたであろう、上田敏による翻訳詩からはじめている――。

きみがまなこは青蓮《せいれん》に、
きみが皓歯《しらは》は茉莉花《まつりくわ》に、
かんばせ、はすの香に匂ふ。
さればその身も、たをやげる
葉にこそあれと、思へども思へども、
石にも似たるその心。

松山が全文を邦訳する『シュリンガーラ・ティラカ』（恋愛の額飾り）を構成する一篇である。松山にとって、インドは「詩」とともにはじまっていた。インドの詩は、女性の身体の各部を自然の景物、さらには花や香りや宝石などと照応させる――松山の古代インド人の「装い」（広義の「化粧」）に対する飽くなき探究もまた、ここ、すなわち諸感覚の混淆を身体に具体的に実現させる技術への関心からはじまっていたはずだ。言葉とともに諸感覚が入り混じり、さらには森羅万象あらゆるものが入り混じり、人間の身体と自然が「照応」(コレスポンダンス)する。松山にとって、古代インドの性愛詩は、「照応」と「類似」(アナロジー)からなるボードレールの諸詩篇をより官能的に、より野性的に表現したようなものであったはずだ。その中心になるのが「蓮」という象徴である。

松山は、『シュリンガーラ・ティラカ』のなかから、この後も継続的に検討することになる「花の上に花が咲く」という一句を取り上げ、中国の古典と日本の古典にその痕跡を探る。日本人としてインド学を究めるということは、古代日本における詩的表現を可能にした二つの源泉、古代インドと古代中国という二つの巨大な文化を比較検討することがまず基本的な条件となり、それは、日本文化を無視することができる中国においても、日本文化も中国文化も無視することができるインドにおいても、成立しない。つまり、日本というアジアの片隅の小さな国であるからこそ、その三点の比較が可能になる。「蓮」という象徴は、あるいは「花の上に花が咲く」(「うてなのかさなるはす」)という一句は、三つの異なった文化を一つにつなぎ合わせる。さらには、現実の「蓮」と虚構の「蓮」さえも……。

松山にとって詩的言語、つまり詩を成り立たせる「象徴」言語とは、視覚・聴覚・嗅覚・触覚・味覚などの諸感覚を一斉に生起させ、諸感覚を一つに融合することを可能にするようなものだった。「愛蓮餘滴」に続いて、「インドの香り」では、「いかがわしい体臭」をもそのなかに含む「強烈な身香」を発する女性たちが、古代インドの詩でどのように表現されてきたかが探られる。その一つの頂点をなすのが「大女神」ラクシュミーの身香である。松山は、こう記している——「元来が大地母神・蓮女神だったラクシュミーとしては、大地の顕著な属性である香りの代表として、紅蓮(パドマ)の香りを発散するのが当然であるが、非アーリア系原住民としては、(インド人は黒と青を厳密に区別しなかったので、)その黒い肌色に似合いの、青睡蓮の香りを放つのが望ましい」、さらには、「こうして、青睡蓮の香りを放つラクシュミーの化身が可能となった上で、半ばは神話の世界に生きる古代のインド人が、集団で咲き匂う青睡蓮から、目に見えぬ大女神の本体の身香を嗅ぎとるのは、むしろ自然である」、とも。「蓮」（の香り）として象徴される大女神という存在は、松山が読解する「蓮の神話学」の中核を占める。「蓮」の女神によって、性愛詩と神話が一つに重なり合う。松山インド学の最も美しい達成であろう。

発表年を無視して第一章のはじまりに連ねた「愛蓮餘滴」と「インドの香り」以降は、ほぼ編年順に論考を収録した。まずは澁澤龍彥が責任編集をつとめた雑誌『血と薔薇』に発表された三篇が続く。松山は、「インド古詩シュリンガーラ・ティラカ——恋愛の額飾り」の冒頭に付された「解説」を、こうはじめている——「シュリンガーラとは「性愛情緒」を意味し、インド古典詩の表現すべき八種の「情趣《ラサ》」の筆頭として、実人生三大目的の一たる「愛欲《カーマ》」と対応する、最も重要な詩的範疇である」、つまり、「性愛を除いて、サンスクリット文学は成立し難い」。松山インド学の一つの主題、「詩と性愛」の核心が、ここに過不足なく述べられている。梵文学（サンスクリット文学）とは、性愛の極にひらかれる世界を、表現の極として描き尽くしたものなのだ。それでは、そこには、一体どのような光景がひらかれていたのか。

「蓮から「さかしま」へ」の冒頭に松山が記すのは、次のような光景である——。

「さかしま」の交わりさなか
臍の蓮花に坐るブラフマーをみとめたラクシュミーは
欲情の漲るゆえに
ハリ［ヴィシュヌ］の右眼を　たちまち　蔽ってしまう。

青蓮の香りを発する大女神ラクシュミーは、仰向けの夫ハリ（ヴィシュヌ大神）に跨り、積極的な「さかしま」の性の交わりによって自身の愛欲を満足させようとする。しかし、ヴィシュヌ大神のこの姿勢は、宇宙の主宰者としての大神が、劫（世界周期）のはじめにとるものなので、臍から蓮花が生じ、その萼《うてな》の上から万物の創造神ブラフマーが出現してしまう。ラクシュミーは「太陽」であるヴィシュヌ大神の右眼を蔽うことで蓮の花弁を閉ざし、ブラフマーをヴィシュヌ大神の腹中に帰滅させようとする。

古代インドの詩人たちは、女性が積極的に欲望を満たそうとする「さかしま」の性の交わりをさまざまな形で描写した。松山がまず選んだのは、大地母神ラクシュミーと太陽神ヴィシュヌの「さかしま」の交わりである。松山は、この交わりに、大女神ラクシュミーがかつて掌握していた「主宰者および創造者としての役柄」を分割し、収奪してしまったヴィシュヌとブラフマーの「対」から、女神自身があらためて奪還する様を幻視している。大女神の異常なほどの積極性は、「母神の失地挽回の戦いと、その勝利への願望を秘めているのではないのか」、さらに広く、「ある種の「さかしま」の交わりは、征服者的・牧畜的・父系的社会における、原住民的・農耕的・母系的要素の復権を祈る、神事でもあるのではなかろうか」とも。

大地母神ラクシュミーを「紅蓮華」すなわち多宝如来に、太陽神ヴィシュヌを「白蓮華」すなわち釈尊に読み替えたところに「蓮の神話学」の結晶たる法華経の画期が存在する。松山は後にそう整理していく。性愛の極致が同時に詩の極致であり、さらに神話の極致でもある。それらすべてが「蓮」という象徴によって一つに結ばれ合う。松山は、その性愛の極致にして表現の極致をあらわす言葉として、「愛」を抽出する。「漢語の「愛」について」が主題とするものであり、後に雑誌連載「東洋人の愛」で全面的に展開されようとした主題でもある。「漢語の「愛」について」も「東洋人の愛」も結局未完に終わった。松山が「愛」についての探究を最も簡潔かつ十全に成し遂げられたのは、平凡社の『大百科事典』に収録された「愛」の項目で、であろう。

松山は、「漢語の「愛」について」での結論を、端的にこうまとめている――「漢語の〈愛〉は、母性的感情の発露を原型とする〈彼我の情緒的合一〉であり、その対象への態度は多く〈めぐみ〉として現れ、〈欲〉である場合は少い。また、〈戀愛〉は中核的な意義をもたない」。『綺想礼讃』で松山が論じた作家たち、谷崎潤一郎、小栗虫太郎、唐十郎たちもまた、このような母性的な「愛」、幾重にも重なり合う「母胎への回帰」を作品として昇華させた表現者たちだった。松山俊太郎自身の表現の核心でもあったはずだ。平凡社『大百科事典』の「愛」の項目（本書では「〈愛〉の意味・〈愛〉の言語」）で、松山は、漢語の「愛」、東洋人の「愛」をさらに抽象化し、普遍化する。おそらくは松山俊太郎が心惹かれ、表現として実現を目指そうとした頂点《ピーク》がそこに記されている――。

あらゆる愛の基本が、〈なにものかにひかれること〉である点に着眼すると、〈ある主体の、特定の対象にいだく、全体的または部分的な、合一の欲求〉といった、愛の概括的な定義さえ、導き出すことができる。この一見無内容な定義が露呈させるのは、愛と食、愛と死の、根源的な相似性と相関性である。〈合一〉とは、相互発展的な〈融合〉でもありうるが、〈対象を吸収する（食う）〉か〈対象に吸収される（食われる）〉かに偏しやすく、後者への欲求の極限は、生存の緊張から逃れるために個体を解消しようとする、〈死へのあこがれ〉にほかならない。こうして、生命に内在する、ある単一の力が、生命過程において、食・愛・死の欲求を順次発現させることと、生物学的に見た愛の機能が、生と死の中間項としての、新たな生命の産出であることが、了解できる。

松山は、さらに続けていく。ある場合には〈合一への欲求〉たる「愛」が、人間（生命）が本来もつ利己性を超えて〈自己犠牲〉にまで進み、ある場合にはそこに強烈で両義的な感情をともなうこともまた深く納得できる、と。

「性愛」を根幹として形づくられたインドの詩は、さまざまな「愛」の可能性、「愛」のとる形態を見せてくれる。松山は「鄙の恋・都の恋」を訳出し、恋する男が抱く「愛染」(恋)の様相を「インド人特有の、事物の羅列と分類への飽くなき嗜好」によって示した「中世天竺　恋愛八十相」を訳出する。さらには、インドの古典芸術、戯曲・詩歌・絵画の「女主人公(ナーイカー)」の分類を紹介する。インド人は、「個我」の「唯一性」よりも「人間存在」の「置換可能性」を、言い換えれば、活きた「人間」よりも作り物の「人形」としての分類を真理に近いと考え、しかしながら逆説的に、そのきわめて観念的な分類が、ある場合にはきわめて実用的であったことを紹介する。以上、「さかしま」「シュリンガーラ・ティラカ」「鄙の恋・都の恋」「女主人公の分類」を素材として講義されたものの記録が、松山の単行本『インドのエロス』となった。

第一章の最後には、松山インド論の一つの総括であり、〈合一〉のインド的な在り方を特権的に指し示す二篇の論考、「インド古典と現代日本」と「タゴール、大インドの人格化」を収めた。この二篇で語られたことを創造的に反復することで、単行本『インドを語る』で説かれたインド論が可能になった。『ウパニシャッド全書』『ラーマーヤナ』『タゴール著作集』の出版が相次いで開始(もしくは完結)されたことを受けて、松山は「インド古典と現代日本」にこう記す。これまで欠けていた「ヒンドゥー的アジアを理解するための」一要になるような文学作品を日本語で読める機会が増してきた。そこではじめて明らかになるのは、インド文化と中国文化がもつきわめて対蹠的な性格である――「インド文化は、深遠にして幼稚な文化であり、中国文化が空地なし文化であるのに対して、空地文化である」。空地はあらゆるものを可能にするが、あらゆるものを呑み込んでしまうブラックホールでもある。

タゴールの天才は、そうした「インドの歴史と風土」が育んだ。松山は「タゴール、大インドの人格化」に、こう記す。タゴールが残した千篇を超える詩篇のなかから、自分が愛誦すべき一篇の詩すら選ぶことができないが(二流ではないにしろすべてが一・五流の作品であると切って捨てている)、タゴールの詩集の総体からは、これまで遭遇したことのない「なにか巨大なものの息吹き」を感じる——「タゴールの人格は、かれが森羅万象から感得した、〈普遍にして唯一なる実在〉と通い合っていて、この〈絶対者〉の息吹きをさまざまな形で伝える、〈風穴〉のような機能をもっているような気がする」と。

＊

第二章「蓮の神話学」には、まずは松山俊太郎が「蓮の神話学」の結晶として捉えていた法華経をめぐる諸論考を収めた。最初の二篇、「わが到りえぬ日蓮」と「ロータスの環」は、松山法華経論の骨格を最も平易に、しかも最もイメージ豊かに説いたものである。松山法華経論の真髄はこの二篇に尽きる、と私は考えている。それ故、第一章と同じく、この二篇も執筆の年代にとらわれず章の冒頭に据えた。

次いで収めた「仏典における信ずるべからざる部分のおもしろさ」は法華経論とはやや離れるが、松山が仏典をどのように読み解いていったのか、その独自の方法を理解するのに役立つであろう。サンスクリット語と漢語と日本語と、重層する翻訳空間のなかで、誤訳の創造性と歪曲性にともに注意を払いながら、テクストを確定していく。その解読方法は、まさに「批評」と呼ぶにふさわしい。さらなる二篇、「法華経と無熱悩池および蓮華上仏」と「アパダーナと法華経」は、インドのみならずエジプト、メソポタミア、バビロニアの神話を一つに集約し、それらを換骨奪胎して成った法華経における「蓮の神話学」の源泉として、パーリ仏教の最末期に形成された経典『アパダーナ』を定位したものである。非常に専門的な議論ではあるが、松山が「法華経と蓮」をめぐる探究の最後に見ていた光景である。

松山俊太郎の「蓮の神話学」の中核となる法華経論の詳細については、節をあらためてまとめて論じたい。まずは第二章の全体像を示しておきたい。

「法華経と蓮」に関する五篇に続いて収めた「ヴィシュヌ神とアヴァターラ」「古代インド人の宇宙像」「インドの回帰的終末説」は、仏教のみならず広義のインド宗教思想全般にわたって、宇宙を主宰する太陽神ヴィシュヌの変身、宇宙の生成と消滅の有様、宇宙消滅の際の回帰と頽落について、それぞれ論じられたものである。松山は、「古代インド人の宇宙像」の冒頭に、こう書き残している――「インドの「宇宙形態論（コスモグラフィー）」は、「宇宙生成論（コスモゴニー）」および「終末論」（エスカトロジー）と不可分であり、「ヴェーダ文化」「ヒンドゥー教文化」「仏教文化」「ジャイナ教文化」の二千年に亘る歴史の中で、模倣と独創の交錯する複雑無比な発展をとげた」。さらに、「インドの回帰的終末説」の冒頭には、こうある――「インド文化は、ヒンドゥー教・仏教・ジャイナ教のそれぞれに、ヘーシオドスの「四（五）時代説」とプラトーンの「大年（magnus annus）説」を組み合わせたような「回帰的終末」を形成させた。本稿では、それらがバビロニアに淵源をもつことを考慮しつつ、三者の図式的な骨格を紹介してみたい」。

松山にとって仏教を論じるためには、仏教以前のヴェーダの思想、そこから生まれ仏教と対抗関係にあったヒンドゥー教（インド教）の思想、仏教と双生児のような関係にあったジャイナ教の思想を深く知り、それらすべての根底的な比較がなされなければならなかった。そのことは仏教のみならず、インドに生まれた他のすべての教えについても当てはまった。おそらくは、宗教思想ばかりでなく、詩的（文学的）表現においても、また。そのような広範な比較思想史的考察ができる者は、松山をおいて他には存在しない。生前の松山は、自らが形にしたこれらの論考に関して、あまりにも図式的でありオリジナリティがないと否定的であった。しかしながら、このような「無謀」な試みが、まがりなりとも可能になったのは、繰り返すようであるが、松山俊太郎ただ一人だけである。決して「無意味」な仕事ではなかった。否、それ以上に大変な価値をもった仕事であったと思う。

世界の創生はフィクションとしてしか可能にならない。松山が明らかにしてくれた、インドにおける宇宙の生成と消滅というヴィジョンは、意識的なフィクションの書き手、つまりは小説家や詩人たちに無限のインスピレーションをもたらすはずだ。また、修士論文として「古代インドの回帰的終末観」を提出した松山にとって、もし岡山の最上稲荷《さいじょういなり》仏教学研究所での二年半近くに及ぶ「法華経と蓮」をめぐる調査研究がなければ、生涯を費やして究めていったのは、こうした宇宙論の構築であったのかもしれない。本書『蓮の宇宙』が成るにあたって、ぜひとも収録したかった諸論考である。

　第二章の最後には、「華厳経の宇宙」と「一闡提のマンダラ」の二篇をおいた。いずれも小篇ではあるが、松山自身の内なる「宇宙」の在り方を教えてくれる貴重な報告である。最晩年の松山は、動的で実践的な法華経に比し、静的で思索的な華厳経への評価は決して高くなかった。しかし、単行本『インドを語る』をまとめていた時点で、松山が構想していた「蓮の神話学」にとって、華厳経は、法華経と並ぶもう一つの巨大な山脈をなすはずであった。『インドを語る』において、法華経はまったく論じられていないが、華厳経については充分過ぎるほど丁寧に論じられ、書物全体の一つの中心になっている。『インドを語る』がもつ最大の価値は、松山俊太郎が華厳的な宇宙について語りきった点にある。松山は、『インドを語る』のなかで、こう述懐している。華厳経がもつ壮大かつデタラメな宇宙観は、なによりも精神的な自由を自分にもたらしてくれた。そして、有効性や根拠をもとめる「思想」ではなく、玩具としての、つまりは宇宙的な遊戯としての「思想」の可能性を自分にひらいてくれた、と。

　華厳経は、松山が構想していた「古代インド人の宇宙像」の一つの帰結として、最も壮麗かつ最も奇想天外な「宇宙」の在り方を示す。世界は一輪の巨大な蓮の花なのだ——華厳経の根本にあるそうしたヴィジョンは〈最高神ヴィシュヌの臍から生ずる宇宙蓮〉から借用されたものであり、『インドを語る』では「宇宙というものは、無をあらわす闇の海の中から蓮が出てきて、その蓮の上に形成される」という考え方を取り入れたとされている。華厳的宇宙観は、諸宗教が混淆するインドに育まれた伝統的な宇宙観の一つの到達点であった。大蓮華として花開く華厳の宇宙は、「不可説」の数を〈自乗進法〉していくことで「古代インド人の宇宙像」に最大の広がりをもたらすとともに、そうした無限の広がりを最小の「圏」（かこみ）のなかに封じ込めもする。華厳経の宇宙では、無限大と無限小は相互に転換可能なのである。

華厳的な宇宙のなかでは、大と小の関係は容易に逆転し、小さな無限のなかにこそ大きな無限が孕まれる。松山は、単行本『インドを語る』のなかで、〈インドラの網〉（インドラ・ジャーラ）の比喩を使って、華厳的な宇宙の在り方を説明する。その天上世界に飾られた網の結び目には、透明に輝く「宝玉」（ガラス玉）が取り付けられている。ガラス玉が一つだけある場合、その玉のなかには宇宙のすべて、すなわち「無限」が映し出されている。しかし、〈インドラの網〉には、無限を映し出すガラス玉が、無数に連ねられているのだ。一つのガラス玉に映し出された「無限」が、もう一つのガラス玉に映し出される——。

ところが、そこに、もう一つガラス玉があるとすれば、そのガラス玉も無限を映しているわけで、そうすると、無限を映している一つの玉がほかの玉の球面に映されるときには、極端に言えば、その映している〈無限〉が〈点〉にまで収斂するわけです。つまり、一つの玉が宇宙全体を映していて、それが別の玉に映されるときには小さな丸いものになるけれども、もうすこし縮まれば、点になっちゃうわけですね。そして、そういう点をいっぱいもっている玉が無限にあれば、映る〈濃度〉は無限に高まってゆくわけです。

〈インドラの網〉につけられたガラス玉の一つ一つが蓮の花であり、その全体もまた無限のガラス玉に映し出された一つのガラス玉、すなわち、一輪の巨大な蓮の花なのである。無限に小さな「圏」（かこみ）のなかに無限に大きな宇宙のイメージが封じ込められている。そのような宇宙の在り方を、松山と親交をもっていた小説家の稲垣足穂であれば「宇宙模型」と名づけたであろう。あるいは、足穂の作品世界の総称といった意味で「キタ・マキニカリス」とも――「キタとは生命、マキニカリスはマシーン、機械、からくりつまり宇宙博覧会の機械館だというほどの意味です」（江戸川乱歩との対話「E氏との一夕」より）。

本書の第二章「蓮の神話学」の後半に収めたすべての論考（「ヴィシュヌ神とアヴァターラ」「古代インド人の宇宙像」「インドの回帰的終末説」「華厳経の宇宙」）は、松山俊太郎にとっての「宇宙模型」であり「キタ・マキニカリス」であったはずだ。そして、松山は、自らにとってはじめて感得された「宇宙模型」を、マンダラと名づけた。本章を閉じる位置におかれた「一闡提のマンダラ」には、一つの「宇宙模型」として可能になった自身に固有のマンダラの在り方と、そのマンダラを感得した際のかけがえのない記憶が刻み込まれている――「さて、人間には全体性・統一性への強い帰属願望があるから、有限の「圏」の中に無限の「究極存在」を端的に開示してくれる曼荼羅の魅力に抗しうるものは、少ないであろう。かくして、ひとたび曼荼羅体験を経たものにとっては、山も、海も、夜空も、星雲も、花も、女人も、詩歌も、音楽も、書物も、絵画も、建築も、庭園も、地球も、宇宙も、実にあらゆるものごとが、自分だけのほしいままな曼荼羅と化するのである」。

さらに松山は、続けていく――。

わたくしが、このようなマンダラを最初に感得したのは、小学校に入学する直前である。家の最上階に当る三階の、二間続きの部屋の奥の方で目覚めると、枕もとに、積木を主材として、直径一米《メートル》半ほどの「軍港」が完成しており、港内には、潜航艇と巡洋艦をはじめとして、ゴム引き絹風船の地球儀、縫いぐるみのジラフと犬、陶製の象と狸、鉛の兵隊、ブロンズの婦人裸像、貝殻細工の鷲など数十点が、人知れぬ法則によって細心に配置されているのだった。前の晩おそくまでかかって並べたのを一瞬忘れていたので、至福と云えるほどの満足をおぼえた。

まさに江戸川乱歩や稲垣足穂の作品世界と深く通底する、玩具のユートピアとしての「キタ・マキニカリス」であり、「宇宙模型」としてのマンダラである。そして松山は、注意深く、こうつけ加える。その楽園には「父」や「男」は存在しなかった。そこにひらかれたのは重層的な「母胎」、「わたくし自身を「幼い主宰神」とする、「胎蔵界マンダラ」なのであった」、と。インドの伝統的なシンボリズムでは、胎蔵界の中心には、もともと「子宮」の象徴である「紅蓮華《パドマ》」が位置づけられている、とも。松山がここでいうマンダラに、第一章に収録した「漢語の「愛」について」および『大百科事典』で松山が定義した「愛」を重ね合わせてみれば、松山俊太郎の「宇宙」の核心が現れ出でるはずだ。マンダラの時空はそのまま「愛」の時空に変貌を遂げ、さらにその内的宇宙の在り方を「蓮」が象徴する。松山俊太郎という個人に固有の「宇宙」と、インドに紡がれた人類にとってある意味で普遍の「宇宙」が、「蓮」という象徴を介して、一つに結ばれ合うのである。

＊

象徴として「蓮」が、時間と空間の隔たりを乗り越えて、個と普遍を、さまざまな地域でかたちになったさまざまな神話を、一つに結び合わせる。根源的な象徴群によって可能になる根源的な象徴劇。松山俊太郎は、そうした特異な劇が生起する特権的な舞台を、法華経のなかに見出した。松山の「蓮の神話学」は法華経の発見とともにはじまり、法華経の読解とともに深まっていったのである。

松山にとって法華経の深層には、字義通りに読まれる表層とは異なった意味、秘められた意味である「密意」が存在していた。法華経に託されたその秘密の意味を説き明かす鍵は、「蓮」にある。法華経に現れ出でる「蓮」は、「秘匿された壮大な象徴的表現」そのものであった。松山による、法華経のなかに秘された「蓮の神話学」発見の過程は、「法華経と無熱悩池および蓮華上仏」および「アパダーナと法華経」の冒頭部分に詳しい。以下、この二篇に記された事実とともに、単行本『蓮と法華経』をも参考にしながら松山法華経論の前提を整理しておきたい。

松山がまず疑問に思ったのは、そもそも法華経に付されていたサンスクリット語の経題たる「妙法蓮華」(サッダルマ＝プンダリーカ)である。「プンダリーカ」は「白蓮華」を意味するが、法華経の漢訳者たちは、蓮の「色」を考慮に入れることはなかった。「サッダルマ」(妙法)を体現するものとしての「白蓮華」(プンダリーカ)——「妙法の体現としての白蓮華」——と正確に漢訳しなかった、あるいは、「蓮」に対する正確な知識をもたなかったが故に漢訳できなかった。その点に、これまで法華経に秘められた謎が解かれなかった最大の要因がある。法華経中に「サッダルマ＝プンダリーカ」という経題は頻出するが、逆に「白蓮華」そのものが使われることはきわめて稀だった。経題として採用された「白蓮華」——しかもその「蓮」は、世界を成り立たせる「法」(ダルマ)そのものなのだ——が、なぜ、経中で使われないのか。それは、「白蓮華」が、法華経全体に秘められた「謎」を「象徴」するものであったからだ。

もう一つ、松山が疑問に思っていたことがあった。法華経では、「見宝塔品」に至って、現在の「仏」(如来)たる釈尊に対して、過去の、古代から甦ってきたもう一人の「仏」(如来)たる多宝如来が、地中から現れ出でた巨大な「塔」とともに、突如として物語のなかに登場してくる。「一世界一時一仏」の通則を破って、一つの世界に同時に「二仏」——現在の仏と過去の仏——が出現してしまう。しかも、この二人の如来は、釈尊がその扉をひらいた「塔」のなかに並んで坐り、対話を交わすのだ。法華経は、もう一人の「仏」たる多宝如来が出現する以前と以降では、その様相がまったく変わってしまう。法華経には断層が存在する。そして、経中にも説かれていることだが、これまでの仏教の教えとは背馳する教えを示した法華経を信奉する者たちは激しい迫害にあっていた（この二点は松山に先行する法華経研究でも認められている）。

法華経を護持する者たちは、自らが信じる教えの核心を「見宝塔品」のなかに「象徴」の劇として封じ込めていたのだ。松山は、「見宝塔品」以前を「アグラ＝ダルマ」、明らかに後代に付加された部分を除いた「見宝塔品」以降こそが、あるいは「見宝塔品」そのものこそが、本来の意味で「サッダルマ＝プンダリーカ」であったとする――以上に述べた松山の見解が最も整理して提出されているのが第二章の巻頭に据えた「わが到りえぬ日蓮」であるのでぜひ原文を参照していただきたい（なお、この後、「アグラ＝ダルマ」と「サッダルマ＝プンダリーカ」の関係について松山の考えはやや変化する、さらには、法華経全体をながめ渡しても「見宝塔品」をもって以前と以後とがはっきりと分かれるわけではなく、そこには重層的で複雑な諸関係が存在している、詳細は単行本『蓮と法華経』を参照いただきたい）。

それでは「サッダルマ＝プンダリーカ」とは、一体何を「象徴」したものであったのか。

松山にその解答を示したのは、若き松山を岡山に呼び寄せた稲荷日宣《いなりにっせん》と、その後、松山に世界神話のなかで法華経を解釈することを啓示したジャン・プシルスキーである。稲荷は、「妙法蓮華」とは「釈尊」そのものを指すとし（松山が記すようにその説自体は稲荷の独創ではなかった）、松山にその説を裏付ける資料を探し出すことを求めた。松山は、すでにその時、インドの古詩にあらわされた古代インドの宇宙論、その神話の体系を熟知していた。この大宇宙を生成させ、また帰滅させる主宰神ヴィシュヌは「太陽」であり「白蓮華」であった。そしてヴィシュヌと「さかしま」に交わるラクシュミーは、より太古の地母神であり、「紅蓮華」としてあらわされていた。つまり、「サッダルマ＝プンダリーカ」すなわち「妙法の体現としての白蓮華」とは「釈尊」そのものを指し、同時に白蓮華としての「釈尊」は太陽神ヴィシュヌである。とするならば、大地から復活する多宝如来とは、太陽神ヴィシュヌと「対」になる大地母神ラクシュミー、すなわち「紅蓮華」である。

真の法華経、「サッダルマ＝プンダリーカ」（「妙法の体現としての白蓮華」）の核心には、太陽神たる釈尊（「白蓮華」）と大地母神たる多宝如来（「紅蓮華」）との出会いが秘められていたのだ。しかし、それでは、この太陽神と大地母神との出会いとは、一体何を意味していたのか。その謎を解く鍵を松山に示してくれたのが、一冊の書物、フランスの比較神話学者ジャン・プシルスキー（Jean Przyluski）が著した『大女神』（*La Grande Déesse*）であった。プシルスキーは一八八五年に生まれ、一九四四年にこの世を去った。『大女神』が刊行されたのは一九五〇年のことである。松山は、一九七〇年前後、つまりは雑誌「血と薔薇」が刊行されていた頃、澁澤龍彦からこの書物の存在を知らされたという。プシルスキーは、フランスの東洋史学と民族学が交錯する地点に独自の比較神話学の体系を築き上げていた。仏領インドシナでアジアの諸言語と諸文化を学んだプシルスキーは、インドとヨーロッパに分かれる以前の起源の神話（インド＝ヨーロッパ語族の起源に位置するアーリア神話）、およびさらにその古層に存在し、起源の神話と二重写しとなった原‐神話として、一つのヴィジョンを幻視する。

四つの大河がそこから湧き出し、四つの聖獣に守られた宇宙の中心に存在する聖なる湖。その湖から、正午、巨大な生命の樹たる「紅蓮華」が出現し、花開き、「白蓮華」たる太陽と接し、その精を受ける。エジプト神話において冥界の王オシリスと大地母神イシスという兄妹から生まれた太陽の子ホルスとして象徴されるイメージが、メソポタミアでは楽園の光景となり、さらにインドでも「アショーカ王の四獅子頭柱」にそのままあらわされている。仏教の伝承でも、世界の中心には、聖なる湖たる「無熱悩池」（アナヴァタプタ池 anavatapta）が位置づけられている――厳密にいえば世界の中心からは北にずれたその「池」についての宇宙論的な考察は、前述した「古代インド人の宇宙像」に詳しい。

その世界の中心に位置する聖なる池から、巨大な一論の蓮の花、太陽である「白蓮華」を孕む「紅蓮華」が立ち上がるのだ。「アショーカ王の柱頭」はその巨大な蓮を造形化したものであり、「見宝塔品」に出現する

「塔」もまた、そうだった。「白蓮華」は太陽神であり、エジプトのオシリス（あるいはホルス――オシリスとホルスは同一視されることも多い）であるとともにインドの「釈尊」である。「紅蓮華」は大地母神であり、エジプトのイシスであるとともにインドの「多宝如来」である。この地点で、松山俊太郎の「蓮の神話学」は一つの完成を迎える。インドを考え、インドの神話を語るためには、世界を考え、世界の神話を語らなければならなかったのだ。その到達点が、「ロータスの環」のなかに簡潔に記されている――。

この経［法華経］を創作したインドの法師たちの真の意図は、〈正法白蓮華〉の第一義が、〈正法の体現としての白蓮華（すなわち釈尊）〉であり、同経で釈尊と並坐する〈多宝如来〉が〈紅蓮華（すなわち男性化した蓮女神）〉であるという秘密を察知しなければ、把握しようがないものであった。

この秘義こそ、エジプトの〈スイレンに坐する太陽神ホルス〉のモチーフが、メソポタミアにおける〈世界の中心の池の生命の樹〉や〈太陽を表象する大車輪〉のモチーフと複合し、インドの神話的諸伝承と合流した末に形成された、画期的な構図を開示するものだったのである。

インドでは、〈太陽＝白蓮華〉〈大車輪＝大法輪〉〈紅蓮華＝大地女神〉〈太陽神ヴィシュヌと釈尊の近似〉〈ヴィシュヌと蓮女神ラクシュミーの対（夫婦）関係〉などの事実が認められていたから、〈天的な真理の啓示者・釈尊（日輪＝白蓮）〉を〈地的な生産力の根源・大女神（紅蓮）〉が迎え承けるという、絶妙の構図が成立したのである。

しかしながら、法華経が秘めていたのは、「蓮」を象徴とした壮大な神話の体系だけではなかった。壮麗な神話の体系を、人々が実践的に生き抜いていくための指針さえをも自らの内に秘めていたのである。「白蓮華」（釈尊）が体現する大宇宙の「法」（ダルマ）は、この地上世界、すなわち「娑婆世界」を生きる誰もが体得できる。あるいは、誰もが「法」そのものとしての生命をもっている。「見宝塔品」に続く「如来寿量品」、そして「従地涌出品」が描き出すのは、そうした真実なのだ。釈尊と多宝如来の前で、大地は大きく揺れ、大きく裂ける。その巨大な亀裂から、黄金の身体をもった「無量千万億の菩薩・摩訶薩」が涌き出でてくる（「従地涌出品」）。松山はいう。この地から涌き出でてきた「無量千万億の菩薩・摩訶薩」、法華経の求法者たち（「最高の法」である「アグラ・ダルマ」を求める者たち）こそ、太陽神と大地母神の子供たち、妙法の体現たる「白蓮華」の種子を自らの内に宿した子供たちであり、現実世界（「娑婆世界」）を生きるわれわれ人間そのもののことなのだ。

日蓮こそ、法華経に秘められたそうした真実をいち早く見抜き、神話を実践へと転換することができた唯一無二の人物だった。松山は、「わが到りえぬ日蓮」に、こう記している――。

この品［見宝塔品］での〈釈尊〉は、〈白蓮〉といっても実はこれと等価物である〈日輪〉と同一視され、〈紅蓮＝地的生産力＝大地母神ラクシュミーの男性化〉である〈多宝如来〉により、〈救済者・教主〉の能力を保証される、〈天的原理＝太陽神ヴィシュヌの投影〉として、衆生の〈覚りの蕾〉を開花させる資格が暗示されている。

ついで、「如来寿量品」では、この〈白蓮＝釈尊〉が、一つの花は萎れても種としては太古と同じ花を永遠に咲かせ続ける、〈イデア的白蓮＝久遠の本仏〉としての素性を顕わし、超越的な庇護者として、聴聞者――実際には仏滅から時を経て不安に悩む信仰者――に絶対的な信頼感を与える。

こうなると、〈蓮〉の〈繁殖現象〉を、〈信徒〉の側に当てはめようとするのは、自然の勢である。かくして、「従地涌出品」では、〈上行菩薩〉をはじめとする〈蓮の実＝地涌の菩薩〉が出現する。〈水〉からでなく〈地〉からなのは、〈法華信徒〉が迫害下で潜伏を余儀なくされた情況を反映し、〈根茎からの花〉

でなく〈種子〉なのは、涸いた土に埋もれた〈蓮種〉も〈雨＝法〉に恵まれればいつかは表層に浮上して〈開花〉する機能を保持することを、〈菩薩〉の可能性になぞらえたからである。

さらに日蓮は、釈尊を超え、法華経そのもののもつ、さらなる真実に肉迫している。松山は、続ける。法華経では、釈尊は有限の存在である。永遠なのは〈法華経〉（サッダルマ＝プンダリーカ）そのものである。日蓮は、「経典としての『法華経』と〈久遠の本仏・釈尊〉の背後に、唯一の実体としての〈法（ダルマ）〉を認めた」のだ。われわれが帰依しなければならないのは、個別の『法華経』を超えた大文字の〈法華経〉、原理としての〈法華経〉、すなわち「根源的理法と現実的存在が即融した、〈ダルマ〉」そのものなのである――単行本『蓮と法華経』の末尾でも、ほぼ同じ言明が繰り返されている。

これが松山俊太郎による「蓮の神話学」の結論である。

最後の松山俊太郎は、自らが読み解いた〈法華経〉の原初の姿、プシルスキーが提供してくれた「アショーカ王の四獅子頭柱」に直結するような原初の〈法華経〉を探し求めていった。そして、世界の中心の湖、「無熱悩池」（アナヴァタプタ）を舞台として「最古仏」にして「原初仏」と位置づけられた「蓮華上仏」が登場する『アパダーナ』にたどり着いた。そこにあらわれ出でたのは〈紅蓮華の上に乗る最高の紅蓮華仏〉であり、おそらくその特異な「仏」こそが、森羅万象あらゆるものを産出する大女神の、仏教的神話における原初にして最古の姿だった。

幼少期の松山俊太郎は、自らがはじめて感得したマンダラを「胎蔵界」、すなわち「子宮」の象徴としての「紅蓮華」に喩えていた。「紅蓮華」を介して、松山俊太郎の起源と終末は巨大な円環を描きながら通底し、反復される。松山俊太郎とは、自らの気質に密接関係した主題のみを、自由に、あたかも幼児が遊戯をするように、ただひたすら追究していった近代日本においてはきわめて稀有な、ほとんど唯一無二の、表現者だった。

本書の第三章「幻のインド」には、松山俊太郎の肉声を集めた。

冒頭には、松山自身が「蓮の神話学」の詳細について語ってくれている講演「芸術として見た仏典」とインタビュー「蓮を究める」をおき、以降は、貴重な対話の記録を編年順に並べた。最後に据えた松岡正剛との対談「蓮華宇宙を語る」もまた松山が到達した「蓮の神話学」について語ったものであるが、望むべき最高の聞き手を得て、その内容について最も過不足なく、また最も平易に述べられている。

なかでも松岡正剛によるまとめは、松山版「蓮の神話学」の文字通り最良の「宇宙模型」となっている――

「じゃあちょっと簡単にまとめますと、エジプトの柱頭文様にもあったハスがバビロニア・ペルシャ文化圏を経て、インドの仏教と合体した。そこでひとつは法華経の中に生きて、如来でありながら菩薩であるようなハスのイコン化が発達する。一方で華厳経がつくられて、これは中央アジアを経て中国へ入ってくるんですが、この時、バカでかい須弥山思想をかかえた大蓮華蔵宇宙像が仕上っていた。そして、その中心におわしますビルシャナ仏は巨大なハスに囲まれたまま、さらに密教の大日如来まで進む」、つまり、密教のマンダラも「いってみれば蓮華世界観の延長化であって二次元化」であり、それ以上に、東洋文化のエッセンスもまた「ほとんどハスのシンボリズムの裡にある」。

冒頭の二篇とこの「蓮華宇宙を語る」を通して、松山の「蓮の神話学」の対象が法華経とともに華厳経であったことをあらためて確認することができる。しかも、松山はその二つの経典をいわば「芸術作品」、生成発展する（あるいは回帰帰滅する）広大な宇宙を気宇壮大な想像力によってそのなかに封じ込めた「芸術作品」とみなして見ていたのだ。おそらく、松山にとっての理想の「文学」の姿をそこに見出すことも可能であろう。

＊

残る三篇の対話は、松山自身の発言がその大部分を占めるわけではない。「松山俊太郎」という著者名を冠した書物に、そのような対話を複数収めることにやや迷いも生じたが、それぞれ松山でなければ語ることのできない内容を多々含んでおり、松山俊太郎の多面的な表現宇宙の可能性を一冊の書物として残したいという編者の強い想いもあり、あえてここに収録した。

鈴木清順を主な対話の相手とし、長部日出雄と佐藤重臣も加わった「輪廻転生――死の思想の源流をさぐる」では、松山の特異な死生観が語られている。松山は言う――「ぼくなんか、死ぬということがそんなにこわいともなんとも思わない。日本人だからだろうとも思う。人間、生まれる前も生まれたあとも死ぬわけでしょう。その二つの死の短い間に生がある。その短い間はちょうど生をまどろんでいる感じで、ほんとうになにかをするということはごく少ない。だから、ぼくの場合、死ぬ生きるという対立じゃない、死ぬと眠る、まどろんでいると生きている、またまどろんでいると死ぬの対立。しかも、死んでいるほうが基本的態度で、死の大海にぽかっと油の玉が浮いているみたいな感じで、死こそ本来的なものなんだ」。だからこそ、「死は人間の完全な発明品」であり、あるいは、「死は人間の観念の中」だけにしかない、等々。

「なぜボードレールか」は、松山の大学時代からその死に至るまでかけがえのない友人であったボードレール研究における日本の、あるいは世界の第一人者である阿部良雄を司会に、出口裕弘、渋沢孝輔とともにボードレールを論じた共同討議の記録である。この共同討議の通奏低音となっていったのは、松山が冒頭で述べたボードレール観であった。松山は言う。ボードレールは「古い」。近代以前の詩の「古さ」を生きるとともに近代以降の詩の「新しさ」をも準備した大詩人である。大詩人は必ず表現の「原型」を提出する。古代にまでのび、未来をひらく表現の「原型」を。松山がボードレールについて語っていることは、そのまま松山自身の「詩」についての想いになるであろう。本書の第一章に収めた各篇と交響するはずである。

なお、晩年にいたるまで松山が執着していたボードレールの作品は、「幼魔術師」という短篇小説である。

しかし、阿部良雄の個人全訳による『ボードレール全集』（筑摩書房）には収録されていない。ボードレール自身が書いたものではなく、他者の作品の翻訳だったからだ。戦前の河出書房版『ボードレール全集』で一読して以来、忘れがたい。松山は繰り返しそう述べていた。阿部良雄の手によって訳し直され、『ボードレール全集』の別巻として加えてもらいたい、とも。古代地中海世界を舞台にしたお伽噺である。二人の青年、ローマ人のカリアスはギリシア人のセンブロニウスから一つの体験談を聞く。イタリアの聖地で一つの忘れがたい劇を見た。一人の「幼魔術師」が一人の巫女たる女性の愛を得る為にさまざまな幻術を見せる。自分は、その聖なる女性に恋をしてしまった、と。二人は、その女性を求めて旅立つ。聖なる女性もまたセンブロニウスに恋をし、神官たちの罰を逃れ、さまざまな変身を重ね、傷を負ったセンブロニウスを癒し、結婚する。恋愛と想像力をめぐるユートピア小説である。

「読みかけの一ページ」は、寺山修司とともに、『少年倶楽部』を素材として、互いの少年時代に熱狂した冒険小説について語り合ったものである。対話は完全には嚙み合ってはいないが、寺山修司という個性、松山俊太郎という個性がいかに形づくられてきたを語る、これもまた貴重な証言であろう。松山は宣言する。「人間が一等最初にもった欲求が児童文学に現われてるんだと思うわけですよ」。松山が生きた時代、日本はアジアにひらかれており、世界地図にはまだところどころ「空白」が残されていた。世界には未知なる土地（「テラ・インコグニタ」）があり、その「空地」――後に松山は同じ「空地性」をもとにインドの文化を特徴づける――によって世界にはいまだ「多様性」が存続していた。松山はそう述懐する。対話の最後で、松山は、「全部特別なありもしない世界」を描き尽くした代表として華厳経の名を出す。松山俊太郎にとって、インドが体現する〈深遠かつ幼稚〉を結晶化した仏典こそ、原型としての「芸術作品」であり、原型としての「冒険小説」（児童文学）であったはずだ。

以上が、本書『松山俊太郎　蓮の宇宙』を構成する全三章のエッセンスである。

松山俊太郎が生前最後に編んだ『綺想礼讃』が松山文学論の集大成であるとするならば、本書『蓮の宇宙』は松山インド論の集大成を目指した。しかし、そこに収録できなかったものも多い。それらは大別すると二つのグループに分かれる。一つは澁澤龍彦の翻訳、特に「サド」をめぐる諸論考と諸対話である。澁澤龍彦の「小説」について松山が論じたものは『綺想礼讃』に収められている。だが、『澁澤龍彦全集』に引き続き、松山も編集委員をつとめた『澁澤龍彦翻訳全集』において、その大部分を占める「サド」の作品の解題を松山が一手に引き受けている（その他にはこれもまた重要な「ビアズレー」がある）。本書の最初の企画段階では、そのうちの一部を収録することを考えたが、分量が膨大であることと、サドの作品と密接に関係した「解題」であるために、断念した。来たるべき松山サド論をいつの日にかぜひとも実現したいと考えている。

もう一つは、晩年の松山が密接な関係をもった雑誌「Fukujin」に掲載された講演、対談、座談、そして連載である。松山のインド論を見通すためには必須のものであるが、これも一部を再録するよりは、ぜひともその全貌をあらたなかたちで甦らせてもらいたいと考え、本書に収録することはしなかった。「Fukujin」を編集する上杉清文《せいぶん》氏をはじめとする福神研究所の皆さんは、本書の編者よりも格段に法華経に関する知識をもち、松山俊太郎の「最後」に密接に関わっておられた。ご迷惑かもしれないが、ぜひとも、来たるべき松山法華経論の刊行をお願いしたいと思っている。

最後に、本書の編者である私と松山俊太郎氏の関係について述べておきたい。私は編集者として『澁澤龍彦翻訳全集』を担当し、刊行中はほぼ毎週（ある時には毎日）、松山氏の自宅にうかがった。原稿執筆の休息中に、あるいはその執筆の最中にも、さまざまなことをお話しいただいた。私は、中学生の頃から松山氏が驚異的な「解題」を担当した社会思想社版小栗虫太郎傑作選を愛読しており、その神話的な名前だけは知っていた。そんな私にとって、松山氏と過ごした時間はかけがえのないものだった。本書に収録した法華経論は、そうした最中に直接的に、あるいは間接的に御教示いただいたものばかりである。松山氏は小栗虫太郎について、こう書いている。「〈現実でない現実を求める〉という〈積極的な不可能願望〉」に取り憑かれた表現者であり、その作品世界には「〈自然の儘の暗号〉が随所に鏤められているような〈暗号の継起する世界〉への、あまりにも強い非理性的憧憬」が貫徹されている、と。

私にとって、松山氏が読み解いた小栗虫太郎の姿は、法華経を前にしてそこに秘められた「暗号」（象徴）を解き明かそうと悪戦苦闘する松山氏自身の姿に重なって見えた。また、ある時――もちろん原稿が一段落した深夜、あるいはもう明け方だったかもしれない――には、サドの作品のなかでどれがいちばん優れているか、という議論になり、松山氏も私も期せずして、翻訳者である澁澤龍彦がまったく評価していない中篇「二つの試練」をあげることになった。「二つの試練」は、大富豪の青年が、対照的な二人の女性からの「愛」を確認するために、それぞれ狂気じみた二つの宴を催すという物語である。その宴は、一方では伝説の騎士たちの戦いを模したものであり、もう一方では妖精たちの戦いを模したものであった。エドガー・アラン・ポーの「アルンハイムの地所」や江戸川乱歩の「パノラマ島奇譚」、稲垣足穂の「弥勒」第一部に連なるユートピア小説であり、それらの傑作に比してもスケールの大きさと描写の壮麗さにおいて決して劣らない作品であった。松山氏が偏愛するボードレールの「幼魔術師」にも共通する趣がある。サドは、想像力のユートピアを生きる子供のような表現者だったのではないのか、それが松山氏と私の結論であった――松山氏が澁澤龍彦のために編み、そこ（『澁澤龍彦文学館』一二「最後の箱」、筑摩書房、一九九一年）に訳出した、本書に収録された「中世天竺　恋愛八十相」（初出は「都市」第二号、『澁澤龍彦文学館』では「中世天竺　愛染八十相」と改題して収録）を含む四篇の作品は、インドと中国を舞台にした「奇想」のユートピア小説ばかりであった。

サドが「二つの試練」で描き尽くした想像力のユートピアは、あるいは、松山氏が澁澤龍彦のために選んだアジアの奇想天外なユートピアは、本書の第二部の最後においた「一闡提のマンダラ」のなかで松山氏が述べている「私」自身を「幼い主宰神」とした「胎蔵界マンダラ」そのものである。松山俊太郎氏は生涯においても、その作品世界においても、現実を根底から覆してしまう想像力のユートピアを、あたかも少年皇帝のように自由に生き抜いた稀有な人であった。その一端を、本書『松山俊太郎　蓮の宇宙』を通して、ぜひ多くの読者に知ってもらえれば幸いである。

# 松山俊太郎　年譜

丹羽蒼一郎

松山俊太郎の祖父、松山吟松庵《ぎんしょうあん》の年譜なるものが手元にあり、それに基づいて時代を遡る。
それは〈茶道月刊誌〉「武者の小路」という雑誌で、第四・五号合巻（昭和一八年四月二〇日発行）松山吟松庵追悼号となっている中にあった。これによると吟松庵は、「明治三年一月十二日、金沢市に生まる。父喜《き》太郎《たろう》、青柯《せいか》と号す。美術骨董茶器商を営む。母艶子《つやこ》。〈吟松庵〉の庵号は父喜太郎より受け継ぐ」。
また、同書には俊太郎の父である松山亥三雄《いさお》による「父を語る」という一文があり、そこから引用する。

松山家は数代前から加州金沢の骨董商でありまして、現に父の父は金沢市骨董商組合の稲荷組の頭取を勤めた事があり、明治二十三年上京後は麻生内山田の井上公爵のお蔵番となって居りました。東大文科の専科を出て教師をしていた父が、骨董に趣味と鑑識力とを持つやうになったのは当然と云はねばなりません。

他に、「心友中の心友」と吟松庵を呼ぶ夜雨庵なる人の一文から。

座談の雄で、古を説き、先聖を語り、風流を話して盡くる所を知らない。（中略）赤裸にして衆人の前へ放り出されて堂々としていられるのが吟松庵の姿だと思はれる。少しも虚飾がなく、造作がなく、赤心を以て人に接するといふことは、其の例を求め難いが、吟松庵こそは真に其人であった。（中略）吟松庵に亡父追悼の百首吟があり、遠州公小伝があり、茶道四祖伝書注解があり、津田宗及茶湯日記他会記注解があり、（…）

とある。

昭和一〇年頃（俊太郎五、六歳頃）だろうか、吟松庵が夜雨庵氏に宛てた手紙に、当時の松山家の様子がうかがえるので引く。

先日出京の節、巴町にて琴形古硯を見てほしくてならず、五十圓と申候を持帰り候得共、隠居後は一切よき物持たず、光悦、光廣の簡素生活甘んずべしと兼て心に期し居候得共、つひ文具のよき物見ればほれ込み、年来の心期に背き候事浅ましと思直し其趣をつけて硯送り返候處、六郎（骨董商吟松庵主人、長女婿）は他人、女房は我子さすがに老心が憐みて堪へずや候ひけん、小山町（長男亥三雄医博）へ一走し、実は云々、いかにも此硯父に買取て参らせんと思へど、夫婦間にての取引も快からず、姉さん（小山町の嫁）買はれたる分にして買取りくれずや、代は私より出しますからといふ。嫁之を聞きていと安きことなり、我等買ひて参らせん、否それにては我心済まずと押問答果てしなきを傍に聴居たりし倅曰く、両人の孝心甚だよし、さまでに父を思ふならば、面々志す五十金を合わせて父の小遣に贈呈すべし、其硯は我買ひて参らせんといふを傍に聴き居たる孫俊太郎、皆でおぢいさまに孝行を成さるるなら、我も貯金を下して豫て欲しと噂し給へる榛原の紙（去年恒子［吟匠庵の長女］様の御婚儀に祝歌を認めし紙）買うて参らせんといふ、いみじくも思ひ付きたり、明日共に榛原に行きて買い来らんと爰に衆議一決し、右硯に百圓と榛原の色紙添へて送り来たり候は何ぼう思ひもかけぬ仕合に候ものかな、右金子は他日孫共の為に有効に使用せんと存候。何分にも硯我子贈物と成りしが心よく候てくだくだと御物語草に申上候。（後略）

享年七三歳。「茶人としての透徹した文献学者は翁を措いて指を屈することを躊躇せざるを得ない」「房州保田町吉浜の残月荘は茶道文献学究の総本山の観があった」と追悼号の献頭文にある。

以下、松山俊太郎が生前筆者に語った思い出を記しながら、その人生を年代順に追っていく。

**一九三〇年（昭和五年）**

八月二七日、父・亥三雄が病院長、母・みどりが副病院長をつとめる松山産婦人科小児科病院（東京都港区芝三田綱町）にて、松山俊太郎誕生。亥三雄は東大医学部卒の医学博士で、みどりは東京女子医専および金沢医大産婦人科臨床研究。夫妻による共著に、『避妊と妊娠中絶の実際知識』（京北書房、昭和二四年七月）がある。

松山産婦人科小児科病院は病院長が産婦人科、副病院長が小児科を担当していた。他に看護師一名、見習い看護師、複数のお手伝いさんが居たという。

祖父の手紙からも察せられるように、家族のみならず、病院に勤める者や出入りする患者たちからさえも大事に可愛がられて、慈しみと愛情の集中的な光輝に包まれての幼年期であったことと思われる。

幼い俊太郎にとっての「最初の友だちがオッパイ」だそうだ。

母親の胸に抱かれながら、「母さんはそう言うけど、ちがいますよねえー」とオッパイに話しかけていたという。以降オッパイは終生の友となった。

庭にはケヤキの古樹があり、中程にウロがあってそこにフクロウが棲みついていた。

後の頑丈な体躯からは想像し難いのだが、意外にも幼少時代は熱を出して寝込むことが多かったと聞く。そんなときには枕元に好きな動物の縫いぐるみを集めて身を囲む。クマ、フクロウ、イヌ、その他の大事なモノ。身近に囲んだそれらのものが「私にとっての最初のマンダラだ」と筆者は聞いた。そうして、特別に親密な者への呼び名は動物化した。母親はクマと呼び、後に結婚して伴侶となる奥様をキツネと呼んだ。自分についてはイヌであった。

幼少期は、「アメノテンノウと名のって病院内を駆け巡っていた」。どうしてその名前なのか訊くと「世の中でいちばん偉いのは誰かと看護婦にきいたら天皇様との返事があったのだが、もうすでに二番目になってしまうので、アメノとつければなんでも偉くなると思って」と回想しながら得意気に話していた。

一九三六年(昭和一一年)六歳

港区「赤羽小学校」に進む。遊び場は専ら愛宕山《あたごやま》であった。また、この年に二・二六事件があり、事件当日は「雪が降り積もっていたのをよく覚えている」と言っていた。

学校では、教師の言うことに反応が鈍くて「よく殴られた」そうだ。おっとりした性格の松山少年は、ヒトの話や行動の速度に合わせる理由も方法も見いだせなくて呆然としていたのだろう、気の短い教師がそれに腹を立ててヒステリックに殴ったのだろうか。

一九三〇年代は二九年に始まる世界大恐慌の中で、第二次世界大戦へとつながる世界情勢によって日本も不穏で不安定な世相を反映していた。まれに見る激動の時代であった。

幼年期から少年期へかけての多感な時期をこの時代に過ごした者は、誰ひとり例外なく既存の価値観の破滅を体験せずにおかないだろう。自己の拠って立つ世界観を形成するにあたり、悲劇的色調なしに済ますことは不可能だろう。

だが、俊太郎少年は健気に生き抜いたようだった。軍歌の歌唱について松山の一文がある。

戦前にもの心のついた者にとって、小学唱歌と軍歌を数十曲も歌ったり聴いたりすることは、共有の歴史と私的な追想を激しく喚起せずにはおかないものとなる。（…）かなりが綺麗事である軍歌の内容をいちばん真に受けたのは、明治は知らず、昭和では、三年から六年までのわずかな年代に属するものであり、その肯定的な印象をのちのちまで保持し得た者はさらに少数である。（…）軍歌や小学唱歌が鼓吹した〈強さ、やさしさ、いさぎよさ〉を、敗戦により日本人により心から失われたものとして、愛惜する気持ちが強かった。（…）〈日本人に生まれ、昭和に生まれ、自分に生まれた〉ことに誇りをいだく、〈昭和の子供〉の魂を堅持していた。

右は「澁澤さんと軍歌」と題された一文からの抜粋であるが、ほぼ俊太郎少年の内面傾向を説明するものとしても通用すると筆者は考える。

**一九四三年（昭和一八年）一三歳**

旧制中学「東京府立第四中学校」（現在の東京都立戸山高等学校）に入学。同窓で終生親交のあった加藤祐作氏が松山俊太郎一周忌のスピーチで語られていた。「ここにいる誰も、あの学校に入ることができない。（厳しい教育に耐えることができないだろう）」それほどに、軍国主義的規律によって厳しく統制、抑圧されていたということだろう。

一九四四(昭和一九年)一四歳

長野県に疎開。疎開先でのこと。腕白で乱暴でもあったのであろう。——あるとき、棒きれその他を携えた地元の年長のもの数人に呼び出された。松山は、急遽家に走り日本刀を持ってきて対峙した。そして言った。「やろうじゃないか、ただしひとりは必ず殺す。」刀を構えると、敵はじりじりと退散した。

この頃、自転車で東京から長野の疎開先まで行ったり、コメの調達に富山に行ったりしたそうだ。途中、山梨の池で泳いでいるときに飛行機の機銃掃射に遭ったり、賭場に出入りして家が買えるほどの金を巻き上げられたりした、という。

一九四五年(昭和二〇年)一五歳

終戦により復学すると「高圧的だった教師たちが、へらへらと腑抜けたようになっていた。」

筆者は詳しく聞いたことはないが、小学生の頃より探偵小説や冒険小説、少年向けのものから大人向けのものまで相当に多読していたようだ。府立四中時代には『千夜一夜物語』バートン版を原書で読んでいたという。腑抜けた学校の中で生来の腕白が息を吹き返し、「アバター教」なる新興宗教を興しみずから〈パク一世〉と名のり教主におさまった。その布教活動が「アバタ〜」と奇声を発しつつ相手の肩や首に噛み付く、というもの。これが学内に広まり、生徒会長に立候補すると対立候補が噛み付かれる恐れから辞退するので無投票当選した。

一九四六年(昭和二一年)一六歳

二月二日。進駐軍に向けて風船爆弾を作り飛ばそうと考えて、部屋で手製の手榴弾分解をしていたところ暴発し、左は手首から先、右手は親指を失い、人差し指、中指が変形する。

「母親が飛んできて平手打ちをした。」

「後日、天井に張り付いていた肉片は飼っていたイヌに食わせた。」

府立四中時代、教師のひとりに寮佐吉《りょうさきち》がいた。戦前にアーサー・エディントン（天文学者）やマックス・プランク（物理学者）の紹介翻訳をしていた。八〇年代後半、下北沢の酒場で偶然、孫で作家の寮美千子氏と会った松山は寮佐吉の孫だと聞き、「寮先生」と懐かしそうに話していたので、他の高圧的な教師たちとは振る舞いがちがったのだな、と察せられた。

**一九四八年(昭和二三年)一八歳**

同人誌「LA LITTERATURE」に四〇〇〇字程の短編小説「粗描」発表。

**一九五〇年(昭和二五年)二〇歳**

慶應大学を受験するも不合格。なぜ慶應にしたのか尋ねると、「当時は折口信夫の直接的な弟子が慶應にいたからだ」と言った。受験の面談には文学部長、西脇順三郎氏があたった。松山に尋ねると、一時間ばかり話したという。

その上で、「きみは慶應でなく東大に行ったほうが良い」と西脇先生に言われた、とのこと。

どのようなことが話されたのか聞いていないが、この面談は西脇教授にとっても特別な時間であったのであろう。そうでなければ、後に歩道橋の上でたかが一受験生にすぎない松山とすれ違ったことを詩作しないだろう。それは「橋の上でスンシャンに会う」から始まる西脇順三郎の「橋上にて」という作品。「スンシャン」は「松山」の中国語読み。

一九五一年(昭和二六年)二二歳

東京大学教養学部文科二類に入学。同級生に阿部良雄、石堂淑朗《いしどうとしろう》、種村季弘、吉田喜重《よししげ》など。

一九五三年(昭和二八年)二三歳

インド哲学梵文学科（梵文専攻）に進学。チベット語は、滞蔵経験があり、『西蔵』の著書がある青木文教《ぶんきょう》教授。

サンスクリット語はヴェーダ学の世界的権威辻直四郎《なおしろう》博士。松山本人が作成した自筆年譜（一九五〇年代以降に、勤め先に提出するために作成されたものと推測される。以下「自」とする）によると、「この科を選んだ最大理由はバカがいなくて（つまりクラスメートがいなくて）最低の成績で進学できると思ったためである」。後年、松山に辻先生について聞いたことがある。「辻先生の仕事は、学問がすなわち芸術であるような学問である。」筆者が思うに、そのような学問の在り方は松山においても受け継がれている。

一九五五年(昭和三〇年)二五歳

澁澤龍彦と出逢う。「晩春、紀伊國屋書店洋書注文カウンターで偶然同時にサドを注文していて名のり合った。」と澁澤氏が記している。

松山俊太郎にとって、この邂逅はその後の人生にとって大きな変化をもたらしたものと筆者も考える。それは、とりわけ人間関係においてのことで、松山本人が望むと望まざらずとにかかわらず、澁澤龍彦をめぐって集う人々——作家、俳人、画家、舞踏家、演劇人等が銀河星雲をなすかのように煌めいて、時代の中でひときわ異彩をはなっていたのだが、いやでもその中心点の近くに立つことになったからだ。

銀河星雲中の輝ける星である四谷シモンさんが往時を回想して言った。

「あなたね、周りを見ると天才ばっかりだったのよ。」

また松山俊太郎曰く、「私は一度も澁澤さんを友だちだと思ったことはない」。では何だったのか、という問いに「先輩だ」。二歳年長の澁澤さんを敬っておられた、と筆者は思った。

だが、そうは言っても夜を徹して酒を酌み交わし、軍歌放吟すること互の記憶力比べと化し、軍歌が尽きると三七四番まであるという鉄道唱歌を歌ったそうだし、〈どちらが馬鹿か〉について互いに「自分のほうが」と理由を並べて言い張りつつ徹夜したりと、余人には割って入れない交流があったのだった。

**一九五七年（昭和三二年）二七歳**

学士論文「バルトリハリ作、シュリンガーラ・シャタカ〈恋愛百頌〉について」を提出。東京大学人文科学研究所印度哲学科へ進学。

**一九六〇年（昭和三五年）三〇歳**

同科修士課程修了。修士論文「古代インドの回帰的終末観」を提出。

「印哲専攻は大学院には梵文専攻なきため余儀なくはいったのである」（「自」）。大学入学以後の八～九年間は酒と空手と古本漁り以外は何もしなかった。

一九五〇年頃より「時間」に、一九六〇年頃より「蓮」に興味を持ち、資料を蒐集する。

自宅にて研究継続の傍ら、外国人に日本語、日本文化を個人教授。

**一九六四年（昭和三九年）三四歳**

在日クウェート大使館の文化アタッシェ（専門分野を担当する外交官）に、英語をアラビア語で個人教授。

七月、岡山県の最上稲荷《さいじょういなり》仏教学研究所研究員に就任。六六年一二月に同所を辞任するまで同職。この研究所への就任については、東大赤門前の仏教専門書店および版元である「山喜房《さんきぼう》仏書林」の当時の店主による推奨があったそうだ。

和漢洋の文学に通じ宗教を外側からのみ考える松山が、本格的に仏教経典および漢籍の徹底的な読み込みに取り組むことになったのは、この地における二年五か月の滞在によるところが大きかったのではないかと筆者は考えている。

筆者は晩年、松山の蔵書のうち、漢籍だけを運び出したことがある。引越し業者の三トントラック三台に満載して、山梨県の身延山《みのぶさん》大学に運んだ。凡そ六千冊、そしてそのすべての書物には付箋と色鉛筆による線引きがなされていた——「蓮」および「蓮に関連する事柄」に。

**一九七〇年(昭和四五年)四〇歳**

一〇月、前年に現代思潮社が創設した美学校の講師に就任(インド文化史、美術史)。同所での公開講義は二〇一二年九月まで続けられた。

**一九七六年(昭和五一年)四六歳**

『小栗虫太郎傑作選』(全五巻、社会思想社)の編集、校訂、注釈、解題および解説の一部を担当。

一〇月、東京大学教養学部非常勤講師就任(七七年三月まで)。

文子《ふみこ》と結婚。以後奥方を「キツネ」と称し、互いに「ワン坊」、「コンコン」と呼びかけ合って睦まじいことこの上なかった。

**一九七七年(昭和五二年)四七歳**

国学院大学非常勤講師就任（英語）。

**一九八三年(昭和五八年)五三歳**

多摩美術大学非常勤講師就任（英語、インド芸術史）。

松山は、英語の授業のはじめに「試験用紙に名前を書いて提出すれば、単位はやる。授業には出なくとも良い」と言っていた。だから、授業をまともに受けているのはつねに三、四人だったそうだ。松山の考えによれば「英語なんて自分でやるものであって、大学で教わることではない」。授業中も英語以外の話を専らにしていたという。この多摩美での授業を受けたものに人形作家の宮崎美枝、建築設計士の銘《め》苅《かる》靖《やすし》がいる。

**一九八七年(昭和六二年)五七歳**

女子美術大学非常勤講師就任（英語）。

**一九九三年(平成五年)六三歳**

妻・文子、死去。

東洋大学文学部非常勤講師就任。

『澁澤龍彦全集』(全二二巻・別巻二)、次いで、『澁澤龍彦翻訳全集』(全一五巻・別巻一、いずれも河出書房新社）に編集委員として参画。

**一九九九年(平成一一年)六九歳**

「蓮文化研究会」初代理事長就任。

二〇〇〇年（平成一二年）七〇歳

東京都新宿区の常円寺《じょうえんじ》にて公開講義「法華経講義」を始める。以降、二〇〇九年の入院のひと月前まで続けられた。

二〇〇九年（平成二一年）七九歳

心臓に血栓が貯まり、右胸にペースメーカーを装着する手術。一か月の入院。

二〇一二年（平成二四年）八二歳

一〇月三一日、大腸癌のため入院。

二〇一四年（平成二六年）八三歳

五月一一日、三軒茶屋第二病院にて永眠。八三歳と九か月であった。

発病、入院という経過の中で「人には知らせるな」、「時間が経てば人の口から口へと伝わっていくものだ、それでいい。」と松山は言った。

それゆえに友人知人の方々は、新聞の訃報記事によって初めて死亡の事実に接して驚かれた方が多かった。

それでも葬儀、告別式に一四六名の方々に参列いただいた。

葬儀当日配布した資料から転載する。

皆様、本日は松山俊太郎葬儀にご参列いただき誠にありがとうございます。先生は入院している状況を人に知らせてはならない、との強い意志をしめされていたので、訃報に接せられて驚き、また存命中に会いたかったと憤りをさえ覚えておられる方もいらっしゃることと存じます。病状の経過をお伝えすることで皆様のご理解を少しでも得られるならばと思い、ご報告することに致しました。

＊

東京医療センター入院。入院に先立つ八日間、先生は食事も摂らず腹部の痛みと膨満感に耐えていました。三〇日に限界を感じて上記の病院に検査のために出向きました。翌三一日入院、大腸に癌が三箇所見られ、うち一つが肥大して塞いでおり、ステントを取り付ける手術を行う。

＊一一月一日

ステント装着の効果得られず、大腸の一部が破れて危険な状態。医師は大腸切除、腹部内洗浄の判断、同時に人工肛門造設手術。術後の説明で「今日、明日がヤマです。呼べる人を呼んでください。」と医師は言った。

＊一一月五日

意識は間歇的に戻りつつあった。

＊一一月七日

集中治療室から一般病棟に移る。

＊一一月八日

左膝上に血栓が溜まっている。しかし極度に体力が低下しているために処置ができない。

足先から壊死がはじまっていた。
＊一二月五日
七時間半の手術で左脚付け根から切断。
＊一二月一五日
この頃より全身に痒みがひろがり、以後痒みの収まることはなかった。
＊二〇一三年一月二三日
胃瘻《いろう》造設手術を行う。この日までは点滴による栄養補給と薬物摂取。
＊六月二四日
三軒茶屋第二病院に転院。転院に先立っての医師の話。

「次の病院では治療設備がない。どこかに血栓ができて急に心不全、脳梗塞が起きたとしても治療ができない、そしてそうなる可能性は大いにある。」「肝臓に癌が三つあります。まだ一ミリにも満たない大きさであって、これが大きくなる速度よりも血栓のほうが心配。」

さらに医師は言った。

「高齢であること、あれほどの手術をしてきたことを考えると生きておられることが奇跡のように思われる。残酷なようだが、もう治療に対する体力はないと思われます。それゆえに他の病院を考えるよりもここで安静に過ごされることが良いと思います。」
＊一一月
腫瘍マーカーの数値が上がる。
＊二〇一四年二月

この頃、先生はもっとも元気になっていた。車椅子で外に散歩に出かけることもあり、ベッド上の机で『法華経』の翻訳に取り組み原稿を書き、「夢の中で毎晩飲み歩いている。」と言った。しかし、水面下では腫瘍マーカーの数値は跳ね上がり、癌細胞が増大していた。

＊三月一〇日

CTスキャンで検査。

＊四月上旬

検査結果、肝臓に八〜九割の癌、腎臓にも転移していた。

＊四月三〇日

日毎に急速な衰弱がみられ、「余命、あと一週間。」と告げられる。

肝臓が肥大し腎臓も悪くなり、他の臓器からも酵素が出ていた。

＊五月一一日

午前六時一一分永眠。書いてしまうとこれだけのことですが一年五か月もの間、先生はその驚異的で強靭な意思と気力で生命の危機を何度も乗り越え、仕事に就こうとされていました。

意識が戻り、手が少しでも動かせるようになると、字を書く練習を始めて何とか原稿を書こうとされていました。

週に二度のリハビリで車椅子に乗る以外はベッドに仰臥し、不自由さの中でおそらく痛みに苦しむときもあっただろうと察せられます。しかし不平不満を漏らすことなく、ときには快活に冗談さえ口にされていました。

意識ある限り、あの人並み外れた明晰さと記憶力が失われることはありませんでした。

こうして、病床にあってさえ何事かを教わっていたように、わたしは思うのです。

先生、ありがとうございました。

丹羽蒼一郎

代々幡《よよはた》斎場にて、二〇一四年五月二八日にお通夜、二九日に告別式。喪主は三輪薫（松山のいとこの娘にあたる）、葬儀委員長は丹羽蒼一郎、弔辞は小川雅魚《まさな》、安藤礼二、巖谷國士《いわやくにお》による。松山と長年交流のあった「福神研究会」の坊様方八名による、『法華経』から「序品《じょほん》」「方便品《ほうべんほん》」の読誦《どくしょう》は厳粛にして荘重、その唱和において華麗ですらあった。坊様方はみな松山の「法華経講義」の受講生の方々である。

＊

先生にお会いした夜、そして三十余年が過ぎて。

松山俊太郎の名を初めて私が眼にしたのはいつのことだろう。六八年に出版された雑誌「血と薔薇」だったか、『澁澤龍彥集成』を本棚に並べていた澁澤ファンの友人宅でだろうか、暗黒舞踏を観て歩いていたとき会場で手にした新聞「激しい季節」によってだろうか、それとも七〇年代前半よく読んでいた「美術手帖」や「ユリイカ」「映画芸術」等の中でその名を眼にしたのだろうか。四〇年以上も前のことなので定かではない。澁澤龍彥、種村季弘、両氏が描くところの松山像は何かただならない者、特別な者として書かれており、地方の一読者の私には東京の文化の渦中にはそんな人がいるんだと、ぼんやり憧れていたにすぎない。

また当時、松山俊太郎の書いたもの、たとえば「血と薔薇」第二号に掲載されている「蓮から「さかしまに」（本編第一章に収録）を読んでいたとしても、私にはインド神話を基にしたこの、エロティックな一篇の詩を面白いと受け入れる知識も教養もなかった。ただ、評釈の構えの大きさと悠々たる語り口に漠然と会いたい人だと思ったのである。もし、仮に当時何かの機会で会えることがあったとしてもまともに相手してもらえなかっただろう、無教養のせいでなく私はひねくれていたし、ひたすらに内向して自分の殻に閉じこもっていたのだから。内向して縮こまった自分を抱えて放浪を続け、十年を要したのだ、松山俊太郎に巡り合うためには。

一九八一年秋、下北沢に「あしゅん」というインド音楽の流れる店があり、その上階のスペースにて「松山俊太郎公開講義〈観ることと知ること〉」というのが行われた。

私は時々出入りしていた「あしゅん」でその案内チラシを見て、松山俊太郎に会えると思い興奮を覚えながら公開講義に出かけていった。

講義内容は三島由紀夫の『豊饒の海』について、だった。輪廻転生の物語である作品と、作家三島その人の生と死が、ひとつながりのものとして話されていたのである。

最前列で初めて見る松山俊太郎は浴衣姿で素足に雪駄、歯切れの良くて快活な言葉、二十人以上の聴講生を見渡しながらひとりひとりに語りかけるように真っ直ぐ眼を合わせてきた。

「物語の終わりが、作家の死へと続く稀有な作品である。」と話されたことが耳に残る。

講義後に「あしゅん」で飲み、閉店後にいまはなき「せつこバー」に行った。歩きながら先生は「ウオーン」と遠吠えしたり「バウ、ワン」と吠えていた。それは秋風と夜の街に似合っていたので私たちも真似て一斉に遠吠えをした。「せつこバー」のカウンターで酒を掲げて「天才的な夜だ！」と先生は言った。

「あしゅん」に出入りしていた人々の中にケルサン・タウワーというチベット人がいて先生と一緒に私はチベ

ット語を習うことになった。

先生は大学時代に青木文教にチベット語を習っているので当然基礎的なことは済ましているはずなのに、私と一緒に初歩から手ほどきを受けていた。勉強会はとても楽しいものであったが、先生は同時に勉強の仕方を私に教えてくれていたのだとも思う。また、並行して週に一度の美学校公開講義にも通うようになり、月に八日は顔を合わせていた。一年程で家主の事情等でチベット語の勉強会は途絶えてしまい、私はひとりでチベット語の勉強を続けた。当時入手できる限りの文法書を手書きで丸ごと書き写す、というのが私の方法だった。そして五冊目か六冊目、山口瑞鳳《ずいほう》のチベット文典を写していると、「この用法はサンスクリット語に於けるアオリストの用法に等しい」というのがあって行き詰まった。アオリストが解らない。

そこで先生に言った。「私に梵語を教えてください。」こうして先生宅での個人授業が始まった。出会ってから四年が経過していた。教科書は榊亮三郎『新修　梵語学』、友人も誘って二人で先生宅に通ったのだが友人は三回通って来なくなった。ひとりでその後も通ったのだが厳しい授業だった。授業が終わると打って変わってやさしく朗らかな表情に戻り焼酎を飲んだ。やがて美学校に来る受講生の中でも梵語を習いたいとの話が持ち上がり勉強会を私の部屋で行うことになった。三十代の女性二人と私、映画音楽で高名な眞鍋理一郎さんも法華経についての交響曲を作曲するために梵語を習いたいということでメンバーに加わった。

女性のひとりは一年と少しで来なくなり、毎週末の会は先生含めて四人で九〇年頃まで続いた。

美学校の講義は毎週火曜日、講義が済むと近くの居酒屋「駒忠」で先生を囲んで飲み、閉店時間に追われるとまた近くの店に流れた。三時頃まで飲んでいた。

梵語の会では六畳一間の私の部屋で勉強に区切りがつくと、『ラーマーヤナ』の詩節を引用したテクスト、ノート、辞書、動詞の変化表等を片付けて、買い置きの焼酎やお惣菜を並べて宴が始まる。

先生より六歳上の眞鍋さんを我々は〈楽匠〉という意味の〈マエストロ〉と呼び、マエストロは先生を〈師匠〉と、私を〈塾頭〉と呼んだ。もうひとりの残った女性は〈チババビー〉と呼ばれていた。

　マエストロは教養も深く、イタリア語、ロシア語、英語に堪能で先生も話し相手として楽しんでおられたのだが、私などはおふた方のやりとりをただ拝聴して焼酎のグラスに氷を足すばかり。たとえば、東洋学、比較言語学者のフリードリヒ・マックス・ミュラーに話が及ぶと、マエストロはその父ヴィルヘルム・ミュラーの詩の美しさに触れ、シューベルトが曲をつけた「冬の旅」を歌い、先生は「一八世紀迄にヨーロッパの学問は、ラテン語、ギリシャ語について調べることがあるところまで達してしまったのだ。そこで一九世紀に優秀な学者がサンスクリット研究にどっと流れ込むことになったが、マックス・ミュラーはその中のひとりである。」と言った。

　宴も酣《たけなわ》の頃には必ず先生の歌が始まる、浴衣をはだけてみずからの胸をバシバシ叩きながら昭和の軍歌、ナチの軍歌ときて、それに昭和歌謡が混じる。「先生の歌はすべて二拍子ですね」と私が冷やかすと少しムキになって「芸者ワルツ」を歌いだす、といった具合。我が木造アパートは揺れていたことと思う。それでも不思議と苦情が来たことが一度もない、上がり口に無造作に脱ぎ捨てられた雪駄の威力だろうか。

　勉強会は九一年迄続き、その後途絶えたが、月に一度になっていた美学校の講義には通っていた。

　この頃から先生の奥様であるキツネさんの体調が思わしくなくなっていた。通院、短期入院を繰り返しておられた。それで私は先生宅の台所の洗い物、部屋の掃除、洗濯をしに週に二度通うようになった。

　作業が終わると台所で向かい合って麦焼酎を飲んだ。ここでも私は先生の深い知識や思索に基づく独自の見識に夥《おびただ》しく触れた。触れたはずだが何ひとつ手元に残っていない。何かの話を覚えておくためには、人はその話の外側からの形を見なければならないだろう。だが先生の話は中に入って内容に寄り添い自分なりの思考をすることが求められるので、考えながらの応答になる。すると、体験として先生との対話の味わいや機知に富んだ印象的な語句ばかりが残って、本筋の話は二、三日もすると忘れてしまっているのだ。私はバカなのであろう。私が覚えておかないものだから、先生は安心して語っていた風がある。その一方で、私が理解していようとなかろうと話しておこうとする事柄もあった。それは仕事に関することだった。「某出版社から執筆依頼が来た。」と言い、依頼内容を私に話して「どう思う?」と尋ねたりした。もちろん私ごときが口出しすべきことではない、と私は理解していたし、また意見が反映されたこともない。しかし、仕事に関してつねにこうしたことをしている、あれをやっておきたい、こんな考えを持っている、などとまるで報告義務でもあるかのように私は聞かされていた。

深夜の台所での、グラス片手の四方山話拝聴は特別な時間であった。

ある夕方、帰りかけて庭に立つ私を、一時的に退院されて床に臥しておられたキツネさんが壁にもたれて立ち上がり呼び止めた。寝間着姿のキツネさんが言った。

「蒼一郎さん、松山をよろしくお願いします。」

私は返す言葉もなく地面をみつめていた。返事のしようがない、俯いたまま頭を少し下げて帰ってきた。キツネさんとはその日が最期になった。九三年のこと。

三浦功大《こうだい》さんという人が居た。三浦さんはジャズが好きな写真家で、来日したミュージシャンの写真集も出していた。

ある頃から〈蓮〉に惹かれ、全国の蓮の愛好家、蓮の栽培者を訪ね、蓮に関わる文献を調べ蒐集した。そして『蓮の文華史』(かど創房、一九九四年)という書物を著した。

文献を調べる過程で松山俊太郎の名に出会った三浦さんは先生を訪ねてきた。自分の他に蓮を調べている人が居ることに、しかもはるかに広範に徹底的であることに三浦さんは驚嘆した。

かくて三浦さんは全国の蓮愛好者に呼びかけて「蓮文化研究会」なるものを結成し初代会長に松山俊太郎を

戴いた。九七年、私も入会し会合に出かけ、蓮栽培を学んだ。

三浦さんは会の有志を募り中国の旅を企てて、先生も誘って出かけていった。先生初めての中国旅行。

九九年、私は遅まきながら結婚した。パーティーで先生は親代わり的な立場で挨拶をしてくれたのだが、内容はというと、私の性格の弱いところ、人間的にダメなところを羅列して妻の親族や私の友人たちに披瀝するのであった。祝いの言葉どころか、その間ニコリともせず五〇歳になるまで独り身で気楽気侭に生きて来た私の罪と過ちを糾弾するかのごとく徹底的なもので、それで結婚するというのか、まともに生活をする覚悟を問うていたのだと私は思う。耳に痛いスピーチだった。

結婚して子供が生まれると美学校へ通わなくなり、先生のお宅にうかがうのも週に一度となった。

二〇〇三年、東洋大学での教え子有志たちが先生に個人的に梵語を習い始めた。二年を過ぎた頃、女性三人の生徒から成るその会に私を誘ってくださった。月に一度の勉強会でも授業のあとは近くの居酒屋で飲むことがお定まりになっていた。この勉強会での先生はとても楽しそうであった。私が習い始めの頃から較べれば随分柔らかくなっていた。

週に一度の先生のお宅の片付け、月に一度の梵語の会というこの距離感は、先生が病で入院するまで続いた。先生との三十余年を大まかに振り返ればこのようなものだ。しかしこれでは交流の内実の一割にも満たない。先生のイヌ柄と呼ぶべきか、お人柄についても触れなければならない。

初めて会った頃、以前に比して相当丸くなっていたと思われるのだがそれでも、体内には高圧電流が奔り、立ち姿には内部でエネルギーの激突が起こっているかの如き破壊神の風情があった。発する言葉にも雷霆《いかずち》を投げつけるような苛烈さと気迫があって私は正直怖かった。少年期に戦争を体験したものとして、人間の愚かさに対して深い絶望と怒りがあったと思う。先生の内側で永い時間をかけた感情の爆発と自己抑制との葛藤があったに違いない、そして自己抑制がつねに勝利していた。じっさいには人に対してやさしく気遣いに満ちた振る舞いで泰然自若とされていた。加えて人を愉快に楽しませるユーモアがあり、「蓮文化研究会」理事長就任時の挨拶では、やや事務的に始まった会の重苦しい空気が、一変して和やかになり和気藹々となって晴朗なる会の船出となったものだった。

さらに大きな特徴として公言してはばかることなき幼児性がある。オッパイへの固着は有名であるがけっしてエロティックな妄執ではない、あの大きな体駆にもかかわらず乳幼児と化して女性に甘えるところを見た人は少なくない。これらの特徴が渾然一体となり、常識では量りえない途轍もない魅力となっているのだ。出会った人々は男女を問わず松山俊太郎という人物に魅了されるだろう、そしてされてきた。

葬儀において、安藤礼二、巖谷國士、小川雅魚氏の御三方に弔辞を述べていただいた際、小川氏が言った。「世の中には二種類の人間が居る、ひとつは松山俊太郎を知っている人間、もうひとつは松山俊太郎を知らない人間だ。」私もこの言葉に同意する、是非知っていただきたい。

【付記】

先生は「本を出すと損するから。」と言って、幾度か編集者から出版の依頼、要請、懇願を断ってこられた。「どうせ私の書いたものなど売れっこない。」と本を出すことに恬淡としておられた。したがって著書となると『インドを語る』、『インドのエロス』、『蓮と法華経』、『綺想礼讃』この四冊のみとなる。この度先生の年譜を作成するにあたって主要な著述を書き出したけれど、他にも重要な原稿、まとめられたファイルが存在する。たとえば、「大蔵経」に加えて「インド二大叙事詩」、その他のインド古典から〈蓮〉の語を牽きだしてファイル化したもの。こうしたものを踏まえて先生の全貌を描き出すことは容易ではない。その山容を見るに雲間に峰高く、すそ野の広大さは人をして安易に寄せ付けるものではない。

「松山俊太郎先生執筆目録」というものがインターネット上で公開されている。ここには先生の多岐にわたる関心と知識の豊饒と、もし〈目録〉から本文へと読み到るならば深い学殖に培われた独自の見識が見られるだろう。作成者は多摩美術大学で先生の薫陶を受け、さらに酒席にまでもついてきた銘苅靖。かれの積極的な姿勢が良かったのか、ある日先生は私に「かれのオジキ分になってやってくれ。」と言った。以来、十以上歳下だけれど私などより余程事務能力があり、几帳面でもあるので何かと頼りにしてきた。余談ではあるが、かれの結婚式に先生と私たち夫婦の三人が招かれて沖縄へ旅行したことは生涯の良き思い出である。

「執筆目録」はインターネットで検索していただきたい。完璧とまで言えないが九割以上は拾い上げてあると思う。この年譜を作成するにあたっても参照した。記して謝したい。*

＊本書収録の「松山俊太郎　執筆目録」は銘苅氏の協力のもと作成した。

# 松山俊太郎　執筆目録

・本目録は、「Mekaru Atelier」内「松山俊太郎先生執筆目録」(http://mekaru.com/matsuyama01.html)を参考に作成した。
・一部、資料の詳細が不明なものは該当部分の項目を空欄とした。
・＊は本書、★は『綺想礼讃』(国書刊行会、二〇一〇年)に収録。

| 西暦 | 年齢 | 和暦 | 発行月(日) | 種別 | 目録 | 掲載媒体／単行本 | 発行元 |
|---|---|---|---|---|---|---|---|
| 一九六〇 | 三〇歳 | 昭和三五 | 五月一〇日 | 翻訳 | バルトリハリ「処世百頌(抄)」「恋愛百頌(抄)」「離欲百頌(抄)」 | 『世界名詩集大成　一八』(東洋篇) | 平凡社 |
| 一九六二 | 三二歳 | 昭和三七 | 五月一日 | 寄稿 | 『悪の華』初版・再版 | 「本の手帖」五月号、特集・わが一本 | 昭森社 |
| 一九六八 | 三八歳 | 昭和四三 | 一一月一日 | 翻訳 | インド古詩<br>シュリンガーラ・ティラカ<br>——恋愛の額飾り＊ | 「血と薔薇」第一号 | 天声出版 |
| 一九六九 | 三九歳 | 昭和四四 | 一月一日 | 訳・解説 | 蓮から「さかしま」に＊ | 「血と薔薇」第二号 | 天声出版 |
| | | | 三月二〇日 | 寄稿 | 漢語の「愛」について<br>——インドにおける愛の思想・序説(一)＊ | 「血と薔薇」第三号 | 天声出版 |
| | | | 一二月一五日 | 訳・解説 | インド古詩抄　鄙の恋・都の恋＊ | 「都市」第一号 | 都市出版社 |
| 一九七〇 | 四〇歳 | 昭和四五 | 四月二五日 | 訳・解説 | 中世天竺　恋愛八十相＊ | 「都市」第二号 | 都市出版社 |
| | | | 五月一日 | 寄稿 | 奇態な犬神・澁澤龍彦★ | 『澁澤龍彦集成　三』<br>※『澁澤龍彦をめぐるエッセイ集成　一』(河出書房新社、一九九八年)に再録 | 桃源社 |
| | | | 六月一五日 | 書評 | 内在的自由を味到<br>——迷宮で発見するのはおのれの影——★ | 「日本読書新聞」<br>※『澁澤龍彦　回想と批評』(幻想文学出版局、一九九〇年)に再録 | 日本出版協会 |
| | | | 七月二六日 | 書評 | 中国精神史と対応<br>——日本で孵化した文様の淵源を求めて<br>——(渡辺素舟『東洋文様史』書評) | 「日本読書新聞」 | 日本出版協会 |
| | | | 八月一五日 | インタビュー | 三島さんの悲しい死 | 天野哲夫「土とまごころ」第七号 | 暁書房 |
| | | | 八月一六日 | 解説(単行本) | 『球体感覚御開帳』<br>(加藤郁乎『球体感覚』の解説) | | 冥草社 |
| | | | 一〇月二〇日 | 解説 | 『球体感覚』復活 | 「都市」第四号※『加藤郁乎詩集』(現代詩文庫四五、思潮社、一九七一年)に抜粋して再録 | 都市出版社 |

| | | | | | |
|---|---|---|---|---|---|
| 一九七一　四一歳　昭和四六 | 三月一日 | 対談 | 輪廻転生——死の思想の源流をさぐる（鈴木清順との対談。聞き手＝長部日出雄、佐藤重臣）＊ | 「映画評論」三月号 ※『加藤郁乎詩集』（現代詩文庫四五、思潮社、一九七一年）に抜粋して再録 | 新映画 |
| | 四月一〇日 | 対談 | 「一千一秒物語」から「弥勒」まで（巖谷國士との対談） | 「別冊新評　稲垣足穂の世界」 ※『多留保集別巻　タルホ事典』（潮出版社、一九七五年）に再録 | 新評社 |
| 一九七二　四二歳　昭和四七 | | 寄稿 | 松野一夫「黒死館殺人事件」の挿画を中心に | 「イラストレイション」第一号 | 講談社 |
| | 三月二五日 | 講演 | 輪廻と唯識——「豊穣の海」をめぐって | | |
| | 五月一日 | インタビュー | 「顔」五（細江英公の連載） | 「アサヒカメラ」五月号 | 朝日新聞社 |
| | 六月一日 | 寄稿 | インド古典詩と蓮 | 「草月」第八二号 | いけばな草月流 |
| | 六月二六日 | 書評 | 堂々めぐりの幻滅譚——歴史参加と原故郷回復に対する絶望——（唐十郎『少女と右翼』書評）★ | 「日本読書新聞」 | 日本出版協会 |
| | 一一月二八日 | 寄稿 | ハスと仏教 | 北村文雄ほか著『花蓮』 | 講談社 |
| 一九七三　四三歳　昭和四八 | 五月二〇日 | 座談会 | 共同討議・なぜボードレールか（出席者＝渋澤孝輔・出口裕弘・阿部良雄）＊ | 「ユリイカ」六月号、特集・ボードレール | 青土社 |
| | 七月一日 | 翻訳 | H・ツィンマー「永遠と時　インドの神話と象徴」 | 「現代思想」八月号 | 青土社 |
| | 一〇月八日 | 書評 | タナトスへの親近感——虚心な味読が極めて大きな成果を——（『日夏耿之介全集』書評）★ | 「日本読書新聞」 | 日本出版協会 |
| 一九七四　四四歳　昭和四九 | 八月一日 | 寄稿 | 愛蓮餘滴＊ | 「小原流挿花」八月号（第二八五号） | 財団法人小原流 |
| | 八月一日 | 対談 | 輪廻思想を巡って（稲垣足穂との対談）★ | 「第三文明」八月号 | 第三文明社 |
| | 九月一日 | 寄稿 | ああ怪人唐十郎★ | 「別冊新評」九月号、特集・唐十郎の世界 | 新評社 |
| | 一〇月一四日 | 対談 | タルホ文学の迷路（種村季弘との対談）★ | 「日本読書新聞」 | 日本出版協会 |

| | | | | | |
|---|---|---|---|---|---|
| 一九七五　四五歳　昭和五〇 | 一月 | 解説 | 単独者のポエジー、あるいは、わからなさの魅力★ | 唐十郎『唐版滝の白糸』 | 角川文庫 |
| | | 連載 | 法華経と蓮 | 「第三文明」一月号（一九七六年一〇月号まで連載） | 第三文明社 |
| | 二月一一日 | 対談 | 舞踏は禁欲を強いられている——舞踏の本源をめぐって——（種村季弘との対談） | 季刊「激しい季節」第二号 | 海王企画 |
| | 五月一日 | 書評 | モノスの試行錯誤（高橋睦郎『善の遍歴』書評） | 「現代詩手帖」五月号 | 思潮社 |
| | 七月一日 | 解説 | 東洋への回帰★ | 『多留保集　八　実存哲学の余白』 | 潮出版社 |
| | 九月 | 寄稿 | 「昭和の子供だ、僕たちは」 | 「ユリイカ」九月号 | 青土社 |
| | 一〇月二五日 | 対談 | 『ルクレツィア・ボルジア』をめぐって（中田耕治との対談） | 「青春と読書」第三八号 | 集英社 |
| | 一〇月三〇日 | 解説 | 弥勒から弥勒まで★ | 稲垣足穂『がんじす河のまさごよりあまたおはする仏たち』 | 第三文明社 |
| | 一一月一日 | 寄稿 | ヴィシュヌ神とアヴァターラ＊ | 「エピステーメー」一一月号、特集・ペルソナ | 朝日出版社 |
| | 一一月三日 | 書評 | 意識と宇宙の書——『死霊』考——小栗虫太郎『黒死館殺人事件』との対比のうえで『死霊』『虚空』『不合理うえに吾信ず』を読む★ | 「日本読書新聞」 | 日本出版協会 |
| | 一二月 | 寄稿 | 『ある夢想家の手帖から』刊行に寄せて | 沼正三『ある夢想家の手帖から一』月報 | 潮出版社 |
| | 一二月一日 | 翻訳 | R・パニカール「インドの伝統における時間と歴史」 | 「エピステーメー」一二月号、特集・時間 | 朝日出版社 |
| 一九七六　四六歳　昭和五一 | | 寄稿 | ザ・ヒンデンブルグ | 「映画芸術」七・八月号（第三一一号） | 映画芸術新社 |
| | 五月二〇日 | 寄稿 | インド古典芸術における「女主人公（ナーイカー）」の分類〈その一〉＊ | 「月下の一群」創刊号 | 海潮社 |
| | 五月三〇日 | 解題 | 「新伝奇小説」と「運命の書」——虫太郎論序説をかねて★ | 『青い鷺　小栗虫太郎傑作選三』（現代教養文庫） | 社会思想社 |
| | 六月一日 | 寄稿 | 古代インド人の宇宙像＊ | 「エピステーメー」六月号 | 朝日出版社 |
| | 七月一日 | 寄稿 | 古代インド人の宇宙像Ⅱ＊ | 「エピステーメー」七月号 | 朝日出版社 |

| | | | | | |
|---|---|---|---|---|---|
| | 七月二〇日 | 翻訳 | 聖なる娼婦、または宝石に覆われた女 | 『オスカー・ワイルド全集 第三巻 劇』 | 出帆社 |
| | 九月一日 | 対談 | 読みかけの一ページ ——「少年倶楽部」の余白への夢（寺山修司との対談）＊ | 「現代詩手帖」一〇月号 ※寺山修司『浪漫時代 寺山修司対談集』（九芸出版、一九七八年、のち河出文庫）等に再録 | 思潮社 |
| | 九月三〇日 | 解題 | 『白蟻 小栗虫太郎傑作選二』（現代教養文庫） | | 社会思想社 |
| | 一一月一日 | 寄稿 | 古代インド人の宇宙像Ⅲ＊ | 「エピステーメー」一一月号 | 朝日出版社 |
| | 一二月一日 | 寄稿 | インド古典芸術における「女主人公（ナーイカー）」の分類〈その二〉＊ | 「月下の一群」第二号 | 海潮社 |
| 一九七七 四七歳 昭和五二 | | 合宿テープ | 土方巽資料（慶応義塾大学所蔵） | | |
| | 三月一〇日 | | すぐれた水甕よ | 高橋睦郎編著『エロスの詩集』 | 潮出版社 |
| | 五月一日 | | ペッカリ体内の謎 | 「ユリイカ」六月号、特集・ジュール・ヴェルヌ | 青土社 |
| | 八月 | 寄稿 | 表紙解説 シュリー・ヤントラ | 「月刊百科」第一七九号 | 平凡社 |
| | 八月一日 | 寄稿 | 再観「謎の日本人」——土方巽★ | 「新劇」八月号 | 白水社 |
| | 九月一日 | 推薦文 | 羽搏くか劫を孕む原形の波は | 斎藤和雄展パンフレット | 永井画廊 |
| | 一一月 | 寄稿 | 「宮沢賢治と蓮」覚書★ | 「ユリイカ」一一月号 ※『新修版宮沢賢治全集・別巻』（筑摩書房、一九八〇年）にも収録 | 青土社 |
| | 一一月一八日 | 書評 | 騙し絵の中に飛翔する蝶を夢みる青年（藤原新也『チベット放浪』書評） | 「朝日ジャーナル」 | 朝日新聞社 |
| | 一二月一五日 | 解説、解題 | 『潜航艇「鷹の城」 小栗虫太郎傑作選四』（現代教養文庫）★ | | 社会思想社 |
| | 一二月一日 | 寄稿 | 文は人ならず、しかも、人なり★ | 「ユリイカ」一二月号、追悼・稲垣足穂 | 青土社 |
| 一九七八 四八歳 昭和五三 | 二月二五日 | 翻訳（単行本） | フィリップ・ローソン『タントラ インドのエクスタシー礼讃』（イメージの博物誌八） | ※二〇一二年に新版 | 平凡社 |

| | | | | | |
|---|---|---|---|---|---|
| | 三月二〇日 | 解説 | 『ハイカラ右京探偵暦　日影丈吉傑作選』（現代教養文庫）★ | | 社会思想社 |
| | 八月三〇日 | 解題 | 『紅毛傾城　小栗虫太郎傑作選五』（現代教養文庫）★ | | 社会思想社 |
| | 一〇月一〇日 | 寄稿 | 三千世界の宇宙体系 | 「SFと宇宙科学　デラックス99の謎」（自然科学第一〇巻） | サンポウジャーナル |
| | 一二月 | 書評 | 単独者の愛――高橋たか子〈人形愛〉（新書解体） | 「文學界」一二月号 | 文藝春秋 |
| 一九七九　四九歳　昭和五四 | | 寄稿 | かなえられた夢 | 国立モスクワ中央人形劇場のパンフレット | 中央放送エージェンシー |
| | 七月一〇日 | 寄稿 | 〈忍耐する者〉としての〈忍者〉★ | 「別冊新評・山田風太郎の世界」 | 新評社 |
| 一九八〇　五〇歳　昭和五五 | 三月一〇日 | 寄稿 | 伝説の美女と身香の神秘　古代中世インドの理想的女性像 | 「ｉｓ」第八号、特集・香り | ポーラ文化研究所 |
| | 七月一八日 | 書評 | インド古典と現代日本――ヴァールミーキ著、岩本裕『ラーマーヤナ』＊ | 「朝日ジャーナル」 | 朝日新聞社 |
| | 一〇月 | 連載 | 古代インド人のよそおい | 「化粧文化」第三号（一九九二年・第二七号まで連載） | ポーラ文化研究所 |
| | 一〇月一日 | | IN VINO VERITAS | ※二〇〇〇年七月に再録 | ヴィノテーク |
| | 一一月二〇日 | 月報 | 三島さんと唯識説★ | 『鑑賞日本現代文学　第二三巻　三島由紀夫』月報 | 角川書店 |
| 一九八一　五一歳　昭和五六 | 三月四日 | インタビュー | ボクのケンカは極意無用の120連勝だ | 「遊」三月号、特集・戦う | 工作舎 |
| | 五月一日 | 対談 | 〈原郷〉論　なぜインドか？（津田真一との対談） | 「伝統と現代」第七〇号、特集・インド憧憬 | 伝統と現代社 |
| | 七月九日 | 寄稿 | 心の水の物語（映画「陽炎座」覚書） | 「日本読書新聞」 | 日本出版協会 |
| | 一〇月 | 書評 | 開かれた法華の新法門――「つれづれ随想　わたしの説話抄」 | 「潮」第二六九号 | 潮出版社 |
| | 一〇月五日 | | 弱者日本人の偶像――丹下左膳と平手造酒 | 「アサヒグラフ」増刊 | 朝日新聞社 |
| | 一一月 | 翻訳 | インド文化の中心（亀井よし子との共訳） | 『タゴール著作集　第九巻　文学・芸術・教育論集』 | 第三文明社 |

| | | | | | |
|---|---|---|---|---|---|
| 一九八二　五二歳　昭和五七 | 四月一日 | 寄稿 | わが到りえぬ日蓮＊ | 「現代思想」四月号、特集・日蓮 | 青土社 |
| | 六月一日 | 寄稿 | インドの回帰的終末説＊ | 「ｉｓ」第一七号、特集・時間 | ポーラ文化研究所 |
| | 七月 | 対談 | 蓮華宇宙を語る（松岡正剛との対談）＊ | 「小原流挿花」七月号（第三八〇号） | 財団法人小原流 |
| | 八月一日 | 寄稿 | 華厳経の宇宙＊ | 「GRAPHICATION」通巻一九一号 | 富士ゼロックス |
| 一九八三　五三歳　昭和五八 | 三月二日 | 寄稿 | 一闡提（いつせんだい）のマンダラ＊ | 「アサヒグラフ」増刊、特集・弘法大師と密教美術 | 朝日新聞出版 |
| | 四月二九日 | 写真掲載 | さあ教祖サマが久々のお出ましだ　駿河台にビールを飲みにいこう（土方巽『病める舞姫』出版記念パーティー、顔写真掲載） | 「アサヒグラフ」 | 朝日新聞出版 |
| | 五月一五日 | | 弾力的な魔法陣 | 谷川晃一『スクラップBOOK——谷川晃一の世界』 | 発行：邯鄲アートサービス／発売：新泉社 |
| | 一〇月二五日 | 寄稿 | 愚直なる王者 | 『ボードレール全集一　悪の華』（阿部良雄訳）月報 | 筑摩書房 |
| | 一一月一九日 | 寄稿 | 月になった矢牧さん | 『脱毛の秋　矢牧一宏遺稿・追悼集』 | 社会評論社 |
| | 一二月一五日 | 解説 | 眩めく知的青春の悲歌——反転を重ねる現実の中での—— | 竹本健治『匣の中の失楽』 | 講談社文庫 |
| 一九八四　五四歳　昭和五九 | 二月一三日 | 寄稿 | 存在の崩落性への肉薄 | 『渡辺逸郎作品集』（一九八四年二月一三日（月）〜二五日（土）　お茶の水画廊） | 自費出版社 |
| | 五月一日 | 鼎談 | 自前の宇宙（種村季弘、池田龍雄との鼎談） | 『池田龍雄の宇宙　梵　非連続の連続』 | 迷宮の会 |
| | 一一月二日 | 執筆 | 〈愛〉の意味・〈愛〉の言語＊ | 『大百科事典　一』 | 平凡社 |
| | 一二月一日 | 寄稿 | 永遠のパックマン | 「BRUTUS」特集・秘宝の館（ブルータスの妄想コレクション） | マガジンハウス |
| 一九八五　五五歳　昭和六〇 | 一〇月二五日 | インタビュー | わが小栗虫太郎——松山俊太郎氏に聞く（聞き手・山口勝也） | 「彷書月刊」一一月号 | 弘隆社 |

| | | | | | |
|---|---|---|---|---|---|
| 一九八六　五六歳　昭和六一 | 四月二日 | 翻訳 | 「わが民族の哲学」「サティヤム」「宗教会議における講演」「宗教会議に送るメッセージ」（すべて冠幸子との共訳） | 『タゴール著作集　第七巻　哲学・思想論集』 | 第三文明社 |
| | | 解説 | タゴール、大インドの人格化＊ | | |
| 一九八七　五七歳　昭和六二 | 一二月一五日 | インタビュー | 弥勒変幻――タルホ作品のヴァリアントをめぐって★ | 「別冊幻想文学　第三巻　タルホ・スペシャル」 | 幻想文学出版局 |
| 一九八八　五八歳　昭和六三 | 三月一日 | 単行本 | 『インドを語る』（神田・美学校における講義録） | | 白順社 |
| | 四月 | 連載 | 東洋人の愛 | 「第三文明」四月号（一九九〇年一二月号まで連載） | 第三文明社 |
| | 一一月一日 | インタビュー | 澁澤さんのこと★ | 「別冊幻想文学　澁澤龍彦スペシャルⅠ」 | 幻想文学出版局 |
| | 一一月三日 | インタビュー | 丸ごと謎の人、天才的でなく天才であった | 「アスベスト館通信」第九号、土方巽追悼 | アスベスト館 |
| 一九八九　五九歳　平成元 | 五月一日 | | 釈尊の覚りと理性 | 「仏教」第七号 | 法蔵館 |
| | 七月二日 | インタビュー | 宗教の意味・思想の意味（聞き手・小阪修平） | 「ORGAN」第七号、特集・宗教の臨界点 | 現代書館 |
| | 八月二日 | 寄稿 | THE EHON　堀内誠一さんの思い出 | 「別冊淡々」創刊号 | 淡々会 |
| | 一〇月二五日 | インタビュー | 虫太郎を語る★ | 「彷書月刊」一一月号 | 弘隆社 |
| 一九九〇　六〇歳　平成二 | | 対談 | 法・国家・人間の観察（西垣内堅佑との対談） | 「CAHOOTS」 | 白順社 |
| | 五月一五日 | インタビュー | 顕現する才知、メンズビギを纏う――2　梵文学に秘められた〈蓮〉というメタファーを永劫求めつづける異端学者・松山俊太郎（取材、文・二村好昭） | 「ブルータス」五月一五日号 | マガジンハウス |
| | 六月一日 | 書評 | 「裸婦の中の裸婦」「澁澤龍彦考」 | 「マリ・クレール」※『新文芸読本　澁澤龍彦』（河出書房新社、一九九三年）に再録 | 中央公論社 |
| | 一〇月三一日 | 対談 | 永遠の廃墟『黒死館』をめぐって★（紀田順一郎との対談） | 『小栗虫太郎ワンダーランド』 | 沖積舎 |
| | 九月一日 | インタビュー | フェミニストだから、日に30回は女たちに殺意を感じる。 | 「ブルータス」九月一日号 | マガジンハウス |

| | | | | |
|---|---|---|---|---|
| 九月三日 | インタビュー | 虫太郎研究という不可能願望★ | 「幻想文学」第三〇号 | 幻想文学出版局 |
| 一一月 | | 作者の死と畢生の作 | 「オーパス」 | |
| 一二月五日 | インタビュー | 善悪対談1、善悪の誕生<br>——何が善で、何が悪か。はたまた善も悪も無となるか。インド人もびっくり。放埒思考家、松山俊太郎氏にきく。<br>（聞き手・後藤繁雄） | 「花椿」一月号<br>※後藤繁雄『善悪対談』（用美社、一九九三年）に再録 | 資生堂出版部 |
| 一二月五日 | 寄稿 | めでたい方舟 | 「風紋二十五年」 | 「風紋二十五年」の本をつくる会 |
| 一二月六日 | インタビュー | 素朴を衒ったいやらしさがないのがいい | 「自由時間」第三号 | マガジンハウス |

## 一九九一　六一歳　平成三

| | | | | |
|---|---|---|---|---|
| 一月五日 | 寄稿 | 謎の人・良寛 | 季刊「墨」スペシャル、良寛入門 | 芸術新聞社 |
| 四月一二日 | 寄稿 | 軍歌★ | 「太陽」四月号、特集・澁澤龍彦 | 平凡社 |
| 七月一三日 | 解説 | アモラルなモラリスト★ | 『日本幻想文学集成　第五巻　谷崎潤一郎』 | 国書刊行会 |
| 九月三〇日 | インタビュー | シンスケ（四谷シモン、江波杏子と）気の合う仲間と味な店（日本料理・中国料理） | 『気の合う仲間と味な店』<br>※初出は「週刊朝日」の同名の連載 | 朝日新聞社 |
| 一〇月二五日 | 翻訳 | 作者不詳「譚川集海本・憑屍鬼二十五話抄　第十一話　三人の繊細な王妃」「獅子座三十二譚　南方校訂本抄」、クシェーメーンドラ「中世天竺　愛染八十相」、唐闕名（伝・韓偓）「迷楼記」 | 『澁澤龍彦文学館　一二　最後の箱』 | 筑摩書房 |
| 一〇月二五日 | 解説 | もう二十年生きてくれたら | | |
| 一一月一一日 | | 日本人の心性繋がる<br>——項目を自在に廻る楽しさ——<br>森羅万象全てを収めた『広文庫』と併読を<br>巖谷小波編『「説話」大百科事典：大語園』 | 「週刊読書人」<br>※「名著通信」一九九二年三月号（名著普及会）に再録 | 読書人 |
| 一二月 | | よき時代「風紋三十年アルバム」ここにあり | | 其のアルバムをつくる会 |
| 一二月一二日 | 寄稿 | 弥勒 | 「太陽」特集・稲垣足穂 | 平凡社 |

| | | | | | |
|---|---|---|---|---|---|
| 一九九二　六二歳　平成四 | 四月二五日 | 単行本 | 『インドのエロス』（神田・美学校における講義録） | | 白順社 |
| | 九月 | 寄稿 | 「宮沢賢治と阿耨達池」覚書★ | 「宮沢賢治イーハトーブセンター会報」第五号 | 宮沢賢治学会イーハトーブセンター |
| | 一〇月一五日 | | 仏典における信ずるべからざる部分のおもしろさ＊ | 「仏教」第二一号 | 法蔵館 |
| 一九九三　六三歳　平成五 | 四月二五日 | 座談会 | 澁澤龍彦・全集　座談会（巖谷國士、種村季弘、出口裕弘らとの座談会） | 『新文芸読本　澁澤龍彦』※「座談会」は『澁澤龍彦を語る』（河出書房新社、一九九六年）に再録 | 河出書房新社 |
| | 四月二五日 | | 鎌倉小町 | | |
| | 四月二五日 | 対談 | 野村秋介との対談 | 野村秋介『友よ荒野を走れ』 | 二十一世紀書房 |
| | 九月一日 | 解題 | 世界悪女物語 | 『澁澤龍彦全集　四』 | 河出書房新社 |
| | 一〇月一二日 | 解題 | サド侯爵の生涯 | 『澁澤龍彦全集　五』 | 河出書房新社 |
| | 一二月一三日 | 解題 | 狂王 | 『澁澤龍彦全集　七』 | 河出書房新社 |
| 一九九四　六四歳　平成六 | 一月一七日 | 解題 | エロティシズム | 『澁澤龍彦全集　八』 | 河出書房新社 |
| | 四月一二日 | 解題 | 女のエピソード | 『澁澤龍彦全集　一一』 | 河出書房新社 |
| | | 聞き手 | 「サド裁判」前後　1（石井恭二へのインタビュー） | 『澁澤龍彦全集　一一』月報 | |
| | 五月一二日 | 解題 | 地獄絵 | 『澁澤龍彦全集　一二』 | 河出書房新社 |
| | | 聞き手 | 「サド裁判」前後　2（石井恭二へのインタビュー） | 『澁澤龍彦全集　一二』月報 | |
| | 七月二日 | 解説 | レシチンの滋味★ | 『日本幻想文学集成　第二一巻　正宗白鳥』 | 国書刊行会 |
| | 六月一五日 | 聞き手 | 文学の本道（埴谷雄高へのインタビュー） | 『澁澤龍彦全集　一三』月報 ※『螺旋と蒼穹』（未來社、一九九五年）、『埴谷雄高全集一八』（講談社、二〇〇一年）等に再録 | 河出書房新社 |
| | 八月一二日 | 解題 | 東西不思議物語 | 『澁澤龍彦全集　一五』 | 河出書房新社 |

| | | | | | |
|---|---|---|---|---|---|
| | | 聞き手 | “女性誌に登場”の頃（田村敦子へのインタビュー） | 『澁澤龍彦全集 一五』月報 | |
| | 一〇月 | 寄稿 | 日本におけるサドの受容 | 「文学」 | 岩波書店 |
| | 一〇月三一日 | 講演録 | 公開講演　芸術としてみた仏典* | 「駒沢大学仏教学部論集」第二五号 | 駒沢大学仏教学部研究室 |
| | 一一月一二日 | 聞き手 | 「血と薔薇」の頃　1（内藤三津子へのインタビュー、種村季弘と） | 『澁澤龍彦全集　一八』 | 河出書房新社 |
| | 一二月一二日 | 解題 | ねむり姫 | | 河出書房新社 |
| | | 聞き手 | 「血と薔薇」の頃　2（内藤三津子へのインタビュー、種村季弘と） | 『澁澤龍彦全集　一九』月報 | |
| 一九九五　六五歳　平成七 | 二月一日 | 解題 | うつろ舟 | 『澁澤龍彦全集　二一』 | 河出書房新社 |
| | 三月一二日 | 解題 | 高丘親王航海記 | 『澁澤龍彦全集　二二』 | 河出書房新社 |
| | 六月二日 | 解説 | 「虚像的迫真性への偏執」★「校定について」 | 『日本幻想文学集成　三三　小栗虫太郎』 | 国書刊行会 |
| | 八月一日 | 座談会 | 全集完結――座談会（巖谷國士・種村季弘・出口裕弘らとの座談会） | 「文藝」秋季号 ※『澁澤龍彦を語る』（河出書房新社、一九九六年）に再録 | 河出書房新社 |
| | 一〇月一四日 | 対談 | 増殖する機械装置「マルキ・ド・サドの全貌」（篠原資明との対談） | 「図書新聞」 | 図書新聞 |
| 一九九六　六六歳　平成八 | 二月二三日 | 対談 | 少年皇帝の旅（巖谷國士との対談） | 『澁澤龍彦を語る』 ※『澁澤龍彦をめぐるエッセイ集成　二』（河出書房新社、一九九八年）に再録 | 河出書房新社 |
| | 四月一七日 | 寄稿 | 「軍歌」「天竺」 | 『澁澤龍彦辞典』 | 平凡社 |
| | 夏 | 寄稿 | 「南方熊楠と蓮」覚書（一）* | 「蓮の話」第一号 | かど書房 |
| | 一〇月二三日 | 解題 | 恋の駆引、マルキ・ド・サド選集1（彰考書院版） | 『澁澤龍彦翻訳全集　一』 | 河出書房新社 |
| | 一二月 | | 法華経と無熱悩池および蓮華上仏* | 『インド思想と仏教文化　今西順吉教授還暦記念論集』 | 春秋社 |

| | | | | |
|---|---|---|---|---|
| 一二月一二日 | 解題 | マルキ・ド・サド選集2（彰考書院版）、世界風流文学全集5 マルキ・ド・サド、マルキ・ド・サド選集3（彰考書院版） | 『澁澤龍彦翻訳全集 二』 | 河出書房新社 |
| 一九九七 六七歳 平成九 | | | | |
| 一月一三日 | 解題 | 恋悲惨物語 マルキ・ド・サド | 『澁澤龍彦翻訳全集 三』 | 河出書房新社 |
| | 聞き手 | 伝説のサドから実像のサドへ（橋本到へのインタビュー） | 『澁澤龍彦翻訳全集 三』月報 | |
| 二月 | 講演録 | インド人と中国人の蓮の見方（一九九六年八月三一日、「蓮フォーラム」での講演。豊島区立生活産業プラザ） | 「会報蓮の話」創刊一号 | かど書房 |
| 二月二一日 | 聞き手 | 世界文学研究の牽引車・サド学（橋本到へのインタビュー） | 『澁澤龍彦翻訳全集 四』月報 | 河出書房新社 |
| 三月二一日 | 解題 | 悪徳の栄え（正・続） | 『澁澤龍彦翻訳全集 五』 | 河出書房新社 |
| | 聞き手 | “悪い本”を過激に、徹底的に（森本和夫へのインタビュー） | 『澁澤龍彦翻訳全集 五』月報 | |
| 五月二三日 | 解題 | マルキ・ド・サド選集1（桃源社版） | 『澁澤龍彦翻訳全集 七』 | 河出書房新社 |
| 六月 | | 河に咲く蓮 ――「南方熊楠と蓮」覚書の内―― | 「蓮の話」第二号 | かど書房 |
| 六月 | | ロータスの環* | 「FRONT」六月号、特集・蓮と睡蓮 | 財団法人リバーフロント整備センター |
| 六月二三日 | 解題 | マルキ・ド・サド選集3（桃源社版）、マルキ・ド・サド、マルキ・ド・サド選集2（桃源社版） | 『澁澤龍彦翻訳全集 八』 | 河出書房新社 |
| | 聞き手 | 物語の無限宝庫・アジア（中野美代子へのインタビュー） | 『澁澤龍彦翻訳全集 八』月報 | |
| 七月一日 | | ‘World’と〈世界〉と〈よ〉 | 「東洋」第三四巻 | 東洋大学通信教育部 |
| 七月二三日 | 解題 | 新サド選集1（桃源社版） | 『澁澤龍彦翻訳全集 九』 | 河出書房新社 |
| 七月二五日 | インタビュー | サドと澁澤文学（聞き手・安島真一） | 「幻想文学」第五〇号、特集・澁澤龍彦1987–1997 | アトリエOCTA |

| | | | | | |
|---|---|---|---|---|---|
| | 八月 | 書評 | 〈典型的な昭和っ子〉の交友録——出口裕弘『澁澤龍彦の手紙』 | | 集英社 |
| | 八月二二日 | 解題 | 美神の館 | 『澁澤龍彦翻訳全集 一〇』 | 河出書房新社 |
| | 九月二二日 | 解題 | サド侯爵 | 『澁澤龍彦翻訳全集 一一』 | 河出書房新社 |
| 一九九八 六八歳 平成一〇 | 二月一日 | 解題 | サド侯爵の手紙 | 『澁澤龍彦翻訳全集 一五』 | 河出書房新社 |
| | 四月 | インタビュー | | 原一男編『映画に憑かれて 浦山桐郎』 | 現代書館 |
| | 七月 | | アイラーヴァナと蓮 | | かど書房 |
| 一九九九 六九歳 平成一一 | 三月 | 寄稿 | 若かりし日の種村★ | 『種村季弘のネオ・ラビリントス八 綺想図書館』 | 河出書房新社 |
| | 六月三日 | 寄稿 | 「蓮文化研究会」の発足に寄せて | 「蓮文化研究会 会報」第一号 | 蓮文化研究会事務局 |
| | 七月 | | 深沈たる思い | | |
| 二〇〇〇 七〇歳 平成一二 | 一月二八日 | | 蓮文化研究会創立1周年に際して | 「蓮文化研究会」WEB | 蓮文化研究会 |
| | 三月三日 | | あせらず、なごやかに、向上前進させたい | 「蓮文化研究会 会報」第四号 | 蓮文化研究会 |
| | 八月一日 | 単行本 | 『蓮と法華経——その精神と形成史を語る』 | | 第三文明社 |
| | 一一月二一日 | インタビュー | 「拝聴」松山俊太郎先生 蓮と法華経とオッパイ（聞き手・上杉清文、南伸坊、末井昭） | 「福神」第五号 | 太田出版 |
| 二〇〇一 七一歳 平成一三 | 一一月一一日 | 寄稿 | ハス〜スイレンと仏教（1） アイラーヴァナの神変（上） | 「福神」第七号 | 太田出版 |
| 二〇〇二 七二歳 平成一四 | 五月二五日 | 寄稿 | ハス〜スイレンと仏教（2） アイラーヴァナの神変（中） | 「福神」第八号 | 太田出版 |
| | 五月三〇日 | 対談 | サドVS澁澤（橋本到との対談） | 「文藝別冊 総特集 澁澤龍彦」 | 河出書房新社 |
| | 八月二日 | 翻訳（単行本） | イヴ・ボヌフォワ『ありそうもないこと：存在の詩学』（阿部良雄ほかとの共訳） | | 現代思潮新社 |
| | 一〇月一日 | 座談会 | 生涯をかけて開かせた、傷の花（池田香代子・佐藤亜紀との座談会） | 「ユリイカ」総特集 矢川澄子・不滅の少女 | 青土社 |

| | | | | | |
|---|---|---|---|---|---|
| | 一〇月一日 | 寄稿 | 「豊穣なる海」なる書名の意義★ | 『決定版三島由紀夫全集 第二三巻』 | 新潮社 |
| 二〇〇三 七三歳 平成一五 | 一月 | 寄稿 | 大乱歩の潜在能力★ | 江戸川乱歩展実行委員会編『乱歩の世界』 | 江戸川乱歩展実行委員会 |
| | 二月一日 | 寄稿 | 法華経における蓮華不染喩をめぐって | 福神研究所編『日蓮的あまりに日蓮的な』 | 太田出版 |
| | 三月一日 | 対談 | 一神教を超える仏教の世界観。（梶山雄一との対談） | 「潮」三月号 | 潮出版社 |
| | 一一月一五日 | インタビュー | 月に吠える——犬山斬猫軒先生大放談 | 「眼力」第一号 | ワールドフォトプレス |
| | 一二月一二日 | 寄稿 | インドの香り＊ | 「VENUS」第一五号 | 国際香りと文化の会 |
| 二〇〇四 七四歳 平成一六 | 二月一六日 | 寄稿 | ハス〜スイレンと仏教（3）アイラーヴァナの神変（下） | 「福神」第九号 | 太田出版 |
| | 四月八日 | 寄稿（序文） | 見習うのは難しいが | 加藤祐策『夏蟲遍路：四国六十四日の旅』 | 加藤祐策 |
| | 九月一五日 | 寄稿（序文、帯） | 楽園はすぐそこに | 三浦功大『蓮への招待——文献にみる蓮の文化史』 | 西田書店 |
| 二〇〇五 七五歳 平成一七 | 一一月一日 | 寄稿 | 悽愴の極み——独歩の人の未発表作 斉藤和雄遺作展に寄せて | 斉藤和雄遺作展 | ゆーじん画廊 |
| 二〇〇六 七六歳 平成一八 | 一月一日 | 寄稿 | 蓮と一体化した達人 | 三浦功大編『巨椋池の蓮：内田又夫選集：蓮の花を世界で一番愛した男』 | 西田書店 |
| | 九月二五日 | 鼎談 | 彼等、すなわち足穂とその眷族（加藤郁乎、渡辺一考らとの鼎談） | 「ユリイカ」総特集・稲垣足穂 | 青土社 |
| | 一〇月二日 | 対談 | 澁澤龍彥の書物（巖谷國士との対談） | 『書物の宇宙誌 澁澤龍彥蔵書目録』 | 国書刊行会 |
| 二〇〇七 七七歳 平成一九 | 七月一日 | 対談 | 蓮と芸術を語る（田渕隆三との対談） | 田渕隆三『美術紀行 サン・ロータスへの道 日本・東洋編』 | 万葉舎 |

| | | | | | | | |
|---|---|---|---|---|---|---|---|
| 二〇〇八 | 七八歳 | 平成二〇 | | 寄稿 | 平和の象徴としての蓮 | 「蓮文化だより」第一二号<br>※「第三文明」（二〇〇一年九月号）<br>掲載原稿を加筆修正 | 蓮文化研究会 |
| | | | 二月二五日 | インタビュー | 蓮を究める* | 「彷書月刊」 | 彷徨舎 |
| | | | 六月二四日 | 寄稿 | 冨永さんならではの偉業 | 『美蘭花蓮園：<br>冨永整作出花蓮品種図譜 | 冨永整 |
| 二〇〇九 | 七九歳 | 平成二一 | 八月二五日 | 寄稿 | 講義から饗宴 | 「彷書月刊」、<br>特集・美学校のあれから十年 | 彷徨舎 |
| 二〇一〇 | 八〇歳 | 平成二二 | 一月二三日 | 単行本 | 『綺想礼讃』 | | 国書刊行会 |
| 二〇一一 | 八一歳 | 平成二三 | 六月二五日 | 対談 | 世界文学としての法華経<br>（安藤礼二との対談） | 「Fukujin」第一五号、<br>特集・松山俊太郎<br>世界文学としての法華経 | 白夜書房 |
| | | | | 鼎談 | 法華経研究最前線<br>（松本史朗、菅野博史との鼎談） | | |
| | | | | 座談会 | ――「東日本大震災」を受けて<br>『立正安国論』をいかに読むか――<br>福神研究所緊急座談会 | | |
| 二〇一二 | 八二歳 | 平成二四 | 一月二〇日 | 寄稿 | 巨友の一面 | 「映画芸術」第四三八号<br>追悼、石堂淑朗 | 編集プロダクション映芸 |
| | | | 三月三一日 | 寄稿 | アパダーナと法華経* | 「インド論理学研究」<br>平成二三年度（第IV号） | インド論理学研究会（駒大金沢研究室内） |
| | | | 五月一五日 | ポートレート | 細江英公『創世記：若き日の芸術家たち』 | | 国書刊行会 |
| 二〇一三 | 八三歳 | 平成二五 | 三月二二日 | 寄稿 | 忘却・空白・愛惜 | 『大坪砂男全集二　天狗』<br>※薔薇十字社版『大坪砂男全集』<br>月報の再録 | 東京創元社 |
| 二〇一六 | | 平成二八 | 一月 | 追悼特集 | | 「Fukujin」第一八号、<br>特集・追悼松山俊太郎 | 明月堂書店 |

# 初出一覧

## 第一章　インドの詩と性愛

愛蓮餘滴
「小原流挿花」第二八五号（財団法人小原流）一九七四年八月

インドの香り
「VENUS」第一五号（国際香りと文化の会）二〇〇三年一二月

インド古詩シュリンガーラ・ティラカ——恋愛の額飾《ぬかかざ》り
「血と薔薇」第一号（天声出版）一九六八年一一月

蓮から「さかしま」に
「血と薔薇」第二号（天声出版）一九六九年一月

漢語の愛について——インドにおける愛の思想・序説（一）
「血と薔薇」第三号（天声出版）一九六九年三月

〈愛〉の意味・〈愛〉の言語
『大百科事典』第一巻（平凡社）一九八四年一一月

インド古詩抄　鄙《ひな》の恋・都の恋
「都市」第一号（都市出版社）一九六九年一二月

中世天竺　恋愛八十相
「都市」第二号（都市出版社）一九七〇年四月

インド古典芸術における「女主人公（ナーイカー）」の分類（その一）
「月下の一群」創刊号（海潮社）一九七六年五月

インド古典芸術における「女主人公（ナーイカー）」の分類（その二）
「月下の一群」第二号（海潮社）一九七六年一二月

インド古典と現代日本——ヴァールミーキ著、岩本裕『ラーマーヤナ』
「朝日ジャーナル」（朝日新聞社）一九八〇年七月一八日号

タゴール、大インドの人格化
『タゴール著作集　第七巻　哲学・思想論集』（第三文明社）一九八六年四月

## 第二章　蓮の神話学

わが到り得ぬ日蓮
「現代思想」（青土社）一九八二年四月号

ロータスの環
「FRONT」（財団法人リバーフロント整備センター）一九九七年六月号

仏典における信ずるべからざる部分のおもしろさ
「仏教」第二一号（法蔵館）一九九二年一〇月

法華経と無熱悩池《むねつのうち》および蓮華上仏
『インド思想と仏教文化　今西順吉教授還暦記念論集』（春秋社）一九九六年一二月

アパダーナと法華経
「インド論理学研究」平成二三年度、第Ⅳ号（駒沢大学金沢研究室内　インド論理学研究会）二〇一二年三月

ヴィシュヌ神とアヴァターラ
「エピステーメー」（朝日出版社）一九七五年一一月号

古代インド人の宇宙像
「エピステーメー」（朝日出版社）一九七六年六月号

古代インド人の宇宙像（一）
「エピステーメー」（朝日出版社）一九七六年七月号

古代インド人の宇宙像（二）
「エピステーメー」（朝日出版社）一九七六年一一月号

インドの回帰的終末説
「is」第一七号（ポーラ文化研究所）一九八二年六月

華厳経の宇宙
「GRAPHICATION」第一九一号（富士ゼロックス）一九八二年八月

一闡提《いっせんだい》のマンダラ
「アサヒグラフ」増刊（朝日新聞社）一九八三年三月二日号

## 第三章　幻のインド──講演・インタビュー・対談・座談

公開講演　芸術として見た仏典
「駒沢大学仏教学部論集」第二五号（駒沢大学　仏教学部研究室）一九九四年一〇月

インタビュー　蓮を究める
「彷書月刊」（彷徨舎）二〇〇八年二月

対談　輪廻転生──死の思想の源流を探る
「映画評論」（新映画）一九七一年三月号

共同討議　なぜボードレールか
「ユリイカ」（青土社）一九七三年六月号

対談　読みかけの一ページ──「少年倶楽部」の余白への夢
「現代詩手帖」（思潮社）一九七六年一〇月号

対談　蓮華宇宙を語る
「小原流挿花」第三八〇号（財団法人小原流）一九八二年七月

## 著者略歴

### 松山俊太郎（まつやま・しゅんたろう）

1930年東京生まれ。インド学者、幻想文学研究家。1951年、東京大学教養学部文科二類（現在の文科三類）に入学。1953年、文学部印度哲学科に進学し、サンスクリット文学（サンスクリット語）を専攻。同大学院修士課程（印度哲学専攻）修了。2014年没。サンスクリット学者として蓮を研究。著書に『球体感覚御開帳』（冥草社 1970年）、『インドを語る』（白順社 1988年）、『インドのエロス　詩の語る愛欲』（白順社 1992年）、『蓮と法華経 その精神と形成史を語る』（第三文明社 2000年）、『綺想礼讃』（国書刊行会 2010年）、訳書に『タントラ インドのエクスタシー礼讃』（フィリップ・ローソン著 平凡社 1978年）などがある。また、『小栗虫太郎傑作選』（社会思想社）の編集・校訂を担当。澁澤龍彥と深く交流し、『澁澤龍彥全集』『澁澤龍彥翻訳全集』（ともに河出書房新社）の編集委員を務めた。

### 安藤礼二（あんどう・れいじ）

1967年東京生まれ。文芸評論家、多摩美術大学美術学部准教授。早稲田大学第一文学部卒業。出版社を経て、2002年「神々の闘争　折口信夫論」で群像新人文学賞優秀作を受賞、批評家としての活動をはじめる。2006年、『神々の闘争　折口信夫論』（講談社 2004年）で芸術選奨文部科学大臣新人賞を受賞。2009年、『光の曼陀羅　日本文学論』（講談社 2008年）で大江健三郎賞と伊藤整文学賞を受賞。2015年、『折口信夫』（講談社 2014年）で角川財団学芸賞とサントリー学芸賞を受賞。他に、『近代論　危機の時代のアルシーヴ』（NTT出版 2007年）、『場所と産霊　近代日本思想史』（講談社 2010年）、『祝祭の書物　表現のゼロをめぐって』（文藝春秋 2012年）などの著作がある。

# 松山俊太郎　蓮の宇宙

2016年 8月13日　第1刷発行
2016年11月13日　第2刷発行

著者　松山俊太郎
編者　安藤礼二
編集　的場容子
協力　丹羽蒼一郎　銘苅 靖　三澤祐嗣
校正　株式会社鴎来堂
本文中表作成　イナムラマリエ
営業担当　森 一暁

装幀　間村俊一
カバー写真　細江英公

発行人　落合美砂
発行所　株式会社　太田出版

〒160-8571　東京都新宿区愛住町22 第3山田ビル4F
TEL 03-3359-6262　FAX 03-3359-0040
振替 00120-6-162166
ホームページ　http://www.ohtabooks.com/

印刷所　株式会社シナノ





ISBN 978-4-7783-1491-0 C0095